LAND RESOURCES
土地资源学

杨子生◎著

经济管理出版社
ECONOMY & MANAGEMENT PUBLISHING HOUSE

图书在版编目（CIP）数据

土地资源学/杨子生著 . —北京：经济管理出版社，2021. 8
ISBN 978 - 7 - 5096 - 8217 - 3

Ⅰ. ①土… Ⅱ. ①杨… Ⅲ. ①土地资源—高等学校—教材 Ⅳ. ①F301

中国版本图书馆 CIP 数据核字（2021）第 166541 号

组稿编辑：任爱清
责任编辑：任爱清
责任印制：黄章平
责任校对：陈 颖

出版发行：经济管理出版社
　　　　　（北京市海淀区北蜂窝 8 号中雅大厦 A 座 11 层　100038）
网　　　址：www. E - mp. com. cn
电　　　话：（010）51915602
印　　　刷：唐山昊达印刷有限公司
经　　　销：新华书店
开　　　本：720mm × 1000mm/16
印　　　张：20. 25
字　　　数：386 千字
版　　　次：2021 年 10 月第 1 版　　2021 年 10 月第 1 次印刷
书　　　号：ISBN 978 - 7 - 5096 - 8217 - 3
定　　　价：98. 00 元

序

　　土地资源是人类赖以生存的最基本的自然资源，人类的一切生产和生活均离不开土地。从某种意义上来讲，千百年来人类的生产过程也是与土地打交道的过程。因此，对土地的开发、利用和研究自古以来就受到人们的重视。自20世纪四五十年代以来，许多国家都先后开展了对土地资源的专门研究，从而把土地作为自然综合体并与人类过去和现在生产劳动的产物相结合的认识也逐渐加深。通常认为，土地是有一定界面的、多层次组成的复杂的物质系统，并从各方面进行剖析和探索，取得了长足进步。但自20世纪60年代中期以来，由于经济和社会的发展，以及资源、人口、环境问题的进一步突出，尤其是在土地、粮食与人口关系日趋失调、人地矛盾日渐尖锐、土地压力日益增大的情况下，促使世界各国在更广泛和更加综合的基础上开展土地资源的研究工作。也就是说，不仅从土地的自然属性和经济属性本身进行研究和探讨，而且还从生态、经济和社会的综合效益角度进行更广泛的全球性和区域性研究，以解决人类所面临的生存问题。

　　自中华人民共和国成立到20世纪60年代，中国主要是通过自然资源的综合考察和荒地开放利用对土地进行研究，并把它作为独立的自然综合体进行理论研究。起初也仅限于少数高等院校及研究单位，而大规模开展土地研究，是从1978年在全国范围内普遍开展的土地类型、土地资源评价和土地利用现状的调查研究工作开始。尤其是近30年来，随着中国人多地少的矛盾进一步突出，党中央、国务院提出了要"十分珍惜和合理利用每寸土地，切实保护耕地"等基本国策。广大科技工作者与土地管理部门密切合作，积极开展了土地资源的调查、评价、开发利用、整治、保护和管理等领域的多学科综合研究，取得了许多成果，从而大大拓展了土地资源研究的内容，不断发展和完善了土地资源的理论和方法，逐渐形成了一门独立的土地资源学科。

　　为适应新形势下土地资源开发利用、整治和保护等研究工作的深入发展以及教学工作的需求，迫切需要撰写一本系统的、全面总结和介绍土地资源学的著作。但截至1990年，国内尚无出版这样的专著。笔者是刚从西南师范大学地理学系土地资源学方向毕业的硕士研究生，但在读研究生期间，不仅认真参加导师林致远教授承担的《四川省1∶50万土地资源图》编制等科研项目，而且还积极从事土地资源评价等方面的潜心研究，广泛搜集、整理了国内外有关文献资料，经过近一年的努力，最终于1991年9月完成了《土地资源学》专著（手写稿）的撰写工作，将土地资源学的研究内容概括、凝练为五个既有区别又紧密联系的基本问题，即土地资源类型、土地资源评价、土地资源开发利用、土地资源治理改造、土地资源保护与管理，以此思路出发，构建了较有特色也较为完善的土地资源学结构框架体系。遗憾的是，直到1994年9月本书才得以由云南大学出版社正式出版。与此同时，自1991年以来，由于国内相关高校土地资源管理专业发展和建设的需要，陆续出版了多种版本的"土地资源学"教材和专著，至今已达10多本，其中，应以中国农业大学（原"北京农业大学"）林培教授主编的《土地资源学》最早。综观已有的各版本的"土地资源学"教材和专著，在研究内容、总体框架体系等方面各有特色。

近30年来，笔者先后承担了一系列涉及土地资源调查、土地资源评价、土地利用现状与可持续利用、土地利用总体规划、土地整治等领域方向的科研项目；2015~2016年，笔者参加了中国自然资源学会组织的《中国资源科学学科史》（中国科学技术出版社，2017）一书的撰写工作，负责"第十四章 土地资源学"的具体撰写（参加人员还有胡银根教授、杜国明教授、乔伟峰副教授、邹金浪博士），并借此机会认真思考了土地资源学科的源流问题以及土地资源学与其他学科的区别与联系等相关问题。到现在，笔者觉得重新修订《土地资源学》的时机已成熟，于是，抽空重新梳理了《土地资源学》专著的基本框架体系，并加班加点重新撰写成此书。

本次重新修订、撰写的《土地资源学》，沿用了笔者1994年初版《土地资源学》的基本风格和结构框架体系，并融进了近30年来笔者在土地资源学科探索与实践中的新思想、新进展和新成果，还适当地吸收了国内外相关研究的新方向、新进展和新成果，从而使初版《土地资源学》得到了明显的提升。本书构建了土地资源学科较完善的结构体系，结构严谨、条理清晰，系统地论述了土地资源学的各个方面；既有理论分析，也有多种方法的探讨。综观全书，主要有以下四个特点：

（1）具有较完善的结构体系。全书共分八章。第一章是绪论，在论述和总结以往关于"土地"和"土地资源"概念的基础上，提出了更加全面的土地资源的科学定义，以此为出发点提出关于土地资源学研究的对象、任务和内容，认为它是一门研究"土地资源"这一"自然－经济综合体"的分类、评价、利用、整治、保护等诸问题的综合性、交叉性学科。其内容包括五个既有区别又紧密联系的基本问题，即土地资源分类、土地资源评价、土地资源开发利用、土地资源整治改造和土地资源保护等问题。此外，还归纳了土地资源学的五个基本特性（独立性、边缘性、综合性、区域性和生产性），阐述了国内外土地资源学的形成和发展过程以及重要意义、作用及发展趋势。第二章是关于学科的理论基础，例如，人口经济理论、土地报酬规律、地租与地价、生态经济、最优化理论、可持续发展等。第三章至第七章分别对土地资源学的五个基本研究内容进行深入、详细的讨论，构成本书的主体。第八章为土地资源热点问题专题研究，是作为前面五章基本内容的补充，就当前土地资源学研究的重要热点问题分专题进行探讨，也可以说为本学科理论体系的完善提供了明确方法论基础。

（2）具有较强的学术性和观点的新颖性。由于本学科的历史还较短暂，尚属于创建之中，许多理论和理念处于正在形成的过程。因此，笔者结合自己多年来的探索以及在一些地区的研究实践，并综合国内外已有的理论、观点和新进展、新成果，提出了许多具有鲜明特色的新的观点、理论和方法，例如，土地资源学的源流问题、四级制的中国土地利用分类体系、土地适宜性评价中的主宜性分析、土地生产潜力评价、土地利用效益评价法、土地利用可持续性评价、山区建设用地适宜性评价、中国18亿亩耕地保护红线、耕地资源综合评价等，都有鲜明的独到见解。对于学术界已有定论的观点，也不囿于成见，有了一些新的突破和探索，目的是试图融合各家之长，按照"百花齐放，百家争鸣"原则，推出一些值得重视的新概念。

（3）将理论和学术性探索与应用性并重的原则贯穿全书，是其一大特色。土地资源学作为土地科学学科体系中最重要的基础性学科，其使命主要是为国家和区域土地资源可持续开发利用和保护管理服务的，这就要求必须要从已有的土地资源研究中认真总结和凝练学科理论，充分体现学术性，同时要注重学科的"应用性"，不断地探讨和总结人类可持续发展战略和国家重大发展战略对土地资源学科的需求，主动为人类可持续发展战略和国家重大发展战略提供理论与技术支撑，展示学科的强大生命力和发展前景。为此，本书通过主要章节把理论问题的探讨和应用方法实践相融合，将学科理论与实际应用有机地结合成一个整体，始终体现土地资源学科为国家和区域土地资源可持续开发利用和保护服务这一宗旨。

（4）本书是一本专业性强、适应性广的教材。涉猎范围广泛，内容丰富，图文并茂，十分适合于高等院校土地资源管理、国土空间规划和管理、自然资源管理、地理学、经济学等本科生和研究生学习使用；同时，也可供农林院校师生、生态环境保护工作者和自然资源管理部门相关人员参考使用。因此，在每一章节，按教学规律，从建立基本概念开始，接着着重讨论基本理论和方法，并适当联系中国土地资源实际情况加以探讨，由此，提供作出必要总结或结论的可能性。总之，把活跃的学术探讨与全面、系统的知识传授巧妙地结合为一体。

  本书的问世，是笔者对土地资源学科创建的一种有益尝试，也是笔者30多年来在土地资源研究领域的一次总结，相信对于推动土地资源学科的发展、中国土地资源可持续开发利用与管理实践具有重要意义，乃至对资源环境和经济社会可持续发展战略也将大有裨益。本书的出版，得到了经济管理出版社的大力支持，任爱清社长不仅给予了热情支持和帮助，还亲自担任责任编辑，在本书的修改、编辑、加工、印装等诸多方面做了大量的辛勤工作，确保了本书的顺利出版，特此表示衷心的感谢！

云南财经大学国土资源与持续发展研究所
中国自然资源学会土地资源研究专业委员会

2021 年 7 月 10 日

目 录

第一章 绪论

第一节 土地和土地资源的概念、特性、作用与功能

一、土地和土地资源的科学概念

"土地"（Land）是土地资源学中最基本、最重要的概念。学术界曾对这一概念作过激烈的争论和广泛的探讨，但至今尚无一个为大家所公认的定义。这是由于人们对土地的了解在逐步深入，土地的概念也随着了解深入的程度而不断发展着。同时，人们也从不同的角度来认识土地、解释土地，因而得出不同的概念，并规定不同的定义。

（一）不同的研究者，常常将土地视作不同的客体

关于土地的概念，不同的研究者有着不同的理解、不同的认识，往往把土地看成不同的客体。例如，从事工业和城市建设的工作者，常把土地视为空间地域，是建设的地基和进行操作的基地；从事农业和经济的研究者，常视土地为生产资料和劳动对象；而从事旅游业的工作者，则将土地看作是风景区，是可供游览的场所。此外，有的联系到土地的法律及经济含义，又将土地当作"资本"或"商品"。

（二）土地是一个自然综合体

地理学界普遍认为，土地是一个综合自然地理学上的概念，但对"土地"概念的认识，经历了由浅到深、由感性到理性的过程。过去很长一个时期内，因受苏联土壤学家道库恰耶夫（1883）土壤学说的影响，一直将"土地"（Land）等同于"土壤"（Soil）。随着科学的分化 - 综合，随着对土地各要素的深入认识，也随着实践经验的进一步积累，人们才逐渐认识到"土地"并不能跟"土

·1·

壤"画等号，它是比土壤更为广泛的概念[1]。

有的学者指出，"土地"是"土"和"地"的结合体。其中，一种提法认为，"土地" = "土壤" + "地形"；另一种提法认为，"土地" = "土壤" + "地域空间"。尽管两者皆有一定的道理，但很不全面。

英语中的土地（Land）主要是指一定范围的陆地表面。而德语中土地（Land）与景观（Landschaft）的原意基本相同，都是泛指一定（大面积）的地域；文艺复兴后，两者的含义稍有差别："景观"主要指一定地域的特征，具有"风景"或"风光"之意，而土地的概念则几乎与"环境"的概念相等同。1972年在荷兰瓦格宁根召开的关于土地评价的专家会议上，有人认为"土地"与"生态系统"两个概念具有相似性，为了使两者有所区别，建议将植被要素排除于土地属性之外，强调土地是一种具有明显界线特征的地域概念，而生态系统是一种具有特定物质联系方式的地域概念。中国一些学者则认为，植被是土地不可缺少的组成要素之一；在分析研究土地的特征时，必须充分考虑生态因素"土地"与"生态系统"的主要区别在于前者是作为地理环境中一种自然综合体进行研究，后者则是以生物为主体进行综合研究。笔者同意后一种观点，主张将植被视作构成土地这一自然综合体的不可缺少且不可替代的成分（或要素）。

自20世纪70年代以来，土地是一个"自然综合体"的观点，已得到学术界包括英澳学派、苏联景观学派以及中国多数土地研究者的承认，并似乎已成"定论"[2]。其代表性的论述有三种：

第一，联合国粮农组织（1976）在《土地评价纲要》中指出："土地是由影响土地利用能力（Land Use Capability）的自然环境所组成，包括气候、地形、土壤、水文和植被等。它还包括人类过去和现在活动的结果，如围海造田、清除植被以及反面的结果，如土壤盐碱化。"[3]

第二，石玉林（1978）："土地是由气候、地貌、岩石、土壤、植被和水文等组成的一个独立的自然综合体和人类生产劳动的产物。"[4]

第三，赵松乔等（1980）："'土地'是一个综合自然地理的概念，它是地表某一地段包括地貌、岩石、气候、水文、土壤、植被等全部自然因素在内的自然综合体，还包括过去和现代人类活动对自然环境的作用在内。"[5]

以上三种提法基本上是一致的，即认为：①土地是一个自然综合体，它是各个自然地理要素相互作用和人类活动影响的产物；②土地由地貌、岩石、气候、水文、土壤和生物等全部自然地理要素组成，同时还包括人类活动在内。

（三）土地这一自然综合体的广义与狭义、深度与浅度之争

尽管人们普遍接受了土地是一个自然综合体的观点，但不同学者对这一综合体却有着不同的理解，还存在着广义与狭义、深度与浅度之争[6]。

第一，持"广义"者认为，土地是指整个地球区域，即土地不仅指陆地部分，还包括海洋水域部分。其理由是水域具有陆地部分的一切特性，例如，同是自然的产物，具有面积的有限性、位置的固定性、可以永续利用的性能等。马克思也指出："土地（经济学上也包括水）……"，水域"是土地的附属物，我们也把它作为土地来理解。"[7]

第二，持"狭义"者认为，土地仅指地球陆地区域。其中，大致又有两种意见：一是部分认为土地仅指陆地疏松区域，不包括内陆水体（如湖、河、沟、渠、水库等）和坚硬的岩石区（裸岩、流石滩、戈壁等区域）①；二是多数认为土地应指整个陆地区域，包括大陆、岛屿和内陆水体。

第三，持"深度"者认为，土地包括地球表层及其上空和地下，呈立体垂直结构。代表性的论述有三点：

（1）澳大利亚学者 Christian C. S. 和 Stewart G. A.（1968）在其所著的 *Methodology of Integradted Surveys* 一文中认为，土地是地表上的一个立体的垂直剖面，从空中环境直到地下的岩层，并包括动植物群体以及过去和现在与土地相联系的人类活动[8]。

（2）1972 年联合国粮农组织在瓦格宁根召开土地评价专家会议上展示的《土地与景观的概念与定义》一文中指出："土地包括地球特定地域表面及其以上和以下的大气土壤及基础地质、水和植物。"②

（3）中国科学院自然资源综合考察委员会土地资源室（1981）认为："土地是一个垂直系统，它可分为三层：表层、内层、底层（或地上层、地表层、地下层）。"③

第四，持"浅度"者认为，土地只指地球表层，而不包括上空和地下两个层次。代表性的论述有两点：

（1）张巧玲（1980）认为："土地的主体是地表层，至于上层的气候下层的岩石及地下水等，是影响土地生产潜力、形成不同土地类型的条件，而不能把这些说成土地本身。"④

（2）赵明仁（1982）认为："就其本质而言，土地是由岩石、岩石风化物——土壤母质和土壤形成的地球陆地表层。"⑤

①　郑应顺．再谈土地的科学概念及其现实意义［J］．辽宁师范大学学报（自然科学版），1984（3）.

②　俊之译．土地与景观的概念及定义．自然资源参考资料［J］．中国科学院自然资源综合考察委员会，1978.

③　中国科学院自然资源综合考察委员会土地资源室，中国 1∶100 万土地资源图土地资源分类方案（讨论稿）［C］.《土地资源研究文集》第一集，中国科学院自然资源综合考察委员会，1981.

④　张巧玲．土地资源及其调查［Z］．全国农业区划委员会办公室，1980.

⑤　赵明仁．论"土地的概念"［J］．中国土地，1982（1）.

对于上述"广义"和"狭义"之争，显然，前者有一定的道理，但笔者认为，为了生产实践上的实际应用，并考虑到人们长期形成的习惯认识，不宜将海洋包括在土地的内涵之中。因此，笔者基本同意所谓的狭义"观点"，即土地只指地球的陆地区域，它包括大陆、岛屿及内陆水体。但不赞同那种认为土地只指陆地疏松表层，"既不包括水面，也不包括坚硬的岩石"[6]的狭义理解。具体来讲，本书的土地概念包括以下三个范畴：①陆地疏松土壤层的区域；②河流、沟渠、湖泊、水库等陆地水体；③裸岩地、流石滩、沙砾地等陆地未发育疏松土壤层的区域。此外，土地还应包括大陆边缘在海面以下的延续部分——大陆架，它虽然被海水所淹没，但在地形上和地质构造上均属于大陆的一部分，因此，这里可将大陆架也作为土地范畴来处理。

至于"深度"与"浅度"之争，笔者则同意"深度"观点。即土地不仅指地球陆地表层，还应包括地上层（即气候层）和地下层（岩石、地下水等）。此三层共同构成土地的立体垂直结构系统（见图1-1）。其核心部分是生物圈与大气圈、岩石圈相接的地带，这里是自然作用、人类活动和物质能量转换的最活跃的基地。那种抛开地上层（气候层）和地下层（岩石及地下水等）、否认土地垂直结构系统的观点是不妥当的。从土地的形成和演化过程来看，"土地"离不开气候、岩石及地下水等自然地理因素。气候是外营力的主要源泉，在很大程度上决定着土地的形态、性状、分异规律及演变方向。一方面，岩石作为形成地貌的基础物质，与地形紧密相连；另一方面，在一定外营力作用下，经过风化、成土过程，便可演变为土壤；地下水作为一种外营力，在一定程度上影响着地表物质

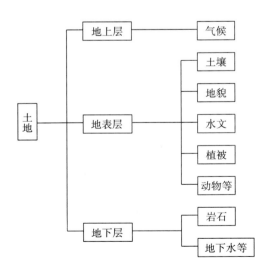

图1-1 "土地"概念的垂直结构

与能量的迁移、转化特征及其变化过程，因而也是"土地"形成、演化的重要因子。从农业生产的角度出发，土地的本质属性是具有一定的生产能力，这种能力是通过光合作用实现的。而"气候层"中的"光"是植物进行光合作用制造有机质、形成植物产量的能量基础；"热"是光合作用进行的必要条件；"水""空气"（主要是 CO_2）是光合作用的原料。因此，离开了"气候层"，土地生产能力便无从谈起。地下水的有无及其多寡以及与土壤的结合和平衡状况，对于干旱、半干平地区来说，直接决定着土地可否用于垦种植、可开垦规模及生产潜力大小。对城镇、工矿、交通等建设而言，土地作为建设的地基、场地和操作基地，岩石充当了决定性的作用，必不可少，也无法替代，离开了岩石，土地便失去了地基、场地和操作基地的作用；岩石性质还与土质、水文条件等共同决定着城镇、工矿、交通建设的地基承载能力。总之，笔者认为，应将地上层的气候和地下层的岩石、地下水等分别作为土地垂直系统的上、下两个层次。

（四）土地既是一个自然－经济综合体，又是人类活动的产物

自人类诞生以来，土地这一自然综合体便受到人类所施加的各种作用和影响，因而土地又是人类活动的产物。人类的作用和影响，从时间上，既包括过去，也包括现在；从作用和影响的结果来看，既有正面的（即合理的），也有反面的（即不合理的），前者包括灌排建设（如沟渠库塘）、改良土地、治理沙漠、营造防护林、培肥地力、修筑梯田等，后者如毁林开垦、陡坡耕种、围湖造田、乱砍滥伐、草场超载滥牧、水域乱捕过捕、乱开滥挖矿山、工业"三废"和化肥农药污染等（见图1－2）。正面作用的结果，促使土地质量向着提高的方向转变，而反面作用则造成土地质量的退化，影响土地的开发利用状况。可见，作为自然综合体的土地，又具有社会经济属性，因而可以说土地是一个自然—经济综合体。

（五）土地本身是一种资源，称为土地资源

资源（Resources）这一概念，大致有广义和狭义两种观点。按中国的传统解释，资源也称"财源"，所谓"资"，是指"资财""财富"之意；而"源"，即指"来源""源泉"。因此，资源的概念可以理解为"财富之源泉"。《辞海》对资源的解释是"资财的来源，一般指天然的财源"①。联合国环境规划署（UNEP）的解释是"所谓资源，特别是自然资源，是指在一定时间、地点的条件下能够产生经济价值，以提高人类当前和将来福利的自然环境因素和条件"[9]。这一解释赋予了资源概念的质的规定性，即"能够产生经济价值"。以上两种解释，大致代表了资源概念的狭义观点。从广义观点来看，自然资源不仅限于能够

①　辞海编辑委员会. 辞海（中册）［M］. 上海：上海辞书出版社，1979：3286.

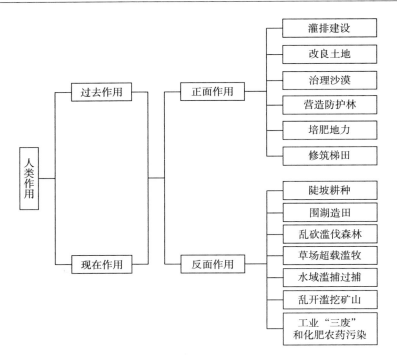

图 1-2 人类施加于土地的作用示意图

创造财富或经济价值的那些自然物，而应该泛指一切对人类生存和社会发展有用的自然物（包含能量等），包括已经或正在利用的和尚未利用的。在目前看来有些自然物是无用的，因而似乎不能称为资源。但是，"有用"与"无用"并没有绝对的界线，而只是相对的概念。任何自然物都或多或少具有潜在的用途，只不过人们暂时尚未发现它、认识它和利用它而已。随着社会的发展、科技的进步，将必然为人类所认识、利用，从而成为对人类有用的资源。人类的发展过程，本来就是不断认识自然、改造自然和利用自然的过程。因此，必须坚持广义的资源概念，以此作为建设资源科学和土地资源学的出发点。

根据上述资源概念，笔者认为，所谓土地资源（Land Resources），就广义而言，应泛指一切对人类有用的土地。由于绝对无用的土地是没有的，因此，从这个意义上来讲，土地本身就是一种资源，称为土地资源。但一般人们所理解的土地资源是指对人类当前和可预见的将来有用的土地，中国国家标准 GB/T 19231—2003《土地基本术语》和中国土地管理行业标准 TD/T 1059—2020《全民所有土地资源资产核算技术规程》将其定义为"在当前和可预见的将来的技术经济条件下，可为人类利用的土地"[10-11]；而目前人类难以利用的土地如冰原、冰川、冻土、戈壁、沙漠等一般不包括在"土地资源"的范畴中。这种观点可称为狭义的土地资源。

在看待土地资源的广义与狭义这一问题上，笔者认为，应该树立正确的土地资源观：一切土地均能为人类所利用，没有无用的土地。由此观点出发，所有的土地均可称为土地资源。这是因为：①无论什么类型的土地，或多或少、或迟或早都能变成对人类有用的土地。因此，轻易地把某一类型的土地不算作资源的想法是不妥的。著名经济学家于光远指出，即便是"不毛之地，人迹不到之处，也有它不毛之地、人迹不到之处的用途……"[12]。例如，新疆的戈壁滩、非洲的撒哈拉大沙漠，充足的光照和无垠的空间，将使之有可能成为利用太阳能发电的理想之地，同时也是理想的军事（试验）用地。②尽管在一定的认识水平和技术经济条件下，某些土地不能直接为人类所利用，此乃事实，但这并不等于说，无用的土地将永远无用。一些土地暂时处于无用状况的原因主要是：①人们对其性质、作用尚认识不足，不知道去利用它；②尽管人们对其用途颇有了解，但缺乏技术条件，因此，只能望宝兴叹；③开发利用资源尚需要一定的经济条件，如果缺乏资金、劳动力不足、交通堵塞，那么难以将其真正利用起来。随着认识水平的提高、科学技术的进步、经济状况的改善，原来无用的土地就可能派上重要的用场。绝对地认为某种土地无用，可能导致土地资源利用上的错误。因此，正如于光远所指出："世界上没有不能利用的土地……"[12]总之，可以认为，所有的土地都应称为土地资源。只有应用土地资源的广义概念，才有可能使有限的土地广泛地得到开发利用；也才可能促使人们积极地深入研究所谓的"无用"土地或难利用土地，寻求其用途，探索其利用的方法和步骤，使之得到充分、合理的开发利用，从而造福于人类。

（六）土地资源开发利用的空间边界

上面所说的土地的垂直结构中的地上层（气候）和地下层（岩石、地下水等）总体上属于理论范畴，具体的空间边界还是模糊的。近年来，人与自然关系的边界问题引起了学术界的重视。2020年9月，中国自然资源学会执行秘书长沈镭研究员给中国自然资源学会土地资源研究专业委员会下达了"土地资源开发利用边界"的研讨题目和内容。笔者邀请了自然资源部张富刚研究员、南京师范大学方斌教授等部分专家进行了交流和笔谈，感觉很有必要对土地资源开发的空间边界做些初步的探讨，这不仅直接关系到土地空间资源的开发利用大计，也事关土地资源节约集约利用制度的实施。

在界定土地资源空间利用的范围边界时，可以借鉴自然地理环境范围界定的思路和方法。自然地理学界对自然地理环境空间范围界定主要有两种观点[13]：①趋向于把自然地理环境的界限划定在一个巨大的空间范围，大部分地理学家尤其是自然地理学家持此观点，以苏联地理学家 A. T. 伊萨钦科为代表，该派观点着眼于自然地理环境的"内在联系显著减弱之处"，认为自然地理环境的上限在对流层顶部，下限在沉积岩圈的底界（在地下 5~6 千米），因为对流层和水圈参与着太阳能引起的地理壳的积极的物质循环，沉积岩则是由所有三个无机圈层和有机体的相互作用的产物，而从对流层到沉积岩石圈的范围也是生命有机体可能生存的空间，在这个区间之外，自然地理环境的内部联系已显著减弱。②把自然地理环境的界限划定在较小的空间范围。这一观点以中国科学院地理科学与资源研究所牛文元研究员为代表，认为苏联地理学家划定的界线和范围偏大而流于广泛，他把自然地理环境范围限于一个较薄的空间内，视之为一个开放的系统，取名为"自然地理面"，认为其上限在地表向上 50~100 米的近地面边界层，而下限在太阳能量影响地表的终止线（其深度在陆地 20~30 米、海洋 100 米的深处）[14]。其理由是：在近地面层空气运动以乱流处于主导地位，支配着这里与其上的大气层的物质和能力交换；在陆地上以太阳作为外力作用的代表，自然地理的下限不应超过外力对地球的作用深度。

张富刚（2020）在充分借鉴自然地理环境范围界定思路的基础上，结合土地资源属性特征，将土地资源空间开发利用的范围和边界确定为：上限为地表以上 100~500 米的近地面区域，即目前人们开发建设的各种建筑物和构筑物的最大高度；下限为地表以下 50~100 米，即城市土地地下空间资源可开发利用的最大深度[15]。其主要依据是，土地资源的开发利用主要受到社会、经济、技术水平以及生态环境质量要求等诸多因素的影响和制约，当前人类对土地资源地表、地下的垂直空间范围所适宜开发利用的最大的范围即为土地资源空间范围的界限。他认为，如果抛开人类活动范畴，单纯从深空、深地等最前沿科技的角度，土地资源的空间范围是很大的，例如，把航天器材发射到太空、建设空间站、开展航空实验等人类活动，甚至人类探月工程、火星探测工程等，均可以达到宇宙级的范围空间；从深地科技来看，现在世界上的地下勘探最深可以到达 1 万米左右甚至更深的极限深度，这些理论深度或高度，本身不具备现实代表意义，普遍性也不强，理应不属于自然资源管理视角关注的焦点。

笔者基本上赞同张富刚研究员的观点，将土地资源开发的空间边界确定为：上限为地表之上人类可开发建设的各种建筑物和构筑物的最大高度，下限为地表之下城市土地地下空间资源可开发利用的最大深度。但需要指出，"可开发"的地上建筑物和构筑物的最大高度和地下空间开发建设的最大深度应该是一个动态的概念，它随着科学技术水平等条件而不断地变化。

（七）土地和土地资源的科学概念小结

综上所述，关于土地和土地资源的科学概念，可以归纳为以下六点基本结论：

（1）土地是一个综合的概念，它是由地貌、岩石、气候、水文、土壤、植被等全部自然地理因素相互作用而形成的一个自然综合体。

（2）从水平范围来看，土地指地球的陆地部分，包括大陆、岛屿、大陆架及内陆水体。

（3）从垂直厚度来看，土地应包括三个层次：地上层（气候）、地表层（地貌、土壤、水文、植被、动物）和地下层（岩石、地下水等），三者构成土地的垂直结构系统。其核心是地表层。

（4）由于受到过去和现在人类活动所施加的各种作用（包括正面的和反面的），土地又具有了社会经济属性，因此，是一个自然－经济综合体。

（5）一切土地总会或多或少、或迟或早地为人类所利用，因而土地本身就是一种资源，称为土地资源。在此，笔者把土地资源的这种广义概念作为建立土地资源学的出发点。

（6）土地资源开发利用的空间边界可以确定为：上限是地表之上人类可开发建设的各种建筑物和构筑物的最大高度，下限则是地表之下城市土地地下空间资源可开发利用的最大深度。这是一个动态的概念。

二、土地的基本特性

（一）作为自然综合体的土地，具有下列主要特性

1. 具有一定的肥力

土地肥力（Land Fertility）是土地的基本特性。景贵和[1]认为，土地肥力是由土壤肥力和气候肥力两部分有机结合而成的。关于土壤肥力（Soil Fertility），过去研究得很多，一般认为土壤肥力是指"土壤在天然植物或栽培作物的生长发育过程中，能够同时不断地供应和协调水分、养分、空气和热量的能力"[16]。而对于"气候肥力"（Climatic Fertility）这一概念则很少论及，它是由景贵和提出的，即"气候肥力就是气候满足并调节植物生活所需要的光能、热量、湿度和空气的能力"[1]。综合这两种肥力的概念，"土地肥力"可定义为："土地系统在植物生活过程，满足并调节植物对大气中的光能、热量、湿度、空气以及植物对土壤中的水分、养分、热量和空气的能力。"[1]土地肥力的基本要素有五个：光能、热量、水分、空气和养分。

土地肥力可分为两种：自然肥力（Natural Fertility）和人工肥力（Artificial Fertility）。前者是指目前尚未被人们开发利用、处于自然状态下未垦土地所具有的肥力。未垦土地经过开发利用，产生了质和量的变化而成为垦殖土地，在人们耕作、施肥、灌溉、排水等人工因素的影响下，具有了人工肥力。

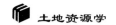

2. 具有一定的生产能力

土地肥力的存在，决定了土地必然具有一定的生产力。土地生产力（Land Productivity）系指土地的生物生产能力，它是土地的最本质特征。

土地生产力的高低，既是土地各组成因子的综合表现，又取决于人类生产技术水平，因此，土地生产力从概念上可分为两种：一是自然生产力（Physical Productivity）；二是经济生产力（Economic Productivity）。前者系指土地在自然状况下（即没有人为作用）所具有的生产能力。例如，土地能够生长一定数量的森林、草场，并养育动物。后者则指在人为作用或人工控制下的生产能力，即土地通过人类作用（即生产劳动）过程，能够直接或间接地生产出人类所需要的某些生物产品，例如，粮食作物、经济作物以及各种家畜、家禽等。

土地生产力从时间上又可分为两种：一是土地的现实生产力（Actual Productivity），即现实条件下的土地生产水平；二是指可预见的将来，对土地施加改造措施或更加集约经营条件下土地的生产水平，称为土地潜在生产力（Potential Productivity）或土地生产潜力（Productive Potential）。

3. 显著的地域分异性

由于受水热条件支配的地带性规律和地质、地貌因素决定的非地带性规律的共同影响和制约，使土地的空间分布表现出严格的地域分异性（District Differentiation）特点，不同地区的土地存在着显著的差异性，从而形成地表复杂多样的土地类型以及不同的土地生产潜力、不同的土地利用类型和不同的土地利用方向。土地的这种地域分异性（或称差异性），要求人类在开发利用土地、进行生产布局时，必须因地制宜，充分发挥土地资源的地区优势。

4. 具有季节变化的周期性

土地各要素具有随季节而变化的特征，例如，水热条件的季节变化；生物的生长、繁殖、死亡，河水的季节性泛滥，土壤水分的冻结与融化以及营养物质的聚积和淋洗等都随季节的改变而变化着。这就决定了土地的固有性质和生产特性具有季节变化的周期性特征。

（二）作为资源和生产资料的土地，还具有下列特性

1. 不可替代性

土地是一种不可替代的自然资源，作为人类生产的基本资料，与其他生产资料相比，它具有不可替代的性质，即它不能被其他生产资料所替代。这是因为土地是自然本身的一种产物，它的产生和存在不以人类的主观意志为转移，人类只能利用土地、改造土地，但不能创造土地，不能像其他生产资料如机器等，通过生产劳动可以制造。

2. 面积的有限性

地球陆地表面的土地面积是有限的，同样地，一个国家、一个地区的土地面积也是有限的，正如列宁所指出："土地有限性是一个普遍现象。"① 土地不像其他生产资料那样可以通过人类再生产来增加其数量。土地面积的有限性，一方面，要求人们要保护地力；另一方面，要尽一切可能节约利用土地。

3. 位置的相对固定性

由于土地的空间分布具有严格的地域性，表明土地在地球上分布的地理位置是相对固定不变的，人类只能在它的原有位置上加以利用，而不能像其他生产资料那样可以任意地调拨和搬运。

4. 可更新性及可培育性

作为一种资源，土地属于可更新资源（Renewable Resources）。例如，对于农业土地来讲，只要利用得当，用养结合，土地肥力不仅不会因为人类的利用而减退，相反，还有可能得到提高，并为人类永续利用，成为一项永久性的生产资料。正如马克思指出："……只要处理得当，土地就会不断改良。"[7] 因此，土地具有可更新性和可培育性，或称为生产性能的可变性。但需指出，如果实行掠夺式的经营，只用不养，那么土地肥力和土地生产力将会不断下降，以致衰竭。因此，在利用土地时，应该注意对土地的培育，使之不断地向着良性的方向发展。

5. 用途的多面性（或多样性）

从资源的用途来看，土地具有"多面性"（或多样性）的特点，它不仅可提供农、林、牧、副、渔业（指内陆渔业）用地，而且还可提供工业用地；不仅可提供交通运输用地，而且还可提供文教、卫生及国防建设用地；不仅可提供生产用地，而且还可提供生活用地。总之，土地的用途很广、功能很多，它是人类一切活动的基础。随着人类认识、利用和改造土地能力的提高，土地的多用性会不断增多，这就为综合开发利用土地资源、充分发挥土地资源的综合效益提供了广阔的前景。

三、土地的主要作用和功能

（一）土地的主要作用

土地作为一种资源，且是最基本、最宝贵的自然资源，它在人类社会和生活中起着相当巨大的作用。归纳起来主要有以下四个方面：

1. 土地是人类社会的生产基地和活动场所

自人类出现以后，人类便栖息于土地之上，依赖土地提供食物和生活资料，才得以生存和发展。人类的生产和生活活动基本上都是在土地上进行的，离开了土地这个生产基地和活动场所，人类难以生存和发展下去。因此，马克思精辟地

---

① ［苏］列宁. 列宁全集（第五卷）［M］. 北京：人民出版社，1959：100.

指出："土地是一切生产和一切存在的源泉。"[17]

2. 土地是财富之母

人类的物质财富和生活资料都是直接或间接地通过土地而获得的，可以说，土地是人类创造物质财富的主要源泉，正如马克思指出的："劳动并不是它所生产的使用价值即物质财富的唯一源泉。正如威廉·配第所说，劳动是财富之父，土地是财富之母"[17]。离开了土地，各业生产部门将会消失，劳动过程也就不能实现，从而人类物质财富也将失去创造之源泉。

3. 土地是农业的基本生产资料

如果说土地对于非农业生产部门（如工业、交通运输业等）"只是作为地基，作为场地，作为操作的基地发生作用……"[7]，那么对于农业生产部门而言，土地是不能缺少且难以替代的基本生产资料。

土地在农业生产中的作用，表现在以下五个方面：

（1）土地是当今农业生产部门存在的物质基础。土地不仅为农业生产提供了空间条件，还以其特有的肥力，作为一切农作物吸收营养物质的主要源泉，它是农作物正常生长发育所需要的光、热、水、气、养分的供应者和调节者。因此，没有土地作为物质基础条件，农业生产就难以存在。

（2）土地是可动生产资料和劳动力的活动场所。任何可动的生产资料以及劳动力均需要活动的场所，否则生产劳动过程将难以进行，而方便提供这种活动场所的是土地。

（3）土地是不动生产资料的配置基地。农业生产中各种不动生产资料（或称固定生产资料），例如，排灌渠系、道路、工程设施、仓库、加工基地等，都需要配置于土地之上，因此，土地又起着配置基地的作用。

（4）土地起着劳动对象的作用。农业生产过程就是劳动者在一定数量和质量的土地上进行耕作劳动，从而获得各种农产品的过程。在此过程中，劳动者耕作的对象是土地，而不是其他生产资料。

（5）土地还起着劳动工具的作用。在农业生产上，人们利用土地的各种属性，作用于农作物、草木等，使其正常生长发育并获高产稳产。在这一过程中，"土地本身是作为生产工具起作用的"[7]。它直接参与农产品的形成过程，与农产品的产量和质量有着密切关系。

4. 土地是产生土地关系的客体

所谓土地关系，是指人与人之间在占有和使用作为生产资料的土地方面上所形成的关系。产生这种关系的主体是人，而客体则是土地。土地所有制（又称土地制度）是土地关系的基础和核心，它决定着人们在生产中的地位、相互关系和产品分配关系。不同的土地所有制形式，形成了不同的土地关系，对土地的开发利用以及社会发展均有重要作用。

综上所述，土地在人类社会物质生产中占有特别重要的地位，犹如"哺育生命的慈母"，离开了她，人类将无法生存和延续。

（二）土地的主要功能

按照《土地基本术语》（GB/T19231—2003）中的概念，土地功能是土地具有的满足人类生产、生活等方面需求的能力[10]。土地具有以下五个功能：

1. 承载功能（Carrying Function）

土地由于其物理性质（即土地的地质力学承载力的基础及不可移动、不可展延的稳定空间），能将万物（包括生物与非生物）承载其上，成为它们的安身之所。自然界的各种动物、植物等生物，各种建筑物、构筑物、道路等非生物之所以能够存在于地球上，乃是因为土地具有承载万物的功能。如果没有土地，万物将无容身之所，犹如古人所言："皮之不存，毛将焉附。"正由于土地具有承载功能，因而成为人类进行一切生活和生产活动的场所和空间，成为人类进行房屋、道路等建设的地基。

2. 生产功能（Production Function）

也称养育功能（Nurturing Function）。《管子·水地》说："地者，万物之本原，诸生之根苑也"，充分说明了土地孕育了一切，是生命的本源。中国自古就有的"万物土中生"朴素理论，表明土地是地球陆地生态系统的载体。土地位于地球表面大气圈、水圈和陆地表层岩石圈的交汇处，是地球表面物质循环、合成、交汇以及生命活动最为活跃的地带，尤其是绿色植物的光合作用合成有机质及产生氧气，土壤中的各种矿质营养物质以及水分、空气、热量支持植物生长发育，支撑整个地球生态系统和人类的生命活动。正由于土地具有强大的生长万物的能力，使人类的生存和发展均离不开土地。土地的养育功能充分体现于第一性和第二性的生产之中，它为人类生存提供必需的农畜产品。

3. 资源功能（Resource Function）

也称仓储功能（Storage Function）。土地是人类赖以生存和发展的重要物质基础。人类要进行物质生产，除了生物资源之外，还需要大量的非生物资源，例如，建筑材料、矿产资源、动力资源等。自然界的土地之中往往蕴藏着人类所需要的、丰富多样的金、银、铜、铁等各种矿资源，石油、煤、水、天然气等能源资源，沙、石、土等建材资源，因而人类可以将其视为仓库。土地像人类的一座宝藏，里面贮存着极其丰富的各类物质和能源资源，为人类从事生产、发展经济和建设生活设施提供了必不可少的物质条件。

4. 资产功能（Asset Function）

土地资产（Land Asset），一般是指能够被人们使用、占有并且作为生产资料的土地资源。中国国家标准 GB/T 19231—2003《土地基本术语》将其定义为"被人占有、利用、支配和交易的土地"[10]；中国土地管理行业标准 TD/T 1059—2020《全民所有土地资源资产核算技术规程》将其定义为"具有稀缺性、有用性（包括经济效益、社会效益、生态效益），且产权明确的土地资源"[11]。这几个概念基本上大同小异，都体现了土地的经济属性、社会属性和法律属性。土地的资产功能也就是指土地可以作为财产使用、交换的功能。土地所有权人可以将其拥有的土地或土地产权视为财产变卖而获取收益，别人取得土地这种"财产"则需要付出一定的经济代价或成本。当然，土地的使用可为土地使用者带来一定的经济效益或者其他好处。另外，土地作为资产，随着人们对土地需求量的不断扩大，其价格往往呈上升趋势，因此，投资于土地，通常能够获得储蓄和增值的功效。

5. 景观功能（Landscape Function）

一般意义上来说，景观相当于自然景象，是指一定区域呈现的景象，体现的是视觉效果。从景观生态学角度来看，景观是指由相互作用的拼块或生态系统组成，以相似的形式重复出现的一个空间异质性区域，因此，景观是地球陆地表层生态系统的镶嵌，也是自然和文化生态系统的载体。土地上自然形成了许多有关奇特的景观，例如，秀丽的群山、浩瀚的大海、奔腾的江河、飞泻的瀑布、无垠的沃野等，为人类提供了丰富的风景资源。可见，土地的景观功能主要体现在自然风景的优美、奇特、险峻上，当然也需要交通便利予以配合。

在上述土地的功能中，承载功能、生产功能、资源功能和资产功能均属于基本功能。至于景观功能并非每一块土地都具备景观意义上的风景资源特性，具有景观功能的土地价值主要在于舒适性和美学价值。

第二节　土地资源学的对象、任务和内容

一般而言，科学研究发展成熟而成为一个独立学科的基本标志是：必须有独特的研究对象、独立的研究内容（范畴）以及相对成熟的研究方法。

一、土地资源学的研究对象与任务

根据上节的论述，土地作为一种最基本、最重要的资源，它在人类社会生产和生活中起着巨大的作用。就其性质而言，土地资源既包括自然范畴——具有"自然综合体"的特性，同时又包括社会经济范畴即土地的社会经济属性——具

有可供人类发展生产的经济特性，是人类最基本的生产资料和劳动对象。这两种属性合称为土地资源的"二重性"。正因为土地资源具有二重性，因而它是一个"自然－社会经济综合体"（Physical－Socio－Economic Complex）。本书将"土地资源"这一"自然－社会经济综合体"作为研究的对象，对土地资源类型与特征、数量与质量调查评价，以及开发利用、整治、保护与管理等诸问题进行全面、综合、系统研究的新型学科称为土地资源学（Land Resource Science）。

由此概念可见，从研究对象上来看，土地资源学的研究对象无疑就是土地资源，这是土地资源学科区别于其他学科的基本标志之一。综上所述，本书的土地资源概念是广义的，泛指一切对人类社会有用的土地。由于绝对无用的土地是没有的，因而所有的土地本身就是一种资源，称为土地资源。这一广义的土地资源概念是本书建立土地资源学的出发点。

从研究任务来看，土地资源学作为资源科学和土地科学的重要分支学科，至少回答下列五个问题：①地表各种各样的土地资源类型及其形成特点、区域分异和组合结构特征；②土地资源的数量和质量状况；③当前土地资源的利用状况以及今后合理开发利用的方向、途径，以及为实现土地资源合理利用而进行的土地合理利用区划和规划；④在土地利用过程中需要采取的整治或治理、改造措施以及改造的方法、途径；⑤为了珍惜和合理利用每寸土地而对土地资源采取的科学保护和管理的方法、途径和措施。土地资源学的这五大任务，其最终目的是为了合理地开发利用每寸土地资源，以获取最大的经济效益、生态效益和社会效益，即以经济效益为中心的综合生态经济效益。

二、土地资源学的研究内容

根据上述土地资源学的研究对象和任务，可以认为，土地资源学的研究内容至少应该包括以下五个既有区别又紧密联系的基本内容：

（一）土地分类与土地资源调查

土地分类也就是土地类型或土地资源类型的研究，有的称为土地资源类型学（Land Resources Typology）。其研究的内容主要包括土地资源类型的划分、基本特征、形成演化过程、区域分异和组合结构特征。通过这些研究，可以正确地了解、认识土地，为科学地评价土地质量从而合理地利用土地资源提供基础依据。需要说明的是，这里的土地分类，除了来自地理学的按自然属性和自然综合体的分类（即综合自然地理学上所说的"土地类型"）之外，还需要包括按经济属性或经济用途（利用方式）所进行的分类（即土地利用分类），从当今土地资源开发利用规划、保护、整治和管理的实际需要来看，土地利用分类尤显重要和必须。在土地分类基础上适时开展土地资源调查，摸清地表各种各样的土地资源类型及其形成特点、数量状况、区域分异和组合结构特征，可为客观地评价土地资源质量和资源特征、科学地制定土地资源开发利用规划和战略决策提供基础依据。

（二）土地资源评价

即对土地资源质量状况的综合鉴定或评定。通过土地资源评价，可揭示土地资源的质量状况，例如，土地的适宜性（包括适宜利用方式及其适宜程度）、限制性（包括限制因素类型及其限制程度）、生产潜力大小以及可能取得的利用效益等，从而为合理地开发、利用、整治、保护和管理土地资源奠定坚实基础、提供科学依据。

（三）土地资源开发利用

其研究内容包括两部分：一是当前土地资源的开发利用状况，即土地利用现状研究；二是今后土地资源的开发利用，即土地资源合理开发利用研究。此两者相互联系，前者是后者的基础，后者则是前者的目的或归宿。其中，土地资源合理开发利用研究是土地资源学最重要的研究内容之一。

（四）土地资源整治

传统意义上的土地资源整治，主要是指土地资源的治理改造，即采取生物措施与工程措施相结合的综合措施，对不同地区、不同类型或不同利用目的的中、低产土地以及已遭受破坏、无法再利用的土地进行治理和改造，以建立新的有利于人类生产活动的生态平衡，改良土壤、培肥土地，不断提高土地利用率和土地生产率。近 10 多年来，中国土地管理行业部门所定义的土地资源整治或土地整治"是各类土地整理、复垦、开发等活动的统称"[18]。基于国家和区域土地资源合理开发利用的实际需要，本书将土地管理行业部门规定的土地整治研究内容和传统意义上的土地整治（即土地资源治理改造）结合起来综合探讨。

（五）土地资源保护和管理

土地资源保护，保护土地资源数量和质量的综合保护，主要是采用各种科技手段，防止耕地面积减少和土地质量退化，对工业"三废"及化肥、农药等造成的土地资源污染进行防治，以使土地生态平衡不遭受新的破坏。土地资源管理（以下简称土地管理），它是为了确立并巩固与社会中占主导地位的生产方式相适应的土地所有制、调整土地关系以及监督土地利用而由国家制定的包括法律、经济、技术等方面的措施。土地资源的保护和管理，都是为了合理地开发利用土地资源。

上述五个基本内容有机构成了土地资源学完整的研究内容体系，五者既不是简单相加，又不能缺一。虽然它们有区别，但又相互紧密联系、不可分割：土地分类与土地资源调查是土地资源评价的基础；土地资源评价是土地资源合理利用区划和规划的基础依据；土地资源开发利用，包括土地利用现状和土地合理利用区划与规划，前者是土地资源评价和土地合理利用研究的基础，而后者则是土地分类与土地资源调查、土地资源评价以及土地利用现状研究的目的和归宿；土地资源整治的目的是为了更合理、更有效地开发利用土地资源；而土地资源保护和管理则是实现土地资源合理开发利用的根本保证。可见，五者以土地资源开发利用为中心，一环紧扣一环，不可分割，因而它们是"五位一体"，共同构成土地资源学的科学体系（见图1-3）。

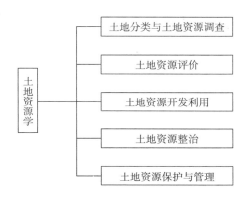

图1-3　土地资源学的研究体系

三、土地资源学研究内容范畴的讨论与说明

关于土地资源学的研究范畴（或研究内容），到目前为止，学术界尚未有完全统一的认识，大概可以分为广义和狭义两种观点。

多数文献倾向于广义的土地资源学（尽管不同专家学者的具体表述不尽相同），例如，林培（1991）主编的《土地资源学》认为，"土地资源学是研究土地资源类型的区域形成因素的空间与时间的变化规律、土地资源合理利用与开发等的应用基础理论的科学"[19]。笔者1994年9月出版的《土地资源学》认为，土地资源学是一门以土地资源为对象，对土地资源类型与特征、数量与质量调查评价，以及开发与利用、治理与改造、保护与管理诸问题进行综合研究的新型学科[20]。2007年出版的《2006-2007资源科学学科发展报告》[21]和2012年出版的《2011-2012资源科学学科发展报告》[22]也采用了这一概念。

部分专家认为，土地资源学主要研究土地类型和土地资源评价两个内容，这可以称为狭义的土地资源学。这有其合理性，这两个内容是我国古代就有的中华文明遗产，也是近几十年来土地科技界的主要研究领域，尤其自1980年以来，

《中国 1：100 万土地资源图》[23] 的成功编制，直接推动了土地资源研究的深入发展和土地资源学科的建立，因此，有的专家甚至将土地资源评价等同于土地资源学。

2015 年 4 月，笔者因组织撰写《中国资源科学学科史》"第十四章 土地资源学"的需要，通过通信方式征求了部分专家意见，原《资源科学》编辑部主任李家永研究员认为，"土地分类"和"土地资源评价"是"土地资源学"的核心内容。这是合乎土地资源学科实际的。除了这两个核心内容之外，土地资源学无疑还应当包括土地资源调查（包括现状调查和土地利用变化调查）、土地资源合理开发利用研究（包括土地资源开发利用战略与规划）、土地资源整治、土地资源保护与管理等。当然，这里的土地资源合理开发利用研究、土地资源整治、土地资源保护与管理等都是从"资源"和"资源科学"的角度来进行研究，有别于其他学科的视角和研究特点（尽管部分内容有某些正常的交叉）。

综合上述，本书将土地资源学的研究范畴（或研究内容）界定为五个方面：土地分类与土地资源调查、土地资源评价、土地资源开发利用、土地资源整治、土地资源保护与管理。这五个内容构成"五位一体"：土地分类与土地资源调查是基础，土地资源评价是核心，土地资源开发利用是目的，土地资源整治、土地资源保护与管理是实现土地资源合理开发利用的手段与措施。在"土地分类与土地资源调查"基础上，通过开展"土地资源评价"，为土地资源开发利用（战略与规划）、土地资源整治、土地资源保护与管理提供基础和支撑。

第三节　土地资源学的基本特性

一、独立性

土地资源学是一门独立的科学性很强的学科。恩格斯指出："一门科学应当具有自己特有的研究对象，即在性质上不同于其他学科所研究的对象，这是确定科学的独立性的不容争辩的准则。当一门科学研究为其他科学所不研究的东西时，这门科学才是独立的。"[24] 土地资源学之所以能够成为一门真正的科学、一门独立的科学，原因在于它具有自己特有的研究对象——土地资源，而作为"自然－社会经济综合体"的土地资源，具有单个组成部分（气候、地貌、土壤、植被、水文以及土地利用现状类型等）所无法具备的那些特性，并且各单个组成部分的特点并未丧失，仍按自己的规律发展。若非如此，土地资源学重复其他学科的工作，或在研究对象上与其他学科一致，那么土地资源学也就没有存在的必要。事实上，土地资源学确实有自己的独特性质，拥有自己特有的研究对象（即土地资源），具有其他学科所无法替代的研究范围——即土地分类与土地资源调查、土地资源评价、土地资源开发利用、土地资源整治、土地资源保护与管理，构成"五位一体"。正因为如此，才使土地资源学成为一门独立的、不从属于其毗邻学科的科学。此外，土地资源学还具有一整套特有的理论体系和研究方法，从后续各章可见，上述土地资源学的五个组成部分，每一部分均有其特定的研究内容、基本理论和研究方法。所有这些，均标志着土地资源学是一门独立的科学性很强的学科。

二、交叉性

土地资源学是一门介于自然科学、社会经济科学与技术科学之间的边缘性学科，或谓之交叉学科。由于土地资源学的研究对象——土地资源是一个自然－社会经济综合体，它具有"二重性"，即兼有自然和社会经济两种性质；同时，土地资源的质量评价、开发利用、整治、保护和管理是一项技术性颇强的工作，除自然科学和社会经济科学之外，还需要技术科学协同进行研究。因此，可以说，土地资源学是一门综合的自然－社会经济－技术科学。由此便可见其"交叉性"，即土地资源学同时兼有自然科学、社会经济科学和技术科学的性质，既不能将它视作自然科学，也不能将它纳入社会经济科学或技术科学之范畴，而是介于自然科学、社会经济科学和技术科学之间的交叉性学科。

为了进一步阐明土地资源学的这一科学性质，这里可以对土地资源学的五个研究内容的性质进行考察、加以剖析。

1. 土地分类与土地资源调查

由于土地资源是一个自然－社会经济综合体，因此，对土地资源类型的研究（有的称为土地资源类型学）就必然既涉及自然科学的内容，又涉及社会经济科学的范畴，从而使之成为一个介于自然科学和社会科学之间的交叉性分支领域。至于土地资源调查，则涉及遥感、地理信息系统（GIS）、测绘、统计、制图等多个技术性学科领域。

2. 土地资源评价

即对土地资源质量的综合鉴定和分等定级。根据其研究内容，明显可见它是一个兼有自然科学和经济科学、技术科学性质的分支领域。在土地资源评价中，不论人们进行的是哪一种土地资源评价（土地的自然评价、经济评价、综合自然－经济评价），都需要从不同角度考虑土地的自然属性、社会经济特征以及技术条件，都要涉及有关自然科学、社会科学和技术科学的相关内容。因此，土地资源评价的上述特点已为国内外广大学者所公认。

3. 土地资源开发利用

不论土地利用现状研究还是土地合理利用区划与规划研究，都是研究土地利用问题。而土地利用是人们改造土地、利用土地的一种社会经济活动，因而从根本上来讲，它应属于社会经济科学的范畴。另外，土地利用研究无法离开土地本身固有的自然属性这一基础，尤其是土地合理利用研究，更需要充分考虑土地的自然属性，否则一旦违背自然规律，将会受到大自然的惩罚。因此，土地资源开发利用研究又带上了自然科学的性质。可见，土地资源开发利用也是介于社会科学和自然科学之间的交叉性分支领域。

4. 土地资源整治

土地资源整治（或治理改造）是一项复杂的技术工程，它涉及的主要是技术经济问题，因而主要属于技术经济学科的范畴。但土地整治也离不开土地的自然属性这一基础。只有在全面、充分地认识土地自然属性的基础上，土地的整治（或治理改造）才可能做到有的放矢。因此，土地资源整治实际上也是一个综合性的自然－经济－技术问题。

5. 土地资源保护与管理

土地管理是一项综合性的经济、工程技术和法律的措施，因而土地管理不同于一般的经济管理科学，它是一个技术性、实践性均强的分支领域，并具有经济、工程技术和法律三个方面的性质。因此，从科学性质来讲，它也是"社会科学与自然科学之间的一门边缘性科学"[25]。

综上所述，土地资源学是一门介于自然科学、社会经济科学和技术科学之间的交叉性学科。对土地资源学的研究，涉及很多自然科学、社会科学和技术科学以及其他边缘性科学的研究领域，这些学科主要有自然地理学（包括地质学、地貌学、气候学、水文学、土壤学及土壤地理学、生物学及生物地理学、自然地理学和综合自然地理学等）、经济地理学、农业科学、林业科学、草原学、人口科学、经济科学、管理科学、生态学、技术利用学、制图学、遥感技术、地理信息系统、数理统计、线性规划等。土地资源学需要这些学科协同进行研究，但它不归属于这些学科中，而是介于这些学科之间的交叉性学科。

自然科学与社会科学相互渗透的现象，近几十年来有一个专有名词，即交叉科学（Inder－Discipline）。著名科学家钱伟长先生指出："交叉科学就其内容来说可分为两类：第一类是用自然科学的方法处理社会科学的问题……第二类是指对社会科学和自然科学之间所特有的其共同规律的总结和结合部分的研究，一些问题既具有自然科学的内容，又涉及社会科学的领域，例如，生态学、人口优化、独生子女心理学、区域规划、城市科学等，都涉及大量科技、经济和社会等各领域的内容。"[26]显然，土地资源学属于第二类交叉科学，这是由土地资源本身的性质（具有"二重性"，即自然属性和社会经济属性）和土地资源学研究内容的特点（既有自然科学的内容，又涉及社会经济科学的领域）所决定的。钱伟长先生还指出："交叉科学是一个非常有前途、非常广阔而又重要的科学领域，它的兴起，对人类社会的进步将要发生和正在发生着重大的影响。"[26]土地资源学作为一门交叉科学，更不例外。深入开展土地资源学研究，使人们在科学地认识土地资源的基础上，充分、合理地开发利用每寸土地资源，造福于人类，这是具有无比重大的意义的。正因为如此，土地资源才得以在短期内迅速兴起，蓬勃发展，方兴未艾。

三、综合性

土地资源学是一门综合性的学科。这一点实际上已在上述土地资源学的"交叉性"讨论中反映了出来。这里着重强调以下三层含义：一是作为研究对象的土地资源，是由相互作用、相互联系、相互制约、相互依赖的多个因素组成的，这种相互联系性不仅将土地的各组成部分联结成为一个统一的有机整体，而且赋予土地资源一个新特性，使之具有整体功能和综合效应。因此，综合性是土地资源学的基本特性。二是指土地资源作为一个自然－社会经济综合体，它具有"双重性"，即自然属性和社会经济属性，因此，土地资源学研究应该把自然、经济以及技术三者有机地结合起来，进行综合性研究，才能使之在生产实践和国民经济建设中发挥其应有的作用。三是由土地资源学的交叉性决定的，即由于土地资源学兼有自然科学和社会经济科学的性质，因而是一门综合的自然－社会经济科学。总之，综合性是土地资源学的重要特性之一。

四、区域性

土地资源学是一门区域性的科学。区域性（Regionality）是地理学的基本特性。如前所述，土地资源是一个自然－社会经济综合体，它原本属于综合自然经济地理学上的概念，因而土地资源研究（即土地资源学）也必然具有区域性。不论土地资源类型研究、土地资源质量评价，还是土地资源的开发利用、整治、保护与管理，都是在一定的区域内进行的。同时，由于不同的区域，其自然条件、社会经济条件往往不相同，甚至差异很大，因而土地资源类型的特点、形成演化过程、结构特征与组合形式也不相同，土地资源的数量与质量状况亦有差异，从而土地资源开发利用的方向、结构、布局形式以及土地资源的整治措施、方案等也会明显有别，因此，必须充分认识土地资源的区域性特征，在研究土地资源时，应切实根据区域性特点，坚持因地制宜的原则。

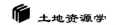

五、应用性

土地资源学是一门生产实践性很强的应用科学。从生产实践来看，土地资源是一种最重要的生产资源（Production Resources），它与劳动（Labour）、资本（Capital）和管理（Management）一起被西方农业经济学者称为农业生产的四大要素[9]。因此，开展土地资源研究是直接为生产实践服务的。由于土地资源学研究的主要是土地资源的开发利用、整治、保护和管理等生态经济问题，因而可以说它在科学性质上主要是属于生产力经济学性质的一门应用科学。正因为如此，才使土地资源学具有无比强大的生命力，在短期内突飞猛进地发展成为一门独立的学科。

第四节　土地资源学的形成和发展

土地资源学可以说是一门古老而又新兴的科学。这里所说的"古老"和"新兴"并不矛盾，所谓"古老"，是指土地资源研究的历史很悠久，如成书于2000多年前的《禹贡》① 和《管子·地员》② 就已形成了"土地分类"和"土地资源评价"的思想和方法雏形，并成为重要的中华文明遗产；在数千年的人类历史长河中，不断积累了丰富的利用土地、改造土地的经验。所谓"新兴"，是指到了20世纪50年代，土地资源学的理论和实践研究才逐渐广泛地、大规模地开展起来，其历史还较年轻，基本理论和研究方法需要逐步发展和完善。自1978年以来，在吸收联合国粮食及农业组织（FAO）《土地评价纲要》等新理念和技术方法基础上，通过编制全国性三大土地系列图（即《中国1∶100万土地资源图》《中国1∶100万土地类型图》和《中国1∶100万土地利用图》），推动了中国土地资源研究不断地向深度和广度发展，使土地资源学发展成为最具中国本土化科学特征的一门学科。

1991年以来，国内许多专家对土地资源学科进行了不懈的研究和探索[27-31]，学科建设成果如雨后春笋般涌现。据初步统计，1991年至今正式出版的《土地资源学》专著（或教材）已近20部，如林培主编的《土地资源学》（中国农业大学出版社，1991，1996）；杨子生编著的《土地资源学》（云南大学出版社，1994）；苏壁耀编著的《土地资源学》（江苏教育出版社，1994）；朱翔

---

① 向朝廷进献。
② 《管子·地员》是《管子》中的一篇，简称《地员》，是中国最早的土地分类专篇。

等编著的《土地资源学》（气象出版社，1995）；陈百明编著的《土地资源学》（中国环境科学出版社，1996）；宋子柱主编的《土地资源学》（中国环境科学出版社，1996）；刘黎明主编的《土地资源学》（中国农业大学出版社，2002、2004、2010）；王秋兵主编的《土地资源学》（中国农业出版社，2003）；朱德举等编著的《土地资源学》（海洋出版社，2003）；邱道持所著的《土地资源学》（西南师范大学出版社，2005）；梁学庆主编的《土地资源学》（科学出版社，2006）；陈百明等编著的《土地资源学》（北京师范大学出版社，2008）；刘卫东等编著的《土地资源学》（复旦大学出版社，2010）；吴斌等编著的《土地资源学》（中国林业出版社，2010）；谭术魁主编的《土地资源学》（复旦大学出版社，2011）；陈常优等著的《土地资源学》（科学出版社，2015）。此外，中国自然资源学会主编的《2006－2007资源科学学科发展报告》（中国科学技术出版社，2007）和《2011－2012资源科学学科发展报告》（中国科学技术出版社，2012）均有专章的土地资源学科发展报告[21-22]，有力地促进了土地资源学科的建设与发展。

一、土地资源学的产生背景

总体上，土地资源学是在社会生产力发展的总体需求下，紧紧围绕经济社会发展对土地资源研究提出的科技需求，汲取和吸收相关学科营养并借鉴相关新兴技术，在开展区域土地资源研究的过程中不断地丰富自身理论与方法，从而逐渐形成了一门独立且富有强大生命力的学科。

（一）经济社会发展呼唤着土地资源研究的开展和学科的形成

通常，某一门具体学科的形成与发展是在社会生产力不断发展并对科学技术提出需求的背景下，为了解决社会经济发展中出现的一些重大问题、促进人们对某一科学技术发展的重大问题、关键问题进行研究，并在取得重要科技突破的过程中逐渐形成的。没有社会经济活动为背景，不会有科学技术的形成和发展[32]。

土地资源是人类赖以生存的最基本的自然资源，人类的一切生产和生活均离不开土地。从某种意义上来讲，千百年来人类的生产过程也就是与土地打交道的过程。因此，自古以来，对土地资源的开发、利用以及相应的认知、思索和研究就受到人们的重视。远在2000多年前，我国便有了土地类型划分、土地资源评价的思想以及土地规划和土地管理措施，并积累了丰富的利用土地、改造土地的经验。从这个意义上来说，今天的土地资源学是在人类长期以来的生产实践中产生的。

到了20世纪初期，由于世界人口急剧膨胀，使作为生产资料和生存空间的土地资源承受着巨大的压力，人口与土地资源之间的矛盾日益尖锐化，对土地资源的过度开发已引起了一些严重的生态恶果，日益影响到生产建设和社会发展。在这一严峻形势下，人们逐渐认识到，不应当对土地资源进行无限制的、野蛮的掠夺，而是需要将土地资源作为一个重要的科学对象开展系统性的研究，于是，欧美等国从20世纪40年代开始便有了区域土地资源研究，并在大学里设置了与土地资源研究相关的课程。60年代后，美国与土地资源研究有关的院系达20多个。苏联于50年代开始研究土地评价，并在高等院校地理系设置了土地评价专业。我国于50年代后期开始进行了有关区域土地资源考察研究，对边远省区的土地资源进行大规模的综合考察与调查，例如，橡胶树宜林地调查与评价、宜农荒地资源调查与评价等，这些成果在我国生产建设中起到了重要的基础性作用。这些区域土地资源调查与综合考察，进一步明确了土地资源需要有一门系统的学科对其进行研究。也就是说，随着人地矛盾的尖锐化，经济社会的发展迫切需要对土地资源开展专门的研究，并催逼着土地资源学科的产生。

（二）相关学科和技术的发展支撑了土地资源学科的发展

土地资源学科的形成与发展，离不开相关学科和技术的有力支撑。工业革命之后，相关学科和技术的进步、社会经济的发展促进了土地资源研究，一些与土地资源研究相关的学科，例如，地理学、土壤学、地质学、生物学、经济学等，分别从不同的角度对土地资源开展研究，但彼此之间较少交叉和渗透。随着科学的发展，人们逐渐认识到，一个区域的土地利用与其气候、地貌、土壤、水文、植物等各种生态环境条件密切相关，因而有必要将各自分散的研究进行综合。尤其是1976年联合国粮农组织出版的《土地评价纲要》[3]，明确将土地视为自然综合体和人类活动的产物，使土地资源作为一个特定的研究对象，与地理学、土壤学、经济学等相关学科区别开来，形成了特有的土地资源学科。

二、土地资源学的发展历程

总体上分析，土地资源学的研究历史和发展历程大致分为古代（公元前475～前221年的战国时代至1860年洋务运动之前）、近代（1860年至中华人民共和国成立时的1949年）和现代（1949年至今）。

（一）中国古代土地资源学思想和理论体系的萌芽

土地资源学在中国有着十分悠久的历史。中国拥有辽阔的土地，在长期的生产斗争中，广大劳动人民十分重视土地研究，积累了丰富的知识和经验，对土地有了深刻的认识。

2000多年前的战国时代，在《周礼》[33]一书中便把全国土地划分为山林、川泽、丘陵、坟衍、原隰五类。这是中国古老的含有现代土地思想的一部著作。《管子·地员》[34]更对土地作了系统的划分和详细的描述。在对土地类型研究中，它先将土地按地势分为三大类：潝田（大平原）、丘陵和山地；在各大类之下以地貌、土质为依据，再划分次一级的土地类型，共划分出 25 个类型。《地员篇》并对每个二级类型均作了综合的说明，体现了综合的思想。例如，对平原的各个类型，均指出了其中的木、草、泉水深浅、水质和作物等，有时还提到是否适于居住。这表明，《地员篇》对于土地不仅注意到它的某一自然特点，而且还注意到它的各种自然特点以及它在生产上的作用。《地员篇》的这种综合的观点，很符合现代对于土地的概念。可以说它是世界上最早根据地势、地貌、土质等特点来划分土地类型的雏形。

土地资源评价思想在我国也萌生很早，可以说我国古代在土地评价方面处于世界领先地位。《禹贡》堪称中国远古时期最早开展土地质量等级划分以及依据土地等级进行赋税的第一本著作，是土地评价和赋税制度在我国远古时期的萌芽。《禹贡》论述了夏禹时代依据九州各类土地质量等级来制定田赋（土地税）的制度。《禹贡》[35]首先将中国土地划分为九个区域（即所谓的"九州"）；其次根据九州土壤的性质，分为九个类型；再次又按肥沃程度，将九州的田地划分为上、中、下三等，每等又分为上、中、下三级；最后根据土地肥沃程度等级，安排农业生产，制定适当的田赋。此外，早在 2000 多年前，《周礼·地官篇》就有土地质量高低的记载，例如，"辩其野之土，上地、中地、下地，以颁田里"，即为按土地质量高低、计口授田的意思。战国时代的《管子·地员篇》曾就土地的评价分等作过比较详细的记述，它按土地肥力的高低分为"上土""中土""下土"三等，每等土地各有六类土壤，每类土壤分为五物，每等三十物，共九十物；每类土壤又适宜于两种谷类，每等特宜十二种，共三十六种，即"凡土物九十，其种三十六"。《地员篇》中土地适种植物不仅指农作物，而且广泛包括适种树木、果品、纤维、药材、香料等，并且对于畜牧、渔业以及其他动物之类无不备载。因此，在《地员篇》中的土地评价已利用了土地生态学即土地与植物的关系这一基本原理，从土地本身的性质、土地的质量、土地的生产能力和适宜性，对农林牧业生产进行综合评价。在土地评价系统上，实际上采取了等、类、种分级制。这是世界上见诸文字的最早的土地评价体系。值得一提的是北宋时期进行的大规模土地清丈，曾按地形、土壤颜色及土地肥力来评定土地质量，根据质量优劣，将土地分成五个等级，作为确定赋税的依据。这可以说是现代土地质量评价的前身。

中国土地规划的历史也很悠久，例如，中国最古老的井田制就是一种典型的土地规划措施，是中国早期土地利用规划的雏形。

此外，在长期的生产实践中，广大劳动人民对土地资源进行了大力的治理与改造，采取了许多有效的治山、治水、改土工程和措施，积累了宝贵的土地资源整治经验。

总之，可以认为，中国古代土地资源研究的历史十分悠久，其思想萌芽较早，处于世界领先水平。

（二）近代土地资源研究简况

尽管我国早在 2000 多年前便萌发了土地资源学的思想，在土地资源学的各个领域均取得了不少的成就，处于世界领先地位。但在以后长期的封建统治下，这种科学思想没有得到进一步的发展。在近代（1860 年至新中国成立时的 1949年），虽然我国相关学者在土地资源研究领域有所开展，也取得了一些成果，但主要集中于土地利用的调查与制图，在综合性的土地分类研究基本上属于空白，土地评价开展也不多[36]。

在土地利用调查与制图研究方面，民国时期我国学术界最早的代表性研究是20 世纪 30 年代初金陵大学（今南京大学的前身）美国籍教授卜凯（John L. Buck，1890～1975 年）主持的中国土地利用调查。1929～1937 年，在太平洋国际学会的资助下，卜凯组织金陵大学农业经济系师生对中国 22 个省、168 个地区、16786 个农场和 38256 户农户的土地利用进行了调查，在此基础上编写了《中国土地利用》一书，其英文版于 1937 年分别在上海（商务印书馆）、美国出版，中文译本于 1941 年在成都出版。《中国土地利用》全书共三册，分别为论文集、地图集和统计资料。卜凯的《中国土地利用》将我国分为两大农业地带（即小麦地带与水稻地带）、八个农区（即冬麦区、冬麦小米区、冬麦高粱区、扬子水稻小麦区、水稻茶区、四川水稻区、水稻两获区、西南水稻区），探讨了地势、气候、土壤、耕地面积、土地利用、家畜、土地肥力、农场大小、农场劳作、物价、赋税、运输、农产品贸易、人口、食物营养、农家生活水平等问题，内容涉及农村社会、经济生活的各个方面[37]。

同时，以地理学家胡焕庸、任美锷、吴传钧和农学家张心一等为代表的学者在民国时期开展了不少土地利用调查与制图研究工作。胡焕庸（1936）在土地利用调查研究的基础上发表了《中国之农业区域》的研究成果（《地理学报》1936年第 1 期）；张心一（1887～1992 年）在土地利用调查工作基础上发表了《中国农业统计地图》研究成果；吴传钧从 20 世纪 40 年代开始研究土地利用问题，后撰写了《土地利用之理论与方法》（1943）、《威远山区土地利用》（1945）等论文，进而于 1951 年主持编制了《1：4 万南京市土地利用图》；任美锷对四川的农业生产力水平进行了系统研究，并于 1948 年将《中国西南部土地利用研究》成果以首篇的形式发表在美国的《经济地理杂志》上，这些研究成果奠定了中国土地利用研究在国际上的地位。

（三）中华人民共和国成立至1990年土地资源研究的发展与土地资源学的形成

中华人民共和国成立（1949年）一直到20世纪80年代末期，随着社会生产力和科学技术的发展，我国土地资源学得以进一步继承和发展，开展了全国性土地分类、全国性土地资源评价、全国性土地利用调查与制图等重大研究，取得了一系列重大的科学研究成果，形成了现代土地资源学。主要表现在：

1. 全国性土地分类与制图

中华人民共和国成立后的1953～1954年和1956～1959年，中国进行了两次全国性的自然区划。随着自然区划工作的深入开展，迫切需要从类型角度对各自然分区的内部特征加以研究，加以剖析，从而推动了土地类型的研究工作。

1978年制定的全国自然科学发展规划和1979年召开的全国农业自然资源调查与农业区划会议将全国1∶100万土地类型图列为重点项目之一后，中国土地类型的研究发展到一个新的阶段。全国各省（市、自治区）广泛开展了大、中、小比例尺的土地类型调查和制图。《中国1∶100万土地类型图》由中国科学院地理研究所主持编制，赵松乔研究员任主编，共有46个单位、300余人参加。自1981年以来，中国1∶100万土地类型图编委会共召开过3次全国性学术会议和10余次小型学术会议，还出版了《中国土地类型研究》等论文集，不少刊物发表了大量关于土地类型方面的论文，内容上既有土地类型研究的理论、方法、分类系统，又有大、中、小各种比例尺的土地类型调查与制图，使全国已经具有从1∶1万至1∶100万的部分地区土地类型系列图，充实和深化了土地类型研究的内容和方法。

1979～1986年，《中国1∶100万土地类型图》编制项目完成了以下四个成果：①制定"中国1∶100万土地类型图制图规范"（测绘出版社，1989）。②按国际分幅（全国共为64幅）已由测绘出版社出版8幅1∶100万彩色土地类型图，即西宁幅、乌鲁木齐幅、西安幅、呼和浩特幅、太原幅、海南岛幅、南京幅、长沙幅。③已完成吉林、满洲里、虎林、南通、上海五幅编稿图的打样。审定北京、武汉、额济纳、和田、且末、克拉玛依、哈巴河、汕头、沈阳九幅编稿图。④在《中国1∶100万土地类型图》编制研究项目带动下，全国各省份开展了省份与重点地区不同比例尺土地类型图的编制，全国大致有80%～85%区域编制了土地类型图。

《中国1∶100万土地类型图》制定的土地类型分类系统，是中国截止到20世纪末最完整的土地类型分类研究成果；《中国1∶100万土地类型图制图规范》是中国土地类型制图最规范的制图规范；出版的彩色图是中国较标准的彩色样图。该项成果将中国土地类型研究与制图推进到较成熟的阶段，在国内与国际具有广泛而深刻的影响[38]。

2. 全国性土地资源评价

1949 年以后，为适应国民经济发展的需要，我国先后开展了不同规模的土地资源调查和评价，使土地评价理论和实践得到迅速发展。大致可分为四个阶段：

（1）第一阶段：20 世纪 50 年代初期。为适应土地改革的需要，全国各地普遍开展了耕地的评价分等工作，之后实行的"三定"及 1956 年的农业合作化，为了包工包产，各地又陆续进行了土地评价。这一阶段土地评价的主要特点有四个：①属于群众性的土地评价，主要依靠各级地方干部和农民群众自己来进行评价，参加人数达数百万人，范围遍及全国；②通过这种评价，一方面基本摸清了全国当时耕地的数量，另一方面普及了土地评价教育，积累了经验和教训，为以后进一步开展工作奠定了基础；③多采用单项指标，很少顾及土地的综合因素；④由于缺乏统一的评价标准，不便作全国性或较大范围的质量对比。

（2）第二阶段：20 世纪 50 年代中期至 70 年代中期。为适应经济建设的需要，陆续开展了自然条件和自然资源方面的考察和研究，其中，包括对一些区域进行了土地改造利用评价。这一时期，具有代表性的土地资源研究工作是围绕着以土地开垦为目的而进行的中国宜农荒地资源调查与评价和围绕着以发展橡胶种植为目的而进行的橡胶宜林地调查和评价[28]，这两项工作极大地促进了东北、新疆等地的荒地开发和华南、云南等地的橡胶种植，促进了国家和地区农林业的发展。20 世纪 80 年代初，中国科学院自然资源综合考察委员会在总结 20 世纪五六十年代荒地资源调查、评价研究工作的基础上，出版了《中国宜农荒地资源》专著，系统阐述了全国宜农荒地资源分类、评价、分布及重点片的开发条件与利用方向，这些实地调查与野外研究工作为 80 年代开展土地类型与土地资源研究工作奠定了实践基础。这一阶段的主要特点有五个：①土地评价与生产建设结合密切，针对性强。例如，荒地资源的调查评价直接为黑龙江、新疆、甘肃等省（区）荒地开发服务；而橡胶、紫胶宜林地资源的调查评价研究更是直接推动了我国橡胶、紫胶事业的发展。②受特定的实用目的的限制，多属单项资源研究，很少进行土地的综合评价。③多属区域性的调查研究，而缺乏全国性的工作。④多属经验性的评价，缺乏理论的总结和系统化。⑤土地资源研究主要建立在土壤学基础之上，基本上属于土壤地理学的范畴。

（3）第三阶段：从 20 世纪 70 年代后期至 80 年代中期。这一阶段是我国土地资源评价的重要发展时期。标志性的研究工作是被列为国家《1978－1985 年全国科学技术发展规划纲要》中重点科学技术项目第一项和《全国基础科学发展规划》地学重点项目第五项，并列入全国农业自然资源调查和农业区划研究项目计划的《中国1∶100万土地资源图》编制。该图是我国第一套全面系统地反映全国土地资源潜力、质量、类型、特征、利用的基本状况及空间组合与分布规律的大型小比例尺专业性地图。由中国科学院自然资源综合考察委员会主持编制，石玉林任主编，全国43个单位、300多位科学工作者协作完成。《中国1∶100万土地资源图》的编制研究工作，促进了我国广泛开展和大规模的进行土地评价理论和实践研究。在召开多次全国性土地资源学术交流及该图编制工作会议基础上，提出了《中国1∶100万土地资源图》土地资源分类系统和《中国1∶100万土地资源图编制规范》，极大地推动了我国土地资源评价研究的迅速发展，并完成了全国1∶100万土地资源图的编制。此外，还陆续介绍了美国、澳大利亚、联合国粮农组织等国外的评价理论与经验，有关学术刊物也相继发表了许多论文，中国科学院综合考查委员会和《中国1∶100万土地资源图》编委会还出版了若干集《土地资源研究文集》，大大活跃了学术气氛。《中国1∶100万土地资源图》的主要成果包括《中国1∶100万土地资源图》（60幅）、分幅说明书、土地资源数据集和数据库、编图制图规范，都已出版发行（除数据库外）。《中国1∶100万土地资源图》成果建立的土地资源学科的理论体系（土地资源分类、评价、统计、制图）与制图规范，推动了土地资源科研与教学发展，培养锻炼了一批土地资源研究与教学骨干，有的高等院校把该成果作为教学的主要参考教材（或资料）而开设了土地资源专业课程。这一阶段的主要特点有四个：①从地区性拓展到全国性的研究；②从单项资源评价走向全面的综合的评价；③从经验评价上升到理论的和系统的研究，从而初步形成了具有中国特色的土地资源评价研究体系；④遥感技术（如航片、卫片等）在土地评价制图中得到广泛的应用。这一时期是我国土地资源评价研究的关键时期[39]，直接推动了土地资源学科的建立和发展。

（4）第四阶段：1986年。这一年是《中国1∶100万土地资源图》编制完成并相应成立中国自然资源研究会土地资源专业委员会（即现今中国自然资源学会土地资源研究专业委员会的前身）之后，中国土地资源评价进入了进一步深入发展时期。先后进行了大中比例尺的土地评价与制图；计算机与遥感技术结合，开始在评价与制图中应用；土地评价逐渐从定性、半定性到定量研究；在进一步开展为大农业服务的土地评价的同时，还逐步开展了为城镇建设服务的土地评价。

3. 全国性土地利用调查与制图

我国大规模的土地利用现状调查起步较晚，主要是1978年之后才逐渐开展起来的。1979～1990年，主要的工作和成果是《中国1∶100万土地利用图》的编制。这是国家《1978－1985年全国科学技术发展规划纲要》中重点科学技术项目的第一项和《全国基础科学发展规划》地学重点项目第五项的研究课题。

《1∶100万中国土地利用图》由中国科学院地理研究所主持，吴传钧任主编，全国41个单位、300多名科学工作者共同协作，历时10年（1981~1990）完成，1990年由西安地图出版社出版。

《1∶100万中国土地利用图》是通过大量实地典型和路线调查，充分利用遥感图像及有关专题地图等多元信息资料，在各省、自治区的大、中比例尺土地利用图的基础上，再根据《1∶100万中国土地利用图编制规程及图式》的要求，经过逐级缩编而成。这是中国历史上首次按照统一规范进行的大规模土地利用调查与制图研究。《中国1∶100万土地利用图》按国际分幅，全套共61幅，每幅图的背面附文字说明。《1∶100万中国土地利用图》是我国有史以来第一次以全国为范围，利用统一的比例尺，按照统一的制图规范，通过大规模的土地利用调查和协作而编制的。它以高度的科学性、创新性和广泛的实用性，在国际上独树一帜。该项成果由61幅图组成，以地图和科学专著的形式，全面而系统地展示并研究了我国土地利用的规律、土地利用类型构成及其地域分布规律的基本特征。

在完成《1∶100万中国土地利用图》编制并综合分析我国土地利用现状的基础上，配合国家资源开发和经济发展的需要，吴传钧先生组织编写了中国第一部土地利用科学专著《中国土地利用》（科学出版社，1994），对中国土地利用研究理论和实践进行了全面而系统的科学总结，为后来中国土地利用研究和土地利用学科的发展奠定了根本性基础[40]。

此外，中国于1984~1995年，按照全国农业区划委员会1984年颁布的《土地利用现状调查技术规程》和国发〔1984〕70号文件《国务院批转农牧渔业部、国家计委等部门关于进一步开展土地资源调查工作的报告通知》要求，开展了全国性的土地利用现状调查（称为土地资源详查），完成了全国2843个县级调查单位的调查，并于1996年完成全国统一时点（1996年10月31日）的变更调查和全国汇总。取得的成果主要有《中国土地资源》《中国土地资源调查技术》《中国土地资源调查数据集》《中华人民共和国土地利用图》（1∶50万分幅图，1∶250万挂图和1∶450万挂图）等10项。这是中国第一次进行的最为全面和最为准确的土地利用现状详查，首次全面查清了我国农村土地的权属界线、各个地块的面积和用途；各个乡（镇）、县、地（市）、省（自治区、直辖市）和全国土地的类型、数量、分布、利用和权属状况。

在土地资源研究的其他方面，例如土地利用区划与土地利用规划、土地资源整治、土地资源保护和土地资源管理等方面，也开展了许多研究工作，研究成果不断涌现。

综上所述，中国土地资源研究的历史可谓源远流长、由来已久，尤其自1978年以来，其进展十分迅速。特别是全国性土地分类与制图、全国性土地资源评价与制图、全国性土地利用调查与制图等重大研究项目成果的完成，使土地资源研究的理论体系不断充实、完善，现已发展成为一门独立的学科——土地资源学。尽管该学科的不少理论和方法问题尚待深入探讨和创新研究，但它有着深厚的基础、广阔的前景和强大的生命力。

（四）1990年以来土地资源研究的新发展

自1990年以来，中国在土地资源学科有关领域的理论、技术方法和实证研究取得了显著进展。尤其在土地资源调查、土地资源评价、土地利用规划、土地资源整治、土地可持续利用研究、土地利用/覆被变化（LUCC）及其生态效应研究、土地资源优化配置与集约利用、土地分等定级、土地资源安全与生态友好型土地利用等领域先后开展了许多卓有成效的研究工作[29-30]，对推动土地资源学的进一步发展起到了积极作用。

1. 土地资源调查定期开展

2008年2月7日，我国首次颁布了《土地调查条例》，将土地调查作为一种制度。继1996年我国完成第一次土地资源详查、2000年开展国土资源大调查和2004年开展土地更新调查之后，国务院于2006年12月7日下发《国务院关于开展第二次全国土地调查的通知》（国发〔2006〕38号），并于2007年6月26日制定了《第二次全国土地调查总体方案》，正式启动了第二次全国土地调查工作，2009年12月31日完成了全国第二次土地调查数据汇总。2013年12月30日在国务院新闻办公室召开"第二次全国土地调查主要数据成果新闻发布会"，正式公布了第二次全国土地调查成果。2017年10月8日，国务院下发了《国务院关于开展第三次全国土地调查的通知》（国发〔2017〕48号），决定自2017年起开展第三次全国土地调查。2018年11月19日，国务院第三次全国国土调查领导小组办公室制定了《第三次全国国土调查实施方案》，并于2019年2月由地质出版社出版了《第三次全国国土调查技术规程》。

2. 土地资源评价研究成果显著

土地资源评价是土地资源学科研究的核心领域。近20多年来，中国土地评价研究的主要进展表现在以下三个方面：

（1）从传统的土地类型和土地适宜性评价研究发展到土地质量指标体系研究，尤其世界银行、联合国粮食及农业组织（FAO）、联合国开发计划署（UNDP）、联合国环境规划署（UNEP）等国际组织倡议、推动而发展起来的基于"压力－状态－响应"（Press－State－Response，PSR）模式的土地质量指标体系在我国得到了一定的应用，已产出了一系列的研究成果。

（2）土地分等定级研究从城镇土地发展到对农用地的分等定级研究，农用地分等定级研究的理论成果和区域研究成果产出较多。

（3）单项土地适宜性评价从农用地转向建设用地评价，为土地利用规划尤其是城镇开发边界划定和城镇建设用地布局服务。

3. 土地利用规划空前发展

土地利用规划被誉为土地资源管理的"龙头"。1990年以来，中国先后开展了三轮土地利用总体规划的编制和修编工作。尤其是2006～2010年开展的第三轮土地利用总体规划修编工作，不仅直接推动了我国各级土地利用总体规划工作的深入发展，还促使国家出台了土地利用总体规划编制规程、制图规范和数据库建库标准。此外，近些年来，我国有关专家学者不仅对土地利用规划模式、可持续土地利用规划理论、土地利用规划方法以及GIS、遥感、计算机技术和数学方法在土地利用规划中的应用等进行了大量的研究，还在土地利用规划实施评价分析、土地利用规划环境影响评价等方面也进行了深入的探索和研究，推动了土地利用规划研究的发展。2019年5月，中共中央、国务院印发了《中共中央　国务院关于建立国土空间规划体系并监督实施的若干意见》（中发〔2019〕18号），提出建立国土空间规划体系并监督实施，将主体功能区规划、土地利用规划、城乡规划等空间规划融合为统一的国土空间规划，实现"多规合一"，强化国土空间规划对各专项规划的指导约束作用[41]。此后，国土空间规划的基础研究和编制工作拉开了序幕。

4. 土地资源整治稳步发展

近年来，土地资源整治（包括土地开发、复垦和整理）是我国开展的重要研究与实践领域，受到广泛关注。国家和各省（区、市）每年都在投资开展土地整理项目。我国土地整理的目标定位也从增加耕地的数量逐渐拓展到改善农业生产条件和生态环境、提高农业综合生产能力、促进新农村建设、统筹城乡发展等方面，并在理论上和实践上取得了一定的成果。这表明我国的土地整理已开始从传统的土地整理阶段向以提高推进新农村建设和改善乡村发展能力为主要目的的现代土地整理阶段演变。

5. 土地资源可持续利用研究蓬勃发展

自1990年土地可持续利用的概念正式确立以来，土地可持续利用研究得到了蓬勃发展。尤其是联合国粮食及农业组织（FAO）1993年正式颁布《可持续土地利用评价纲要》之后的10多年里，我国许多学者在《可持续土地利用评价纲要》确定的评价指标框架基础上，依据所在研究区域的资源环境的本底特征、社会经济条件和土地利用状况，对可持续土地利用评价的指标体系和方法进行了实证研究，相关研究成果文献大量涌现。

6. 土地利用/覆被变化（LUCC）研究进一步深化

自20世纪90年代以来，在国际地圈生物圈计划（IGBP）和国际全球变化人文计划（IHDP）的大力推动下，土地利用/土地覆被变化（LUCC）研究成为全球环境变化研究的核心领域。我国许多专家和科技人员仅仅瞄准国际研究动向，在土地利用/土地覆盖分类系统、LUCC 监测技术、LUCC 驱动机制、LUCC 建模、不同尺度的典型区域 LUCC 及其生态环境效应研究等方面开展了大量的研究，尤其是针对重点地区和敏感地区的区域性研究较多，取得了重要进展。

7. 土地资源生态安全与生态环境友好型土地利用研究逐渐兴起

土地生态建设、环境保护型土地利用等方面的研究，深受国内外学术界与管理界的重视。在我国，随着可持续发展战略推进和土地生态问题的日益突出，学术界陆续开展了土地生态与资源安全领域的科研实践，尤其在土地生态评价指标、土地资源安全理论和保障措施等方面已有丰硕的成果发表和出版。近些年来，在建设环境友好型社会的宏观背景下，国内许多学者着眼于特定区域（如山区、农牧交错生态脆弱区）生态友好型土地利用的模式与途径研究。在 2006～2010 年中国开展的各级土地利用总体规划修编中，按照国土资源部相关规定和要求，各地都开展了各级土地利用总体规划修编的前期专题研究项目《协调土地利用与生态建设研究》，其中，包含了各级区域环境友好型土地利用研究，从而极大地推进了我国生态友好型土地利用的研究工作。

三、土地资源学理论体系的形成

尽管随着当今经济社会的迅速发展和国家的科技需求，使土地资源学的研究范畴不断扩展，日益涉猎不少新领域、新方向，但总体上，土地资源学科以土地分类和土地资源评价作为基本支柱和核心内容，随着中国三大土地系列图件的成功编制，促进了土地分类和土地资源评价理论体系的形成，从而使土地资源学科得以成为一门独立的学科，并不断地得到了发展。

（一）土地分类理论体系的形成

自然界的土地复杂多样。土地分类，一般是指依据土地的性状、组成、用途等方面的差异性，按照一定的目标和规律，将单个的土地单元按质的共同性或相似性归并成不同的类别，从而形成具有一定从属关系和不同等级的类别体系。为了研究、分析各类土地的特点及其异同点，为各业生产和经济建设提供服务，科学地进行土地分类并建立合理的土地分类体系是必不可少的基础工作。

中国土地分类的研究历史悠久。早在 2500 多年前就有土地类型划分的记载。例如，战国时期的《周礼》把全国土地划分为五大类，即"山林"（生长树木的地方）、"川泽"（江河湖泽之地）、"丘陵"（比较低缓的起伏之地）、"坟衍"（坦荡平原之地）和"原隰"（低洼平坦的湿地）；《管子·地员篇》按地形将全国土地划分为三大类，即"渎田"（大平原）、"丘陵"和"山地"，然后再按土壤或地形分出 25 类，其中，"淤田"按土质差异分成五类，"丘陵"按地貌形态和地表组成物质的差异分成 15 类，"山地"则根据地势的高低分成五类；《禹贡》将"九州"的土壤分为"白壤""黑坟""赤埴坟""涂泥""青黎""黄壤""白坟""垆埴"等类型，再按肥力高低将土地划分为上、中、下三等。这些可谓是世界上最早的具有土地分类思想萌芽的著作。

按照不同的属性、目的和要求不同，土地分类也就不同。目前，我国基础性的土地分类主要有土地自然属性分类（即土地类型）和土地利用现状分类两种体系。

1. 土地类型研究与分类体系的形成

土地是地貌、气候、土壤、水文、植被等自然要素与人类活动相互作用而形成的综合体。按土地自然属性的相似性与差异性来划分土地类型，可以揭示土地类型的分异和演替规律，遵循土地构成要素的自然规律，最有效地挖掘土地生产力。虽然土地类型的划分古已有之，但真正开展土地类型的科学研究是在新中国成立之后。

20 世纪 50 年代末，苏联景观学派有关土地类型调查与制图的理论与方法介绍了中国之后，我国部分地理学者开展了一些区域性土地类型划分与制图工作，如赵松乔（1965）在乌兰布和沙漠和河西走廊，唐孝谓（1963）在民勤和石羊河流域，林超、李昌文（1965）在北京怀柔山区，缪鸿基（1966）在珠江三角洲，等等。这些研究工作不仅有较为深入的理论探讨，也有广泛的实践探索，为 20 世纪 70 年代开展的土地类型研究奠定了较好的基础。

1978 年国家制定的《1978－1985 年全国科学技术发展规划纲要》将《中国 1∶100 万土地类型图》列为重点科学技术项目的第一项"农业自然条件、自然资源和农业区划的研究"中的研究课题以及《全国基础科学发展规划》地学重点项目第五项"水土资源和土地利用基础研究"的研究课题；1979 年 4 月，《中国 1∶100 万土地类型图》又被列入全国农业自然资源调查和农业区划的研究项目计划。这一方面说明了土地类型研究受到了国家的高度重视，同时也标志着我国的土地类型研究跨入了一个新的发展阶段。在《中国 1∶100 万土地类型图》编制项目的带动下，围绕土地类型划分的理论研究、分类体系探讨和区域实践进行了广泛的展开。

土地类型图是反映土地这一地表自然综合体的各种不同类型的地理分布及其特征的专题地图。通过广泛、深入的研究、探讨和实践，《中国 1∶100 万土地类型图》编委会首次制定了全国土地类型的分类原则和分类系统以及制图规范。鉴于中国自然条件复杂，土地类型千差万别，《中国 1∶100 万土地类型图》将我国土地类型分为土地纲、土地类、土地型三个级别。首先，按水热条件（≥10℃期间的积温和干燥度）的组合类型划分出土地纲，土地纲反映的是土地的光温水生产力，全国共划分12个土地纲，即湿润赤道带、湿润热带、湿润中亚热带、湿润北亚热带、湿润半湿润暖温带、湿润半湿润温带、湿润寒温带、黄土高原、半干旱温带草原、干旱温带暖温带荒漠、青藏高原。其次，在"纲"之下，按大（中）地貌类型（山区以垂直地带为主要指标）划分出"土地类"；在"类"之下，按植被亚型或群系组、土壤亚类进一步划分"土地型"。土地纲是研究土地形成、特性、结构、分类的基础，土地型是制图的基本单元。土地类型图的编制以地形图、卫星相片（航空相片）、质量好的更大比例尺的土地类型图为基本资料，以邻近学科的各种专业图件、文献资料和统计资料作补充和参考。1989年，《中国1∶100万土地类型图》编委会主编的《中国1∶100万土地类型图制图规范》[42]由测绘出版社正式出版；同时，按国际分幅的西宁幅、乌鲁木齐幅、西安幅、呼和浩特幅、太原幅、海南岛幅、南京幅和长沙幅8幅1∶100万彩色土地类型图先后由测绘出版社出版，标志着我国土地类型理论与分类体系得以形成。

《中国1∶100万土地类型图》的成功编制，为我国土地类型的深入调查研究和制图开创了新局面。此后，土地类型研究进一步拓展，开展了土地类型结构、空间与时间演替以及根据土地类型分异进行区域发展战略和区域整治方向的探讨。

2. 土地利用现状分类体系的形成

我国的土地利用现状分类是按照土地的用途、经营特点、利用方式和覆盖特征来进行分类的。从总体上来看，1978年以前，尽管开展了区域性的土地利用调查和制图探索与研究工作，但尚未真正形成完善的全国性土地利用现状分类体系。1978年，《中国1∶100万土地利用图》的编制项目被列为国家《1978－1985年全国科学技术发展规划纲要》中重点科学技术项目的第一项和《全国基础科学发展规划》地学重点项目第五项的研究课题。

1979年，吴传钧发表了重要论文《开展土地利用调查与制图为农业现代化服务》[43]，在论述当前我国土地利用存在问题与编制土地利用图必要性、总结国外土地利用调查与制图经验的基础上，结合我国实际，提出了中国1∶100万土地利用现状图分类体系与表达方法。这篇论著堪称《中国1∶100万土地利用图》的奠基之作。之后，在吴传钧先生的主持下，由41个单位、300多名科学工作者共同协作，历时10年（1981～1990年），圆满完成了《中国1∶100万土地利用图》的编制。取得了三个标志性的成果。

第一，制定和出版了《1∶100万中国土地利用图编制规程及图式》[44]（科学出版社，1986），首次制定了全国性土地利用分类的原则和分类系统，将全国土地利用划分为三级分类系统，其中，一级类型包括耕地、园地、林地、牧草地、水域及湿地、城镇用地、工矿用地、交通用地、特殊用地及其他土地 10 个类型；二级类型共分 42 个。

第二，编制完成并正式出版了《1∶100 万中国土地利用图》（西安地图出版社，1990）。这是中国历史上首次按照统一规范进行的大规模土地利用调查与制图研究。《中国 1∶100 万土地利用图》按国际分幅，全套共 61 幅，每幅图的背面附文字说明。内容包括区域自然与经济特点、土地利用概况与主要类型、土地利用存在问题及对策。

第三，撰写和出版了中国第一部土地利用科学专著《中国土地利用》[45]（科学出版社，1994）。这是新中国成立以来我国土地利用研究成果的科学总结，既有理论又有实际，既有全国性的宏观规律阐述又有区域性规律阐述，为后来我国土地利用研究和土地利用学科的发展奠定了根本性基础。

正是上述全国性土地利用分类的原则和分类系统的首次制定、《1∶100 万中国土地利用图》的成功编制以及中国第一部土地利用科学专著《中国土地利用》的正式出版，使我国的土地利用现状分类体系得以正式形成。

此外，基于全国县级土地利用现状详查的实际需要，1984 年 9 月由全国农业区划委员会发布了《土地利用现状调查技术规程》，将全国土地利用现状类型分为 8 个一级类、46 个二级类。8 个一级类分别为耕地、园地、林地、牧草地、居民点及工矿用地、交通用地、水域及未利用土地。第一次土地详查和之后的历年土地变更调查均采用这一土地利用现状分类，一直沿用到 2001 年 12 月。

为了满足土地用途管理的需要，科学实施全国土地和城乡地政统一管理，扩大调查成果的应用，国土资源部制定了城乡统一的"全国土地分类"，并于 2001 年 8 月印发了《全国土地分类（试行）》（国土资发〔2001〕255 号），2002 年 1 月 1 日起试行。《全国土地分类（试行）》采用三级分类。其中，一级分为农用地、建设用地和未利用地三类，也就是《土地管理法》的三大类；二级分为耕地、园地、林地、牧草地、其他农用地、商服用地、工矿仓储用地、公用设施用地、公共建筑用地、住宅用地、交通运输用地、水利设施用地、特殊用地、未利用土地和其他土地 15 类；三级分为 71 类。为了保证新旧土地分类体系衔接，国土资源部还制定颁布了《全国土地分类（过渡期间适用）》，采用三级分类，共分为 3 个一级类、10 个二级类、52 个三级类。

2007 年，基于第二次全国土地调查的需要，国家首次制定了土地利用现状分类的国家标准，即《GB/T21010—2007：土地利用现状分类（GB/T21010—2007）》[46]。该分类标准于 2007 年 8 月 10 日由中华人民共和国质量监督检验检疫总局、中国标准化管理委员会联合发布和实施。《土地利用现状分类》采用土地综合分类方法，根据土地的利用现状和覆盖特征，对城乡用地进行统一分类，共分为 12 个大类、57 个二级类。12 个大类分别是耕地、园地、林地、草地、商服用地、工矿仓储用地、住宅用地、公共管理与公共服务用地、特殊用地、交通运输用地、水域及水利设施用地、其他土地。第二次全国土地调查按照《土地利用现状分类（GB/T21010—2007）》执行。2017 年，国家质量监督检验检疫总局、国家标准化管理委员会为了开展第三次全国国土调查工作又发布了新的《土地利用现状分类》（国家标准 GB/T 21010—2017）[47]，标志着我国土地利用分类理论体系的发展进入了新的阶段。

（二）土地资源评价理论体系的形成

成书于战国时期的《禹贡》《管子·地员》等著作是世界上最早体现土地资源评价的专著，表明我国古代已具备了土地资源评价的萌芽，至今仍有一定的参考意义和价值。

自中华人民共和国成立以来，中国土地资源评价研究得到了逐步的发展，尤其是以 20 世纪 50 年代中期至 70 年代中期开展的服务于土地开垦的中国宜农荒地资源调查评价以及《中国宜农荒地资源》专著、服务于橡胶种植的橡胶宜林地调查评价等研究工作，为 80 年代进一步开展土地资源评价研究奠定了基础。

1976 年联合国粮农组织出版了《土地评价纲要》，提出了土地评价的六条基本原则和四级制评价系统（适宜性纲、适宜性级、适宜性亚级和适宜性单元）。这一体系对我国后来的土地资源评价体系的建立有着重要的参考意义。

1978 年，石玉林发表了著名的《土地与土地评价》[4]一文，在论述土地与土地资源概念与内涵、土地类型与土地结构特点基础上，对土地资源质量评价的理论依据与方法、评价因素鉴定、土地资源质量评价分类（分级）体系进行了创造性的探讨，结合我国实际，首次提出了"区"（反映土地生产潜力）、"等"（即土地质量等级）、"组"（反映限制因素和改造措施）和"型"（即土地资源类型，属评价单元）四级制土地质量评价分类体系。这一论著被称为《中国 1∶100 万土地资源图》的奠基之作。

之后，《中国 1∶100 万土地资源图》的编制项目被列入《1978－1985 年全国科学技术发展规划纲要》中重点科学技术项目的第一项和《全国基础科学发展规划》地学重点项目第五项的研究课题，并列入全国农业自然资源调查和农业区划的研究项目计划。在中国科学院自然资源综合考察委员会石玉林先生的主持下，由国内 43 个单位、300 多位科学工作者密切协作，首次完成了全国范围的土地资源图的编制。

《中国 1∶100 万土地资源图》是以国家测绘总局 1980 年出版的《1∶100 万地形图》为底图，利用 1972 年、1984 年的美国陆地资源卫星影像与实际调查资料相结合编制而成。土地资源评价分类系统按潜力区、适宜类、质量等、限制

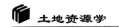

型、土地评价单元五个等级。

《中国 1∶100 万土地资源图》的主要成果包括《中国 1∶100 万土地资源图》（60 幅）、分幅说明书、土地资源数据集和数据库、编图制图规范。除数据库外，都已出版发行。其中，《中国 1∶100 万土地资源图》于 1986～1989 年由西安地图出版社陆续出版，而《中国 1∶100 万土地资源图编图制图规范》[23]则于 1990 年 11 月由科学出版社出版。《土地资源数据集》是按土地资源分类系统进行分省、分潜力区、分类型逐级逐项量算统计。

该项成果是在多年综合考察与土地资源研究的基础上，吸收了国内外经验，克服了理论和技术上的一系列困难，建立了适合中国特点的土地资源分类体系和与此相适应的土地资源统计体系，并首次完成了土地资源综合制图，具有首创性、综合性与系统性特点。《中国 1∶100 万土地资源图》所提供的资源数据是全面的、系统的，特别是其中土地适宜性、土地质量等与土地限制型的土地评价部分的资源数据在国内尚属首次。

通过《中国 1∶100 万土地资源图》的成功编制，建立了土地资源学科的理论体系（包括土地资源分类、评价、统计、制图）与制图规范，推动了土地资源学科的发展和建设。这之后，基于《中国 1∶100 万土地资源图》及相关研究成果，以土地资源评价为核心的"土地资源学"著作（或教材）陆续出版问世。

进入 20 世纪 90 年代以后，土地资源评价研究领域不断拓展，适应国家经济社会发展的科技需求，开展了土地经济评价（包括城镇土地分等定级与估价、农用地分等定级与估价等）、土地生态安全评价、土地可持续利用评价等多种评价研究工作，成果不断涌现。

四、土地资源研究方法的发展

土地资源的研究方法多种多样，就其研究内容的指向性而言，土地资源研究方法包括土地资源调查、土地资源评价、土地利用规划等多个方面，其中，调查和评价是土地资源学基础研究的重要方法，规划则是土地资源学应用研究的重要内容。近年来，国内还强调开展土地资源综合研究[31]。

（一）土地资源调查方法的发展

土地调查是非常重要的基础性国情调查工作，受到历朝历代重视。在调查方法上，从历史上的多种土地清丈方法，到现今已演变为先进的"3S 技术"土地调查方法。

1. 历史上的土地清丈方法

我国幅员辽阔，要开展全国性土地调查来取得各类土地面积及其分布情况是非常困难的。历史上，一般采取"土地清丈"的方式，尤其以清丈耕地为主，以便征收土地税负。历史上较大的土地清丈所使用的方法主要有方田均税法、径界法、推排法和鱼鳞图册法。由于种种条件限制，历史上能顺利完成全国土地清丈工作的次数不多。东汉光武帝建武十五年（公元39年），因天下垦田数不实，皇帝下诏州郡检复，这是历史上第一次全国性土地丈量；宋代对农田清丈较为重视，历朝皇帝都进行过小规模的清丈，北宋最大的一次是神宗时，采用王安石所创的"方田均税法"进行土地清丈，南宋最大的一次是用"径界法"进行土地清丈；明朝举行过两次有成效的全国性土地清丈，即洪武、万历两朝的土地清丈，采用"鱼鳞图册法"，编制鱼鳞图册，在技术规程上对方向方位、成图方法、计量单位与计算方法、地图格式、符号表示等都有了明确统一的规定。清朝则继续沿用了万历年间所编的鱼鳞图册，只有局部开展了清丈工作。

2. 民国时期的土地测量方法

在民国时期，统治者对赖以开辟税收来源的土地测量较为重视，继承了明、清以来清丈田地的举措，并在技术方法上有了进步。1914年，北洋政府下令"清理田亩，厘定径界"，相继建立径界局，制定径界法规草案，成立测量队。1928年，南京政府于内政部设土地司，掌理全国土地测量，1942年专设地政署，1947年改为地政部。民国时期许多地方开展了地籍测量。上海市于1927年8月开始地籍测量，是中国用近代测量技术进行地籍测量最早的地方。其后，江西、南京、江苏、湖北、浙江、安徽、河南等省相继开展了地籍测量。这一时期地籍测量还采用了航空摄影方法。1933～1939年陆地测量总局航摄队航测1:1000、1:2000地籍图84597幅。地政部门实施《地籍测量规则》，规定地籍测量程序是：三角测量、导线测量及交会点测量、户地测量、计算面积及制图。户地测量比例尺为1:500、1:1000、1:2000、1:5000、1:10000。户地测量采用平板测量和航空摄影两种方法。户地原图测定后，应与邻图接边，接合无误后即可着墨，在原图上计算面积，以图幅理论面积作控制，量算每宗地面积，采用求积仪及三斜法计算面积，三斜法要采用实量数据。

3. 20世纪50年代的土地清查方法

1951年7月，财政部颁布《农业税查田定产工作实施钢要》，省以下各级政府组成查田定产委员会，乡（或村）组成农业税调查评议委员会，利用土改时的田赋材料，抽丈或普丈，或通过调查人口、亩数、划分土地类别，评定土地等级，编造土地清册，于1955年结束。这是一次较为系统的大规模地籍清查工作。

1958年10月在全国范围开展了第一次群众性土壤普查工作，主要调查了耕地土壤，没有量算土地利用分类面积。于1966年完成，提交四图一志成果，即全国1:400万土壤图、土地利用现状图、土壤改良分区图和土壤养分图及全国土壤志。

4. 现代土地资源调查方法的发展

1978 年以来，我国先后开展的《1∶100 万中国土地利用图》调查与制图、第一次土地资源详查和第二次全国土地调查，在调查技术和方法上不断发展和进步。所采用的方法主要有野外调查法、航测法、卫片调查法、综合调绘法、"3S 技术"土地调查方法。野外调查法是土地资源调查中最为直接、基本、原始的调查方法，至今仍为现代土地资源调查不可或缺的方法，它又分全野外调绘法、路线调查法、典型地段调查方法。目前航测法日益发展，可分为胶片航测法、数字化航测法和无人机航测法，其中，数字化航空摄影测量具有直观、低成本、相对精度高的优点，因而得到最广泛采用。这些技术方法不是孤立的，即使是 2007～2009 年开展的最新的第二次全国土地调查，在采用先进的"3S 技术"土地调查方法的同时，还结合采用了野外调查法，作为"外业调查"这一重要环节的基本方法。

（1）《1∶100 万中国土地利用图》调查与制图的方法。1981～1990 年编制的《1∶100 万中国土地利用图》，是通过大量实地典型和路线调查，并充分利用遥感图像及有关专题地图等多元信息资料，在编制各省、自治区的大、中比例尺土地利用图的基础上，再根据《1∶100 万中国土地利用图编制规程及图式》的要求，经过逐级缩编而成。《中国 1∶100 万土地利用图》按国际分幅，全套共 61 幅。

（2）土地资源详查的调查技术方法。1984～1996 年开展的全国第一次土地利用现状详查（又称土地资源详查，以下简称土地详查），系采用大比例尺基础图件进行的一种分类较细、精度要求较高的土地利用现状调查，按照全国农业区划委员会 1984 年颁布的《土地利用现状调查技术规程》（以下简称《规程》）[48]要求，以县为单位进行调查。在本次调查中，土地利用现状调查与权属调查同步进行。

本次调查采用航片判读与野外调查相结合的方法来进行。调查工作底图一般为农区 1∶1 万，重点林区 1∶2.5 万、一般林区 1∶5 万、牧区 1∶5 万或 1∶10 万地形图，以及相应比例尺的航摄相片或影像平面图。使用的航片，一半是 20 世纪八九十年代初拍摄的；使用的地形图和影像平面图，测绘的占 60%；使用的卫片均为 80 年代。《土地利用现状调查技术规程》对"外业调绘""航片转绘"和"土地面积量算"三个核心内容作出了明确的精度要求。

量算面积以求积仪法、方格法、网点板（点距 1.0 毫米）法、图解法等为主，按《规程》规定的精度来进行各类土地面积量算。采用任何方法均需量算二次，其误差在允许范围内，用其平均值。

因受图件条件和财力、技术力量的限制，全国各省、各县完成调查的时间不一致，最早的试点县是 1981 年开始的，最晚是 1995 年完成的，而大多是 1990～

1994 年完成的，因而造成现状调查数据的时差，为了统一时间，国家部署了全面开展变更调查工作，把土地资源详查数据按 1996 年 10 月 31 日作为统一时点进行汇总。

（3）第二次全国土地调查的技术方法。第二次全国土地调查，是指根据国务院《关于开展第二次全国土地调查的通知》（国发〔2006〕38 号）的要求，按照统一制定的土地利用分类国家标准（即《GB/T 21010—2007：土地利用现状分类》）和技术规范（即《TD/T1014—2007：第二次全国土地调查技术规程》[49]），于 2007 ~ 2009 年在全国范围内以县级为单位开展的土地利用现状调查工作，以下简称"二次土地调查"。

二次土地调查主要任务包括农村土地调查、城镇土地调查、专用土地调查、各级土地调查数据库建设。与第一次土地资源详查相比，二次土地调查在调查技术方法上有了进一步的发展和创新，它以航空、航天遥感影像为主要信息源，运用先进成熟的空间对地观测技术、空间数据库技术和网络技术，采用内外业相结合的调查方法，以全数字化信息获取方式，准确获取翔实的土地基础数据，形成从土地数据的获取、处理、存储、传输到分析评价和信息服务全过程完整的土地调查工作技术体系。二次土地调查做到了三个"首次"：①首次采用统一的土地利用分类国家标准；②首次采用政府统一组织、地方实地调查、国家掌控质量的组织模式；③首次采用覆盖全国遥感影像的调查底图，实现了图、数、实地一致，做到了全面、真实、准确，取得了丰硕的调查成果。

（4）第三次全国国土调查的技术方法。为了全面细化和完善全国土地利用基础数据，掌握翔实准确的全国国土利用现状和自然资源变化情况，进一步完善国土调查、监测和统计制度，实现成果信息化管理与共享，满足生态文明建设、空间规划编制、供给侧结构性改革、宏观调控、自然资源管理体制改革和统一确权登记、国土空间用途管制、国土空间生态修复、空间治理能力现代化和国土空间规划体系建设等各项工作的需要，国务院于 2017 年 10 月 8 日启动了第三次全国国土调查，明确以 2019 年 12 月 31 日为标准时点，2020 年全面完成第三次全国国土调查工作。2019 年 2 月，出版了《中华人民共和国土地管理行业标准 TD/T－1055－2019：第三次全国国土调查技术规程》[50]。

第三次全国国土调查的主要任务是实地调查土地的地类、面积和权属，全面掌握全国耕地、种植园用地、林地、草地、湿地、商业服务业、工矿、住宅、公共管理与公共服务、交通运输、水域及水利设施用地等地类分布及利用状况；细化耕地调查，全面掌握耕地数量、质量、分布和构成；开展低效闲置土地调查，全面摸清城镇及开发区范围内的土地利用状况；同步推进相关自然资源专业调查，整合相关自然资源专业信息；建立互联共享的覆盖国家、省、地、县四级的集影像、地类、范围、面积、权属和相关自然资源信息为一体的国土调查数据库，完善各级互联共享的网络化管理系统；健全国土及森林、草原、水、湿地等自然资源变化信息的调查、统计和全天候、全覆盖遥感监测与快速更新机制。

（二）土地资源评价方法的发展

《禹贡》《周礼·地官》和《管子·地员》所记载的古代土地评价，在方法上属于主观定性评价法。在评价指标上，考虑了地貌、土质、土壤颜色、肥力等因素。

20世纪50年代初期，全国各地普遍开展了查田定产工作，从而拉开了我国土地资源评价工作的序幕。查田定产工作采用了发动群众民主评议、逐级平衡的方法，对全国的土地资源类别与级别进行了划分和评定。这一评价方法的特点有三个：①属于主观定性评价方法，但充分吸收了群众的智慧和经验；②大多采用单项指标，很少顾及土地的综合因素进行综合分析和评价；③各地在查田定产时，缺乏统一的评价标准，不便于全国性或较大范围的质量对比。

20世纪50年代中期至70年代中期，我国开展了宜农荒地资源调查评价和橡胶树宜林地调查评价等针对性很强的土地评价工作。这一时期土地评价方法的主要特点有三个：①由于土地评价大多直接为生产建设以及土地整治服务，针对性强，因而大多属于单项评价，很少进行土地的综合评价；②多属经验性的定性评价，尚缺乏理论上的总结和系统化；③尽管评价指标考虑了地貌、气候、土壤等因素，但还没有制定统一的指标分级标准体系。

从20世纪70年代后期至80年代中期，基于《中国1:100万土地资源图》的编制，是我国土地资源评价的重要发展时期，在评价方法上有了较大的进展。在这一阶段，联合国粮农组织《土地评价纲要》、美国土地潜力分级体系等国外的土地评价理论、方法与经验被引进到了我国，推动了我国土地评价研究的迅速发展。在评价方法上的特点主要有四个：①不仅传统的分等法等定性评价方法得到了进一步的发展和完善，而且一些定量方法（如评分法等）在我国一些地方进行了实证研究，更多的是采用定性与定量相结合的评价方法；②从单项评价走向全面的、综合的评价（如《中国1:100万土地资源图》）；③从经验性评价上升到理论的和系统的评价体系研究，从而初步形成了具有我国特色的土地评价研究体系；④遥感技术（如航片、卫片等）在土地评价制图中得到广泛的应用。

1986年《中国1:100万土地资源图》编制完成之后，我国土地资源评价进入了进一步的深入发展时期。这一时期，国内先后出现了大中比例尺的土地评价与制图研究，在技术方法上，呈现两个新的特点：①采用地理信息系统与遥感技术相结合的新技术，开始在评价与制图中得到应用；②计量方法在土地评价中得到越来越广泛的应用，使土地评价方法逐渐从以往的定性、半定性评价上升到定量评价研究。随着 3S 技术和自动制图技术等高新技术的发展与应用，通过提高数据更新、评价精度、土地动态评价等方面技术，土地资源评价已能够快速完成多元与多维的信息复合分析[51]。

自 20 世纪 90 年代初以来，我国土地评价工作围绕国土综合整治与区域治理而开展。土地评价尤其是大农业土地评价特别侧重定性与定量相结合，综合考虑自然、经济、社会三个方面因素进行综合评价。同时，在全国范围内的农村地区广泛展开了农用地分等定级和估价工作，逐步发展、形成资源价值管理评价。此外，传统的土地适宜性评价也正在逐渐深入并不断拓展。近几年来，服务于城镇开发边界划定和城乡建设用地布局的城镇用地适宜性评价取得了一定的进展，尤其针对低丘缓坡土地资源综合开发利用和"城镇上山"战略而开展的山区城镇建设用地适宜性评价研究，已构建了相应的评价指标体系、评价标准以及技术方法模式[52]。

在当今，土地资源评价目标越来越广泛，评价过程中注重定量评价，评价方法种类更加丰富，除了层次分析法、多指标综合评价方法、模糊聚类分析及灰色关联度分析法等方法的深入应用之外，又加入了运算模型、计算机模型等智能模型，在城乡土地评价中开始广泛推广 GIS、遥感、网络技术等高新技术手段，使土地资源评价方法在不断的演进和完善基础上实现新的跨越。

（三）土地资源利用规划方法的发展

从土地资源学应用的核心领域——土地资源开发利用规划（以下简称土地利用规划）来看，尽管我国古代的井田制已具有了早期土地利用规划的雏形，但我国真正意义上的全国性土地利用规划的开展当属 1986 年成立国家土地管理局并实施《中华人民共和国土地管理法》之后。迄今为止，我国已开展了三轮全国性土地利用总体规划编制，规划内容不断完善，规划方法不断发展和创新，使我国成为世界上土地利用规划体系最为完备的国家。

1. 第一轮土地利用总体规划（1986～2000 年）的规划方法

"六五"期间，我国年均减少耕地大幅度增大，人地矛盾突出，在此严峻形势下，国家于 1986 年正式成立了国家土地管理局，并首次颁布了《中华人民共和国土地管理法》，规定"各级人民政府编制土地利用总体规划，经上级人民政府批准执行"。于是，按国务院的部署，开展了第一轮土地利用总体规划。本次规划是按照我国实现社会主义现代化建设第二步战略目标的要求以及《国民经济和社会发展十年规划和第八个五年计划纲要》要求而编制的。基期为 1985 年，规划目标年为 2000 年，规划期为 1986～2000 年，并展望到 2020 年。本轮规划是有计划商品经济下的服务型土地利用规划，建立了包括国家级、省级、市（地）级、县级和乡（镇）级的五级土地规划体系；制定了《省级土地利用总体规划编制要点》和《县级土地利用总体规划编制要点》，奠定了我国土地利用规划体系的基础。

在规划方法上，第一轮规划初步建立了符合中国国情的土地规划方法[53]，主要体现在以下三个方面：①建立了包括准备工作、确定土地利用问题和规划目标、编制规划方案、规划报告的审议和报批四个阶段的基本程序；②提出了综合分析、公众参与、定性方法和定量数学模型及计算机技术相结合的土地用规划基本方法，并应用于规划的编制实践中；③强调土地利用地域分区并制定区域土地利用指标和利用措施。在全国土地利用总体规划的五个专题（"全国土地利用现状研究""全国土地粮食生产潜力及人口承载潜力研究""全国不同地区耕地开发治理的技术经济效益研究""全国城镇用地预测研究""全国村镇用地预测"）研究中，采用 AEZ 进行了耕地的预测和分析；采用经济分析的方法，探讨村镇用地的预测方法研究；建立了基本的预测和评价方法；采用了 GIS 技术进行全国土地利用分区的研究等，为后来我国土地利用规划的开展奠定了良好的方法论基础。

2. 第二轮土地利用总体规划（1996～2010 年）的规划方法

为了进一步保护耕地，1997 年 5 月中共中央、国务院印发了著名的中发〔1997〕11 号文件《关于进一步加强土地管理切实保护耕地的通知》，要求各级人民政府要按照提高土地利用率、占用耕地与开发复垦挂钩、实现耕地总量动态平衡的原则，以保护耕地为重点，严格控制占用耕地，统筹安排各业用地，认真做好土地利用总体规划的编制、修订和实施工作。各省（自治区、直辖市）必须严格按照"耕地总量动态平衡"的要求，做到本地耕地总量只能增加，不能减少，并努力提高耕地质量。紧接着，全国人大常委会于 1998 年 8 月 29 日修订了《土地管理法》，确立了土地利用总体规划的法律地位，强化了土地利用总体规划对城乡土地利用的整体调控作用。于是，为了实现社会主义现代化建设第二步战略目标发展阶段的需求，配合国民经济和社会发展"九五"计划和 2010 年远景目标的实现，国家启动了第二轮土地利用总体规划。规划基期为 1997 年，规划末期为 2010 年，并展望到 2030 年。本轮规划建立了社会主义市场经济体制时期以耕地保护为主题的规划。

在规划方法上，第二轮规划建立了指标加分区的土地利用规划模式。采用指标加分区的方法，对用地进行自上而下的层层控制。主要指标包括耕地保有量、基本农田、非农建设占用耕地、土地开发、整理和复垦指标等。其中，国家级的"分区"体现为宏观性的土地利用分区（指地域分区或综合分区），具有指导性，为区域土地利用政策服务；而基层的"分区"则体现为土地用途管制分区，具有操作性，为地方土地利用控制提供依据。土地用途管制分区体系和分区方法的创立，彰显了我国土地利用规划上的创新与进步。

在基层土地利用总体规划中，实现了定性、定量与定位的有机结合，从而具体落实了土地用途管制制度，使我国的土地管理技术实现了跨越。通过定量的土地利用指标的宏观控制、定位的土地利用空间布局和定性的用途管制规则三个基本技术方法手段，使土地利用总体规划在土地资源管理中充分发挥着"龙头"和"核心"的作用。

在这一时期的土地利用规划中，定量模型方法的应用较多，主要体现在以下三个方面：①引入了用于解决分区与分类问题的主成分分析模型与模糊聚类分析模型，用以反映区域特点，从而为布局、划区和规划设计提供科学依据；②引入了协调与平衡模型，通过区域宏观经济分析以期协助解决土地利用结构问题，运用土地需求量预测模型达到土地利用供需平衡预测的目的；③经济数学模型与GIS技术在指导土地利用的宏观控制、协调、平衡、需求预测、土地利用规划中得到了更多的应用。

3. 第三轮土地利用总体规划（2006～2020年）的规划方法

自进入21世纪以来，我国迈入了一个新的发展时期，经济和社会结构正在加速变化，土地利用管理面临前所未有的压力。我国人口众多，土地资源相对不足，资源环境承载能力较弱；且我国即将迎来三大高峰——人口高峰、城市化高峰和工业化高峰，对土地需求十分强烈；与此同时，耕地锐减、土地资源浪费、土地利用效率低下、土地生态环境恶化、土地权益公平失衡等问题亦日益尖锐。2004年10月，国务院以国发〔2004〕28号文印发了《国务院关于深化改革严格土地管理的决定》，提出了深化改革、进一步完善符合我国国情的最严格的土地管理制度的明确要求。在此形势下，立足国情，应对挑战，开展了第三轮全国性土地利用总体规划的修编。本轮规划以2005年为基期，2020年为规划目标年，规划期限为2006～2020年。

第三轮规划以节约集约用地、保护耕地与保障发展为核心，强调"18亿亩耕地红线"为首要目标任务；注重了科学发展观与"五个统筹"（即统筹城乡发展、统筹区域发展、统筹经济社会发展、统筹人与自然和谐发展、统筹国内发展和对外开放）的要求，高举了"节约集约用地"和"严格保护耕地"这两面旗帜。

与第二轮规划相比，第三轮规划在技术方法上有了更大的创新与进步，主要体现在以下六个方面：

（1）首次制定和出版了市县乡三级土地利用总体规划编制规程，即《TD/T 1023-2010 市（地）级土地利用总体规划编制规程》、《TD/T 1024-2010 县级土地利用总体规划编制规程》和《TD/T 1025-2010 乡（镇）土地利用总体规划编制规程》（中国标准出版社 2010 年 8 月版）；同时，国土资源部还首次制定了市县乡三级土地利用总体规划制图规范和数据库建设标准，极大地提高了土地利用总体规划的技术水平。

（2）规划指标设置上有了创新，提出了规划的刚性和弹性指标，实现了"刚柔并济"——"刚性"与"弹性"相结合的规划方法模式。"刚性"是指规划目标是为了实现我国土地基本国策和经济社会战略目标，而使规划表现出指标的固定性和实施的强制性；"弹性"则是指为了适应未来经济和社会发展所存在的不确定性，而使规划所表现出来的灵活性和可变性。在第三轮规划中，要求各级规划均确定了六个约束性（"刚性"）指标——耕地保有量、基本农田面积、城乡建设用地规模、新增建设占用耕地规模、土地整治补充耕地规模和人均城镇工矿用地规模，这六个约束性指标是规划期内不能突破的指标，以此作为对各级土地利用的刚性控制；而其他用地指标则作为预期性（即指导性或称弹性）指标（包括园地、林地、牧草地、建设用地总规模、城镇工矿用地规模、交通水利用地规模、新镇建设占用农用地规模等），使规划具备一定的应变能力，能适应社会经济发展对土地的需求。本轮规划的"弹性"还体现在基本农田的"多划后占"上，使规划的应变能力显著增强。

（3）进一步发展了指标加分区的土地利用规划模式。在指标控制上除了划分出"约束性指标"和"预期性指标"进行自上而下的层层控制之外，还在"分区"上形成了自上而下的"土地利用地域分区（或综合分区）→土地利用功能分区→土地用途分区"体系[54]。其中，国家级的"分区"体现为宏观性的土地利用地域分区，具有指导性，为实现差别化的土地利用政策服务；省级和市（地）级除了地域分区之外，主要体现于"功能分区"中，尤其市（地）级土地利用总体规划图主要表现的是土地利用功能分区体系；而基层（县级和乡镇级）的"分区"则体现为土地用途分区，用以具体落实土地用途管制制度。

（4）首次制定了市县乡三级建设用地管制分区体系和划区方法。为了加强对各地建设用地的空间管制，按保护资源与环境优先、有利于节约集约用地的要求，结合建设用地空间布局安排，在市县乡三级土地利用总体规划中均划分出允许建设区、有条件建设区、限制建设区和禁止建设区，并规定了建设用地管制分区图的编制方法和建库要求。

（5）确立了土地利用总体规划评估方法。要求对上一轮规划实施情况和实施效果进行科学评估，作为本轮规划编制的基础依据。此外，本轮规划还开展了规划的环境影响评价。

（6）运用公众参与方法进行规划的编制。以往的土地规划大多仅依靠政府组织部分专家来编制规划。在第三轮规划中，"规程"明确规定，规划编制应采取多种形式，广泛听取基层政府、部门、专家和社会公众对规划目标、方案、实施措施等的意见和建议。"公众参与"方法的引入，使土地规划从过去"关起门来编规划"演进到"敞开门来编规划"，确保规划做到"从群众中来，到群众中去"，使规划成为全社会群体集思广益、统一思想和达成共识的过程，使"民意"得到体现，利于有效调动全民的土地利用意识、土地生态保护意识，同时使规划的实施得到群众支持。

另外，值得一提的是，在第三轮规划中，GIS 技术得到了充分的应用，使土地利用总体规划制图和数据库建设取得了显著的成效。

4. 国土空间规划体系的建立

自 2019 年 5 月印发《中共中央　国务院关于建立国土空间规划体系并监督实施的若干意见》之后，自然资源部及时印发了《自然资源部关于全面开展国土空间规划工作的通知》（自然资发〔2019〕87 号），全面启动国土空间规划编制审批和实施管理工作，建立"多规合一"的国土空间规划体系并监督实施。按照部署，遵循自上而下、上下联动、压茬推进的原则，及时启动编制全国、省级、市级、县级和乡镇级国土空间规划，规划期至 2035 年，并展望至 2050 年。

本次规划编制统一采用第三次全国国土调查数据作为规划现状底数和底图基础，统一采用 2000 国家大地坐标系和 1985 国家高程基准作为空间定位基础，各地按自然资源部统一要求形成现状底数和底图基础。

在编制规划之前，各地需要开展"双评价"（即资源环境承载能力评价和国土空间开发适宜性评价）工作[55-56]，在此基础上，确定生态、农业、城镇等不同开发保护利用方式的适宜程度。同时，要开展重大问题研究，主要是要求在对国土空间开发保护现状评估和未来风险评估的基础上，专题分析对本地区未来可持续发展具有重大影响的问题，积极开展国土空间规划前期研究。此外，要科学评估三条控制线（生态保护红线、永久基本农田、城镇开发边界）的划定情况进行必要调整完善，并纳入规划成果。

此外，基于国土空间基础信息平台，整合各类空间关联数据，同步构建从国家到市县级的国土空间规划"一张图"实施监督信息系统，形成覆盖全国、动态更新、权威统一的国土空间规划"一张图"。

2020 年以来，《资源环境承载能力和国土空间开发适宜性评价指南（试行）》《省级国土空间规划编制指南》（试行）》《市级国土空间总体规划制图规范（试行）》《市级国土空间总体规划数据库规范（试行）》《国土空间调查、规划、用途管制用地用海分类指南（试行）》《国土空间用途管制数据规范（试行）》等技术指南已陆续颁布。

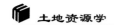

第五节　土地资源学的源流及其与其他学科的区别与联系

　　近30年来，尽管许多专家对土地资源学科进行了研究，学科建设成果不断涌现，但对于土地资源学的源流问题、土地资源学与其他学科的区别与联系等相关问题尚缺乏深入的思考和探索。虽然笔者1991年就开始着手撰写《土地资源学》一书，但尚未就土地资源学的源流等相关问题作过深入的思考，已发表的相关文献和出版的专著（或教材）也较少涉及这一问题。自2015年4月以来，趁着参加撰写《中国资源科学学科史》[57]"土地资源学"专章的机会，受刘彦随研究员、李家永研究员等多位专家的启发，笔者思考了土地资源学科的源流问题以及土地资源学与其他学科的区别与联系等相关问题，并于2015年10月18日在中国自然资源学会2015年学术年会"第一分会场：城乡一体化与土地制度"作了学术报告。

一、土地资源学的源流问题

　　所谓"源流"，从字面上来看，系指事物的来源和发展（Origin and Development 或 Source and Course），但主要是指起源、由来（Filiation 或 Origin），即"源头"之意。尽管土地资源学现已发展成为较为成熟的独立学科，但从学科史的角度来看，对于土地资源学的源流问题目前还有一些不同的认识。例如，2015年4月下旬，中国自然资源学会土地资源研究专业委员会在通讯征求部分专家意见时，有的专家认为土地资源学不仅有"母学科"，而且有多个"母亲"（张凤荣），如地理学、土壤学等；有的专家则认为，关于"土地资源学"的源流问题，"母科学"的提法似有不妥，土地资源学在形成和发展过程中，固然吸收了地理学、土壤学、农业经济学等学科的理论，但如果因此就把这些学科认定为她的"母科学"，将会带出很多越扯越复杂的问题（李家永研究员）；有的专家认为，在土地资源学科上，不必过于强调"母学科"，有关学科支撑了土地资源学科发展，因此将这些学科称为土地资源学形成的基础学科为妥（刘彦随研究员）。

　　总体上，本书赞同刘彦随和李家永两位专家的意见，并在土地资源学的源流问题上形成以下两点认识：

　　（1）土地资源学源于经济社会发展对土地资源研究的需求，是为了解决人口增长与土地资源的矛盾、保障土地资源可持续利用与经济社会可持续发展而寻求理论与技术支撑的过程中产生的。

如前所述，随着社会生产力的发展，特别是近代人口的迅速增长，土地资源供给与人类对土地资源需求的矛盾日益尖锐化，加之各种不合理开发利用方式引起的一系列生态环境问题（水土流失、土地沙化、盐碱化、污染等）又进一步加剧了土地资源的供求矛盾。为了解决这一矛盾以及相关的土地资源问题，需要理论的指导和引入新的技术手段，从而促进了自然科学、社会科学和工程技术的许多学科与技术相互渗透、相互交叉，于是土地资源学应运而生。

（2）地理学、土壤学、农业经济学等学科是土地资源学形成的基础学科，而不是"母学科"。

土地资源学是以解决人类生存和发展中面临的土地资源问题为主的一门知识体系，本质上是一门横向应用学科（Horizontal Science）。在当代科学技术发展过程中，学科的分化与综合是科技进步的辩证运动。在土地资源学的形成和发展过程中，必然从地理学、土壤学、农业经济学等很多学科的理论中汲取营养，例如，地理学的分类与分区（区划）理论、土壤学的土壤肥力理论、土壤资源与土宜理论、农业经济学的土地利用与土地经营理论，等等，均已被吸收成为土地资源学的科学营养，以求丰富和发展土地资源学自身，因此，可以认为，这些学科是土地资源学形成的基础性学科。但不宜说这些学科是土地资源学的"母学科"，这里的理由并不难理解：其一，从"母学科"的角度来看，通常一门学科没有多位"母亲"；其二，从客观事实上来看，土地资源学既不是完全从地理学中分化而来的，也不是完全从土壤学、农业经济学等"农"方面的学科中分化来的，而是地理学、土壤学、农业经济学等很多学科交叉、综合从而支撑了土地资源学的形成和发展。也就是说，地理学、土壤学、农业经济学等学科是土地资源学的基础，但土地资源学不是地理学、土壤学、农业经济学等学科的延伸，土地资源学与这些基础性学科的关系不是继承和发展的关系。这一点完全可以从土地资源学和这些传统学科所研究的范畴及其相互关系上认识到。有关土地资源学与这些学科的区别和联系将在下面进行阐述。

二、土地资源学的中国本土化科学特征

从根本上来讲，世界土地资源学的祖先在中国，也就是说，土地资源学在我国实际上是一门古老的学科。这主要体现于"土地分类"和"土地资源评价"这两个土地资源学的核心内容。

"土地分类"和"土地资源评价"这两个核心内容，在我国2000多年前就已具备了基本的雏形，用李家永研究员的话说，这两件宝贝是重要的中华文明遗产。

如前所述，2000多年前的战国时代，在《周礼》一书中便把全国土地划分为山林、川泽、丘陵、坟衍、原隰五类。这是我国古老的含有现代土地思想的一部著作。土地资源评价思想在我国也萌生很早，《禹贡》堪称我国远古时期最早开展土地质量等级划分以及依据土地等级进行赋税的第一本著作，是土地评价和赋税制度在我国远古时期的萌芽，因此，可以说我国古代在土地评价方面处于世界领先地位。中国土地规划的历史同样很悠久，最古老的井田制就是中国早期土地利用规划的雏形。总之，我国的土地资源研究历史较为悠久，思想萌芽较早，尤其是2000多年前的"土地分类"和"土地资源评价"思想和方法，已成为重要的中华文明遗产，特别是《禹贡》和《管子·地员》中的土地等级思想与方法在现代很多学术著作中都会提到，老祖宗的思想方法至今仍然对土地资源学有着很大影响，因此，"中国土地资源学"最具中国的本土化科学特征，西方发达国家的影响更多地表现为技术手段的更新上。以土地资源评价这一核心内容为例，中国无疑是世界上最早具有土地评价思想与方法的国家，即使1976年联合国粮食及农业组织（FAO）出版的《土地评价纲要》[3]，在某种意义上只是属于评价技术方法和手段的一种更新，即便如此，中国迅速吸收了联合国粮食及农业组织《土地评价纲要》中的新理念和技术方法，并因地制宜地应用到全国各地，编制了著名的以土地适宜性为主要内容、服务于大农业发展的《中国1：100万土地资源图》[23]，进而逐步向土地资源评价的深度（特定目的的土地适宜性评价、土地分等定级等）和广度（农业土地、城镇土地、交通用地、后备土地等）发展，使土地资源学发展成为最具中国本土化科学特征的一门学科。

三、土地资源学与其他学科的区别和联系

（一）土地资源学与地理学、土壤学、农业经济学等学科中的土地研究的区别和联系

地理学、土壤学、农业经济学等学科中直接（或间接）有一部分土地研究的内容，这些学科的土地研究内容与土地资源学科既有明显性的区别，但又有联系，土地资源学作为横向交叉、综合性学科，长期以来从这些学科中不断地汲取营养，从而丰富自身的理论与方法，使之成为一门独立的学科。

地理学中的土地研究，首先，体现在构成土地的单个自然要素（地貌、气候、土壤、植被、水文等）以及视土地为"自然综合体"的"土地类型"研究。其次，这一土地类型研究，着力于探讨土地这一自然综合体的发生、演化、特性、结构和分异规律，这对于认识土地特征与土地结构、论证和修正综合自然区划等有着重要意义。在土地开发程度较低或未开发地区，以地理学中所划分的土地类型作为土地质量评价单元，具有使用方便、结果可靠的特点。这表明，虽然

地理学中的土地研究明显有别于土地资源学中的土地分类研究（当前侧重于土地利用分类），但可以为土地资源评价、土地资源开发利用战略与规划、土地资源整治与保护提供必要的基础依据。此外，地理学中的区划理论和方法（包括单个地理要素的区划和综合自然区划等综合性区划），虽然不能代替土地资源学中的土地资源开发利用区划（可简称土地利用区划或土地利用地域分区），但能够为土地资源开发利用区划工作提供重要的理论借鉴与技术基础。

土壤学中也涉及与土地有关的研究内容，例如，土壤肥力、土宜性、土壤资源合理利用等。尤其在过去很长一段时期，因受苏联土壤学家道库恰耶夫土壤学说的影响，一直将"土地"（Land）等同于"土壤"（Soil）。后来在科学的分化–综合过程中，随着对土地各要素的深入认识，也随着实践经验的进一步积累，人们才逐渐认识到"土地"并不能跟"土壤"画等号，它是比土壤更为广泛的概念。总体上来看，土壤学中的土地研究大多是从"土壤"的角度来研究土地质量和土地合理利用问题，例如，著名土壤学家赵其国[58]（1989）开展的《中国土地资源及其利用区划》，尽管称为"土地资源利用区划"，但主要体现的是土壤学"味道"，即立足于土壤特点、土宜性、土壤资源改造与利用方向（这对于农业大国而言是很重要的）来提出土地资源利用区划方案。因此，土壤学中的土地研究的着眼点、侧重点显然有别于土地资源学，但可以为土地资源学中的相关研究奠定必要的基础依据。例如，土壤学中的土壤肥力和土宜性理论可以为土地资源评价（土地质量评价、土地适宜性评价）提供基础支撑，尤其从某种意义上来说，土壤学中的土宜性分析就是土地资源学中的土地适宜性评价的雏形，换句话说，土地适宜性评价是土宜性分析的深化和延伸，土宜性理论为土地适宜性理论提供了宝贵的科学养分。又如，土壤学中的土壤改良是当今土地资源整治的任务之一，可为土地整治提供部分支撑；土壤资源合理利用也是土地资源开发利用战略与规划、土地资源保护等需要认真考虑和吸纳的重要内容。

农业经济学等经济学科也是与土地资源学有着密切关系的一门学科。毕竟土地资源学科的形成是以人类社会经济活动为背景，紧密结合社会经济发展对土地资源研究提出要求而发展起来的，因此，土地资源学科与相关经济学科的联系较为密切，尤其长期以来我国是一个农业大国，农业经济学中涉及许多土地利用问题，如土地政策、土地制度、地租、土地报酬递减规律、土地经营与管理等，虽然对这些土地问题的研究不是土地资源学的重点内容，但可以为土地资源评价（包括土地经济评价、土地分等定级估价等）、土地资源合理开发利用和保护等工作提供基础和支撑。

（二）土地资源学与现代土地科学体系中其他土地学科的区别和联系

由于土地及土地利用问题对人类社会的无比重要性和特殊性，近20多年来，我国有关土地的研究工作突飞猛进，目前有关土地的分支学科已达 10 多门（如果进一步细分，甚至达 20 余门），形成了土地研究领域的学科群——即土地科学（Land Science）。因此，在构建土地资源学基本框架体系之前，很有必要对土地资源学在土地科学学科体系中的地位以及土地资源学与现代土地科学体系中其他土地学科的区别和联系进行分析。

自 20 世纪 90 年代以来，土地学界对土地科学进行了较为广泛的讨论，大多数学者认为，土地科学是关于土地知识的学科体系的整体性总称，或由相关土地学科组成的学科群。通常可以将科学分为基础科学、技术科学和应用科学三大门类。土地科学是自然科学、社会科学与工程技术相交叉的一门综合性学科（交叉科学）。这里可以将现有的 10 多门（或 20 余门）土地学科分别归入基础性土地科学、技术性土地科学和应用性土地科学三大门类中，形成以基础性土地科学为基础、以技术性土地科学为支撑、以应用性土地科学为手段的完整性土地科学学科体系。其中，基础性土地科学主要包括土地资源学、土地生态学、土地经济学、土地法学等，技术性土地科学主要包括土地测量学、土地信息系统或土地信息学、土地统计学、土地制图学等，应用性土地科学主要包括土地利用规划学（或土地规划设计学）、土地管理学、土地保护学、土地整治工程学等[59]。这表明，土地资源学在现代土地科学体系中处于十分重要的基础地位，是第一位的基础性学科（或应用基础学科），在很多大学土地资源管理研究生课程中居于重要"学位课"的地位。

从总体上分析，土地资源学与现代土地科学体系中的其他土地学科既有区别又有密切联系。

从其他基础性土地科学来看，土地生态学、土地经济学、土地法学等在不同程度上对土地资源学起着重要的基础性支撑作用，例如，土地生态学是一门应用生态学原理指导土地开发、利用、整治、保护和管理，同时又要揭示土地开发利用与保护管理过程中的生态规律的一门基础性学科[60]，该学科不仅可为土地资源学中的土地资源评价（尤其是土地适宜性评价）提供理论依据，同时还能为土地资源合理开发利用和保护提供基础依据。一方面，土地经济学中的地租与地价理论、节约与集约利用理论等可以作为土地资源学的基础性理论，对土地经济评价、土地资源合理开发利用等提供指导和基础依据。土地法学则主要是从土地法律法规的角度，为土地资源合理开发利用、整治、保护与管理提供法律支撑。另一方面，土地资源学也在一定程度上为土地生态学、土地经济学、土地法学等基础性土地科学提供必要的基础支撑。

从技术性土地科学来看，土地测量学、土地信息系统或土地信息学、土地统计学、土地制图学等均是土地资源学在技术层面的支撑性学科，尤其土地测量、土地信息系统、土地统计、土地制图等技术在土地资源调查与评价中的应用极广，是土地资源调查与评价中不可缺少的基本技术手段。

由于土地资源学在研究内容上除了土地分类与土地资源调查、土地资源评价这两个主要内容之外，还包括土地资源开发利用（战略与规划）、土地资源整治、土地资源保护与管理，因此，从应用性土地科学来看，土地利用规划学（或土地规划设计学）、土地管理学、土地保护学、土地整治工程学等学科在表面上似乎土地资源学有重复或交叉，但其实这是相关学科间正常的交叉现象，尤其是现代土地科学体系包含了众多既有根本性区别又有密切联系的学科群，学科之间在一些内容上的交叉在所难免。从总体上来看，土地资源学中的土地资源开发利用（战略与规划）、土地资源整治、土地资源保护与管理等研究内容是从"资源"的概念出发和"资源科学"的角度来开展的，这类研究成果可以为现代土地科学体系中的土地利用规划学（或土地规划设计学）、土地管理学、土地保护学、土地整治工程学等应用性学科提供有力的基础性支撑。

参考文献

［1］景贵和．土地科学的几个理论问题［A］//中国地理学会．地理学与农业［M］．北京：科学出版社，1981：21－27．

［2］赵松乔，戴旭，申元村，等．黑龙江省及其西部毗邻地区的自然地带与土地类型［M］．北京：科学出版社，1983．

［3］FAO. A framework for land evaluation［R］. Rome：Food and Agriculture Organization of the United Nations，1976.

［4］石玉林．土地与土地评价［J］．资源科学（原《自然资源》），1978（2）：1－13．

［5］申元村，赵松乔．全国1/100万及重点省（区）1/20万土地类型的土地分类系统（草案）1［J］．资源科学（原《自然资源》），1980，2（3）：13－24．

［6］何永棋．土地工作体系和国土经济学研究对象［J］．国土与自然资源研究（原《自然资源研究》），1981（3）：1－4．

［7］马克思．资本论（第三卷）［M］．北京：人民出版社，1975．

［8］李孝芳．土地资源评价的基本原理和方法［M］．长沙：湖南科学技术出版社，1989．

［9］刘书楷．农业资源经济学几个基本问题的探讨［J］．自然资源学报，1987，2（4）：310－320．

［10］中华人民共和国国家质量监督检验检疫总局．中华人民共和国国家标准GB/T19231—2003：土地基本术语［M］．北京：中国标准出版社，2003．

［11］中华人民共和国自然资源部．中华人民共和国土地管理行业标准 TD/T1059—2020：全民所有土地资源资产核算技术规程［M］．北京：地质出版社，2021．

［12］于光远．开展国土经济学的研究［A］//中国国土经济学研究会．国土经济学研究［M］．北京：中国展望出版社，1982：1－35．

［13］刘南威．自然地理学［M］．北京：科学出版社，2000．

［14］牛文元．自然地理新论［M］．北京：科学出版社，1983．

［15］张富刚．土地资源空间利用边界的理论与实践探讨［A］//杨子生，吴宇哲，彭毅．中国土地资源科学创新与精准扶贫战略研究［C］．杭州：中国自然资源学会土地资源研究专业委员会，浙江大学公共管理学院，浙江大学土地与国家发展研究院，浙江财经大学公共管理学院，2020：9－15．

［16］南京大学，中山大学，北京大学，等．土壤学基础与土壤地理学［M］．北京：高等教育出版社，1984．

［17］马克思，恩格斯．马克思恩格斯选集（第二卷）［M］．北京：人民出版社，1972．

［18］中华人民共和国国土资源部．中华人民共和国土地管理行业标准 TD/T 1024—2010：县级土地利用总体规划编制规程［M］．北京：中国标准出版社，2010：1－21．

［19］林培．土地资源学［M］．北京：北京农业大学出版社，1991．

［20］杨子生．土地资源学的源流及其与其他学科的区别与联系初探［A］//刘彦随，宋戈．中国新时期土地资源科学创新与发展研究［M］．沈阳：东北大学出版社，2016：10－17．

［21］中国自然资源学会．2006－2007 资源科学学科发展报告［M］．北京：中国科学技术出版社，2007：141－155．

［22］中国自然资源学会．2011－2012 资源科学学科发展报告［M］．北京：中国科学技术出版社，2012：106－126．

［23］中国 1∶100 万土地资源图编图委员会．中国 1∶100 万土地资源图编图制图规范［M］．北京：科学出版社，1990．

［24］恩格斯．自然辩证法［M］．北京：人民出版社，1955．

［25］林增杰，严星．土地管理原理与方法［M］．北京：中国人民大学出版社，1986：25－26．

［26］钱伟长．《现代化探索》丛书序［A］//生态农业——农业的未来［M］．重庆：重庆出版社，1988：1－2．

［27］陈百明．试论土地资源学的现状与发展趋势［J］．自然资源学报，1993，8（1）：87－94．

［28］封志明，刘玉杰．土地资源学研究的回顾与前瞻［J］．资源科学，2004，26（4）：2－10．

［29］刘彦随，杨子生．我国土地资源学研究新进展及其展望［J］．自然资源学报，2008，23（2）：353－360．

［30］刘彦随．中国土地资源研究与学术交流新进展［J］．自然资源学报，2013，28（9）：1479－1487．

[31] 刘彦随. 土地综合研究与土地资源工程 [J]. 资源科学, 2015, 37 (1): 1 – 8.

[32] 朱德举. 土地科学导论 [M]. 北京: 中国农业科技出版社, 1995: 13 – 279.

[33] 邓启铜, 王川, 刘波. 周礼 [M]. 南京: 东南大学出版社, 2015: 1 – 392.

[34] 夏纬英. 管子地员篇校译 [M]. 北京: 中华书局, 1958.

[35] 毛晃. 禹贡指南 [M]. 北京: 商务印书馆, 1936.

[36] 倪绍祥. 土地类型与土地评价 (第二版) [M]. 北京: 高等教育出版社, 1999: 1 – 360.

[37] 张静. 太平洋国际学会与 1929 – 1937 年中国农村问题研究——以金陵大学中国土地利用调查为中心 [J]. 民国档案, 2007 (2): 84 – 92.

[38] 申元村: 中国 1:100 万土地类型图编制研究 [EB/OL]. http://www.igsnrr.ac.cn, 2010 – 06 – 18.

[39] 石玉林. 土地资源研究三十年 [J]. 资源科学 (原《自然资源》), 1986, 8 (3): 54 – 57.

[40] 郭焕成. 吴传钧先生对中国土地利用研究的重要贡献 [J]. 经济地理, 2008, 28 (2): 187 – 188.

[41] 中共中央, 国务院. 中共中央国务院关于建立国土空间规划体系并监督实施的若干意见 [N]. 人民日报, 2019 – 05 – 24 (1, 4).

[42] 中国 1:100 万土地类型图编委会. 中国 1:100 万土地类型图制图规范 [M]. 北京: 测绘出版社, 1989.

[43] 吴传钧. 开展土地利用调查与制图为农业现代化服务 [J]. 资源科学 (原《自然资源》) 1979, 1 (2): 39 – 47.

[44]《1:100 万中国土地利用图》编委会. 1:100 万中国土地利用图编制规程及图式 [M]. 北京: 科学出版社, 1986.

[45] 吴传钧, 郭焕成主编. 中国土地利用 [M]. 北京: 科学出版社, 1994.

[46] 中华人民共和国国家质量监督检验检疫总局, 中国国家标准化管理委员会. 中华人民共和国国家标准 GB/T 21010 – 2007. 土地利用现状分类 [M]. 北京: 中国标准出版社, 2007.

[47] 中华人民共和国国家质量监督检验检疫总局, 中国国家标准化管理委员会. 中华人民共和国国家标准 (GB/T 21010 – 2017): 土地利用现状分类 [M]. 北京: 中国标准出版社, 2017.

[48] 全国农业区划委员会. 土地利用现状调查技术规程 [M]. 北京: 测绘出版社, 1984.

[49] 中华人民共和国国土资源部. 中华人民共和国土地管理行业标准 TD/T1014 – 2007. 第二次全国土地调查技术规程 [M]. 北京: 中国标准出版社, 2007.

[50] 中华人民共和国国土资源部. 中华人民共和国土地管理行业标准 TD/T_ 1055 – 2019: 第三次全国国土调查技术规程 [M]. 北京: 地质出版社, 2019.

[51] 倪绍祥, 陈传康. 我国土地评价研究的近今进展 [J]. 地理学报, 1993, 48 (1): 60 – 69.

［52］杨子生. 山区城镇建设用地适宜性评价方法及应用——以云南省德宏州为例［J］. 自然资源学报，2016，31（1）：64－76.

［53］蔡玉梅，谢俊奇. 改革开放以来我国土地利用规划的评价［J］. 国土资源科技管理，2005（3）：57－61.

［54］Ying Xiong, Zisheng Yang. Development and Prospect of Zoning Mode in the Three Rounds of Overall Land use Planning of China［J］. Asian Agricultural Research，2018，10（3）：47－50.

［55］岳文泽，吴桐，王田雨，等. 面向国土空间规划的"双评价"：挑战与应对［J］. 自然资源学报，2020，35（10）：2299－2310.

［56］杨帆，宗立，沈珏琳，等. 科学理性与决策机制："双评价"与国土空间规划的思考［J］. 自然资源学报，2020，35（10）：2311－2324.

［57］中国自然资源学会. 中国资源科学学科史［M］. 北京：中国科学技术出版社，2017：288－313.

［58］赵其国. 中国土地资源及其利用区划［J］. 土壤，1989，20（3）：113－119.

［59］Yang Zisheng. Discussion on Land Use Science［A］//FENG Changgen，NIU Peihuan，LI Shengcai，et al. The Proceedings of the China Association for Science and Technology［M］. Beijing：Science Press，2011：271－280.

［60］杨子生. 试论土地生态学［J］. 中国土地科学，2000，14（2）：38－43.

第二章 土地资源学的理论基础

土地资源学涉及的基础理论是多方面的。这里主要围绕土地资源的评价和开发利用问题，对人口经济、土地报酬、地租与地价、生态经济、最优化、可持续发展等基本理论加以讨论。

第一节 人口经济理论

土地资源研究，必然涉及人口问题。在人地关系中，人居于主导地位。人口与土地资源、生态环境的关系、比例及其结合方式，决定着土地资源开发利用的状况。因此，人口问题的探讨不可避免地成为土地资源学的一个首要问题。但土地资源学并不研究人口本身的发展规律，而是分析人口发展与土地资源、生态环境和经济发展的相互关系，从而揭示人口与土地资源开发利用之间的联系和规律。所以，人口经济理论是指导我们正确认识和解决人口与资源、环境关系的理论依据，并成为土地资源学的首要基础理论。

人口与人口经济问题是一切社会经济问题的先导，历来深受人们关注，提出了形形色色的人口理论。本节仅对土地资源学研究有重大作用的三种人口经济理论作一简要评述。

一、马尔萨斯的《人口论》

英国人口学家、经济学家托马斯·罗伯特·马尔萨斯（Thomas Robert Malthus，1766～1834 年）于 1798 年匿名发表了一本小册子，书名全称是《人口原理；人口对未来社会进步的影响；兼对戈德文先生、康多塞特先生和其他作者的理论进行评价》，后来马尔萨斯又精心修订过五个版本的《人口论》。马尔萨斯的这本书被认为是 200 多年来社科领域内争议最多的一部著作。

马尔萨斯的《人口论》主要论点有两个：①重视人口增殖对社会发展的抑制作用，提出"两个级数"的论点，即"人口，在无所妨碍时，以几何级数率增加。生活资料，只以算术级数率增加"[1]。②主张对人口增殖加以抑制，认为失业、贫困、疾病、战争、灾荒等都是抑制人口增长的合理手段，即"积极抑制"。后来又提出"道德抑制"，即节制生育。

该理论既存在不足之处，又有可取之点。其不足在于抛开了人口增长现象的社会本质，按其第二点论点的逻辑延伸，就是人民的贫困化并非为社会制度所致；同时，在解决人口增长问题的手段上，也避开了社会制度变革这一方面，因而受到马克思等的批判。其有价值之处是它所强调的人口增长与生活资料增长之间的关系，却是一个值得关注的问题，因为人口增长过快，必然影响人均收入以及所占有的物质资料丰度等方面，阻碍人民生活水平的提高。中国改革开放以来实行的计划生育政策，很难否认没有这方面的考虑。马尔萨斯的人口理论在客观上提醒了人们注意人口与生活资料比例的协调，防止人口的过速增长，因而成为现代理论的开端，在经济学上也被得到广泛的应用，可以说，也是当今人类被关注的焦点。因此，该理论对于研究土地资源问题具有一定的价值和现实意义。

二、"适度人口"理论

适度人口（Optimum Population）理论，从渊源上可以追溯到 2000 多年前古希腊时期著名的哲学家柏拉图（Platon，公元前 427～前 347）和亚里士多德（Aristotle，公元前 384～前 322）提出的"理想国"理念以及中国古圣人孔子的思想。但作为一种独立的、系统的人口经济理论，适度人口理论（Theory of Optimum Population）产生于 19 世纪 80 年代，在 20 世纪又得到了进一步的丰富。一般公认，英国经济学家埃德文·坎南（Edwin Cannan，1861—1935 年）比较完整地提出和论证了这一理论，是该理论的奠基者。1888 年，他在《基础政治经济学》一书中明确地提出了适度人口思想[2]。坎南在 1888 年出版的《基础政治经济学》和 1914 年、1928 年出版的《财富论》等著作中，非常注重探讨人口问题，从人口与土地、人口与生产率、人口与收益等方面的关系去探讨人口的适度规模。

在分析人口与土地的关系时，坎南认为人口与土地的比例关系不是无限制的，在两者的关系上应该存在一个点，"在这一点上，有利与不利刚好达到平衡。超过这一个点，每人占有的空间和物质减少，不利就超过了有利，就打破了这种平衡"①。因此，他认为，在知识、技术进步的条件下，人口与土地之间的平衡

———————————

① 坎南. 基础政治经济学（英文版）[M]. 美国出版公司，1879：22.

点下的人口就是适度人口。

在分析人口与生产率、人口与收益方面，坎南认为，在任何一定时期，或者在任何特定条件下或其他条件都保持不变时，总有一个可以称为最大收益点，此时人口数量刚好恰当地适应环境。超过这一点，无论人口是多于或少于此时的人口，收益（或劳动生产率）都会下降（"递减"），该人口被定名为"适度"人口。

从总体上来看，从1888年提出适度人口问题到20世纪30年代，坎南的适度人口学说在不断发展完善。1888年《基础政治经济学》一书把最大生产率作为衡量是否达到适度人口的标准，认为达到产业最大生产率时点的人口为适度人口；1914年出版的《财富论》一书则把最大收益作为衡量是否达到适度人口的标准，并将此观点持续到20世纪30年代。适度人口论得到了西方许多人口学者的赞同。

归纳起来，适度人口理论的要点是：所谓"适度人口"，就是在一定的自然资源、技术水平和资本设备的条件下，使人均商品和劳动的实际收入最高（即达到"最大收益点"）时的人口。在未达到"最大收益点"之前，人口显得不足；超过"最大收益点"之后，则人口过剩。该理论认为，人口不足有以下两个缺陷：①劳动力不足；②生产专业化困难，因为人口不足，社会将不能由于分工而获得大规模生产的经济效益。人口过剩主要有以下三点缺陷：①人口对资源的压力增大；②人均收入下降；③生活水平相应下降。可见，适度人口是较为理想的人口规模。

"适度人口"理论仍有一些不足，例如，适度人口很难确定，因为适宜人口概念联系到自然资源、资本设备和技术水平，而自然资源尤其可再生资源的生产潜力是相对无限的，资本设备和技术水平也是可变的，因而"适度"是一个不断变化的动态概念；同时，适度人口理论忽略了人口质量方面的因素，等等。但是，"适度人口"理论是要在人口与资源之间确定最恰当的比例，使人口规模能达到保证工农业生产的最大收益和人类幸福的目标，它把人口发展与经济发展以及人口发展与可能提供的资源紧密联系起来考虑。这对于人们正确认识评价土地资源、合理开发利用土地资源，是有重要参考价值的。自20世纪80年代后期以来，全国开展土地资源人口承载能力研究，其目的和任务就是揭示土地资源所能提供的食物产品总量所能供养的人口数量，以使土地、食物与人口间平衡、协调地发展。近年来又掀起了"资源环境承载力评价"的热潮，这不能说不是该理论提供的启发性的研究方向。

三、马寅初的《新人口论》

中国著名经济学家马寅初先生于1957年出版《新人口论》[3]一书，分析了中国人口与社会主义经济建设、人口与发展生产力的关系，提出了十分精辟的见解[4]，主要体现在以下三个方面：①否定了社会主义社会不存在人口问题的观点，指出了我国人口大量无限制增长的严重性，认为中国人口问题主要是"人口多、资金少"的突出矛盾，人口增长太快，而资金积累太慢，从而拖了经济建设的"后腿"，阻碍了社会主义工业化和生产力的发展；②指出我国人多地少，可垦耕地有限，粮食商品率低，农民收入少，而大量的人口增长还会带来剩余劳动力多、文化教育和科学技术落后、生活水平低的矛盾；③解决上述矛盾的根本途径是控制人口，实行计划生育，提高人口质量，多积累资金，加强技术装备，发展生产。

上述人口经济理论，对于中国制定正确的人口政策，有计划地控制人口增长，使人口增长与经济发展相适应、人口与资源环境相协调，具有重大的现实意义。据石玉林等（1989）[5]的研究，从保证人口低消耗型的基本需要和保持生态环境不致恶化的角度出发，中国土地资源的最高人口承载力为 15 亿～16 亿人，但到 2025 年时，估计全国总人口将达到 15 亿人，即达到中国土地资源人口承载力的极限，故 15 亿人应成为中国人口控制的目标。

第二节　"土地报酬递减规律"理论

土地的基本特性在于具有一定的肥力和生产力。人类时时刻刻都在直接或间接地利用土地，那么土地的肥力和生产力在人们的不断利用中有什么变化？这种变化是否具有一定的规律性？这是土地资源学的一个基础理论问题。200 多年前，西方经济学者提出了"土地报酬递减规律"（The Law of Diminishing Land Returns），并一直被当作经济学、农业经济学、资源经济学和土地经济学的基本经济规律之一，还被广泛应用于土壤学、农业化学、生态学、环境科学、社会学和未来学等领域。这里主要从土地资源开发利用的角度，就土地资源报酬（肥力或生产力）的递增和递减变化规律、土地利用集约度和资源配合投放的经济原则等问题适当加以阐述。

一、土地报酬递减规律的含义

"土地报酬递减规律"，也称"土地肥力递减律""土地收益递减律"或"土地定律"，它是指在一定面积的土地上连续追加资本或劳动，在超过一定限度后，追加部分所得的报酬或收益必然渐趋减少，即每单位资本或劳动的收益将由递增转为递减。这一"规律"首先是由 18 世纪法国重农学派（Physiocrates）的后起人物杜尔哥（R. J. Turgot，1727～1781 年）和英国的安德森（J. Anderson，1739～1808 年）同时提出的。后来，英国的李嘉图（D. Ricardo，1772～1823 年）在其《地租论》中把它作为级差地租学说的依据之一。马尔萨斯（T. R. Malthus，1766～1834 年）在其《人口论》中则用此律作为食物增长必然落后于人口增长的论据。后来，又被美国克拉克（J. B. Clark，1896～1984 年）、英国凯恩斯（J. M. Keynes，1883～1996 年）等运用到一切生产因素甚至生产领域，并称为"报酬递减律"（The Law of Diminishing Returns）。于是，原来仅应用于农业的土地报酬递减律，就被称为普遍的自然规律，成为西方经济学的中心理论之一。

二、"土地报酬递减规律"不是一个普遍规律，但报酬的递增递减现象是客观存在的

"土地报酬递减规律"不是一个普遍适用的自然规律[6]，其不足之处在于抛开了技术水平和生产力的发展等这些最重要的因素。由于西方学者提出的这一"规律"是以生产力和技术水平不变为前提的，也不联系社会制度等多种社会经济因素，因而在生产技术、社会经济体制发生重大突破和变革时期，此规律所阐明的报酬递减现象，必然随着客观条件的变化而不复存在，即一般由递减变为递增，再过后又会由递增趋向递减。从长远、宏观的历史观点来看，社会经济和技术总是发展的，有渐变也有突变，有量变也有质变，不变是不可能的。因此，报酬递减现象只能在渐变、量变时期出现，它的出现是相对的、有条件的，而不是绝对的、普遍的。因而，"报酬递减规律"并不是绝对的超越社会经济和技术条件的普遍规律。列宁也指出："事实上，'追加的（或连续投入的）劳动和资本'这个概念本身，就是以生产方式的改变和技术的革新为前提的"，因此，土地肥力递减是"极其相对的'规律'，相对的说不上是一种'规律'，甚至说不上是农业的一个主要特征。"[7]

但是，看待任何事物都应该一分为二，必须承认，现实的农业生产是在技术不断进步与相对稳定的趋势下发展的，土地资源的开发利用也不能例外。当农产品需要量增加而生产技术水平又不断提高时，一般而言，有了扩大投资和生产的能力，土地报酬是递增的；然而，在一定时期内，技术水平是相对稳定的，加之人口增多对土地的压力以及投资的不足或过量，往往造成对土地的不合理利用，这时又会出现报酬递减的现象。因此，这种报酬递增、递减连续发生或交替出现的运动规律，在现实社会中是常见的，应该引起人们的重视。马克思也指出："土地的优点是，各个连续的投资能够带来利益，而不会使以前的投资丧失作用。……不过这个优点，同时也包含着这些连续投资在收益上产生差额的可能性。"[8]马克思还指出："由于人口增加，人们就开始经营劣等地，或者在原有土地上进行新的投资，这新的投资收益比原始投资收益就相应地减少"[8]。从马克思的这些论述中可见，土地报酬的递增、递减现象是客观存在的。因此，虽然"土地报酬递减规律"不能称为普遍规律，但对于土地资源开发利用研究来说，并不失为一个非常重要的基础理论。

三、土地报酬递增递减的三阶段分析及其重要意义

（一）土地生产力（报酬）的三种报酬类型

从生产函数（Production Function）原理来看，"土地报酬递减规律"实际上是土地报酬递增、递减规律。它一般表现为以下三种生产力或三种报酬（收益）类型：

1. 固定生产力（或固定报酬）

即当某一变量资源使用量不断增加时，每增用一单位变量资源引起产品总量的增加额固定不变，生产函数或投入产出间为一直线关系。这种生产函数所描述的固定生产力，实际上是一种等量递增生产力，一般并不常见，可并入递增生产力。

2. 递增生产力（或递增报酬）

即当某一变量资源使用量不断增加时，总产量以递增的比率不断提高，生产函数或投入产出曲线呈向下突出而上升。

3. 递减生产力（或递减报酬）

即当变量资源使用量增加时，每一单位变量资源引起总产量的增加额是递减的，生产函数曲线从下突上升转为上突下降的形态。

以上三种类型（或两种类型）在一个生产过程中的连续出现，形成了一般形态的生产函数（见图2-1），兼有递增报酬和递减报酬，且一般呈先递增后递减的趋势。

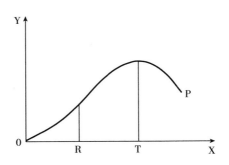

图2-1 生产函数的一般形态

由图 2－1 可知，以总产量曲线来表示一般形态的生产函数：Y 表示总产量，X 表示变量资源使用量，P 表示总产量曲线。当 X 从 0 增至 R 时，其生产力呈报酬递增现象，P 曲线向下突出；当 X 超过 R 点后，其生产力呈报酬递减现象，P 曲线在从 R 到 T 的阶段向上突出。

（二）土地报酬增减变化的三个阶段

在经济分析中，除考虑总产量之外，还需考虑平均产量（即平均生产力）和边际产量（即边际生产力）。所谓平均产量，是指变量资源的平均产量，如果以 A 表示平均产量，那么 A＝Y/X（X，Y 的代表含义同上）。而边际产量，系指每增加一单位变量资源所能引起的总产量的增加额，如果以 M 表示边际产量，ΔY 如果表示总产量的增加额，ΔX 表示变量资源的增加量，那么有 M＝ΔY/ΔX 或 M＝dY/dX（d 为一次导数）。图 2－2 给出了三条曲线：总产量曲线（TPP）、平均产量曲线（APP）和边际产量曲线（MPP）。根据图 2－2，可以了解此三条曲线的关系，并分析总产量曲线所反映的报酬增减的三个阶段：

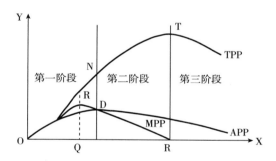

图 2－2 报酬增减变化的三个阶段

第一阶段：处在从原点 O 到 X 为 Q 点，平均产量达最大点 D 以及总产量曲线上的对应点为 N 之间的范围。在此阶段内，边际产量达到最高点 M，与之相对应的 I 点叫转向点（或谓反折点）。从 O～I 总产量曲线向下突出，是报酬递增阶段，其生产弹性（边际产量/平均产量，反映边际报酬的大小）大于 1；从 I 点起，总产量曲线开始向上突出而进入报酬递减阶段，生产弹性自 M 点往后亦趋渐减，从 APP 曲线和 MPP 曲线的交点 D（这时边际产量与平均产量相等）起，边际产量一直低于平均产量。由此可得出两点结论：①在此阶段内，每增投一单位变量资源均能使产量迅速增加，每一单位平均报酬是递增的，因而是总报酬和平均报酬均递增的阶段；②因本阶段投入的变量资源与固定资源（即土地资源）在数量配合上明显不足，使土地生产潜力得不到充分发挥，因而在可能的条件下，应该连续增加变量资源的投入，以使总产量和平均产量继续提高，否则将不能集约利用土地资源，从而限制产量的进一步增长。

第二阶段：处在 X 从 Q ~ R 点，相应的总产量曲线的对应点从 N ~ T 点的范围。在此阶段内，变量资源的边际报酬小于平均报酬，且边际产量和平均产量均随变量资源递增而下降，但仍为正值；当边际产量递减至 0 时，生产弹性也降至 0，而总产量则达到最高点 T。由此可得出两点结论：①在此阶段内，边际报酬和平均报酬同时递减，但这不仅没有妨害生产的发展，反而随着变量资源的不断增加，总产量继续上升，以至最终达到了最高点。这就表明：在土地的集约经营中，只要总产量在增加，就不必担心边际报酬和平均报酬的递减。②当总产量一旦达到了最高点，变量资源的投放亦即达到了最终点，这时不宜再继续增加其投入量。

第三阶段：处于 X 从 R 点、总产量曲线上的对应点从 T 点向右扩展的范围。在此阶段内，不仅变量资源的边际报酬和生产弹性均为负值，而且平均报酬继续递减，总产量也趋下降。由此可得出两点结论：①在此阶段内，投入变量资源已经无利可图，因而应是生产投资的终止阶段；②如果继续投资、投劳，那么每增加一单位投入，必将增大一次损失，投入越多，损失也就越大。

（三）土地报酬递增递减理论对土地集约利用的指导意义

上述土地报酬变化的三阶段分析，对于合理确定生产资源的配合比例，即投入的变量资源与固定资源——土地的比例关系，从而做到合理地集约利用土地资源、提高土地利用率和生产率，具有十分重要的指导意义。由上述分析可见，报酬（生产力）的递增与递减，从投入产出关系（生产函数）来看，主要在于投入的变量资源与固定资源（土地）之间的数量比例关系是否配合得好，即两者之间配合比例的协调与否以及协调程度的大小，决定着土地报酬（即土地资源与各项变量资源的利用效果）的大小。以此作为投入的适合与否的尺度，第一阶段因投入的变量资源不足，变量资源与固定资源的配合比例，在数量上前者少而后者多，两者不够均衡、协调，虽然产出效果反映在报酬上有利可图，生产力上升也较快，但土地生产潜力的发挥很不充分，报酬效益并不高，因而不能视为合理利用土地资源的生产阶段。与此相反，第三阶段的资源配合比例，在数量上投入的变量资源过多，超出了土地的容受力，产出效果反映在报酬上出现负值或全面下降，因而也不能认为是合理利用土地资源的生产阶段。只有第二阶段，变量资源与土地资源的配合比例在数量上较为接近，每次增加的投入均带来总产量的、总报酬的增加，因而合理利用土地资源和投入变量资源的适宜范畴，必当落在第二阶段内；不过，资源配合的最适点，究竟确定在第二阶段的哪一点上，还必须由多种经济技术条件和生产资源与产品的价格比率来决定。

四、土地报酬递增递减规律对土地集约经营的制约作用

在当今世界，由于人口不断增长和经济社会迅速发展，所需农产品越来越多，使土地资源的稀缺性更加突出。因此，土地的集约经营将成为必然的趋势。

实行集约经营，就是要增加对单位面积土地的变量资源的投入，以提高土地利用的集约度。所谓集约度，是指每单位面积土地上所投劳（劳动）资（物资）数量的多少。土地利用集约度的大小，主要取决于以下四点：①农产品的社会需求量；②农业技术水平；③农业投资能力；④土地资源本身的生产力或肥力，包括土地质量、人地比例、区位条件和土地利用的收益大小等。这些因素相互依存、相互制约。就土地生产力对其利用集约度的制约作用而言，土地生产力决定于土地自身的容受力（Capacity）与生产效率（Production Efficiency）。所谓土地容受力，是指在一定经济技术条件下，土地资源与其他生产资源最佳配合比例所能容受其他变量资源的数量，能容受的变量资源数量多者称容受力大，反之则称容受力小。凡容受力大的土地，在利用时就可以推进更大的集约度；容受力越小的土地，其集约度亦应越小。而土地生产效率，是指土地资源与其他生产资源配合至最佳（最有利）点时所获报酬与所费成本的比例。从土地经济学的观点来说，土地利用的集约经营应有一定的限度，逾越限度总是不利的。一般把集约度的最高限度称为利用的集约边际（Intensive Margin）；而把集约度的最低限度称为利用的粗放边际（Extensive Margin）。前者是同一单位土地上纵向的加深集约度的界线，后者则是指横向的扩展耕地范围的界线。可见，要实行集约经营，选定合理的土地利用集约度，首先必须使土地资源与其他变量资源的投入有一个最佳的配合比例和最佳配合点。从这个意义上说，上述土地报酬递增、递减三阶段的分析，对于土地资源的集约经营和集约度的确定，显然提出了可供选择的依据。上述"三阶段分析"明确揭示了土地报酬的第一阶段因变量资源投入不足，未达到集约利用的粗放边际，因而实际上是一种类似粗放经营的形式或掠夺式的经营。而第三阶段，因变量资源投入过多，超出了土地的容受力，逾越了土地利用的集约边际，因而是一种不合理的集约经营。只有第二阶段，变量资源与固定资源（土地）的配合比例在数量上才是协调的，土地的生产潜力得到了充分发挥，可谓之合理的集约经营。因而，资源配合的适宜范围和投入变量资源的最适点，只能在第二阶段。这便是土地报酬递增递减规律对土地集约经营产生的制约作用。

综上所述，可以认为，由于土地报酬递增、递减现象的客观存在，因此，人们应该在技术不断进步与相对稳定的总趋势中，根据报酬递增、递减运动的规律性，对土地资源开发利用的集约度、投入变量资源的适宜范围与最适点、生产资

源配合的最佳方案及其利用的经济效果进行综合分析，从中作出最优选择。

第三节　地租和地价理论

地租和地价理论是农业经济学、资源经济学、土地经济学从而也是土地资源学的一个重要基础理论，它对于土地资源的综合经济评价和合理开发利用具有重要的指导意义。本节在阐述地租与地价基本原理的基础上，讨论中国社会主义条件下的地租与地价问题。

一、地租的基本原理

（一）地租的概念

所谓地租（Rent），按照一般的解释，是指土地所有者将其所占有的土地租给别人利用所收取的租金或报酬。马克思把这种报酬定性为所获利润的超额部分，即把这部分超额利润定义为地租。

根据土地所有权和土地质量的差异，地租可分为绝对地租、级差地租（或叫差额地租）和垄断地租，而以前两种为主要形式。这是马克思在批判吸收资产阶级古典经济学家李嘉图和屠能等的地租学说基础上所创立的。马克思认为，在资本主义土地私有制下，存在着两种垄断：①土地经营权（使用权）的垄断。这是由土地的有限性和土地被各个农场主所占有而引起的。土地经营权的垄断产生级差地租，即为使用土地而缴纳的地租或租金。②土地所有权的垄断。这是由土地的私有制度造成的。土地所有权的垄断则产生绝对地租，即在土地所有者转让土地使用权时，向土地使用者索取的土地占有权的报酬。这两种地租构成为地租的总额，但两者并无必然的联系，可以分别存在或并存。

（二）西方古典地租理论

古典地租学说的创始人主要是英国的配第、亚当·斯密、李嘉图以及法国的杜尔阁和德国的屠能等。其中，配第是最早对地租理论贡献的最大学者。级差地租的概念，最初是由他提出的，他还初步论证了级差地租Ⅰ和级差地租Ⅱ的形态。他指出，同等面积的土地因其丰度不同以及同等丰度的土地因其距离市场的远近不同，从而产生级差地租。此外，还提到了因土地丰度差别从而引起投在等量土地上的劳动生产力的差别而产生的级差地租[9]。就此而言，马克思指出："配第比亚当·斯密更好地阐明了级差地租"[8]。亚当·斯密（A. Smith，1723—1790年）曾正确地下定义说，地租是"为使用土地而支付的价格"[8]，不仅如此，他还把地租视为土地所有权的结果，即肯定了绝对地租的存在，但没有提出绝对地租的概念。李嘉图（D. Ricardo）综合和发展了前人之说，创立了"差额地租学说"（Differential Rent Theory）。他认为，地租同利润一样，是劳动创造的价值的一部分，并提出地租是两个等量的资本和劳动所取得的产品量之间的差额，即由于土地质量和位置的差别而产生的地租差额。但他未说明土地位置和地租的关系，而仅以土地肥沃度作为地租形成的依据。而且，他混同了价值和生产价格，因而否认劣等土地有绝对地租的存在。屠能（J. H. Von Thunen 1783—1850 年）在其名著《孤立国》中提出了"农业区位论"（Theory of Location of Agricultural Production），科学地阐明了土地位置与地租的关系。该理论是假定孤立国内各地所有方面（包括肥沃度、劳动生产力、单产量、生产成本等）均相同，而仅仅距离中心市场的远近不同。这种由于不同地理位置而产生的地租，叫区位地租。李嘉图和屠能两人地租学说的共同点，是均认为地租是由土地生产力的差别所产生的差别剩余，并认定农产品需要量增加、价格上涨，必然引起地租的产生。但两人的侧重点不同，前者是从土地的肥沃度不同来解释差额地租，后者则专门从土地所处的地理位置不同来阐明差额地租。因而有人评论说，李嘉图为古典式地租论的建立者，而屠能则堪称古典地租论的补充完成者。

（三）马克思的地租理论

马克思在批判和继承前人特别是李嘉图和屠能地租理论的基础上，在其巨著《资本论》第三卷中创造性地写成了"地租篇——超额利润转化为地租"[10]，从而建立起独特的地租理论。马克思地租理论认为资本主义地租的本质是剩余价值的分配形式之一，在此基础上，明确指出了地租的三种形式：绝对地租、级差地租和垄断地租，并分别进行了科学的分析和阐述。

1. 马克思的级差地租原理

马克思认为，级差地租是指由于不同等级土地的肥力不同而产生的地租量的差别，这种级差地租完全相当于超额利润[10]。级差地租产生和存在的基本条件和主要因素有以下两个：

（1）土地的沃度和条件不同，反映在土地质量上有别，因而土地利用所得的报酬（即地租）也有异。土地质量的差异主要包括三点：①土地肥沃程度的差异；②土地位置距离市场远近的差异；③土地追加投资（即集约经营程度）的差异。马克思把前两个条件的差异引起的级差地租命名为级差地租的第一形态——级差地租Ⅰ；把集约经营水平的差异所引起的级差地租命名为级差地租的第二形态——级差地租Ⅱ。马克思还指出了两种形式之间的联系：级差地租Ⅰ是级差地租Ⅱ的出发点，或者说，级差地租Ⅱ以级差地租Ⅰ为前提。

（2）土地数量的有限性和土地经营权的垄断性，使农产品的社会生产价格不决定于平均生产条件，而决定于劣等土地的生产条件，从而使土地利用中的额外利润固定化，即固定在有限的优等和中等土地的利用上。这是由于劣等地的劳动生产率低，所需生产成本高，而仅靠经营优等和中等土地不足以满足社会对产品的需要，因而必须保证劣等地经营者亦能获得平均利润，以使劣等地不断投入生产利用。要保证劣等地的利用获得平均利润，必须以劣等地的生产价格为基准来决定农产品的社会生产价格。因此，劣等地的利用便使优、中等土地因其资源条件优越、生产成本相对较低、劳动生产率较高从而形成超过劣等地的额外利润，即级差地租。

根据上述马克思的级差地租原理，由于级差地租的产生和存在是由土地本身条件和特性功能上的差异性以及土地面积的有限性和土地经营权的垄断性所决定，而与土地所有权无关，因而可以说，级差地租具有相当的超社会性质。据此，中国社会主义条件下的土地利用，在客观上也存在级差地租。这就告诉我们，在进行土地资源综合评价时，应该根据马克思主义地租理论的基本原理，科学地建立我国土地资源评价的理论体系。

2. 马克思的绝对地租理论

马克思认为，绝对地租是由于土地所有权的垄断而产生的。在资本主义私有制下，租用和使用土地资源，不论其质量好坏，均不能无偿使用，而须绝对付租。这种由于土地所有权的私有，在经营权转移时，由租佃者向土地所有者缴纳的租金或报酬，叫绝对地租。

根据马克思的绝对地租理论，在中国社会主义土地公有制条件下，土地的私人垄断性质和绝对地租所体现的剥削关系已不存在，然而产生绝对地租的客观实体并未消亡，因此，绝对地租作为社会盈利的特殊组成部分，无疑应纳入产品的价格构成。

3. 马克思的垄断地租理论

马克思认为，地租除了极差地租和绝对地租这两种"正常形式"之外，还有一种"特殊形式"的地租，即垄断地租。它是指由于垄断了某些自然条件特别有利的土地，因而在这块土地上生产稀有的土特产品，使产品能提供一个垄断价格。这种垄断价格带来的超额利润，会因土地所有权的存在而作为地租落入土地所有者手中，这种地租叫垄断地租。

二、土地价格的基本理论

与地租相联系的是土地的价格问题。农用土地以及其他一切有用的土地资源，是否具有价值？如何进行经济估价和评价？这是土地资源学研究必须要解决的理论问题之一。

根据马克思的劳动价值学说，土地本身是自然界的产物，而不是人类的劳动产品，因而没有任何价值。但马克思同时又认为，在资本主义制度下，土地是私有的，它作为一种特殊生产资料，在纳入生产过程后又凝聚了劳动，并使劳动转化为产品的使用价值和价值，能给人类社会带来"公益"和"效益"；加之它在数量上的有限性和质量上的差异性，因而可以使之成为商品，可以自由买卖、转让，从而土地所有者可以凭借其对土地的所有权，在所有权和经营权转移时向买者和租用者索取报酬。而为了取得一定的报酬，就需要对土地资源进行估价和计价，于是，土地资源也就有了自己的价格。

　　但是，土地的价格并不是它的价值的货币表现，而是由于土地资源的有限性和土地所有权的垄断性，使土地所有者凭借其所有权索取报酬，这种报酬实质上就是地租。因此，买卖土地资源，也可以说是买卖地租，即收取地租的索取权的买卖。马克思指出，土地价格"不是土地的购买价格，而是土地所提供的地租的购买价格，它是按普通利息率计算的"[8]。也就是说，土地价格是被资本化了的地租。所谓被资本化了的地租，是指使土地转让后的地租等同于将土地卖出所得的资金存入银行的利息。因此，马克思指出：

$$土地价格 = \frac{地租（级差地租 + 绝对地租）}{利息率} \qquad (2-1)$$

　　由式（2-1）可知，土地价格取决于两个因素，即地租和利息率，它与地租成正比，而与利息率成反比，即地租越高，地价相应越高；利息率越高，则地价相应越低。

三、社会主义条件下的地租与地价问题

　　在中国社会主义公有制下，土地资源归国家和集体所有，而不是私人所有，土地的经济评价也不再是为剩余价值的再分配服务。但这并不意味着中国已不再存在地租和地价问题，更不能认为在土地利用中不再需要依据地租、地价原理进行土地经济评价和计价。

　　（一）中国社会主义条件下仍然存在级差地租和绝对地租的基本形式

　　中国土地资源的法定所有权属于国家和集体，而不是私人所有和自由买卖的商品。但必须看到以下三点基本事实：①自20世纪80年代初期中国实行的家庭联产承包责任制后，出现了土地所有权和使用权的分离，即土地所有权仍归国家和集体，而使用经营权则归单个的农户家庭。这样既有国家或集体对土地所有权的垄断，同时也有农户个体对土地使用经营权的垄断；②土地资源本身在数量上的有限性、在质量和位置上的差异性以及土地利用集约经营程度的不尽相同等因素亦仍然广泛地存在着；③农业中的资本有机构成比其他国民经济部门内资本有机构成低得多。

因此，社会主义条件下的绝对地租，应归垄断了土地所有权的国家、集体公有，作为国家、集体的积累，用以改善生产条件、治理土地资源和改善生态环境。而级差地租的分配，则由它的形成因素和来源来定。一般而言，自然土地的级差地租Ⅰ，由于它是由土地的肥沃度和地理位置形成的，因而属于非劳动的收益，不应成为土地经营者所得的组成部分，而应归国家或集体所有，或在国家、集体与经营者之间进行合理分配；而对于已开发利用的土地的级差地租Ⅱ，由于它是由土地经营者在利用过程中投入劳动和资本等要素而形成的，因而应归土地经营者所得，以补偿其经营的投入耗费，用以继续提高集约经营水平和扩大再生产。

（二）中国社会主义条件下亦可存在土地价格

在中国社会主义条件下，土地价格是否存在？这是争论较大的问题。否认者主要从土地不是商品、《宪法》规定土地不允许买卖等角度来说明社会主义不存在土地价格；承认者则认为，土地价格仍是社会主义经济的一个客观范畴[9]，但对土地价格存在的原因，各有不同的论述。笔者赞同刘书楷[4]（1989）的十分中肯的阐述，一方面，由于土地是稀缺资源，其数量有限，尤其在中国，因人多地少，更是供不应求，更显珍贵；另一方面，绝大多数土地由于已被开发和利用从而已经凝结了人的劳动，是已投入了劳动的土地。因此，为了更好地适应商品经济的发展，很有必要对土地资源按商品经济原则进行经营管理，对土地资源进行估价。刘书楷先生还指出："这种价格不是价值价格（市场价格），而是为了分析评价土地资源以及计算土地征用补偿费等而规定的土地价格"，以价格的高低反映用地质量的等级，以便把数量有限的土地配置最好的用途[4]。因此，可以说，在我国现实条件下，我们应该承认可以存在地价的经济范畴。

（三）运用地租、地价原理，对土地进行经济估价，实行土地资源的合理有偿使用

中国对城镇占地、工矿用地、交通用地等早已实行征购计价，但长期以来，由于缺乏科学的评价、计价和付费制度，征用土地中地价不合理和不良的浪费用地现象普遍存在。在农村，由于初期联产承包责任制的不完善，尤其是对土地实行基本上的无偿使用，不仅使土地尤其是耕地的破坏、浪费、荒芜以及任意挪作他用（如盖房、起坟等）等现象屡屡发生，而且使土地难以流动、转让和集中，制约和影响土地规模经营的形成。随着土地承包责任制的不断完善，土地承包期的延长以及对土地经营权继承和转移的承认和保护，使土地经营权的流转和集中现象日趋增多，而且这应该是今后的发展趋势，因而普遍实行土地的有偿使用和有偿承包、流转不仅十分必要，而且显得非常重要。这就要求加强对土地资源的分等评价、计量，根据评价标准，对不同等级的土地资源实行合理的有偿使用。

第四节 生态经济理论

土地资源既是劳动对象，又是基本生产资料，并成为生产综合体的重要组成部分。对土地资源的综合评价和开发利用，必须立足于整个生产系统，运用生态经济学原理，把生产中自然生态、社会经济和技术等因素融为一体，进行综合性研究。

一、生态经济的基本概念

所谓生态经济（Eco – economics），即生态（Ecology）与经济（Economics）的结合与统一。从系统的角度来看，生态经济本身是一个复杂的系统，即生态经济系统（Eco – economic System），它是生态系统（Ecological System）与经济系统（Economic System）的联系、结合与统一。

生产是自然、社会经济和技术三大因素的综合体，即生产综合体。它实际上是一个巨大的复合系统，叫生产系统，是自然生态系统、社会经济系统和技术系统的有机结合。生产过程包括自然再生产过程和经济再生产过程，前者是构成整个生产的基础，它通过多层次的循环运转，形成生态系统，后者则通过生产、加工、运输、销售、分配、消费的完整系列过程而形成经济系统。

在整个生产过程中，生态系统的再生产和经济系统的再生产是相互交织的。在这两个系统之间以及系统之内，存在着多维的必然联系。就两个系统之间的联系而言，生态系统再生产是经济系统再生产的基础，它决定着后者的发展规模和速度；经济系统则对生态系统具有主导的作用，从而制约整个生产的发展方向和土地资源的利用目的。两者相互依存、相互制约、相辅相成，彼此互有反馈作用（见图 2 – 3）。图 2 – 3 揭示了生态经济系统中生态系统与经济系统的物质循环与能量流通的关系，即生态系统通过自然再生产过程使物质循环和能量转换发生变化后，将各种再生产品输出到经济系统再生产，成为经济系统的输入；而经济系统则输出劳动、技术等，成为生态系统的输入。如此往返、循环，将土地资源和其他生产资源通过生产过程而形成最终产品。在上述物质循环和能量流通的关系中，在物、能输入和输出之间保持着相对的动态平衡状态，如果一旦停止运转或严重失衡，那么生产就要终止或受到障碍。

上述自然再生产过程和经济再生产过程之间相互依存、相互制约的关系，就是生态系统和经济系统的有机结合和矛盾统一，即生态经济或生态经济系统。生态系统和经济系统相互矛盾、统一的运动规律，称为生态经济规律；两者在矛盾运动中形成的动态相对稳定，称为生态经济平衡；由此而产生的生产力，就是生态经济生产力（Eco – economic Productivity）；它所提供的效益，称为生态经济效益（Eco – economic Benefits）。

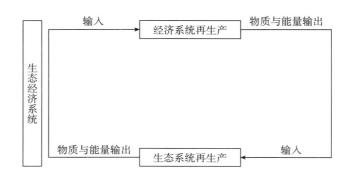

图 2 – 3　生态系统与经济系统之间的物质循环与能量流通

二、生态平衡、经济平衡与生态经济平衡

生态系统是一个开放系统。在此系统中，生物与其环境之间通过长期适应，生物与生物、生物与环境之间进行着多层次的物质循环和能量转换，形成了具有特定功能的相对稳定的结构，即生态平衡。它包括三个方面：①生态系统物能输入与输出的平衡；②结构的平衡，即生物与生物、生物与环境之间在结构上相对稳定的比例关系；③功能的平衡，即食物链能量转化和物质循环的正常运行。在生产中，必须保持这三种平衡，方能确保生产的正常进行；否则，一旦这种生态平衡遭受破坏，导致自然环境的恶化，将使生态系统的物质循环和能量转换受到阻碍，从而使生物产量下降、生产力衰退，整个生产就会承受严重损失。因此，保持生态平衡是指导和发展生产必须遵守的自然规律。生态平衡规律也是衡量生态效益的基本法则，生态效益的大小，首先和主要在于它是否符合生态平衡规律以及适应程度的大小。

从生态经济学的观点来看，生态平衡规律是客观存在的自然规律，生态平衡是生态系统良性循环的基础，而经济社会的发展必须建立在生态系统良性循环的基础之上，因而生态平衡是经济平衡（即经济系统中所形成的动态相对稳定状态）的基础，从而也是生态经济平衡的基础。生态平衡引致经济平衡，从而也引致生态经济平衡，而经济系统的良性循环必须建立在生态经济平衡的基础之上，因此，经济社会的发展必须重视生态经济平衡和生态经济规律。生态经济学原理要求人们从微观入手、宏观全局，对现有生态经济系统的得失做出生态经济评价，并采取相应的生态措施和经济手段，以进一步优化生态经济系统，要求既要考虑生态效益，又要考虑经济效益和社会效益，使之符合生态经济规律，实现人口、土地资源、生态环境和经济发展四者的统一与协调发展。

三、生态经济效益基本原理

生态经济效益由生态效益、经济效益和社会效益三者有机构成，是此三效益的综合效益。土地资源开发利用的最终目标就是获取最大的综合效益，即最佳生态经济效益。

（一）生态效益

生态效益以生态平衡和生态系统的良性、高效循环为基础。它是人们在生产中遵循生态平衡规律，使自然界的生物系统对人类的生产、生活条件及环境所产生的有益或有利的结果。从这一点上来说，生态效益好，也就是环境效益好，两者是一致的。在生产中要求生态效益或环境效益达到的目标和标志，就是根据生态平衡规律或生态经济规律，指导和发展生产，协调"人类—土地资源—生态环境"的关系，正确评价和合理开发利用土地资源，保护和增进其生态经济生产力，提高生态效益和生态经济效益，使土地资源可持续利用而不衰，促进生产和经济社会的可持续发展。

（二）经济效益

经济效益是指人们在取得经济效果的基础上所获得的经济利益，因此，要取得经济效益，必须有经济效果。经济效果是反映投入产出关系的，它就是所费与所得的关系，即生产经营中所投入的物化劳动和活劳动的费用与所得产品的价值之比。经济效益以生态经济平衡和生态经济系统的良性、高效循环为基础。因此，不能为了提高经济效益去牺牲生态环境和浪费土地资源，而必须在保证最佳生态经济效益的前提下，实现最大的宏观综合经济效益。

（三）社会效益

社会效益是指土地开发利用和生产经营活动所产生的社会影响和给社会带来的效益。它包括局部利益与整体利益的关系和眼前利益与长远利益的关系。目前，一般将社会效益集中于对社会需求性的满足程度上，即生产经营活动对社会需求性的满足程度越大，其社会效益亦越大；反之，则社会效益越小，甚至没有社会效益。一切土地资源开发利用、生产经营活动都是为了满足人类和社会生存与发展的需要而进行的，因此，评价土地利用效益、生产经营效果好坏的依据指标之一，就是要看它是否取得最佳社会效益，并遵照社会需求与地区优势（包括土地资源优势和生产优势）相结合的原则。

（四）生态效益、经济效益与社会效益的辩证统一关系

在上述三个效益中，生态效益处于基础地位，它是经济效益和社会效益的基础和前提，关系到人类发展的根本利益。而经济效益则处于核心地位，一切生产和整个经济的发展，必须以经济效益为中心；提高生态（环境）效益，也是为了提高宏观经济效益；不提高经济效益，就不能扩大再生产，因而也就不能促进生产和经济社会的发展。而社会效益则具有决定性的作用，因为一切生产活动均是为了满足社会的需要，如果没有社会效益，生态效益、经济效益将无从发挥。由于上述三个效益产生的共同基础是生态经济系统，并受制于生态经济规律，因而从根本上来讲，生态环境效益与社会经济效益是一致的、同向的，但在一定条件下也还有矛盾、会发生异向。因此，必须正确地运用生态经济规律和生态经济理论，去分析和处理土地资源开发利用中生态（环境）效益、经济效益和社会效益的辩证统一关系。

四、生态经济原理在土地资源研究中的应用

从生态经济系统的观点来看，土地资源的综合评价，实质上就是生态经济评价；土地资源的开发、利用、整治、保护和管理的研究实体，就是土地资源、生态环境与经济发展的相互关系及其规律，其目标就是要获取最佳的生态经济综合效益。因此，生态经济理论对于土地资源研究具有非常重要的意义。这里仅就以下两方面作一论述：

（一）土地资源的生态经济评价

进行土地资源评价，不能仅囿于生态评价或经济评价，而必须从单项评价走向综合评价，并以综合评价为主，才能避免片面性，为土地资源开发利用提供全面的决策依据。

综观目前的土地资源评价，大多为土地资源的生态适宜性评价，经济评价和综合评价十分薄弱，因而往往看不到经济效益和综合效益，使评价成果难以广泛应用。但也不能只搞经济评价，而忽视生态评价。因此，必须在生态适宜性评价的基础上，进行经济评价和综合评价，把生态评价和经济评价有机结合起来，加强整体性和综合性研究。这种从总体上进行的综合性分析评价，就是生态经济评价。只有生态经济评价，才称得上是真正的综合评价。所谓土地资源的生态经济评价，也就是把自然生态因素、社会经济因素和技术因素融为一个整体，进行综合分析研究，在土地资源生态适宜性评价的基础上，充分、全面地分析其经济（效益）合理性、社会需求性和技术可行性，并将此四个方面有机地结合起来，综合评定土地资源的适宜性，为土地资源决策和生产经营决策奠定坚实的基础，提供科学的依据。

运用生态经济理论对土地资源及其利用问题进行综合分析、评价研究，实际上早已在马克思的土地理论中已有了较好的体现。例如，马克思把级差地租按土地肥沃度、地理位置和土地集约经营水平的差异，区分为级差地租Ⅰ、级差地租Ⅱ两种形态的分析；关于以地租、利息率推导出土地价格的理论；关于土地肥力包含自然肥力和经济肥力的原理；关于将土地生产力区分为自然生产力、社会生产力的理论等，均把生态和经济结合起来，将自然、社会经济、技术诸因素纳入统一的生产系统（即生态经济系统），一并加以综合考察、研究。马克思的这些基本原理，正是生态经济理论的先导，也是土地资源综合评价和开发利用的理论基础[4]。

（二）土地资源研究中生态经济分析的目标、模型与指标

如何在土地资源评价和开发利用中运用生态经济原理，是一个很复杂的问题，值得进一步探讨。一般需要建立一整套系统分析的目标、模型和指标体系，作为综合研究的出发点和依托。

1. 生态经济分析的目标

生态经济系统是一个多层次的复合系统，也是自然、经济、技术多因素结合的综合体。土地资源是发展生产的物质基础，它一旦进入生产系统后，便产生了生态经济问题。因此，对土地资源的评价和开发利用，必须根据生态经济规律和生态经济效益原理，确定其合理化的多元综合目标。这种目标应该是：土地资源、生态环境与经济社会发展的协调与统一，生态效益与经济效益、社会效益的协调与统一，使多元目标得到正确结合，以达到最佳综合效益的总目标。

2. 生态经济分析的模型

根据生态经济系统的多层次结构，在进行土地资源评价和开发利用的生态经济分析时，为了把握整体性和综合性的系统分析，至少需要建立和运用以下三个整体性系统分析模型[4]：

（1）生产因素综合体⊃自然生态因素×社会经济因素×技术因素。即生产综合体是自然生态、社会经济和技术三大生产因素交互作用的联结与统一（在模型中，"⊃"表示集合的母集，"×"表示相交，下同）。

（2）生产过程⊃自然再生产过程×经济再生产过程。即生产过程是自然再生产过程和经济再生产过程相互交织的统一。

（3）生产系统⊃生态系统×经济系统×技术系统。即生产系统是自然生态、社会经济和技术三个子系统有机结合的复合系统。

设计和运用上述三个整体性系统分析模型，由于土地资源是生产过程和生产系统中不可分割的有机组成部分，是上述三个整体性系统各个母集和子集的组成要素，不论从生产的总体还是从生产的局部来看，均离不开土地资源。因此，进

行土地资源评价和开发利用研究时，应该以此三个整体系统开展从总体到局部的系统分析，尤其是必须根据当地生产对土地利用的具体要求，从土地资源的数量、质量、分布及其结构功能、作用和效益，进行可能性、适宜性、可靠性和合理性的多元综合分析。

3. 生态经济分析的指标体系

对土地资源进行分层次的从总体到局部的整体性综合分析，必须按照系统分析模型的要求确定相应的分析指标体系，以对土地资源开发利用的生态经济效益作出明确的定性、定量分析。一般土地资源研究中的生态经济分析指标体系，主要包括以下四类指标：

（1）自然生态指标。包括三个方面：①土地资源生态评价指标，如根据土地资源本身提供的生态条件，按不同的利用目的，将其生态适宜性程度划分为"高度适宜""中等适宜""低度适宜（或勉强适宜、临界适宜）"和"不适宜"四个等级，分别规定其数量界限指标；②反映土地资源生态效益的指标，例如，土壤肥力、水土保持状况、森林覆盖率、环境质量等；③表示生态结构合理性程度的能量形态和环境状况指标，例如，各地区的和平均的光能利用率、各产业和各产品生产中的能量转化率与增值率、每投入单位无机能（化肥、机械等）的能量置换率（即所获得的有机能水平）、能量产出与投入率等[4,11,12]。

（2）经济效益指标。主要有土地生产率、土地净产率、土地盈利率、劳动生产率、劳动净产值、劳动盈利率、资金生产率、资金净产率、资金盈利率、成本盈利率以及产—投比等（详见第五章）。其中，土地生产率、劳动生产率、商品生产率等属于反映生产效率高低的指标，体现的是占用土地资源和资金的利用率指标（实际发挥效益额/占用额）；各业的投资/收入、各类产品的产值比等属于反映生产结构的产值构成指标。

（3）综合性生态经济效益指标。主要有三个：①生态、经济综合效益 =（能量产投比 × 资金产投比）；②生态经济效益的相对增长率；③资源结构均衡度（π），即：

$$\pi = 1 \bigg/ \left[1 + \sqrt{\sum_{i=1}^{n} \left(\frac{M_i / C_i}{M / C} - 1 \right)^2} \right] \qquad (2-2)$$

在式（2-2）中，M_i 表示子系统净产值，C_i 表示子系统投入额，M 表示系统净产值，C 表示系统总投入额。

（4）社会效益指标。主要有六个：①总产值或总产量年增长率；②人均产值（或产量）；③人均总收入（纯收入）年增长率；④商品总产量（或产值）；⑤每劳动力供养的非农人口数；⑥人均占有绿化面积。其他方面指标可根据研究目的而适当增减。

第五节　最优化理论

最优化理论（Optimization Theory）是由系统科学提供的一个重要理论[13-15]。它是通过合理确定系统内部的结构，以使系统达到最优的功能。将这一理论应用于土地资源研究领域，根据最优化目标，采用最优化方法，进行土地资源开发利用的优化设计，可为土地资源利用与管理决策提供最优方案。

一、最优化理论的若干基本概念

（一）最优化

最优化（Optimization），是指对两个或两个以上的方案进行比较，从中选择一个最优方案的过程。对于不同的决策者，其最优化目标并不一样。如果决策者是生产经营者或为其服务者，往往以产量、产值、利润最大值而成本、牺牲最小值作为最优标准；对消费者来说，则追求的是使用价值和使用效果的最大化；而作为一个宏观管理的决策者，则应兼顾生产者和消费者的利益，把宏观经济效益、生态效益和社会效益放在首位，正确处理宏观与微观、当前与长远以及三效益之间的关系，以最大综合效益（即最佳生态经济效益）为总目标。

（二）可行方案与最优方案

可行方案（Feasible Program），也称"可行性方案"，是指可行性较优的方案，即在可供选择的各种方案中，实施程序比较简单，实施条件容易满足、实现的可能性较大的一些方案。在决策时，必须同时考虑方案的效果和可行性两个方面，缺一不可。凡不具备可行性的方案，即便其效果很好，也是一种不可行方案。所谓最优方案（Optimization Program），也称"最佳方案"，它是指在能够达到同一目标的许多可行方案中，经过比较、分析所确定的效果最好的方案。所谓最优，乃是针对一定的具体条件相对而言的。例如，在生产经营领域中，人们为达到某一经营目标，往往可以根据实践经验和科学原理设计出几种可行方案，通过比较和分析，可以从中选出一个经济效果最好的方案，即为最优方案。

（三）最优化模型

最优化模型（Optimization Models），就是在优化分析设计过程中用来表示最优方案的模型。模型是在统计观察的基础上，以一定假设为前提，对研究对象中的主要变量之间可能存在的依存关系进行抽象的模拟，是人为建立的。进行优化处理的方法较多，如线性规划、动态规划、网络分析等均有广阔的应用前景，其中，线性规划应用最广泛。运用线性规划分析法，常需建立数学模型来描述或表示所要模拟的研究对象。如果数学模型比较正确，能够近似地反映研究对象的运动规律，就能利用它求得最优方案，此种模型即为最优化模型。

二、优化设计的基本原理

应用系统科学提供的优化设计原理，对土地资源合理利用进行分析论证，是实现土地资源最优利用问题的重要手段。优化设计的过程，也就是对土地资源开发利用生态经济系统进行系统分析的过程。这一过程大致分为以下七个步骤（见图2-4）：

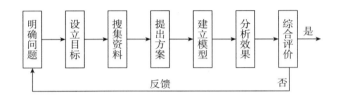

明确问题 → 设立目标 → 搜集资料 → 提出方案 → 建立模型 → 分析效果 → 综合评价 → 是

反馈   否

图2-4 优化设计的程序

（一）明确问题

这是优化设计的第一步。应针对研究区域的具体情况，从土地资源状况（质量与数量）、自然与社会经济条件、农业生产结构与经济结构、科技水平、劳动力状况等方面进行全面的调查分析，找出研究区域的主要问题，明确这些问题涉及的范围及其产生的原因，从而使优化设计有一个可靠的支撑点。

（二）设立目标

目标是开展优化设计的轴心和进行最终决策的依据，因此，目标不仅要明确，而且还要具体；不仅要有近期目标，还要有长远目标。同时，还应设立一些可度量的指标，借以衡量目标所达到的程度。从上文所述可见，土地资源开发利用的目标不止一个，它是由多元目标和总目标构成的目标集。在确定目标时，要考虑目标的典型意义和代表性以及各种目标之间的协调性、整体性和可行性。具体目标应符合总目标即生态效益、经济效益和社会效益有机统一的最大综合效益的要求。

（三）搜集资料

进行优化设计，必须以基础资料为依据。没有基础资料，定量分析将无从着手。在搜集资料时，必须注意资料的"三性"：①全面性。凡与土地资源开发利用有关的资料，如土地资源状况以及自然、社会经济、科技条件等，均应尽可能拥有；不仅要现在的，还要历史的；不仅要本地的，还要参考外地的。这样，才使基础资料全面和丰富。②准确性。准确的基础资料可以提供正确的信息，这不仅在某种程度上可以弥补研究方法的不足，而且其本身就是决定优化设计结果是否合理、是否科学的重要因素之一。对于不可靠、不准确的基础资料，无论是优化设计方式还是模型如何先进，都将毫无价值，甚至造成危害。因此，必须对各种基础资料进行反复推敲和核对，务必使其准确、可靠。③目的性。土地资源开发利用的优化设计必须首先拥有全面的、丰富的资料，但这并不意味着不按分析目标、不考虑资料与目标的相关性而盲目地搜集一通。相反，搜集基础资料必须要有目的地进行，凡与目的无关或关系甚微的资料，都尽量不要，这不仅可节省资金和时间，而且可以减少非正常资料对分析结果的干扰。

（四）提出方案

在拥有翔实、丰富的资料基础上，根据目标的要求，提出多个可行的解决问题的方案，以供比较、分析和选择之用。需要注意的是，所提出的方案必须是可行的，即具有可行性。由于可行性常受一系列物质技术条件的约束和自然、社会、经济诸因素的限制，往往效果最佳的方案并不一定是可行性方案，只有符合各种条件约束和诸因素限制的方案才是可行方案。所谓最优方案，只能在各可行方案中选择。因此，在提出方案时，必须充分考虑各种约束条件和限制因素，确保所提方案的可行性。

（五）建立模型

这是优化设计的重点和核心。所谓模型（Models），是真实系统的模拟或抽象，是对需要解决的系统问题进行分析，明确系统的外部影响因素和内部条件变量，根据目标的要求，用一个逻辑的或数学的表达式，从整体上说明它们之间的结构关系和动态情况。构建模型的全过程称为"模型化"。在复杂的土地开发利用生态经济系统分析中，采用模型化手段，可以使问题得到简化，即通过恰当的抽象、加工和逻辑推理，可将土地资源开发利用这一生态经济系统的内部结构和外部作用关系变为可以进行定量分析和处理的模型，还可通过改变模型输入参数的方式来适应变化了的外部环境。构建模型必须做到精确、普遍、简明、实用等基本要求。所谓精确，是指模型应准确地反映土地资源开发利用系统的外部环境与内部结构状况。由于建立模型的根本目的是进行定量分析，如果模型不精确，那么必然导致结果的不可靠，从而使定量分析失去了意义。"普遍性"是指模型应概括出土地资源开发利用系统的一般特征，具有较广的适用范围，如果仅局限于某个狭窄的范围，那么其作用很小，构建模型的意义不大。"简明性"要求模型简单明了，既能解决实际问题，又易为人们掌握和使用。事实上，模型作用的大小并不与其复杂性呈正相关，只有简明而实际的模型才是理想的模型。"实用性"乃是模型的宗旨和归宿，由于建立模型不是为了装饰论文，也非游戏消遣，而完全是为了解决实际问题，凡不适用的任何复杂、高深的模型都是毫无意义和价值的。优化设计需要建立优化模型。建立优化模型、进行优化处理的方法很多，这里主要介绍运用线性规划分析方法建立线性规划模型的问题。

线性规划是运筹学的一个分支，其研究的问题有两类：一是某项任务确定后如何以最少的人力和资金去完成；二是如何统筹安排使用一定数量的人力、物力资源，使完成的任务最多、最好。线性规划包括目标函数和约束条件，其数学表达式为：

$$目标函数：f(x) = \sum_{j=1}^{n} c_j X_j \qquad (2-3)$$

$$约束条件：\sum_{j=1}^{n} a_{ij} X_j \leqslant b_i，X_j \geqslant 0$$
$$(i=1，2，\cdots，m；j=1，2，\cdots，n) \qquad (2-4)$$

根据解决问题的需要，目标函数 $f(x)$ 可为最大值，亦可为最小值。如果求最小值，约束条件一般表示为：

$$\sum_{j=1}^{n} a_{ij} X_j \geqslant b_i，X_j \geqslant 0$$
$$(i=1，2，\cdots，m；j=1，2，\cdots，n) \qquad (2-5)$$

其中，X 表示经济活动未知变量；a_{ij} 表示每单位经济活动对约束条件的需要量；c_j 表示各种经济活动的目标函数系数（权重）；b_j 表示各种约束条件的约束值。经过调查分析，确定了式中 a_{ij}、b_j、c_j 的值后，即可计算出所求问题的最优解。

土地资源开发利用的总目标是最大综合效益，因而目标函数为最大值，可表示为如下的数学模型：

$$\max Z = \sum_{j=1}^{n} c_j X_j（Z 为目标函数值） \qquad (2-6)$$

（约束条件见上）

1. 变量（X）的设置

按土地资源开发利用中各种可能的经济活动类型进行设置。一般对于农业生产活动来讲，首先，可分为农、林、牧、渔业等大类；其次，在各大类中，可按可能的经济活动再设置具体的变量，例如，农业用地类可设置粮食种植面积、各种经济作物种植面积等变量，林业用地类可设置用材林地面积、经济林地面积、水土保持林或防护林地面积等变量，渔业用地类可设置各类鱼类的养殖面积变量。变量的设置实际上是土地利用系统的加细过程，将土地利用系统分解成若干个细小的结构，便于线性规划问题的展开。

2. 约束条件方程的建立

土地资源开发利用受诸多因素的影响和制约，一般包括生态平衡、经济平衡、产品需求、资源供应量等方面。将这些限制因素以约束方程的形式列入线性规划模型中，以使模型分析做到在资源条件可能的基础上达到生态、经济和社会三效益的协调与统一。各种约束条件方程的基本内容是：

（1）生态平衡约束类。主要包括人口数量与土地资源人口承载力的平衡；动物饲养量与土地载畜量的平衡；农田能量投入与产出的平衡；农田矿质养分（尤指氮、磷、钾）投入与产出的平衡；水分供求平衡；水土流失程度限制；森林覆盖面积约束；各种具有特殊生态效益的生产活动的规模约束。

（2）经济平衡约束类。主要包括可投入的基本建设投资额与土地资源开发利用所需资金额的平衡；可投入的生产费用总额与土地利用所需生产费用总额的平衡；保证土地资源开发利用者达到一定收入水平的约束；各土地利用部门（方式）协调发展的约束。

（3）产品需求约束类。主要包括外贸产品的需求量约束；本国对某些特定产品需求量的约束；本地区对某些特定产品需求量的约束。

（4）资源条件（物力、人力）约束类。主要包括土地面积（总面积及各类土地面积）及其生产能力约束、机械配备约束、土地利用物质资料投入约束、产品加工能力约束、运输能力约束、劳动力资源约束。

以上是土地资源开发利用线性规划分析所需要考虑的基本约束条件。在实际应用时，可根据具体情况增加有关的约束条件，或对某些无关紧要的约束条件加以舍弃。

3. 目标函数的确定

土地资源开发利用的目的是获得不断满足人类需要的产品，目标是达到生态效益、经济效益和社会效益的有机统一，因而土地资源开发利用线性规划模式的理想目标函数应是使包含生态、经济、社会三种效益的综合效益值达到最大。但因生态、社会效益与经济效益之间没有统一的量纲，不能加以综合和累加，因而目前只好以经济效益最大值作为目标函数，而将生态效益和社会效益的要求以约束条件的形式列入模型之中，在确保生态效益和社会效益的基础上取得最大的土地资源开发利用经济效益，从而达到生态效益、社会效益和经济效益的协调与统一。以经济效益最大值作为土地资源开发利用线性规划模型的目标函数的具体形式可根据不同情况分别选择净产值、总产值、总收益、净收益为最大值。

在完成变量的设置、约束条件方程的建立和目标函数的确定之后，即可建立一个完整的线性规划模型，它一般用矩阵表示。

（六）分析效果

利用已经建立的模型，借助于电子计算机对各种替代方案可能产生的效果进行计算，并对照既定目标和具体指标，进行比较、分析，从量的方面分出各方案的效果优劣，以供综合评价参考。

（七）综合评价

即在上述定量分析的基础上，结合定性因素分析，综合考虑各替代方案的利弊得失，根据系统内部结构与外部环境相结合、局部效益与整体效益相结合、经济效益与生态效益和社会效益相结合的原则，进行综合分析、评判，从中选出最优方案，以供决策者参考实施。

土地资源开发利用优化设计是一项十分复杂的工作，不可能一次取得满意的效果，往往需要多次反复进行上述各项工作，经过多次运算、优化之后，方能得出最优方案。另外，由于系统内、外部条件在不断地变化，经济活动中会不断出现新情况、新问题，因而还需进行备用方案的设计工作。备用方案的设计是针对一些比较容易变动的模型参数（尤其是资源及其他一些条件约束），根据几种可能变动的水平，分别设计出相应的最优方案，以供土地资源开发利用决策者参考。

第六节　可持续发展理论

可持续发展理论（Sustainable Development Theory）是当今世界各国在经济社会发展和资源开发、环境保护中特别关注的重大理论，对于指导土地资源开发利用具有重要的现实意义。

一、可持续发展思想的提出

可持续发展的思想是在传统发展模式暴露诸多方面弊端并再也难以为继的背景下提出的。传统发展观基本上是一种工业化发展观，表现为对经济高速增长目标的努力追求，这种观念必然是以牺牲自然环境、过度利用资源为代价的，导致了日益严重的全球性资源与环境问题，危及了人类本身和人类后代的生存与发展。面对世界经济高速增长而引发的一系列环境问题和社会问题，人们不得不反思自己对待自然的态度和行为，修订发展的方向，调整发展的战略。

1980 年，联合国环境规划署（UNEP）发表了著名的报告书《世界自然保护大纲》，强调环境和发展相互依存的关系，"保护自然环境是持续性发展的必要条件之一"。自此，"可持续发展"概念便问世并逐渐传播开来。

1987 年，世界环境和发展委员会（WCED）向联合国提交了报告书《我们共同的未来》（OCF）[16]，明确提出了环境和发展的新方法论"可持续发展"
（Sustainable Development）——既满足当代人的需求又不对后代人满足其需求的
能力构成危害的发展，并强调要重视加强全球性相互依存关系以及发展经济和保
护环境之间的相互协调关系。

1989 年，联合国发表了《环境署第 15 届理事会关于"可持续发展"的声
明》（以下简称《声明》）。《声明》指出："可持续的发展是指满足当前需要而
又不削弱子孙后代满足其发展需要之能力的发展，而且决不包含侵犯国家主权的
含义。"会议提出的"可持续发展"观念迅速被世界各国普遍接受，成为国际社
会所公认的发展思路。

1991 年 10 月，联合国环境规划署（UNEP）等世界组织在世界各地共同发
行了《保护地球——可持续性生存战略》一书。对世界环境和发展委员会
（WCED）定义的"可持续发展"概念重新具体定义为"在作为支持生活基础的
各生态系统内容能力限度范围内，持续生活并使人们生活质量得到改善"。

1992 年 6 月，为纪念联合国人类环境会议召开 20 周年，在巴西首都里约热
内卢召开了有 183 个国家代表参加的"联合国环境与发展大会"（UNCED），这
是人类历史上空前的关于可持续发展的国际环境会议。会议发表了著名的《里约
宣言》（27 项原则）及其行动计划《21 世纪议程——为了可持续发展的行动计
划》（以下简称《21 世纪议程》）。可以说，《21 世纪议程》为人类奔向可持续发
展的光明大道指明了方向。

1992 年 6 月，我国政府签署了以可持续发展为核心的《21 世纪议程》等文
件，标志着中国政府对可持续发展理论的确认和对全球可持续发展的参与。

二、可持续发展的基本概念

自 20 世纪 80 年代中期以来，国内外对"可持续发展"作出了近百种不同的
定义，但归纳起来主要有以下五种类型[17,18]：

（1）从自然属性定义可持续发展。"认为可持续发展是寻求一种最佳的生态
系统以支持生态的完整性，即不超越环境系统更新能力的发展，使人类的生存环
境得以持续"。这是由国际生态联合会和国际生物科学联合会在 1991 年 11 月联
合举行的可持续发展专题讨论会的成果。

（2）从社会属性定义可持续发展。1991 年，由世界自然保护同盟、联合国
环境规划署和世界野生生物基金会共同发表的《保护地球——可持续生存战略》
中给出的定义，认为"可持续发展是在生存不超出维持生态系统涵容能力之情况
下，改善人类的生活品质"。并提出人类可持续生存的九条基本原则。主要强调
人类的生产方式与生活方式要与地球承载能力保持平衡，可持续发展的最终落脚

点是人类社会，即改善人类的生活质量，创造美好的生活环境。

（3）从经济属性定义可持续发展。认为可持续发展的核心是经济发展，是在"不降低环境质量和不破坏世界自然资源基础上的经济发展"。

（4）从科技属性定义可持续发展。认为可持续发展就是要用更清洁、更有效的技术方法，以保护环境质量，尽量减少能源与其他自然资源的消耗。着眼点是实施可持续发展，科技进步起着重要作用。

（5）从伦理方面定义可持续发展。认为可持续发展的核心是目前的决策具有不损害后代维持和改善其生活标准的能力。

综观各类定义，从总体上来看，"可持续发展"的概念以世界环境和发展委员会（1987）在《我们共同的未来》中的定义较为普及，即可持续发展是指既能满足当代人的需要又不对子孙后代满足其需求的能力构成危害的发展。也就是通常所说的"决不能吃祖宗饭，断子孙路"。其基本特征是公平性（Fairness）、持续性（Sustainability）和共同性（Common）[19]。其主要内容可概括为生态可持续性、经济可持续性和社会可持续性三个方面，其中，生态环境可持续性（资源的可持续利用和良好的生态环境）是基础，经济可持续性（同时重视数量和追求质量的集约型经济增长）是前提，社会可持续性（谋求社会的全面进步）是目标。

三、可持续发展的基本内涵

可持续发展的内涵有两个基本方面：发展（Development）与持续性（Sustainability）（见图2－5）。发展是前提和基础，持续性是关键，没有发展，也就没有必要去讨论是否可持续了；没有持续性，发展就行将终止。这里的"发展"应包括两方面的含义：一是它至少应含有人类社会物质财富的增长，因而经济增长是发展的基础；二是发展作为一个国家或区域内部经济和社会制度的必经过程，它以所有人的利益增进为标准，以追求社会全面进步为最终目标。"持续性"也有两方面的含义：一是自然资源的存量和环境的承载能力是有限的，这种物质上的稀缺性和在经济上的稀缺性相结合，共同构成经济社会发展的限制条件；二是在经济发展过程中，当代人不仅要考虑自身的利益，而且也应该重视后代人的利益，既要兼顾各代人的利益，又要为后代发展留有余地。

也就是说，可持续发展是发展与可持续性的统一，两者相辅相成，互为因果。放弃发展，则无可持续性可言，只顾发展而不考虑可持续性，则将丧失长远发展的根基。可持续发展战略追求的是近期目标与长远目标、近期利益与长远利益的最佳兼顾，经济、社会、人口、资源、环境的全面协调发展。

可持续发展理论认为，经济可持续发展是基础，生态（环境）可持续发展是条件，社会可持续发展则是目的。该理论一方面鼓励经济增长，强调经济增长的必要性，但同时认为，可持续发展的标志是资源的永续利用和良好的生态环境，最终的目标是谋求社会的全面进步。

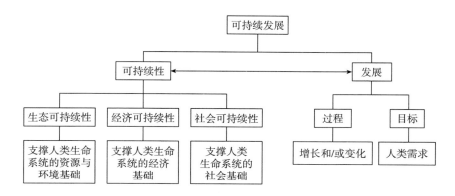

图 2 - 5　可持续发展内涵

四、可持续发展理论对土地资源开发利用的指导意义

随着可持续发展理论的提出和逐渐被接受，土地资源可持续利用的理念应运而生。可以认为，土地可持续利用是可持续发展理论应用于土地科学而产生的新概念[20]。

1990 年 2 月，印度农业研究会（ICAR）、美国农业部（USDA）和美国 Rodale 研究所共同组织在新德里举行了首次国际土地持续利用研讨会，此次会议上正式提出了土地可持续利用的思想。之后，国内外众多学者和研究机构对土地持续利用的概念、基本原则、评价纲要等有了明确的表述。1993 年联合国粮农组织（FAO）颁布了《持续土地管理评价纲要》[21]，这在土地可持续利用研究上具有里程碑的意义，该纲要提出的土地可持续利用的概念、基本原则、评价标准和评价程序已经成为指导全球研究的纲领性文件。

近 30 年来，国内外科技界运用可持续发展理论进行土地利用可持续性评价、可持续利用战略探索等研究方兴未艾，可持续发展和可持续利用思想已在土地资源开发利用规划、保护和管理决策中称为主导理念。在未来的土地资源评价、开发利用规划、保护和管理决策中，可持续发展理论和土地可持续利用思想仍将具有重要的指导意义。

参考文献

［1］马尔萨斯．人口论［M］．北京：商务印书馆，1959.

［2］彭松建．评坎南的适度人口理论［J］．经济科学，1984（5）：64－68.

［3］马寅初．新人口论［M］．长春：吉林人民出版社，1997.

［4］刘书楷．农业资源经济学［M］．成都：西南财经大学出版社，1989.

［5］石玉林，陈国南，石竹筠．切实保护、充分利用耕地资源［J］．中国土地科学，1989，3（3）：9－12.

［6］刘书楷．土地经济学［M］．北京：中国农业出版社，1996.

［7］中共中央马克思恩格斯列宁斯大林著作编译局．列宁全集（第五卷）［M］．北京：人民出版社，1986.

［8］马克思，恩格斯．马克思恩格斯全集［M］．北京：人民出版社，1975.

［9］张薰华，俞健．土地经济学［M］．上海：上海人民出版社，1987.

［10］马克思．资本论（第三卷）［M］．北京：人民出版社，1975.

［11］叶谦吉．生态农业——农业的未来［M］．重庆：重庆出版社，1988.

［12］宗树森．土地工作手册［M］．北京：农村读物出版社，1987.

［13］张立卫．最优化方法［M］．北京：科学出版社，2010.

［14］［美］迪克西特．经济理论中的最优化方法［M］．上海：上海人民出版社，2006.

［15］李占利．最优化理论与方法［M］．徐州：中国矿业大学出版社，2012.

［16］The World Commission on Environment and Development（WCED）［M］．Our Common Future. Oxford：Oxford University Press，1987.

［17］北京大学中国可持续发展研究中心．可持续发展：理论与实践［M］．北京：中央编译出版社，1997

［18］国际环保产业促进中心．循环经济国际趋势与中国实践［M］．北京：人民出版社，2005.

［19］尹继佐主编．可持续发展战略普及读本［M］．上海：上海人民出版社，1998.

［20］杨子生，刘彦随．中国山区生态友好型土地利用研究［M］．北京：中国科学技术出版社，2007.

［21］FAO. FESLM：An International Framework for Evaluating Sustainable Land Management［R］．Rome：World Soil Resources Report No. 73，Food and Agriculture Organization of the United Nations，1993.

第三章　土地分类与土地资源调查

分类（Classification），是许多学科和行业必不可少的基础性工作。与其他所有资源一样，土地资源是以类型为单位。因此，研究土地资源，就必须研究土地资源分类。科学、合理、可行的土地资源分类是切实有效地开展土地资源调查、正确地制定土地资源开发利用与整治规划方案，以及科学地管理土地资源的前提和基础。

第一节　土地资源基础分类

一、土地分类概述

从分类的一般含义上来讲，它是指按照一定的属性来区分某一事物或现象的类别。土地资源分类，或简称土地分类，也就是根据土地这一综合体性状和利用特点的地域差异性规律而进行的分类。将这种分类按照一定的规律（土地资源与土地利用特点和从属关系）建立有规则的排列顺序（类别和层次），便称为土地资源分类系统。其结果可使众多的土地资源个体能够分门别类、各有归属。

土地分类方法较多，由于分类的目的、依据、性质和作用上的不同，可形成不同的分类系统。陈百明[1]（1986）将土地分类大致归纳为三大体系。

1. 基础分类体系

即把土地作为一个具有特定发生过程和形态的自然综合体，根据这一综合体的相似性和差异性进行分类，由此划分出集中反映不同因素相互联系、相互作用结果的自然类型，其目的在于认识同类土地固有的综合特征、不同类土地之间综合特征的差异，以及各类土地之间的内在联系。地理学界关于土地类型（有的称为土地发生类型、土地自然类型，这里暂称为狭义土地类型）的研究，就是采用此法探讨土地这一自然综合体的发生、演化、特性、结构和分异规律。基础分类对于认识土地特征与土地结构、论证和修正综合自然区划等有着重要意义。在土地开发程度较低或未开发地区，以基础分类所划分的土地类型作为土地质量评价单元，具有使用方便、结果可靠的特点。

当然，也可以按照构成土地的自然地理要素进行分类，例如，按地貌形态特征，一般可分出山地、高原、丘陵、平原、盆地五种主要类型[2]；按气候带划分，可划分出赤道热带、中热带、边缘热带、南亚热带、中亚热带、北亚热带、暖温带、中温带、寒温带九个气候带[3]；按土壤分类，中国土壤可分出 12 个土纲、57 个土类、198 个亚类[4]；等等。

2. 应用基础分类体系

系针对某一特定目的以满足实际需要的一种土地分类，因而分类时必须选择与特定目的关系极大的土地属性（一般既考虑土地自然属性，也考虑土地的社会经济属性）作为依据。例如，石玉林先生主编的《中国 1∶100 万土地资源图》，为了满足土地资源评价的需要，首先对土地资源进行分类，即划分"土地资源类型"[5]，这种分类是在土地自然类型（即狭义土地类型）基础之上，充分考虑了土地作为农业生产资料和劳动对象时所表现出来的特性，并反映了人类过去和现在的生产活动对土地所产生的强烈影响的结果，并在此基础上开展土地资源评价，即以"土地资源类型"的基层单位（土地资源单位）作为评价对象。这种分类也可理解为是对土地作为"自然—经济综合体"的分类，因而"土地资源类型"也可称为"土地自然—经济类型"，这里暂称为广义的土地类型。

3. 应用分类体系

这里可以把直接表现土地与生产利用之间的关系如土地适宜性、生产潜力、开发利用方向、整治与保护措施等问题的分类称为应用分类。它是应用基础分类的出发点和归宿。这种分类可以直接被生产部门应用于土地规划、土地整治、土地保护和土地管理等领域，从而起着土地资源学直接为国民经济建设的作用。例如，为了发展农业生产而开展的土地资源评价，首先划分了土地资源类型，其次以此为对象，根据各类土地的生产利用属性（适宜性、生产潜力、开发利用方向、改造保护措施等）划分出不同等级（即生产利用上直接需要区分的各种类型），说明各不同等级的土地资源的生产利用能力及其规模，表现它们在空间上的组合状况，从而为经济社会发展规划和部署提供直接可用的依据。

应指出，从近 30 多年国内外土地资源与土地利用研究的实践来看，尤其从中国三次全国性土地资源调查的实践和管理需求来看，应用最多、最广泛的是以土地用途、经营特点和覆盖状况作为依据而展开的土地利用分类，它是进一步实施各级土地资源调查、土地利用总体规划编制和土地资源管理的基础[6]。因此，本章第二节将重点讨论土地利用分类问题。

二、土地单个要素的类型划分

由于上述土地资源类型是气候、地貌、土壤、植被、土地利用现状类型等多种要素的有机结合体，因此，在研究土地资源类型（包括狭义土地类型）的划分时，必须以研究这些单个要素的划分为基础，因此，这里对这些单个要素的划分也予以适当讨论。

（一）气候类型的划分

即指气候分类系根据各地气候的相似性和差异性进行区分和归类，其结果便可划分出大小、等级不同的气候类型。目前国内外的气候分类方法颇多，这里着眼于沿用较广、简易明确又有一定实践意义的以气温和降水为基础的分类法，主要介绍中国热量带与干湿类型的划分方法。

1. 热量带的划分

划分指标较多，可用年均温、某月均温、最热月均温、最冷月均温、气温年较差、日均温≥10℃的积温和天数等。《中国自然区划概要》[7]中气候带和亚带的划分见表3－1，以最冷月均温作为亚带的主要指标，参考指标是低温平均值；亚带的划分以≥10℃积温为主要指标，≥10℃日数作为参考指标（热带内的亚热带参考指标为最冷月均温）。在《中国自然地理·气候》[5]一书的"气候区划"中，则以≥10℃的日数作为划分气候带的主要指标，将≥10℃的218天和365天等值线分别作为温带与亚热带、亚热带与热带的分界线。温带和亚热带又各以不同的天数分为寒温带、中温带、暖温带、北亚热带、中亚热带和南亚热带。在全年日均温均≥10℃的热带范围内，则用一月均温划分为边缘热带、中热带和赤道热带三个带。于是，把中国从北→南划分为九个气候带（青藏高原因其本身的独特性，另作处理）。表3－2中同时还列出了≥10℃的积温和一月均温，以资参考。

表3－1 《中国自然区划概要》中气候带和亚带的划分标准（东部季风区域）

气候带和亚带	指标	参考指标
1. 温带	最冷月均温 <0℃	低温平均值 < -10℃
（1）寒温带	≥10℃积温 <1700℃	≥10℃日数 <105 天
（2）中温带	1700℃ ~3500℃	106 ~180 天
（3）暖温带	3500℃ ~4500℃	181 ~225 天
2. 亚热带	最冷月均温 >0℃	低温平均值 > -10℃
（1）北亚热带	≥10℃积温 4500℃ ~5300℃	≥10℃日数 226 ~240 天

气候带和亚带	指标	参考指标
（2）中亚热带	5300℃ ~6500℃	241 ~285 天
（3）南亚热带	6500℃ ~8000℃	286 ~365 天
3. 热带	最冷月均温 >15℃	低温平均值 >5℃
（1）边缘热带	≥10℃积温 8000℃ ~8500℃	最冷月均温 15℃ ~18℃
（2）中热带	>8500℃	>18℃
（3）赤道热带	>9000℃	>25℃

表 3 - 2　《中国自然地理·气候》中气候带的划分标准

气候带	≥10℃ 天数	≥10℃ 积温	一月均温	备注
Ⅰ寒温带	<100 天	<1600℃	< -30℃	
Ⅱ中温带	100 ~171 天	1600℃至3200℃ ~3400℃	30℃至 -12℃ ~ -6℃	
Ⅲ暖温带	171 ~218 天	3200℃ ~3400℃至4500℃ ~4800℃	-12℃ ~ -6℃至0℃	
Ⅳ北亚热带	218 ~239 天	4500℃ ~4800℃至5100℃ ~5300℃	0℃ ~4℃	
		3500℃ ~4000℃	3℃至5℃ ~6℃	云南地区
Ⅴ中亚热带	239 ~285 天	5100℃ ~5300℃至6400℃ ~6500℃	4℃ ~10℃	
		4000℃ ~5000℃	5℃ ~6℃至9℃ ~10℃	云南地区
Ⅵ南亚热带	285 ~365 天	6400℃ ~6500℃至8000℃	10℃ ~15℃	
		5000℃ ~7500℃	9℃ ~10℃至13℃ ~16℃	云南地区
Ⅶ边缘热带	365 天	8000℃ ~9000℃	15℃ ~20℃	
		7500℃ ~8000℃	>13℃ ~15℃	云南地区
Ⅷ中热带	365 天	9000℃ ~10000℃	20℃ ~26℃	
Ⅸ赤道热带	365 天	>10000℃	>26℃	

2. 干湿类型的划分

在以往的气候区划中，常用年降水量、有效雨量、湿润系数、干燥度等指标来反映气候的干湿状况。其中，湿润系数（即降水量与最大可能蒸发量之比）和干燥度（即最大可能蒸发量与降水量之比，即湿润系数的倒数）均包含了水分的收支两个方面，因而较之单纯的降水量更有意义，更能反映一地的干湿特征。《中国自然区划概要》关于干湿状况的划分，系以彭曼公式计算的年干燥度，并参考年降水量作为指标（见表 3 - 3）。《中国自然地理·气候》对干湿状况的划分亦与此相似[5]。郑剑非等[8]根据桑斯威特（C. W. Thornthwaite）的湿润指数（I_m），对中国干湿状况进行了研究，划分出七个干湿类型（见表 3 - 4），其结果与中国各地实际情况比较符合。除干燥度、湿润系数等指标外，有的学者还采用水分亏盈量（即降水量与蒸发力之差）、蒸发比（即实际蒸发量 E 与蒸发力 E_0 之比）、蒸发差（即 $E_0 - E$）等指标反映地表干湿状况[9]。吴厚水[10]通过实际研究，认为用蒸发比（E/E_0）作为反映地面干湿状况的指标较之以往的干燥度（或称干燥指数）、湿润指数更为合理，并提出了具体的划分标准（见表3-5）。

表3-3　《中国自然区划概要》中干湿状况的划分指标

干湿类型	年干燥度	年降水量（mm）
湿润	<1.00	>1000
半湿润	1.00~1.49	500~1000
半干旱	1.50~4.00	250~500
干旱	>4.00	<250

表3-4　郑剑非等关于中国干湿类型的划分指标

干湿类型	湿润指数（I_m）	年降水量（mm）
1. 干旱	<-60	<250
2. 半干旱	-60~-30	250~400
3. 干半湿润	-30~-15	400~800 春旱较重
4. 湿半湿润	-15~0	400~800 春旱较轻
5. 湿润	0~40	800~1000
6. 潮湿	40~80	1000~1600
7. 过湿	>80	>1600

表3-5　用蒸发比作为干湿指标分级标准

级别	指标（E/E_0）	干湿状况
1	≥0.85	潮湿
2	0.80~0.84	湿润
3	0.75~0.79	微湿
4	0.50~0.74	半干旱
5	0.30~0.49	干旱
6	<0.30	极干旱

（二）地貌类型的划分

地貌类型是构成土地类型或土地资源类型的最重要因素。一个国家或地区的地貌格局从总体上决定了土地利用的基本结构，因而地貌常常是影响土地利用的主导因素。因此，研究地貌类型显得特别重要。

地貌类型可按不同的标准进行划分，主要有以下三个方面：①按形态特征划分，一般可分出山地、高原、丘陵、平原、盆地五种主要类型[2]。有的则仅分出平原和山地两大基本类型[11]，而把高原作为平原的一部分，把丘陵归入山地，把盆地归入平原之列。②按成因来划分，则非常复杂，例如，侵蚀地貌有河蚀、沟蚀、湖蚀、海蚀、冰蚀、冻蚀、风蚀等类型；堆积地貌有冲积、洪积、湖积、海积、冰碛、风积、溶积等类型；构造地貌有褶皱的、断块的、岩浆活动的等；气候地貌有冰雪气候地貌、干旱气候地貌、湿热气候地貌等类型。③按形态和成因结合进行划分，是广大地貌学者公认的地貌分类原则。一般，形态和成因两者是一致的，但有时又有不一致性，因而在运用这一原则进行地貌分类时，必须结合地貌分类等级、不同地区的实际地貌状况以及研究的目的与需要，具体分析、灵活运用。

一般而言，服务于土地资源研究的地貌分类，应以地貌形态分类为主，因此，这里主要介绍地貌的形态分类。不过，考虑到某些地区的实际需要，也适当说明一下地貌的成因分类，并按平原和山地两大基本类型进行阐述。

1. 平原地貌类型的划分

平原是宽广平坦、切割微弱、起伏轻微，并与高地毗连或为高地围限的平地。它是在地壳长期稳定或升降运动极为缓慢的情况下形成的。当地壳稳定或轻微上升时，形成剥蚀平原；当地壳缓慢下降时，形成堆积平原。有时虽然地壳下降幅度很大，但沉积作用也很大，以补偿地壳下降，因而亦能形成堆积平原。根据平原的形态和成因的差别，可将平原作下列三种分类（其中，前两种属形态分类）。

（1）平原的绝对高度分类。按平原的绝对高度来划分，可分出洼地、低平原、高平原、高原等类型。洼地是指在海平面之下、平坦的内陆低地。它是一种近似封闭的、比周围地面相对低洼的地形。此类低地常为荒漠和半荒漠地区的内流地区，例如，吐鲁番盆地内的艾丁湖，其海拔为 − 161 米。低平原指海拔 0 ~ 200 米的平原。它与高地毗连或由高地围限，切割微弱，辽阔而平坦。一般分布于稳定地台区或地壳下降区，例如，中国的华北平原即属此类平原。高平原指海拔 200 ~ 600 米的平原。其表面常有轻微切割与起伏，呈波状起伏形态，例如，法兰西中部平原、澳大利亚西部平原。有的属于盆地长期呈面状下沉、不断堆积而成，地表切割轻微而平坦，如中国的河套平原、成都平原等。高原是指海拔在 600 米以上、相对高度较小、面积较大、顶面起伏较小的高地。其四周有较大的斜坡与周围其他地貌分开。规模较大的高原，顶部常有丘陵和盆地相间分布，地形较为复杂。世界上规模最大的高原是非洲高原，海拔最高的高原是青藏高原。如果在高原上有褶皱山地、地面侵蚀强烈、起伏较大并有盆地分布，那么称为山原。青藏高原、云贵高原实际上均属于山原。应指出，平原的绝对高度分类，至今尚未统一。例如，有的将高平原也称为高原，指海拔在 200 米以上，有的把海拔 200~500 米的称为台地，海拔 500 米以上的称为高原。

（2）平原的表面形态分类。按平原表面的形态特点进行分类，可分出倾斜平原、凹状平原、波状平原、平坦平原等类型。倾斜平原系指地面向某一方向倾斜、地表面倾斜度多在 5°以下的平原。例如，海底上升而形成的海岸倾斜平原、山前洪积而成的倾斜平原等。凹状平原是指地面自四周向中部倾斜、呈凹状形态的平原。此类平原主要分布于干燥气候条件下的大陆内部，属内陆流域盆地，水集中于凹地中部，形成湖泊。湖泊常因蒸发而干涸、消失。例如，包括咸海在内的都兰低地、非洲的乍得湖平原、澳大利亚的埃尔湖平原、中国的吐鲁番盆地等。波状平原的表面没有一定的倾斜方向，呈波状起伏形态。

（3）平原的成因分类。按内力对地壳作用的强度和性质以及外力作用的效果与持续的时间，可分出构造平原、剥蚀平原、剥蚀—堆积平原、堆积平原等类型。构造平原的表面与岩层层面一致，其基本地貌特征取决于构造，如果岩层层面水平或微有倾斜，那么平原表面也水平。海滨平原即属构造平原，它是因地壳上升而将海水面以下的斜坡抬高到水面以上而形成的。剥蚀平原系在地壳上升相当缓慢的情况下，经长期外力侵蚀、剥蚀作用而形成。此类平原上有残余的低山和残丘凸露，地表略有起伏，覆盖有薄层疏松物质，例如，内蒙古高原、山东低山外围的平原等。根据剥蚀作用的外力不同，它可分为河流侵蚀平原、溶蚀平原、冻蚀平原、海蚀平原、风蚀平原等类型。

2. 山地地貌类型的划分

山地是指陆地上海拔 500 米以上，由山顶、山坡和山麓三个要素组成的高地。它是在内、外营力相互作用下形成的。由于山地形态和成因均很复杂，因而山地类型的划分亦为一个比较复杂的问题。因依据的标准不同，可有多种山地的分类。即便按同一标准，在不同地区，为了反映区域实际，山地的分类也会有别。

（1）山地的形态类型。一般按山地的外表特征（外貌）、绝对高度和相对高度来划分。也有的从生产应用的要求不同出发，还结合山坡坡度、松散物质覆盖情况、岩性等来划分山地类型。

《中国地貌区划》将中国山地分为极高山、高山、中山、低山和丘陵五类（见表 3 - 6）[12]。这一分类是符合我国的具体情况的，划分此五种类型的依据有以下四点。

表 3-6　中国山地高度分类

名称		绝对高度（米）	相对高度（米）
极高山		>5000	>1000
高山	高山	3500~5000	>1000
	中高山		500~1000
	低高山		200~500
中山	高中山	1000~3500	>1000
	中山		500~1000
	低中山		200~500
低山	中低山	500~1000	500~1000
	低山		200~500
丘陵			50~200

1）极高山与高山的界线（5000米），大致与现代冰川和雪线相符合。

2）高山与中山的界线（3500米），主要是考虑到剥蚀作用性质上的差别，即在此线以上，冰冻风化作用强烈，因而形成陡峭的山坡及粗大的堆积物。此外，此线也是中国西北地区森林分布的上限。

3）中山与低山的界线（1000米），主要是考虑到中国东南部山地大部分在1000米以下，由于气候温湿，受强烈的流水侵蚀作用，山地剧烈分割而破碎；化学风化作用强，风化壳厚，有的形态亦较缓和，因而划为低山类型。

4）低山和丘陵的界线（500米）并不明显，主要是根据相对高度和形态特征来加以区别。中国规定丘陵的相对高度一般不大于200米（小于低山），顶部浑圆，坡面上松散物质覆盖较厚，坡度较小，坡脚不明显（丘陵与周围平地之间无明显的地形转折），分布较为零星、孤立，没有明显的脉络（脉络即联系性，山地多呈条带状排列延伸，故有明显的脉络；丘陵多分散孤立，故无明显的脉络）。中国的丘陵分布于各种不同的海拔高度上，从100米以下的沿海平原到4000米以上的青藏高原均可见到。

由表 3-6 可见，除极高山和丘陵以外，其余的高山、中山和低山均可根据相对高度不同而划分出次一级的类型。在区域地貌研究中，如果丘陵广泛分布，其形态特征又有明显差别，那么也可进行丘陵的次一级类型划分。例如，按丘陵的高度不同，可分出高丘、中丘、低丘；按形体不同，可分为圆形、条形等类型。

（2）山地的成因类型。按山地的成因，可将山地分为三大类：即构造变动所形成的山地、火山作用所形成的山地以及侵蚀切割山地。构造变动形成的山地主要有褶皱山、断块山、褶皱断块山等类型。火山作用形成的山地主要有锥状火山、盾状火山、穹状或面包状火山、层状火山等类型。侵蚀切割的山地是岩层经地壳运动发生变形后，在长期稳定情况下，由外力侵蚀剥蚀作用所形成的，其构造形态已很不明显，山地起伏受流水切割所控制，侵蚀特征极为突出。

（三）土壤类型的划分

即土壤分类，是指根据土壤之间的相似性和差异性，对客观存在的土壤类型进行区分和归类。国际上尚无统一的土壤分类法，主要有四个学派[13,14]：①以美国为代表的土壤诊断学分类，主要根据诊断土层来划分土壤类型；②以苏联为代表的土壤发生学分类，主张根据成土因素、成土过程和土壤属性三者来划分土壤类型；③以德国和法国为代表的西欧土壤形态发生学分类，是将土壤发生学和形态学相结合的分类；④以澳大利亚为代表的土境形态分类学的分类，其特点是将土壤形态学和分类学相结合，并以土壤剖面形态和物理性质为分类依据。限于篇幅，这里仅介绍中国第二次土壤普查的土壤分类。

中华人民共和国成立后，中国土壤分类工作逐步深入开展起来。1978年5月，中国土壤学会召开全国土壤分类学术交流会，提出了"中国土壤分类暂行草案"。其分类系统采用六级制，即土纲、土类、亚类、土属、土种、变种。1978年12月全国土壤普查办公室邀请有关专家、学者和科技人员，参照上述系统，制定了土壤分类工作暂时方案，土类以上未列土纲，只用了"土壤系列"来概括。1984年12月，全国土地资源调查办公室在昆明召开全国土壤分类修改小组会议，对这一分类方案进行了修订，形成了"中国土壤分类系统（第二次土壤普查分类系统修订稿）"。之后，随着大规模土壤普查的深入开展，各地建立了以土种为基层单元的区域土壤分类系统。在反复实践、对比、研讨和征求意见基础上，1992年正式形成了包括12个土纲、29个亚纲、61个土类和230个亚类的《中国土壤分类系统》[4]。该系统的12个土纲、29个亚纲、61个土类见表3-7。

第二次土壤普查的土壤分类系统分为土纲、亚纲、土类、亚类、土属、土种、亚种共7级。土纲是土壤分类的最高级单元，是土类共性的归纳，其划分依据主要是土壤的成土过程、属性的某些共性以及重大环境因素对土壤发生形状的影响。亚纲是同一土纲内由于所处水热条件差别而形成的土壤属性的重大差异。土类是依据成土条件、过程与发生属性的共同性划分的，土类之间的发生属性与土层均有明显的差异。亚类是在同一土类范围内，由于发育阶段不同，或为土类之间的过渡性类型，或在主导成土过程之外尚有一个附加的成土过程。土属是由高级分类单元过渡到基层分类单元的一个中级分类单元，其划分依据是地方性因素，例如，成土母质及风化壳类型、水文地质状况、中小地形和人为活动等所产生的土壤属性变化。土种是土壤分类系统中的基层分类单元，它是处于相同或相

表3－7　中国土壤分类系统中的土纲、亚纲和土类

土纲	亚纲	土类	土纲	亚纲	土类
1. 铁铝土	湿热铁铝土	砖红壤	7. 初育土	石质初育土	石灰（岩）土
		赤红壤			火山灰土
		红壤			紫色土
	湿暖铁铝土	黄壤			磷质石灰土
2. 淋溶土	湿暖淋溶土	黄棕壤			石质土
		黄褐土			粗骨土
	湿暖温淋溶土	棕壤	8. 半水成土	暗半水成土	草甸土
	湿温淋溶土	暗棕壤		淡半水成土	潮土
		白浆土			砂姜黑土
	湿寒温淋溶土	棕色针叶林土			林灌草甸土
		漂灰土			山地草甸土
		灰化土	9. 水成土	矿质水成土	沼泽土
3. 半淋溶土	半湿热半淋溶土	燥红土		有机水成土	泥炭土
	半湿暖温半淋溶土	褐土	10. 盐碱土	盐土	草甸盐土
	半湿温半淋溶土	灰褐土			滨海盐土
		黑土			酸性硫酸盐土
		灰色森林土			漠境盐土
4. 钙层土	半湿温钙层土	黑钙土			寒原盐土
	半干温钙层土	栗钙土		碱土	碱土
	半干暖温钙层土	栗褐土	11. 人为土	人为水成土	水稻土
		黑垆土		灌耕土	灌淤土
5. 干旱土	干温干旱土	棕钙土			灌漠土
		灰钙土	12. 高山土	湿寒高山土	草毡土（高山草甸土）
6. 漠土	干温漠土	灰漠土			黑毡土（亚高山草甸土）
		灰棕漠土		半湿寒高山土	寒钙土（高山草原土）
	干暖温漠土	棕漠土			冷钙土（亚高山草原土）
		黄绵土			冷棕钙土（山地灌丛草原土）
7. 初育土	土质初育土	红粘土		干寒高山土	寒漠土（高山漠土）
		新积土			冷漠土（亚高山漠土）
		龟裂土		寒冻高山土	寒冻土（高山寒漠土）
		风沙土	**12 个土纲**	**29 个亚纲**	**61 个土类**

资料来源：全国土壤普查办公室．中国土壤［M］．北京：中国农业出版社，1998：65－71．

似景观部位、其剖面形状特征在数量上基本一致的一群土壤实体。亚种是同一土种内由于表层质地改变而进一步划分。

（四）植被类型的划分

植被是指一定区域内植物群落的总体，它是土地系统中的一个重要组成部分。划分土地类型，必须以植被类型的研究作为基础之一。所谓植被类型的划分，即植被分类，系指将各种各样的植物群落按其固有特征的相似性和差异性及其程度纳入一定的等级系统中，从而使比较复杂的植物群落问题条理化，使各类型植被能够分门别类，各有归属，从而达到认识各类植被的目的。

1. 植被分类的主要方法

综观现有的植被分类，主要有五种方法[15]：

（1）形态学的分类。主要是以群落的形态结构为基础进行分类，包括：①占优势的植物生活型；②空间结构（成层现象）；③时间结构（季节性变化）。俄罗斯的伊林斯基根据此法将全球植被划分为 17 个一级分类单位（植被型）和 34 个二级分类单位（群系纲）。

（2）生态学的分类。以 E. 瓦尔明（Warming，1841—1924 年）为代表。最初，他根据群落分布的生态条件，将植被分为水生、盐生、沼生、苔原、沙生、针叶和中生植被等 10 多个类型。之后，又归为三大类：水生植被、旱生植被和中生植被。

（3）植物区系学的分类。这是以布朗—布朗喀为代表的法瑞学派分类法。共分四级：群丛（Association）—群属（Alliance）—群目（Order）—群纲（Class），这是目前西欧常用的一种分类。

（4）群落动态的分类。以美国的克列门茨（F. E. Clements，1874—1945 年）为代表，他将群落分为两大类：成熟的和未成熟的。前者的最高级单位称为群系（Formation），次级单位为群丛（Association），最低级单位为群相（Faciation）。

（5）生态外貌的分类。这种分类被很多人采用。所谓生态外貌分类法，是以群落主要层优势种的生态特征（生活型）以及外貌特征（群落的形态特征）为依据进行分类。该法避免了单纯的生态学和形态学分类的片面性，而较客观地反映了各个分类等级的内在本质特征。

2. 中国的植被分类

目前中国的植被分类，以吴征镒先生主编的《中国植被》[16]为代表。该书的中国植被分类采用植物群落学—生态学原则，即主要以植物群落本身特征作为分类的依据，但又十分注意群落的生态关系，力求利用所有能够利用的全部特征。分类的主要单位有三级，即植被型（高级单位）、群系（中级单位）和群丛（基

本单位）。在每一级分类单位之上，各设一个辅助单位，即植被型组、群系组与群丛组。此外，可根据需要在每一级主要分类单位之下设亚级，例如，植被亚型、亚群系等，作为该级分类单位的补充。因此，分类系统为：

植被型组

植被型（植被亚型）

群系组

群系（亚群系）

群丛组

群丛

各级分类单位的具体划分标准如下：

（1）植被型组。凡建群种生活型相近且群落形态外貌相似的植物群落均归并为一个植被型组。全国共分出 10 个植被型组。

（2）植被型。在植被型组内，将建群种生活型（一级或二级）相同或近似、同时对水热条件生态关系一致的植物群落归并为植被型。全国共分出 29 个植被型，其中，地带性植被型 26 个，隐域性植被型 3 个。

（3）植被亚型。在植被型内，根据优势层片或指示层片的差异进一步划分亚型。全国共分出 52 个亚型。

（4）群系组。在植被型或亚型内，可以根据建群种亲缘关系近似（同属或相近属）、生活型（三级或四级）近似或生境相近来划分群系组，但划入同一群系组的各群系，其生态特征必须相似。

（5）群系。凡建群种或共建种相同（在热带和亚热带有时是标志种相同）的植物群落归并为同一个群系。全国共划分出 600 多个主要群系。

（6）亚群系。在生态幅度较广的群系内，根据次优势层片及其反映的生境条件的差异来划分亚群系。

（7）群丛组。凡层片结构相似、优势层片与次优势层片的优势种或共优种（在某些情况下为标志种）相同的植物群落均归入同一群丛组。

（8）群丛。凡层片结构相同、各层片的优势种或共优种（南方某些类型中则为标志种）相同的植物群落均归为同一群丛。换言之，属同一群丛的群落应具有共同的正常种类、相同的结构、相同的生态特征、相同的动态特点和相似的生境。

根据上述分类系统和各级分类单位的划分标准，将全国植被分为 10 个植被型组、29 个植被型、52 个植被亚型和 600 多个群系。表 3-8[16] 是群系组以上的各类分类单位简表。

表 3-8 中国植被分类系统中的植被型组和植被型

植被型组	植被型	植被型组	植被型
针叶林	Ⅰ. 寒温性针叶林	灌丛和灌草丛	XVI. 常绿革叶灌丛
	Ⅱ. 温性针叶林		XVII. 落叶阔叶灌丛
	Ⅲ. 温性针阔叶混交林		XVIII. 常绿阔叶灌丛
	Ⅳ. 暖性针叶林		XIX. 灌草丛
	Ⅴ. 热性针叶林	草原和稀树草原	XX. 草原
阔叶林	Ⅵ. 落叶阔叶林		XXI. 稀树草原
	Ⅶ. 常绿、落叶阔叶混交林	荒漠（包括肉质刺灌丛）	XXII. 荒漠
	Ⅷ. 常绿阔叶林		XXIII. 肉质刺灌丛
	Ⅸ. 硬叶常绿阔叶林	冻原	XXIV. 高山冻原
	Ⅹ. 季雨林	高山稀疏植被	XXV. 高山垫状植被
	Ⅺ. 雨林		XXVI. 高山流石滩稀疏植被
	Ⅻ. 珊瑚岛常绿林	草甸	XXVII. 草甸
	XIII. 红树林	沼泽和水生植被	XXVIII. 沼泽
	XIV. 竹林		XXIX. 水生植被
灌丛和灌草丛	XV. 常绿针叶灌丛	合计	**29 个植被型**

资料来源：吴征镒. 中国植被［M］. 北京：科学出版社，1983：143-701.

三、（狭义）土地类型的划分

所谓狭义土地类型的划分，是指根据土地这一自然综合体之间的相似性和差异性及其程度，进行自上而下由大到小或自下而上由小到大的逐级划分或合并，其结果便可分出大小不同、级序有别的各种类型单位。根据类型学（Typology）的观点，这些类型单位有四个显著的特征：①就个体而言，它们在地域上是完整连片的；②就群体而论，同一类型在分布上可以重复出现；③就特征来讲，同一类型的群体所表现的特征是相同的；④类型单位是分类的抽象和概括，越高级的类型单位，其共性越少（即相似性越小），其特征越简单、越概括；反之，越低级的类型单位，其共性越多，其特征越复杂、越详细。

从理论上来讲，事物的"类型"是一种抽象的概念，是对若干具体的"实体"事物共性的抽象概括。土地类型的划分首先接触到的是具体的土地个体单元，只有在综合概括了各个具体的土地个体单元共同特性的基础上，才可能抽象出"类型"的概念。可见，所谓土地类型的划分，是对地表客观存在的各级土地个体单元的类型划分，换言之，分类的对象是各级土地个体单元。因此，研究土地类型划分，首先应对这些不同大小、不同等级的土地个体单元进行系统的研究和科学的划分，这就是分类的前提和基础——土地分级。一般由小到大、由低级到高级的土地个体分级系统为：立地（相），土地单元（限区），土地系统（地方）。

（一）土地类型划分的原则

这是进行土地类型调查、研究及制图中经常遇到的一个实际问题，同时也是一个极其重要的土地类型研究的理论问题。归纳起来，主要有以下四个基本原则。

1. 发生学原则

土地类型与自然界一切物质一样，有其发生、发展过程。一般而言，相同的发生条件下会形成类型间的相似性，因此，划分同一土地类型时，必须以其相同或相似的发生或形成条件为基础。只有掌握土地发生或形成条件的同一性，才能保证类型划分的科学性。

2. 综合分析与主导因素原则

土地类型既然是各自然地理要素长期相互作用形成的自然综合体，其分类理所当然应取决于全部地理分异因素的综合特征，而不是仅考虑其中某一单个因素。这样才能对土地类型作出科学的划分。另外，在自然综合体形成和发展过程中，不论是哪一级单位，其组成要素之间的地位和作用总是不均衡的，往往由一个或几个要素起着长期稳定的决定性作用。因此，在划分土地类型时，必须把握住主导作用的因素特征，坚持在综合分析的基础上，采用主导因素法来划分。

3. 多级序与照顾制图比例尺的原则

由于土地类型从简单到复杂、由低级到高级，呈现多级分异性规律，因而在进行土地类型划分时，应采用多级序列来划分。一般按三个基本级序进行划分，即立地（相）—土地单元（限区）—土地系统（地方）。只有按照一定的层次等级来划分土地类型，才能明确各级、各类土地综合体彼此之间的从属关系。

但是，分类级序的多寡以及分类的详略要依制图比例尺的大小而定，这是因为不同比例尺的地图，其可能载荷量不等。根据实践经验，一般当比例尺大于 1∶1 万时，可以第三级（相或立地）土地类型作为制图对象；当比例尺在 1∶1 万至 1∶20 万时，可以第二级（限区或土地单元）土地类型作为制图对象；当比例尺小于 1∶20 万时，则以第一级（地方或土地系统）土地类型作为制图对象。

4. 联系生产实际的原则

研究土地类型的目的，是为生产实践服务的，因此，划分土地类型应紧密联系生产实际，根据不同的生产需要而采取不同的划分指标。例如，许多土地类型图是为大农业服务的，所采取的划分指标应与发展农、林、牧业生产密切相关，否则便不能达到应有的目的。在为工业、交通、军事等服务的土地类型划分中，所用指标则应与发展工业、交通、军事等相关。

（二）土地类型的命名法

土地类型的命名法并未统一，而是多种多样，五花八门。目前主要有以下三种：

1. 联名法

由于土地是由各自然要素组成的自然综合体，因此命名时常采取几个较为主要的因素联名。其中，又有两种方法：①三名法。即选取三个要素如植被、土壤、地貌来联名的方法。一般顺序是：植被＋土壤＋地貌。如针叶林棕壤中山地，灌丛草地红壤低山地，等等。②二名法。即指以两个要素联名的方法。又有两种：一是"植被＋地貌"的二名法，如水田平地、果园平地、竹林平地等；二是"土壤＋地貌"的二名法，如潮土平地、褐土台地、黑土漫岗地等。

2. 主导因素命名法

是指采用土地类型形成和分异过程中的主导因子来命名。通常第一级土地类型以主导因子（一般为地貌）来命名。如《中国 1∶100 万土地类型图》的第一级土地类型（土地类）以主导因素——地貌来命名，如低山地、中山地、高山地、丘陵地等。

3. 习惯名称命名法

在生产实践中，不论北方还是南方，人们已对当地的土地类型作了命名，形成了习惯名称，如黄土高原有黄土塬、梁、峁、川、涧等，南方则有冲田、坂田、塝田等。因此，有些土地类型命名采用这种习惯名称来命名。如《中国1∶100 万土地类型图》关于黄土高原一级类型采用这种习惯名称命名法，如黄土川地、黄土塬地、黄土梁地、黄土峁地、黄土涧地。

以上三种命名法，可谓各有千秋、各具特色。联名法较为全面，但名称冗长；主导因素命名法简单易读，但易与单要素图混淆；习惯名称命名法比较通俗，但不一定易懂。

（三）土地类型系统

国内外有关学者对于土地分类问题持有不同的观点和见解，在方法论上还存在着一定的分歧。最为明显的认识分歧，就在于是否一定要区分土地个体单元和类型单位，土地类型系统应该是多系列还是单系列？对这一重要问题的认识上的差异形成了多系列分类系统和单系列分类系统两种意见：

1. 多系列土地分类系统

苏联景观区域学派和中国许多综合自然地理研究工作者，对土地类型划分的见解主要是：

（1）景观形态单位（个体单元）的分类（类型）研究，实质上就是土地分类（类型）研究。

（2）土地分类如同生物分类那样，也应有严格的分类等级层次，如种、属、科、目、纲等。

（3）土地分类是以土地个体单元为对象，是对土地个体单元进行类型划分。也就是说，土地分类是在土地分级的基础上进行各级土地分级单位的类型概括。由于土地个体单元（即土地分级单位）是多级次的，各级土地个体单位从最简单的立地（相）直到较复杂的自然地理区（狭义景观），都可以概括成类型单位，因而类型单位就不仅是一个系统，每一级单位均可根据相似性原则概括成单独的系统，所以，土地分类系统应该是多系列的。即土地的每个级次的个体单元均可有"种、属、科……"的分类级别。

2. 单系列土地分类系统

中国部分学者接受苏联景观类型学派的观点，并受土壤和植被分类方法的影响，不赞成严格区别土地个体单位的分级与土地分类，而主张采用单系列的土地分类系统。例如，中国科学院地理研究所主持制定的《中国 1∶100 万土地类型图制图规范》（试行草案第三稿）[17]（以下简称"规范"），基本上代表了这种观点。"规范"把全国土地类型分为三个级别。

（1）土地纲。系分类系统的零级单位。之所以划分土地纲，是"由于我国的自然条件复杂，形成的土地类型千差万别"[17]。划分的指标，除青藏高原和黄土高原因其水热状况受地貌条件的制约、因而按构造地貌单元划分以外，均主要依据≥10℃积温和干燥度等进行划分。全国共分出 12 个土地纲或谓 12 个零级分类单位，其名称及代号分别是 A 湿润赤道带、B 湿润热带、C 湿润南亚热带、D 湿润中亚热带、E 湿润北亚热带、F 湿润半湿润暖温带、G 湿润半湿润温带、H 湿润寒温带、I 黄土高原、J 半干旱温带草原、K 干旱温带荒漠、L 青藏高原。

（2）土地类。系分类系统的第一级类型，它是"指同一零级单位（自然地区或土地纲）之内具有相似的大（中）地貌、土系、植被群系组以土地利用方向的地段（在山地，则相当于一垂直带）"[18]。主要根据大（中）地貌因素来划分，自高而低依次划出高山、中山、低山、丘陵、高平地（岗、台地）、平地（川地、沟谷地）、低湿地（沼泽、滩涂）等土地类。

（3）土地型。系为分类系统的第二级土地类型，它也是这种单列土地分类系统中最基本的土地类型单位。系在土地类之内续分，主要根据引起次一级土地类型分异的植被亚型和群系组以及土壤亚类来划分。每一土地型，均具有相同的中地貌、土壤亚类和植被群系组；在山地垂直带中，则相当于同一的土类（或亚类）和植被型（或亚型）。几个成因相同而相邻近的土地型，往往有规律地组合为一个亚类。

四、土地资源类型（广义土地类型）的划分

所谓广义土地类型，系指地表某一地段包括所有自然地理要素如气候、地貌、土壤、水文、植被等以及人类活动所形成的社会经济属性在内的自然—经济综合体（Natural – Economic Complex）。它相当于原中国科学院自然资源综合考察委员会提出的"土地资源类型"（Land Resources Type），即"土地类型（指土地自然类型，即狭义土地类型）与土地利用类型的有机结合"[19]。它是一个具有双重属性（即自然属性与社会经济属性）的最为综合的概念。应用这一概念，使我们有可能将土地真正作为一种自然——人工系统来研究，从而了解土地的实际状况，揭示土地性质与土地利用之间的矛盾，如适宜与不适宜，合理与不合理，等等。这样，可为研究土地资源评价和合理开发利用奠定基础、提供依据。

广义土地类型的划分，就是根据土地这一"自然—经济综合体"本身客观存在的相似性和差异性及其程度、自上而下由大到小或自下而上由小到大的逐级划分或合并。其结果，可分出大小不同、等级有别的类型单位。这种广义土地类型的划分，较早见于《中国1∶100万土地资源图》中的土地资源类型（或称土地资源单位）的划分。之后，陈百明（1986）[1]在新疆呼图壁县对该县绿洲土地资源类型进行了划分；例如刘胤汉、过宝兴等专家也在一些区域划分了土地资源类型；笔者在研究四川西昌市土地资源质量评价时，对土地资源类型的划分问题也作了探讨[20]。

总的来看，广义土地类型（即土地资源类型）划分方面的研究，大多仅分出基层单位（如《中国1∶100万土地资源图》中关于土地资源单位的划分），而未归并到高级单位，从而没有构成一个完整的分类系统；即便有的已划分出较为完整的土地资源类型系统，也仅局限于某一特定区域，而尚未形成全国性的分类系统。

需要说明的是，由于《中国1∶100万土地资源图》的主体是土地资源评价，而非土地资源类型划分的专门研究，该图之所以划分土地资源类型，主要是为了取得评价对象，为土地资源评价服务，因而只划分了土地资源类型的基层单位——土地资源单位，而没有对基层单位（土地资源单位）进行归并而形成完整的土地资源类型系统。

根据《中国1∶100万土地资源图编图制图规范》[5]，土地资源单位由地貌—土壤—植被—利用类型组成，即构成地貌—土壤—植被—利用类型结合体。其中，地貌按形态划分为平地、岗地与台地、丘陵、山地、谷地和沙地六大类，其下根据评价的需要划分若干类型；土壤基本上按1978年中国土壤学会土壤分类

学术会议上拟定的我国土壤分类暂行草案，规定以土类、亚类为主；植被以亚型、群系组为主；利用类型划分为水田、水浇地、旱耕地、林地、经济林地、草地等主要利用类型。土地资源单位的命名，采用地貌、土壤、植被与利用类型联名法，例如，山地黄壤阔叶林地、平地红壤性水稻土水田、丘陵紫色土旱耕地等。关于土地资源单位分类体系，可参见《中国 1：100 万土地资源图编图制图规范》，这里从略。

第二节 土地利用分类

土地利用（Land Use；Land Utilizatiou），是指人类为了一定的目的（包括经济的和社会的目的）而对土地进行的使用、保护和整治。在众多的土地分类方法中，从近 30 多年国内外土地资源与土地利用研究的实践来看，尤其从中国三次全国性土地资源调查的实践和管理需求来看，应用最多、最广泛的是以土地用途、经营特点和覆盖状况作为依据而展开的土地利用分类，它是进一步实施各级土地资源调查、土地利用总体规划编制和土地资源管理的基础。因此，本节讨论的土地资源分类基于"土地利用"这一视角，主要是指土地利用现状分类（Current Land Use Classification）。

一、土地利用分类的概念与内涵

从总体上来看，国内外土地利用的分类依据主要有三类：一是土地的自然属性，主要是土地覆盖物，包括覆盖物种类、数量等，这属于土地的形式分类；二是土地的社会经济属性，主要是指土地的主要用途和利用程度，包括具体功能、利用方式、经营特点、用地性质等属性[21]，这被视为土地的功能分类；三是土地自然属性与社会经济属性的综合，也就是形式分类与功能分类的结合。从国外来看，美国重点是以土地利用方式、土地功能、场地和土地所有权等社会属性为依据进行分类，具体分类中可以按照需求自由进行组合[22]；英国重点是以土地用途和土地覆盖物为依据分别进行分类[23]；从毗邻中国的日本土地利用分类来看，总体上接近于土地覆被分类，大多依据土地的自然属性，注重生态效应状况[24]。中国的土地利用分类总体上以土地用途、经营特点和覆盖状况作为依据，其中，农用地大多与用途结合，主要考虑具体功能、利用方式、经营特点等；生态性用地主要考虑覆盖物状况，大多与利用与否、利用方向等特点结合；而建设用地则大多依据社会属性分类，主要考虑主要用途、用地性质等特征。

根据以上国内外土地利用分类的主要依据，结合中国国情，可以将土地利用分类（Land Use Classification）的概念界定为：是指基于满足土地资源调查、评价、规划和管理的要求，以土地利用现状作为出发点，根据土地的利用方式、用途、经营特征和覆盖状况等自然和社会经济属性的相似性与差异性及其程度而进行科学的划分或归并，从而将一个国家或地区的土地利用状况划分为具有一定层次等级体系的土地利用类别。这一概念可以解读为以下四个含义：

第一，土地利用分类的基本目的一般是出于土地资源调查、评价、规划和管理的现实需要。实践表明，准确的土地利用分类对于管理和监督城乡发展、土地资源和生态环境可持续性至关重要[25]。

第二，土地利用分类通常是以土地利用现状作为出发点而进行的分类，它是人类对土地资源开发利用和治理改造的方式和结果的体现，同时也反映目前土地的利用方式和用途。本节在这里提到的土地利用方式（Land Use Patterns），其含义较广，它包括了人们对土地进行的使用、保护和改造活动；而土地用途体现的是土地"用于做什么"[26]。

第三，土地利用分类的依据主要是土地的利用方式、用途、经营特征和覆盖状况等因素。因此，在近几十年的国内外土地利用分类中，在划分标准上存在着基于自然属性的形式分类、基于社会经济属性的用途（功能）分类以及基于这两者之间的综合分类等三种模式[27]。

第四，土地利用分类的结果通常会出现较为复杂的、具有一定从属关系的分类等级系统，例如，一级地类以及进一步逐级续分的二级地类、三级地类、四级地类等。这是由于人类与自然环境各种要素综合作用下的土地利用地域分异规律往往较为复杂，使土地利用空间地域组合单位呈现十分繁杂多样的状况，仅靠简单的几个地类难以反映一国（或地区）的土地利用现状。

二、国内外土地利用分类方案比较

（一）国外土地利用分类的主要体系

由于土地资源调查和土地利用制图的无比重要性，多数国家早就重视土地利用分类体系的探索和制定，先后出现了许多不同的分类系统，例如，英国的第一次土地利用调查（First Land Utilization Survey，FLUS）、第二次土地利用调查（Second Land Utilization Survey，SLUS）和国家土地利用分类体系（National Land Use Classification，NLUS）[28]，美国地质调查局土地利用分类体系（United States Geological Surevy，USGS）[22]，加拿大的 PLU 分类体系（The Canada Land Inventory Present Land Use Classification System）[29]，俄罗斯的土地分类[30, 31]，以日本 1∶25000 土地利用图土地利用分类系统[32]，国际地圈生物圈计划（IGBP）

（2000）的土地利用/覆被分类[33]（Global Land/Cover Classification），欧盟（2000）的全球土地覆被分类[34]（Global Land Cover 2000 Classification），联合国粮农组织（FAO）和联合国环境规划署（UNEP）（2002）联合开发的地表覆盖分类系统[35]（Land Cover Classification System，LCCS），等等。其中，英国和美国是开展土地利用调查和制图较早的国家，其土地利用分类体系的影响较为广泛[36]。表3-9列出了国外代表性的六个土地利用分类体系（即 FLUS、SLUS、NLUS、USGS、日本1:25000土地利用图土地利用分类系统和俄罗斯土地分类）的基本概况。

（二）中国土地利用分类的主要体系

中国是土地资源开发利用历史较为悠久的国家，土地利用状况复杂，类型多样，因而土地利用分类研究受到国家和学术界的重视。科学的土地利用分类最先是由任美锷（1913~2008年）提出的。在20世纪40年代，任教授在贵州省遵义市全面开展土地调查工作时，首次提出并把土地划分成六个大类（即森林、水田、旱地、道路与房屋、荒地及其他用地）[37]。自中华人民共和国成立以来，农业、国土等相关部门先后制定了相应的土地利用专项调查分类。从全国性土地调查、制图和土地管理来看，影响较大的全国性土地利用分类体系主要有以下八套，即由全国农业区划委员会在1981年开展第二次全国土壤普查工作时制订的土地利用分类方案[29]，由全国农业区划委员会在三年后制订的、用于全国土地利用详细调查（以下简称土地详查）的土地利用现状分类方案[38,39]，由中国科学院地理研究所在总结实践经验的基础上于1983年正式提出、并用于编制中国1:100万土地利用图的土地利用分类系统[40]，在《中华人民共和国土地管理法》中明确规定的土地利用分类的标准[41]，国土资源部（现自然资源部）于2001年正式发布的《全国土地分类（试行）》[42]，2007年国家质量监督检验检疫总局联合国家标准化管理委员会为了开展第二次全国土地调查而共同发布的《土地利用现状分类》（国家标准 GB/T 21010—2007）[43]，2017年国家质量监督检验检疫总局联合国家标准化管理委员会为了开展第三次全国国土调查工作而共同发布的《土地利用现状分类》（国家标准 GB/T 21010—2017）[44]，自然资源部2020年11月印发的《国土空间调查、规划、用途管制用地用海分类（试行）》[45]。为了便于比较和分析，表3-10列出了中国代表性的八个土地利用分类体系的基本概况。

（三）国内外土地利用分类体系的比较及启示

通过对比表3-9和表3-10，可以看出，与英、美等国的分类体系相比，中国土地利用分类体系明显具有以下两个特点：

（1）分类系统的层次相对较少。中国现行的土地利用分类系统主要是作为国家标准的 GB/T 21010—2007 和 GB/T 21010—2017，均采用2个层次（见表3-10）；

表 3－9　国外主要的土地利用分类体系比较

分类体系	制定时间	制定（发布）部门或主持人	主要使用范围	分类体系特点	一级地类名称
1. 英国 FLUS 土地利用分类体系	1930 年	伦敦经济学院 L. D. Stamp 教授	第一次全国性土地利用调查	该分类体系强调的是农业用地的划分，对城市用地和其他非农建设用地关注不够，未进行进一步的细分	9 个：①城市或建成区；②草地和永久草地；③耕地；④石南荒地、林地、放牧地和市场园地；轮作牧草和市起伏丘陵牧场；⑤公园地；⑥果园；⑦鱼塘；⑧无农业生产力的土地；⑨坑塘、水库、湖泊
2. 英国 SLUS 土地利用分类体系	1960 年	伦敦经济学院 Alice Coleman 教授	第二次全国性土地利用调查	2 个层次：一级地类 13 个，二级地类 64 个。与 FLUS 相比，该分类体系中对非农用地进行了细分，一级地类由 9 个增至 13 个；在一级地类之下再细分出 64 个二级地类	13 个：①居民点用地；②工业用地；③运输用地；④废弃地；⑤开阔地；⑥牧地；⑦耕地；⑧市场园艺用地；⑨果园用地；⑩林地；⑪石南荒地和未耕地；⑫水面和沼泽；⑬裸露地
3. 英国 NLUS 土地利用分类体系	20 世纪 70 年代	英国国家环境局	适用于规划、监测等多种目的	4 级层次：其中，一级地类 15 个。该体系相对较为完善，其类型数和层次比 FLUS 和 SLUS 更多，亦更完善，改变了以往重点思想，非农用地类型增加	15 个：①农业和渔业用地；②社区和保障机构用地；③国防用地；④教育用地；⑤娱乐和休闲用地；⑥加工工厂用地；⑦采矿用地；⑧办公用地；⑨居住用地；⑩零售商业和服务业用地；⑪仓储用地；⑫交通用地；⑬公用设施用地；⑭批发商业用地；⑮未利用土地、水面建筑物

续表

分类体系	制定时间	制定（发布）部门或主持人	主要使用范围	分类体系特点	一级类名称
4. 美国 USGS 土地利用分类体系（United States Geological Survey）	20 世纪 70 年代	美国内政部地质调查局	全国土地利用图的编制	4 个层次。一级地类和二级地类适用于全国或全州范围，其中，一级地类是根据卫星遥感影像可以直接目视判读的地物，分为九个；二级地类是根据比例尺小于 1：8 万的航空相片可以判读的地物，分为 37 个。三级、四级分类适用于州内的、区域性的、县域的地物，其中，三级地类适用于比例尺大于 1：8 万、小于 1：2 万的航空遥感，四级地类适用于比例尺大于 1：2 万的航空遥感。三级和四级地类根据各级需求在二级分类基础上灵活拓展	9 个：①城市或建成区；②农用地；③牧用地；④林地；⑤水域；⑥湿地；⑦未利用土地；⑧冻土；⑨多年积雪和冰
5. 《俄罗斯联邦土地法典》土地利用分类	2001 年	俄罗斯联邦委员会	全国土地分类管理	土地分类细致，大类分为农用地，居民点用地，工业用地等七类。利用《俄罗斯联邦土地法典》来规范土地利用分类的标准和含义，任何不遵守土地利用分类标准的行为均为违法行为	7 个：①工农业与其他专门用途土地；②居民点用地（工业、能源、运输、通信、广播、电视、信息技术用地，航天事业用地，国防与安全用地和其他特种用途土地）；④特别保护区域和工程（项目）土地；⑤林业资源用地；⑥水资源用地；⑦土地储备（备用土地）
6. 日本 1：25000 土地利用图土地利用分类系统	1975 ～ 1982 年	建设省国土地理院	全国土地利用图的编制	3 个层次。一级地类 3 个，二级地类 29 个。该分类较为细致，重视实用性，是全国土地利用情报数据化的依据	3 个：①城市和聚落用地；②农业用地；③林业用地

表 3-10　1981～2020 年国内主要的土地利用分类体系比较

分类体系	发布年份	发布（制定）部门或单位	主要使用范围	分类体系特点	一级地类名称
1. 第二次全国土壤普查土地利用分类体系	1981	全国农业区划委员会	第二次全国土壤普查中的土地利用概查	2 个层次：一级地类 11 个，二级地类 48 个。该分类体系是为了配合第二次土壤普查，进行土地利用概查而建立的，以耕地为主，对荒山、草场、林地、滩涂等非耕地也进行适当精度的调查，对建设用地分类和调查较为粗疏	11 个：①耕地；②林地；③园地；④牧草地；⑤荒地；⑥城乡居民用地；⑦工矿用地；⑧交通用地；⑨水域；⑩特殊用地；⑪其他用地
2. 第一次全国土地利用现状调查土地利用分类系统	1984	全国农业区划委员会	第一次全国土地资源详查	2 个层次：一级地类 8 个，二级地类 46 个。该分类把农业土地利用分类放在首位，这与当时中国农业发达、农业土地利用类型复杂多样的特征相符合。有的省份（如云南省）根据实际增加了三级地类的划分	8 个：①耕地；②园地；③林地；④牧草地；⑤居民点与工矿用地；⑥交通用地；⑦水域；⑧未利用地
3. 全国 1∶100 万土地利用图分类系统	1983	中国科学院地理研究所	中国 1∶100 万土地利用图的编制	3 个层次：一级地类 10 个，二级地类 42 个，三级地类 35 个。该分类相对较细，地类的分类以农业土地利用分类为主，对农地的分类更加详细，体现了当时中国农业较重要、农业土地利用类型复杂多样的特点。因受制图比例尺（1∶100 万）限制，建设用地分类较粗，且未划分出"农村居民点用地"	10 个：①耕地；②园地；③林地；④牧草地；⑤水域及湿地；⑥城镇；⑦工矿用地；⑧交通用地；⑨特殊用地；⑩其他用地
4.《中华人民共和国土地管理法》土地利用分类	1998	全国人民代表大会常务委员会	国家土地用途管制制度；编制土地利用总体规划	2 个层次：一级地类 3 个，二级地类按土地利用用途划分。该分类首次以中国首次和土地利用总体规划要求细分，国家法律的形式对土地利用进行分类，用于全国土地利用总体规划和各级土地利用总体规划	3 个：①农用地；②建设用地；③未利用地

续表

分类体系	发布年份	发布（制定）部门或单位	主要使用范围	分类体系特点	一级地类名称
5. 全国土地分类（试行）	2001	国土资源部	全国土地利用变更调查与管理	3个层次：一级地类3个，二级地类15个，三级地类71个。该分类系为了建立土地用途管制制度急需而建立的过渡期间适用的分类系统。该分类一是将第一次全国土地调查分类系统按《土地管理法》确定的三大地类进行归并，使分类系统变为三级，满足国家土地用途管制制度需求；二是在原标准基础上新增了5个地类（畜禽饲养地、设施农业用地、养殖水面、晒谷场和管道运输用地）和10个可调整地类（可调整果园、可调整桑园、可调整橡胶园、可调整茶园、可调整其他园地、可调整林地、可调整未成林造林地、可调整人工草地和可调整养殖水面）	3个：①农用地；②建设用地；③未利用地（与现行《土地管理法》的规定相对应）
6. 国家标准（GB/T 21010—2007）：土地利用现状分类	2007	国家质量监督检验检疫总局、国家标准化管理委员会	第二次全国土地调查	2个层次：一级地类12个，二级地类57个。该分类主要依据土地的用途、经营特点、利用方式和覆盖特征等因素进行划分。与《全国土地分类（试行）》相比，第二次全国土地调查农业土地利用类型数目缩减，对一些具体的地类进行了归并，如"耕地"内取消了望天田和菜地，"园地"内取消了桑园和橡胶园，"林地"内把疏林地、未成林造林地、迹地、苗圃合并为"其他林地"，等等；而建设用地的分类较为细致，各地类的地类含义更为确切，反映了中国城乡建设和其他建设较快发展的实际	12个：①耕地；②园地；③林地；④草地；⑤商服用地；⑥工矿仓储用地；⑦住宅用地；⑧公共管理与公共服务用地；⑨特殊用地；⑩交通运输用地；⑪水域及水利设施用地；⑫其他用地

续表

分类体系	发布年份	发布（制定）部门或单位	主要使用范围	分类体系特点	一级地类名称
7.国家标准（GB/T 21010—2017）：土地利用现状分类	2017	国家质量监督检验检疫总局、国家标准化管理委员会	第三次全国国土调查	2个层次：一级地类12个，二级地类73个。该分类用于替代GB/T 21010—2007《土地利用现状分类》。与GB/T 21010—2007相比，二级地类变更为73个，较GB/T 21010—2007增加了16个，主要是对园地、林地，批发零售用地，住宿餐饮用地，科教用地，医卫慈善用地，文体娱乐用地，铁路用地，街巷用地，采矿用地的，裸地进行了细分，更符合实际	12个：①耕地；②园地；③林地；④草地；⑤商服用地；⑥工矿仓储用地；⑦住宅用地；⑧公共管理与公共服务用地；⑨特殊用地；⑩交通运输用地；⑪水域及水利设施用地；⑫其他用地
8.国土空间调查、规划、用途管制用地用海分类（试行）	2020	自然资源部	国土空间调查、规划、用途管制	3个层次：一级地类17个（仅指"用"，不含"海"），二级地类90个，三级分类整合了《土地利用现状分类》（GB/T21010—2017），《城市用地分类与规划建设用地标准》（GB50137—2011），《海域使用分类》（HY/T123—2009）等分类，建立了全国统一的国土空间用地海分类标准，在适用于国土调查、监测、统计、评价、国土空间规划、用途管制、耕地保护、生态修复等全过程各环节。从"土地利用现状分类"分类来看，明显比GB/T 21010—2017更细。该分类首次明确将"农业设施建设用地"单独列为一级类，还增设了"留白用地"等特殊地类	17个：①耕地；②园地；③林地；④草地；⑤湿地；⑥农业设施建设用地；⑦居住用地；⑧公共管理与公共服务用地；⑨商业服务业用地；⑩工矿用地；⑪仓储用地；⑫交通运输用地；⑬公用设施用地；⑭绿地与开敞空间用地；⑮特殊用地；⑯留白用地；⑰其他土地

而英、美等国较为成熟的土地利用分类体系一般采用四个层次（如表 3 - 9 中的英国 NLUS 分类体系和美国 USGS 分类体系）。由于中国国土面积辽阔，地域差异显著，土地利用方式复杂多样，在土地利用分类过于概括、分类层次简单、类型数不足的情况下，难以准确、如实地反映全国复杂多样的土地利用类型和土地利用地域分异规律，还因此而影响到土地资源调查成果的实际应用成效。

（2）分类体系和标准尚未达到全国城乡统一实施、统一管理的高度，多部门"争地"现象依然存在。俄罗斯在《俄罗斯联邦土地法典》中详细规定了各类土地的定义和范畴，要求全国所有部门严格遵守，这是非常值得中国学习和借鉴的。尽管 1999 年 1 月开始实行的《中华人民共和国土地管理法》也规定了土地利用的分类体系，但在实际实施中并未完全得到贯彻和落实，农、林、住建、国土等相关部门的分类体系不仅未能协调和统一，甚至在调查、规划、管理中还出现几个部门同时"争地"或"打土地官司"的现象（同一个地块有时出现国土部门划为"耕地"甚至"基本农田"、林业部门划为"林地"、住建部门划为"城镇建设用地"的"奇特"状况）。

"他山之石可以攻玉"！基于以上比较和分析，可以得到不少宝贵的启示，供中国学习、参考和借鉴，主要有以下两点：

其一，借鉴美国、英国的做法，在一、二级地类基础上，依据更为具体的土地覆盖等相关信息、资料与不同比例尺制图的要求，更深入地细化为三级分类和四级分类，准确、客观地反映中国地大物博、幅员辽阔、地类复杂的实际国情，真正为土地资源开发利用与保护、经济社会可持续发展提供基础依据和支撑。

其二，借鉴俄罗斯的做法和经验，充分强化《中华人民共和国土地管理法》的严肃性、权威性、强制性，真正将土地利用分类标准上升为国家法律法规，在土地调查和管理中采用全国各部门各行业统一实施的土地利用分类体系和分类标准，强制各部门各行业共同执行和遵守，不得各行其是，擅自制定本部门的土地利用分类标准。

三、现行分类体系中存在的主要问题

尽管 1981 年以来中国先后出现了八套全国性的城乡土地利用分类系统，在土地利用分类领域取得了显著的进展，在全国土地资源调查、评价、规划、保护、整治、管理中发挥了非常重要的作用，但从总体上来看，与当今乃至未来全国城乡土地资源开发利用、保护、整治、管理以及经济社会发展的要求相比，中国现有土地分类系统的实用性尚显不足，尤其现行的第三次全国国土调查土地利用分类系统（国家标准 GB/T 21010 - 2017）（以下简称《国标 2017》）以及自然资源部 2020 年 11 月出台的《国土空间调查、规划、用途管制用地用海分类（试

行）》（以下简称《用地用海分类（试行）》）还存在不少重要的问题，亟须予以深入探索、完善和修订。主要问题有三点。

（一）分类层次少，难以准确反映全国复杂多样的土地利用类型和土地利用地域分异规律

这一问题已在上面做了大概的阐述，这里拟进一步举例说明。作为第三次全国国土调查统一使用的土地利用分类系统，仅仅选择采用二级分类，确实显得粗糙，这也导致了最终划分的地类总数偏少，难以满足当今需要深刻揭示土地资源配置规律和土地利用地域分异规律的需求，实际应用成效受到明显影响。与第一次全国土地利用现状调查土地利用分类系统以及 2002 年开始实行的《全国土地分类（试行）》相比，有些地类的划分明显"退步"了。例如，第一次全国土地利用现状调查土地利用分类系统将"耕地"分为灌溉水田、望天田、水浇地、旱地、菜地五个二级地类，然而，到了 2007 年第二次全国土地调查时的《国标2007》、2017 年第三次全国国土调查时的《国标2007》以及 2020 年 11 月印发的《用地用海分类（试行）》，均把耕地概括为水田、水浇地和旱地三个二级地类，且未进一步续分三级地类，这对研究和指导全国耕地资源的评价、规划、整治和管理工作带来了很大的困境：首先，将先前的灌溉水田和望天田一起并入水田，即废除了"望天田"这个类别。从实际情况来看，虽然通过各地退耕还林还草措施的相继实施，望天田的面积有一定程度的缩减，但从宏观上来看，全国的"望天田"面积仍然较多，在第二次全国土地调查开展之年的 2007 年还有 3000多万公顷[46]，而中国耕地红线战略目标是要坚守 1.2 亿公顷（即 18 亿亩）耕地，这就意味着望天田具有不可替代的重要地位；同时，取消了望天田，也就难以分清哪些水田有灌溉保障、哪些水田通常"等雨栽种"，不利于制定相应的对策措施。其次，"菜地"这一类别被取消，笼统地将其归并到"水浇地"之内，也有不妥之处。依照杜能的《孤立国》农业区位论，以城市为中心开始向外拓展的距离最小的这个圈，由于它与位于城市里的市场之间距离最近，因而根据区位论的核心思想，此圈应主要以蔬菜、园艺作物种植等为主，而大多数水浇地则以在更为外圈的农村地域分布为主，所以这两者的分布显然存在差异，因此，如果粗略地将它们混合在一起，容易使不同地类的集约经营程度混淆，也不利于城市"菜篮子"工程建设，还会造成管理上的混乱[46]。又如，第一次全国土地利用现状调查时划分的"改良草地"，到了第二次和第三次全国土地调查以及 2020年 11 月《用地用海分类（试行）》时，被合并到"人工牧草地"之中，既不符合"改良草地"的定义（指采用灌溉、排水、施肥、松耙、补植等措施进行改良的草地[38,39]），也不符合中国牧区存在大量设置围栏、补播牧草、灌溉等改良措施的放牧打草地的实际，还使全国人工牧草地面积被人为放大[47]。又如，新

增的地类——空闲地，按其含义，是指城镇、村庄、工矿内部尚未利用的土地[43,44]，很明显，这一划分太过笼统，因此对地类细化细分是当前较为紧迫而重要的任务，即把所包含的三个类别——城镇空闲地、村庄空闲地、工矿内空闲地详细罗列出来，只有如此方可更加有效地调查和分析得出现有各类建设用地的利用潜力，为建设用地的科学规划和管理更好地提供依据，而不至于产生类似将宅基地批到工矿内空闲地上的古怪现象[46]。这些例子足以说明，中国的土地利用分类系统亟须增加分类层次，进一步细化分类体系。

（二）分类标准混乱，同一层次存在形式分类标准和功能分类标准并存的现象

中国现行土地利用分类系统的显著特征是形式分类和功能分类两种分类标准并存，尤其在同一层次的分类上，有时强调功能标准，有时又强调形式标准[27]。例如，《国标2017》划分的一级地类，大多主要侧重于功能进行界定，但也有一些是从形式上来界定的，或以形式分类为主，如草地、水域及水利设施用地、其他土地。也就是说，在同一层次的分类上出现了双重标准。

正是由于分类层次少、同一层次的分类标准又不统一，往往导致划分出的地类从属关系不明确，科学性和逻辑严密性不足。从《国标2017》划分的12个一级地类来看，这些一级地类各自如何进一步归属？尽管《国标2017》中的"表A.1"列出了该标准的土地利用现状分类与《中华人民共和国土地管理法》规定的'三大类'对照表，然而其从属关系横跨了一级地类和二级地类，尤以二级地类居多，表明分类标准和从属关系是混乱的，缺乏严密的逻辑性。有的地类从属关系一变再变，似是而非，如"水库水面"，《全国土地分类（试行）》[42]（国土资源部，2001年）和《土地利用规划分类》[48]（国土资源部，2010年）中的水库水面被归入到"建设用地"中的"水利设施用地"；《土地利用现状分类（GB/T 21010—2007）》中的水库水面则被纳入"水域及水利设施用地"；《土地利用现状分类（GB/T 21010—2017）》中的水库水面也被纳入"水域及水利设施用地"，但在按"三大类"归类中则将其纳入"农用地"之内。总的来看，即使水库不是天然形成的，是人工后天建造的水域，但与其他自然水体相比，水库的形态、生态功能相似，没有明显的区别。从现实来看，当今许多河流、湖泊、坑塘等水体受到越来越多的人为干预因素，因此，它们也不完全是天然形成的。不少湖泊、坑塘也通过设置相似于水库的水闸、大坝等装置来限制水流量的大小，同水库控制水体的操作相似。也有部分湖泊、坑塘是在人工干预促使平地变为低洼地的基础上，再通过人工引水或天然汇水而形成的，与水库的形成有异曲同工之妙[49]。与此相似，《土地利用现状分类（GB/T 21010 – 2007）》和《土地利用现状分类（GB/T 21010 – 2017）》把河流、湖泊、沼泽地归入"未

利用地"，显然是不够科学和严谨的，以河流水面为例，客观来讲，它既可成为灌溉用水的来源，又可成为生产和生活用水的来源，还有一定概率成为比较关键的水上航道[50]；湖泊也是如此，通常已经直接或间接地在多方面发挥了重要作用。

《用地用海分类指南（试行）》中的一些分类标准也不明确，划分的依据值得商榷。例如，《用地用海分类指南（试行）》将"公用设施用地"划为一级地类，与"公共管理与公共服务用地"并列，这未必妥当。参照《土地利用现状分类（GB/T 21010 – 2017）》，总体上认为这两者是从属关系而不是并列关系，既然《用地用海分类指南（试行）》可以将体育用地、医疗卫生用地等进行三级分类，为什么不能将"公用设施用地"划为"公共管理与公共服务用地"之下的二级地类进而再进行三级分类以满足不同层级和类型的国土空间管理需要？其分类标准和依据难以让人信服。又如，《用地用海分类指南（试行）》在"公用设施用地"中增加了干渠和水工设施用地作为二级地类，干支斗农是农业灌溉系统里对于沟渠的细分，是水利工程中的专有名词。如果以功能为划分标准将水利设施也划为公用设施的一部分，那么水库水面、沟渠、人工运河等水利设施为什么不被纳入？如果根据覆盖特征划分，那么干渠和水工设施用地更适合纳入陆地水域。

此外，《用地用海分类指南（试行）》将"湿地"作为单独的一级地类划分了出来，并进一步续分出七个二级地类——森林沼泽、灌丛沼泽、沼泽草地、其他沼泽地、沿海滩涂、内陆滩涂、红树林地，这也将会带来一些地类的归属问题，例如，森林沼泽、灌丛沼泽和红树林地本来是"林地"内的部分地类，划入"湿地"的结果导致林地突然减少，且与以往的历次土地调查难以有效衔接，影响应用效果。因此，在基础性的土地利用分类中，"湿地""生态用地"等交叉较多或范围不够确切的地类是否单独设立还需要商榷。

（三）有些地类的分类标准不明确，与用地分类设置"不重不漏"原则相悖

这方面以 2020 年 11 月最新印发的《用地用海分类指南（试行）》较为突出，其中，有些地类已没有了归属。例如，《用地用海分类指南（试行）》中的留白用地，是指"在国土空间规划中所划定的城镇、村庄界限以内短期内还没有明确规划用途、规划期内不开发或特定条件下再进行开发的这一类用地"[45]，这一定义仅仅适合于土地利用规划或国土空间规划的范畴，而不适合于土地利用现状调查、土地资源管理与监督等项工作任务，因为该定义没有明确说明"留白用地"的现有利用方式是什么，现状地类属于哪一类，目前土地覆盖状况或经营特点是什么，因而与土地资源调查中的用地分类设置"不重不漏"的原则或规则[43‐45]是相悖的。又如，《土地利用现状分类（GB/T 21010 – 2007）》和《土地

利用现状分类（GB/T 21010－2017）》中的二级地类"设施农用地"，在《用地用海分类指南（试行）》里被归入一级地类"农业设施建设用地"之中，然而给"农业设施建设用地"下的定义是指以服务农村生活、农业生产为目的的乡村道路用地以及畜禽养殖设施、水产养殖设施、种植设施等会对地表耕作层造成一定程度破坏的建设用地[45]，于是，那些既不破坏耕作层也不直接利用耕作层进行种植的设施农用地，例如，无土栽培农场、水培蔬菜工厂、立体式栽培、菌菇大棚等用地类型，就无法归入"现农业设施建设用地"中；虽然《用地用海分类指南（试行）》给"耕地"的划分标准里补充了"包括温室、大棚、地膜等直接在地表耕作层进行种植利用的这一类保温、保湿设施用地"，但在当今的实际农业生产中，无土栽培农场、水培蔬菜工厂、立体式栽培、菌菇大棚等农业生产方式是大量存在的，由于部分此类用地不破坏耕作层，农业设施拆除后其占用的土地仍能恢复到原来的用途，因此，这类用地既不符合"农业设施建设用地"的范畴，也不适合归入"耕地"之中，从而导致既不破坏耕作层也不直接利用耕作层进行种植的无土栽培农场、水培蔬菜工厂、立体式栽培、菌菇大棚等设施农用地没有了归属，也就是无类可分，这意味着《用地用海分类指南（试行）》中的分类体系并不全面，还不能涵盖所有的地类。

四、完善中国土地利用分类体系的建议

土地利用分类是切实开展土地资源调查、科学认识和合理开发利用土地资源的基础和前提，同时也是依法对土地资源进行科学管理和监督的重要依据，这就要求土地资源分类体系和分类标准必须科学、严谨，符合科学认知和逻辑关系，并与土地资源开发利用和管理实践相适应。为此，这里提出完善中国土地资源分类体系的相关建议。

进行土地利用分类，最主要、最关键的就是明确土地利用类型划分的基本原则和分类系统，这是未来进一步开展土地利用现状调查、研究以及编制土地利用现状图工作的基础和依据，直接决定着土地利用现状调查研究的深度和土地利用现状图内容的科学性与成果的实用性。此外，提升全国土地利用分类系统的严肃性和权威性，对于推进全国城乡土地资源统一调查、统一规划和统一管理、切实避免各部门"争地""抢地"矛盾具有重大现实意义。

（一）切实坚持地类划分的基本原则

科学地划分土地利用类型，首先必须正确地制定出分类的基本原则。这里重点考虑以下六条原则：

1. 土地利用方式与特征的相似性与差异性

土地利用方式与特征是人们在长期生产实践中根据人类生存和社会发展的需

要而进行利用土地、改造土地、保护土地的结果，它可以全方位地体现土地利用的基本特征及其核心本质的差别，因此，它可以成为土地利用类型划分的综合性标志之一。每一类土地利用类型都有其独特的土地利用方式和特有的土地利用特征，土地利用方式与特征之间存在着的相似性和差异性，应成为土地利用分类的基本原则和依据。这里所说的土地特征既包括土地用途、利用程度、经营特点等社会经济属性，也包括土地覆盖状况等自然特征。

2. 土地利用的地域性

由于土地利用现状受到各地区自然、经济、技术、开发历史等诸多因素的影响和制约，在这些因素的影响下，土地逐渐形成各不相同的土地利用现状特征，因而土地体现出来的土地利用现状具有明显的地域差异性。一定要以体现各地区土地利用条件和土地利用特点的差异性为目标划分土地利用类型，这样才有利于揭示土地利用的地域分异规律，有利于深刻剖析土地资源配置的空间差异性，为因地制宜地合理利用土地资源提供基础依据。

3. 土地利用分类的科学性

所谓分类的科学性，这里应包括两个方面的含义：

（1）分类层次要鲜明，从属关系要明确。土地利用类型具有由高级到低级、由大到小的等级差异，因此，分类系统应按一定的规律建立起有层次等级的排列关系，根据归纳相似性（或称共同性）、区别差异性的原理和方法，由高级到低级、由总体到局部，逐级进行细化和细分，即选取多级续分法来确立这种严谨科学的多级制土地利用分类系统，以反映土地利用类型之间的从属关系和逻辑性。为此，要求做到：①必须从高级到低级或从大到小，逐级进行细化和细分，以形成一个上下联系、逻辑分明的科学系统；②同一级别的地类必须要遵循该级的分类标准；③分类层次不能混杂；④同一土地利用类型，只能在一个大类中出现，而不能同时在两个大类中并存。

（2）要求地类的编码要科学，统一排序。土地利用分类作为一个基本的系统，应该对应建立一个比较符合科学的编码体系，依照要求采用统一的编排顺序，以便于相关人员进行管理、统计和汇总，同时为统一编码、搜集整理资料以及建立土地利用数据库等方面奠定坚实的基础。

4. 土地利用分类的适用性

土地利用现状调查和研究的目的主要是为土地资源评价、土地利用规划、土地资源保护和管理等服务，而归根结底是为了科学地利用、管理和保护土地资源，促进经济社会的可持续发展提供依据。因此，土地利用现状分类必须具有强烈的适用性，应做到以下四点：

（1）分类系统尽可能简明扼要，分类层次要考虑调查和制图比例尺要求。

通常比例尺越小，分类越粗糙；反之，比例尺越大，则分类应越详细。

（2）各个地类的含义应准确无误，做到"不重不漏"。

（3）地类的命名应通俗易懂，尽可能符合社会认知和传统习惯，为大众所接受。

（4）要便于相关部门和行业分析、研究和应用。

总之，土地利用分类的深度和广度应以满足上述"适用性"要求为原则。

5. 土地利用分类的开放性

在不同的经济社会发展背景下，土地利用分类的特点必然有所不同。一国、一地区的土地利用分类需要在实践中不断地总结、完善和更新。土地利用分类中坚持开放性原则，这一原则要求分类体系体现动态性和兼容性：一是要满足一定时期土地资源管理和社会经济发展的现实需要；二是要满足未来新的土地资源管理形势下进一步修改和完善的需要。近几十年来，经济社会发展突飞猛进，历经了不同的发展阶段，目前全国经济社会进入了新的发展时期，相应地，土地资源开发利用实践不断深入和拓展，新型的土地利用方式和新地类不断涌现，土地利用越来越复杂多样化。面对新时期土地资源管理的新特点和新要求，土地利用分类体系需要不断地修改和完善，以适应新形势和新要求。

6. 土地利用分类的继承性

任何科学研究与实践都具有继承性特征。这一原则要求我们要"取其精华，去其糟粕"，认真借鉴和吸取国内外土地利用分类的先进经验，对当今已无争论或异论的分类直接予以继承和应用，这不仅是必要的，也是完全必须的。尤其中国自1981年至今已出台了八套全国性的土地利用分类体系，先后开展过三次以县级行政单位为基本调查和统计单元的全国土地利用现状调查（制图比例尺为1:10000）。从总体上来看，一方面，土地利用分类取得了较好的进展，许多经验和地类划分成果值得继承和发扬，不必要也不可能"另起炉灶"或"推倒重来"；另一方面，历经这三次全国土地资源调查以及年度土地利用现状变更调查，全国已积累了完整的1996~2020年各级行政区土地利用调查数据库，这是中国土地资源调查取得的重大历史性成果，必须要切实加以继承，并与未来的新调查成果做好有效衔接。因此，未来新修改和制定的土地利用分类体系应当是在现行分类体系基础之上的进一步完善和发展。

（二）科学制定四级制的土地资源分类系统

土地资源调查与制图的质量高低和使用价值大小在很大程度上取决于土地利用分类系统的适宜性和合理性。鉴于中国幅员辽阔、土地利用复杂多样的客观实际，从全国土地利用现状调查的实际需求出发，我们认为，以往的二级分类过于概括和粗略，为了能够客观、真实、全面地反映中国的土地利用类型状况，应当借鉴英、美等国的分类体系和做法，深入研究和科学制定符合国情的四级制土地利用分类系统。基于上述分类原则，这里对这一新型的四级制系统提出一些初步的想法，旨在"抛砖引玉"。

1. 第一级：为最高级别的分类

宜按土地用途（功能）进行高度概括，宜粗不宜细。坚持"国法大于天"的思想理念，根据《中华人民共和国土地管理法》中的三大地类进行划分，即分为农用地、建设用地、未利用地。从《土地管理法》对这三大地类的定义来看，划分土地利用类型的好处不单是使其变得更加简明扼要，还更趋于科学严谨[51]。一方面，通过对组成"三大地类"的重要因素对"三大地类"进行续分而形成的次一级分类，更可以详细地说明"三大地类"所涵盖的内容；另一方面，在国民经济与社会发展规划制定和土地资源管理中，通过改变"三大地类"之间的比例和其各自类别的内部要素之间的比例，使其达到最合适的平衡点，就能满足国民经济、社会发展与生态环境状况相协调的实际需求。

另特别需要说明的是，在中国的土地利用分类中，"水域"一直是争议最大的地类，到底属于农用地、建设用地还是未利用地，在有关方案的解释中没有明确的规定和说明，而这里却不容回避。如前文所述，水域中的水库水面，《全国土地分类（试行）》[42]和《土地利用规划分类》[48]将其归入"建设用地"中的"水利设施用地"；《土地利用现状分类（GB/T 21010－2017）》则将其归入"农用地"之内。至于河流水面、湖泊水面等水域，现行分类将其归入"未利用地"之中。从现实用途和利用特点来看，这种归类并不妥当。为此，本书拟将"水域"与《土地管理法》中的"三大类"并列，划分出四个一级地类：农用地、建设用地、水域、未利用地。这一分类可以有效地解决困扰多年的"水域"归类难题。

2. 第二级：系在四个一级地类内的进一步续分

考虑到应用习惯，该级分类不宜过多，大多保留现有的分类名称和体系。按功能（用途），"农用地"内分为五个二级地类，即耕地、园地、林地、牧草地、其他农用地；"建设用地"内分为七个二级地类，即城乡住宅用地、商业服务业设施用地、公共管理与公共服务用地、工矿仓储用地、特殊建设用地、交通运输用地、其他建设用地[52]；"水域"内分为两个二级地类、即自然水域、人工水域[52]；"未利用地"内分为四个二级地类，即荒草地、沙地戈壁、裸地、其他未利用地。合计18个二级地类。

3. 第三级：系在上述18个二级地类内的进一步续分

共计分出70个三级地类（见表3－11）。在现行分类调整基础上，增加了一些三级地类，以适应各地已有的传统地类和新兴的用地类别。如"其他耕地"，既可包括现代农业中的"大棚用地"等新兴用地类别，也可包含一些山地民族特有的"轮歇地"等类型。

表 3－11　新型四级制的土地利用分类系统各地类名称和代码

一级地类	二级地类	三级地类	四级地类
1 农用地	11 耕地	111 水田	1111 平水田
			1112 梯水田
		112 水浇地	1121 平水浇地
			1122 梯水浇地
		113 旱地	1131 平旱地
			1132 梯旱地
			1133 坡旱地
		114 其他耕地	1141 大棚用地
			1142 轮歇地
	12 园地	121 果园	1211 草本果园
			1212 木本果园
		122 茶园	
		123 橡胶园	
		124 其他园地	
	13 林地	131 有林地	1311 乔木林地
			1312 竹林地
			1313 红树林地
		132 灌木林地	
		133 疏林地	
		134 其他林地	1341 未成林造林地
			1342 迹地
			1343 苗圃
	14 牧草地	141 天然牧草地	
		142 改良牧草地	
		143 人工牧草地	
	15 其他农用地	151 农村道路	
		152 田坎	
		153 其他	

续表

一级地类	二级地类	三级地类	四级地类
2 建设用地	21 城乡住宅用地	211 城镇住宅用地	
		212 农村住宅用地	
	22 公共管理与公共服务用地	221 机关团体用地	
		222 新闻出版用地	2221 新闻用地
			2222 出版用地
		223 教育用地	2231 高等教育用地
			2232 中等职业教育用地
			2233 中小学用地
			2234 幼儿园用地
			2235 其他教育用地
		224 科研用地	
		225 医疗卫生用地	
		226 社会福利用地	
		227 文化设施用地	
		228 体育用地	
		229 公用设施用地	
		2210 公园与绿地	2211 公园用地
			2212 绿化用地
	23 商业服务业设施用地	231 商业用地	2311 零售商业用地
			2312 批发市场用地
			2313 餐饮用地
			2314 旅馆用地
			2315 公用设施营业网点用地
		232 商务金融用地	
		233 娱乐康体用地	2331 娱乐用地
			2332 康体用地
		234 其他商业服务业用地	
	24 工矿仓储用地	241 工业用地	2411 一类工业用地
			2412 二类工业用地
			2413 三类工业用地
		242 采矿用地	

一级地类	二级地类	三级地类	四级地类
2 建设用地	24 工矿仓储用地	243 盐田	
		244 仓储用地	2441 物流仓储用地
			2442 储备库用地
	25 交通运输用地	251 铁路用地	
		252 公路用地	2521 高速公路
			2522 一级公路
			2523 二级公路
			2524 三级公路
			2525 四级公路
		253 机场用地	
		254 港口码头用地	
		255 管道运输用地	
		256 城市轨道交通用地	
		257 城镇道路用地	
		258 交通场站用地	2581 对外交通场站用地
			2582 公共交通场站用地
			2583 社会停车场用地
		259 其他交通设施用地	
	26 特殊建设用地	261 军事设施用地	
		262 使领馆用地	
		263 监教场所用地	
		264 宗教用地	
		265 殡葬用地	
		266 风景名胜设施用地	
	27 其他建设用地	271 水工建筑用地	
		272 畜禽饲养地	
		273 晒谷场用地	
3 水域	31 自然水域	311 河流水面	
		312 湖泊水面	
		313 内陆滩涂	
		314 沼泽地	

续表

一级地类	二级地类	三级地类	四级地类
3 水域	32 人工水域	321 水渠	3211 干渠
			3212 沟渠
		322 水库水面	
		323 坑塘水面	
4 未利用地	41 荒草地		
	42 沙地戈壁	421 沙地	
		422 戈壁	
	43 裸地	431 裸土地	
		432 裸岩石砾地	
	44 其他未利用土地	441 盐碱地	
		442 苔原	
		443 冰川及永久积雪	

4. 第四级：系在上述 70 个三级地类内的进一步续分

除了新增的地类之外，大体上按照已有的分类定义来进行划分。有些地类尚无科学分类依据，可以参照社会惯例和各地实际进行划分。例如，交通运输用地中的公路、铁路，依据交通部门的规定和社会传统的惯例续分，公路可划分为高速公路、一级公路、二级公路、三级公路、四级公路等；铁路可划分为高速铁路、重载铁路、Ⅰ级铁路、Ⅱ级铁路、Ⅲ级铁路等。从耕地来看，考虑到中国中西部山区耕地面积较多，坡耕地的改造利用状况直接关系到未来土地资源的可持续利用，很有必要按坡耕地是否"梯田化"和"梯地化"进一步进行细分[53]。表 3 - 11 列出了各级地类名称及代码，其中，三级地类和四级地类还需要进一步细化。各级地类的基本含义可参考已有的分类系统和有关文献，这里不再重复。

（三）全面提升全国土地资源分类体系的严肃性与权威性

长期以来中国的各类土地资源数据，最显著的特点之一是"数出多门"，农、林、住建、国土等相关部门的地类面积数据差异悬殊，即便是地域空间上的某一具体地块，也有可能出现多部门"争地"的现象，给相关的规划、决策、管理带来了很多困扰和影响，这是亟须解决的重大实际问题。

早在 1979 年吴传钧就指出，由于各部门、各行业系统的观点和概念不同，彼此之间打"土地官司"的现象层出不穷[36]。2012 年 1～2 月，云南省政府出台的《云南省城镇上山三个规划调整完善审查工作方案》决定对全省各县（市、区）的《完善土地利用总体规划（2006 - 2020 年）》《林地保护利用规划（2011 -

2020 年)》和《城市近期建设规划（2011 – 2015 年)》进行调整完善和衔接工作，要求每个县均编制"三个规划衔接说明书"和"三个规划衔接图"，这应该是国内开展"多规合一"的雏形。从笔者了解的部分县三个规划"衔接"的实践来看，将三个规划图相叠加，发现《城市近期建设规划》与《完善土地利用总体规划》在城市建设用地规模和空间布局上有着一定的差异，《林地保护利用规划》中的"生态公益林"与《完善土地利用总体规划》中的基本农田、一般耕地、建设用地等用地有着一定面积的重叠。至于处理办法，按相关规定，《林地保护利用规划》中的"生态公益林"与《完善土地利用总体规划》中的基本农田、一般耕地在空间上相重叠的那部分范围，分别由国土部门和林业部门实施保护，相当于实施"双保护"；对于《完善土地利用总体规划》编制的"允许建设区"中的"现状建设用地"与《林地保护利用规划》中的"生态公益林"在空间上相重叠的那部分，鉴于"现状建设用地"难以在近期内改变用途，本着尊重历史、尊重客观实际的原则，分别按照林业和国土部门的行业标准，分别进行统计量算。近几年来，国内一些地方试点开展"多规合一"试点工作，但目前尚未见到较为成熟和成功的典型实例。

要解决相关部门"各自为政""数出多门"这一重大矛盾和难题，迫切需要建立起科学、合理、可行的权威性全国土地利用分类体系。为此，很有必要学习俄罗斯的经验和做法，将全国土地利用分类标准体系上升为国家法律法规，并作出强制性的规定：全国只允许拥有一套土地利用分类标准和分类体系，严格要求各部门各行业系统必须依照法律法规联合执行，并且对任何与法定土地利用分类体系相矛盾或相抵触的分类标准均予以废止[30]。

第三节　土地资源调查

土地资源调查（Land Resource Survey）是一项重大的国情国力调查，是查实查清土地资源的重要手段。一般可以将其理解为：运用土地资源学知识，借助测绘制图等手段，查清各类土地资源的数量、质量、空间分布状况以及它们之间发生的规律和相互关系[54]，为土地资源评价、开发利用规划、整治、保护和科学管理服务。近 20 多年来，随着遥感（Remote Sensing，RS）、地理信息系统（Geographic Information System，GIS）和全球导航卫星系统（Global Navigation Satellite System，GNSS）、技术（合成"3S"技术）等高新技术在土地资源调查中的广泛应用，土地资源调查工作逐步走上自动化、精细化、规范化。

20 世纪 80 年代后期至今，中国已先后开展了三次全国性的土地资源调查，调查技术逐步成熟，调查内容得到了拓展。2008 年 2 月 7 日，国务院颁布了《土地调查条例》（中华人民共和国国务院令第 518 号），规定："国家根据国民经济和社会发展需要，每 10 年进行一次全国土地调查；根据土地管理工作的需要，每年进行土地变更调查"[55]。据此，土地资源调查已成为国家的一项制度。这里结合最新的第三次全国国土调查，主要从土地资源调查的内容、方法、成果要求等方面进行阐述。

一、土地资源调查的内容

（一）《土地调查条例》和《土地调查条例实施办法》规定的调查内容

《土地调查条例》第七条规定：土地调查包括以下三个内容：①土地利用现状及变化情况，包括地类、位置、面积、分布等状况；②土地权属及变化情况，包括土地的所有权和使用权状况；③土地条件，包括土地的自然条件、社会经济条件等状况。此外，还规定：进行土地利用现状及变化情况调查时，应当重点调查基本农田现状及变化情况，包括基本农田的数量、分布和保护状况[55]。

2019 年 7 月 16 日自然资源部修正的《土地调查条例实施办法》规定：土地调查是指对土地的地类、位置、面积、分布等自然属性和土地权属等社会属性及其变化情况，以及永久基本农田状况进行的调查、监测、统计、分析的活动[56]。

《土地调查条例实施办法》还规定：土地调查包括全国土地调查、土地变更调查和土地专项调查[56]。其中，全国土地调查是指国家根据国民经济和社会发展需要，对全国城乡各类土地进行的全面调查。土地变更调查，是指在全国土地调查的基础上，根据城乡土地利用现状及权属变化情况，随时进行城镇和村庄地籍变更调查和土地利用变更调查，并定期进行汇总统计。土地变更调查包括以下五个内容：①行政和权属界线变化状况；②土地所有权和使用权变化情况；③地类变化情况；④永久基本农田位置、数量变化情况；⑤自然资源部规定的其他内容。土地专项调查，是指根据自然资源管理需要，在特定范围、特定时间内对特定对象进行的专门调查，包括耕地后备资源调查、土地利用动态遥感监测和勘测定界等。

（二）第三次全国土地调查的内容

第三次全国土地调查的任务和内容，总体上根据《土地调查条例》和《土地调查条例实施办法》的相关规定和要求来确定。2017 年 10 月 16 日印发的《国务院关于开展第三次全国土地调查的通知》（国发〔2017〕48 号）规定：第三次全国土地调查的对象是中国陆地国土。调查内容有以下三个[57]：①土地利用现状及变化情况，包括地类、位置、面积、分布等状况；②土地权属及变化情况，包括土地的所有权和使用权状况；③土地条件，包括土地的自然条件、社会经济条件等状况。还规定：进行土地利用现状及变化情况调查时，应当重点调查永久基本农田现状及变化情况，包括永久基本农田的数量、分布和保护状况。

2018 年 8 月，根据国家机构设置和工作需要，国务院决定，将"第三次全国土地调查"调整为"第三次全国国土调查"，相应地，国务院第三次全国土地调查领导小组调整为国务院第三次全国国土调查领导小组。2018 年 11 月 19 日，国务院第三次全国国土调查领导小组颁布了《国务院第三次全国国土调查领导小组办公室关于印发〈第三次全国国土调查实施方案〉的通知》（国土调查办发〔2018〕18 号），并于 2019 年 2 月编制和正式出版了《第三次全国国土调查技术规程》。

《第三次全国国土调查实施方案》确定的第三次全国国土调查主要任务是：按照国家统一标准，在全国范围内利用遥感、测绘、地理信息、互联网等技术，统筹利用现有资料，以正射影像图为基础，实地调查土地的地类、面积和权属，全面掌握全国耕地、种植园、林地、草地、湿地、商业服务业、工矿、住宅、公共管理与公共服务、交通运输、水域及水利设施用地等地类分布及利用状况；细化耕地调查，全面掌握耕地数量、质量、分布和构成；开展低效闲置土地调查，全面摸清城镇及开发区范围内的土地利用状况；同步推进相关自然资源专业调查，整合相关自然资源专业信息；建立互联共享的覆盖国家、省、地、县四级的集影像、地类、范围、面积、权属和相关自然资源信息为一体的国土调查数据库，完善各级互联共享的网络化管理系统；健全国土及森林、草原、水、湿地等自然资源变化信息的调查、统计和全天候、全覆盖遥感监测与快速更新机制。并规定第三次全国国土调查的具体任务和内容是[58]：

1. 土地利用现状调查

土地利用现状调查包括农村土地利用现状调查和城市、建制镇、村庄（以下简称城镇村庄）内部土地利用现状调查。

（1）农村土地利用现状调查。以县（市、区）为基本单位，以国家统一提供的调查底图为基础，实地调查每块图斑的地类、位置、范围、面积等利用状况，查清全国耕地、种植园、林地、草地等农用地的数量、分布及质量状况，查清城市、建制镇、村庄、独立工矿、水域及水利设施用地、湿地等各类土地的分布和利用状况。

（2）城镇村庄内部土地利用现状调查。充分利用地籍调查和不动产登记成果，积极创造条件，大力推进城市、建制镇、村庄补充地籍调查，确实条件不具备的，开展土地利用现状细化调查，查清城镇村庄内部商业服务业、工业、住宅、公共管理与公共服务和特殊用地等地类的土地利用状况。

2. 土地权属调查

结合全国农村集体资产清产核资工作，将城镇国有建设用地范围外已完成的集体土地所有权确权登记和国有土地使用权登记成果落实在国土调查成果中，对发生变化的开展补充调查。

3. 专项用地调查与评价

基于土地利用现状、土地权属调查成果和自然资源管理形成的各类管理信息，结合自然资源精细化管理、节约集约用地评价及相关专项工作的需要，开展系列专项用地调查评价。

（1）耕地细化调查。重点对位于河流滩涂上的耕地、位于湖泊滩涂上的耕地、林区范围开垦的耕地、牧区范围过度开垦的耕地、受荒漠化沙化影响的退化耕地和石漠化耕地等开展细化调查，分类标注，摸清各类耕地资源家底状况，夯实耕地数量、质量、生态"三位一体"保护的基础。

（2）批准未建设的建设用地调查。将新增建设用地审批界线落实在国土调查成果上，查清批准用地范围内未建设土地的实际利用状况，为持续开展批后监管，促进土地节约集约利用提供基础。

（3）永久基本农田调查。将永久基本农田划定成果落实在国土调查成果中，查清永久基本农田范围内实际土地利用状况。

（4）耕地质量等级调查评价和耕地分等定级调查评价。在耕地质量调查评价和耕地分等定级调查评价的基础上，将最新的耕地质量等级调查评价和耕地分等定级评价成果落实到土地利用现状图上，对评价成果进行更新完善。

4. 同步推进相关自然资源专业调查

在开展第三次全国国土调查的同时，同步推进相关自然资源专业调查工作，按照第三次全国国土调查的分类标准和相关要求，做好第九次森林资源连续清查、东北重点国有林区森林资源现状调查和第二次草地资源清查的数据汇总工作，并将相关调查成果整合进第三次全国国土调查成果中。

在上述调查基础上，建立国家级、省级、市级和县级四级国土调查数据库，并建立各级国土调查数据分析与共享服务平台。

二、土地资源调查的方法

《土地调查条例》规定：土地调查采用全面调查的方法，综合运用实地调查统计、遥感监测等手段。土地调查采用《土地利用现状分类》国家标准、统一的技术规程和按照国家统一标准制作的调查基础图件。

《土地调查条例实施办法》也规定：土地调查应当执行国家统一的土地利用现状分类标准、技术规程和自然资源部的有关规定，保证土地调查数据的统一性

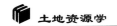

和准确性。

《第三次全国国土调查实施方案》[58] 和国土资源部 2019 年 1 月发布的《第三次全国国土调查技术规程》[59] 确定的调查技术方案要点主要是：

（一）调查精度

1. 遥感影像资料的要求

农村土地利用现状调查采用优于 1 米分辨率覆盖全国的遥感影像资料；城镇内部土地利用现状调查则采用优于 0.2 米分辨率的航空遥感影像资料。

2. 最小上图图斑面积

要求：①建设用地和设施农用地实地面积 200 平方米；②农用地（不含设施农用地）实地面积 400 平方米；③其他地类实地面积 600 平方米，荒漠地区可适当减低精度，但不应低于 1500 平方米；④对于有更高管理需求的地区，建设用地可适当提高调查精度。

3. 数学基础

①平面坐标系统采用"2000 国家大地坐标系"；②高程系统采用"1985 国家高程基准"。

4. 投影方式

采用高斯－克吕格投影。1∶2 000、1∶5 000、1∶10 000 比例尺标准分幅图或数据按 3°分带。

5. 分幅及编号

农村土地利用现状调查、城镇村庄内部土地利用现状调查各比例尺标准分幅及编号应符合 GB/T 13989－2012 的规定。标准分幅采用国际 1∶1 000 000 地图分幅标准，各比例尺标准分幅图均按规定的经差和纬差划分，采用经、纬度分幅。标准分幅图编号均以 1∶1 000 000 地形图编号为基础采用行列编号方法。

（二）调查工作步骤

调查工作步骤主要包括 10 个方面：①准备工作，包括方案制定、人员培训、资料收集、仪器设备准备等；②调查界线及控制面积确定；DOM（遥感数字正射影像图）制作及内业信息提取；③土地权属调查；④农村土地利用现状调查；⑤城镇村庄内部土地利用现状调查；⑥专项用地调查；⑦各级数据库建设；⑧统计汇总；⑨成果整理与分析，包括调查资料整理、图件编制、成果分析、报告编写等；⑩成果检查，包括自检、预检和核查等。详见《第三次全国国土调查技术规程》。

（三）统一时点更新

第三次全国国土调查数据统一时点为 2019 年 12 月 31 日。为此，要求各地利用 2019 年度土地变更调查工作的正射影像图，与第三次全国国土调查数据库对比提取变化信息，同时参考 2018 年度和 2019 年度变更调查国家下发的遥感监测图斑进行实地补充调查，全面查清第三次全国国土调查完成时点与 2019 年 12 月 31 日的行政界线、图斑界线、地类信息和权属界线等内容的变化情况，通过增量的形式进行更新和上报。对于 2019 年三调统一时点更新结果属于 2019 年内实地发生变化的图斑，应保证三次调查和 2019 年度变更调查两项调查结果对应的图斑地类等信息，衔接一致。

为了查清统一时点全国国土调查数据，国务院第三次全国国土调查领导小组办公室于 2019 年 12 月 31 日印发了《关于开展第三次全国国土调查统一时点更新调查的通知》以及《第三次全国国土调查统一时点更新暨 2019 年度土地变更调查实施方案》[60]，具体部署和安排了第三次全国国土调查统一时点更新调查任务。

（四）数据库建设

第三次全国国土调查数据库建设包含各级国土调查、专项用地调查、城市开发边界、生态保护红线、全国各类自然保护区和国家公园界线等各类管理信息数据成果的质检、建库、管理应用，以及数据库管理系统与共享平台建设等工作。国土调查、专项用地调查及其他数据成果应一体化建库，分图层存储。数据库建设采用国家规范标准、地方分级建设、成果统一汇交的模式开展。

三、土地资源调查的主要成果要求

按照国务院第三次全国国土调查领导小组办公室《第三次全国国土调查实施方案》的规定，通过第三次全国国土调查，全面获取覆盖全国的国土利用现状信息，形成一整套国土调查成果资料，包括影像、图形、权属、文字报告等成果。同时，将第九次全国森林资源连续清查、东北重点国有林区森林资源现状调查、第二次全国湿地资源调查、第三次全国水资源调查评价、第二次草地资源清查等最新的专业调查成果，以及城市开发边界、生态保护红线、全国各类自然保护区和国家公园界线等各类管理信息，以国土调查确定的图斑为单元，统筹整合纳入第三次全国国土调查数据库，逐步建立三维国土空间上的相互联系，形成一张底板、一个平台和一套数据的自然资源统一管理综合监管平台。

此外，要丰富和创新第三次全国国土调查成果表达形式，调查成果要更进一步地充分体现自然资源属性信息，凸显山水林田湖草等自然资源家底特征，形成以土地为本底的自然资源基础底图，必要时可进一步形成三维成果图和各类自然资源系列专题图，全面支撑自然资源管理和促进生态文明建设需要。

县级调查成果、地级和省级汇总成果、国家级成果的要求见表 3 - 12。

表 3 - 12　第三次全国国土调查主要成果

县级调查成果	地级、省级汇总成果	国家级成果
1. 外业调查成果 （1）原始调查图件； （2）土地权属调查有关成果； （3）田坎系数测算资料 **2. 图件成果** （1）县级土地利用图； （2）城镇土地利用图； （3）县级耕地细化调查、批准未建设的建设用地调查、耕地质量等级和耕地分等定级等专项调查的专题图； （4）各类自然资源专题图； （5）海岛调查专题图 **3. 数据成果** （1）各类土地分类面积数据； （2）各类土地的权属信息数据； （3）城镇村庄土地利用分类面积数据； （4）耕地坡度分级面积数据； （5）耕地细化调查、批准未建设的建设用地调查、耕地质量等级和耕地分等定级等专项调查数据； （6）海岛调查数据 **4. 数据库成果** （1）县级第三次国土调查数据库； （2）县级第三次国土调查数据库管理系统 **5. 文字成果** （1）县级第三次国土调查工作报告； （2）县级第三次国土调查技术报告； （3）县级第三次国土调查数据库建设报告； （4）县级第三次国土调查成果分析报告； （5）县级城镇村庄土地利用状况分析报告；	**1. 数据成果** （1）各类土地分类面积数据； （2）各类土地的权属信息数据； （3）城镇土地利用分类面积数据； （4）耕地坡度分级面积数据； （5）耕地细化调查、批准未建设的建设用地调查、耕地质量等级和耕地分等定级等专项调查面积数据； （6）海岛调查数据 **2. 图件成果** （1）地级、省级土地利用图； （2）地级、省级耕地细化调查、批准未建设的建设用地调查、耕地质量等级和耕地分等定级等专项调查的专题图； （3）各类自然资源分布图； （4）海岛调查专题图； **3. 文字成果** （1）各级第三次国土调查工作报告； （2）各级第三次国土调查技术报告； （3）各级第三次国土调查成果分析报告； （4）耕地细化调查、批准未建设的建设用地调查、耕地质量等级和耕地分等定级等专项调查成果报告； （5）省级田坎系数测算报告； （6）省级耕地坡度情况分析报告； （7）海岛调查成果报告 **4. 数据库成果** （1）市级、省级第三次国土调查数据库； （2）市级、省级第三次国土调查数据库管理系统及共享应用平台	**1. 重要标准规范** （1）第三次全国国土调查技术规程； （2）土地利用数据库标准； （3）第三次全国国土调查数据库建设技术规范； （4）第三次全国国土调查国家级核查技术规定 **2. 数据成果** （1）各类土地分类面积数据； （2）各类土地的权属信息数据； （3）城镇村庄土地利用分类面积数据； （4）耕地坡度分级面积数据； （5）耕地细化调查、批准未建设的建设用地调查、耕地质量等级和耕地分等定级等专项调查面积数据； （6）海岛调查数据 **3. 图件成果** （1）国家级土地利用图、图集； （2）城镇村庄土地利用图集； （3）国家级耕地细化调查、批准未建设的建设用地调查、耕地质量等级和耕地分等定级等专项调查的专题图、图集； （4）各类自然资源分布图； （5）海岛调查专题图 **4. 文字成果** （1）第三次国土调查工作报告； （2）第三次国土调查技术报告； （3）第三次国土调查成果分析报告； （4）城镇村庄土地利用状况分析报告； （5）耕地细化调查、批准未建设的建设用地调查、耕地质量等级和耕地分等定级等专项调查成果报告； （6）海岛调查成果报告

续表

县级调查成果	地级、省级汇总成果	国家级成果
（6）县级第三次国土调查数据库质量检查报告； （7）耕地细化调查、批准未建设的建设用地调查、耕地质量等级和耕地分等定级等专项调查成果报告； （8）海岛调查成果报告		

资料来源：国务院第三次全国国土调查领导小组办公室，第三次全国国土调查实施方案［EB/OL］. http：//gi. mnr. gov. cn/201811/t20181120_ 2367135. html, 2018－11－19.

参考文献

［1］陈百明. 土地分类体系与土地评价问题探讨［J］. 自然资源，1986（2）：91－96.

［2］李维能，方贤铨. 地貌学［M］. 北京：测绘出版社，1983：11－12.

［3］中国科学院《中国自然地理·气候》编委会. 中国自然地理·气候［M］. 北京：科学出版社，1985：1－161.

［4］全国土壤普查办公室. 中国土壤［M］. 北京：中国农业出版社，1998：1－1253.

［5］《中国1:100万土地资源图》编委会. 《中国1:100万土地资源图》编图制图规范［M］. 北京：科学出版社，1990：1－115.

［6］杨子生. 土地资源学的源流及其与其他学科的区别与联系［A］//刘彦随，宋戈. 中国新时期土地资源科学创新与发展研究［M］. 沈阳：东北大学出版社，2016：10－17.

［7］全国农业区划委员会《中国自然区划概要》编写组. 中国自然区划概要［M］. 北京：科学出版社，1984.

［8］郑剑非，段向荣，严荧. 中国农业气候区划探讨简报（水分部分）［J］. 北京农业大学学报，1982，8（4）：115－120.

［9］陆渝蓉，高国栋. 中国水分气候图集［M］. 北京：气象出版社，1984.

［10］吴厚水. 一个较理想的地面干湿指标——蒸发比［J］. 地理科学，1987，7（2）：121－128.

［11］张光亚. 地貌学简明教程［M］. 开封：河南大学出版社，1986：252－261.

［12］中国科学院自然区划工作委员会. 中国地貌区划（初稿）［M］. 北京：科学出版社，1959.

［13］朱鹤健．世界土壤地理［M］．北京：高等教育出版社，1986：73－144．

［14］李天杰，郑应顺，王云．土壤地理学（第二版）［M］．北京：高等教育出版社，1983：123－135．

［15］武吉华，张绅．植物地理学（第二版）［M］．北京：高等教育出版社，1983：129－134．

［16］吴征镒．中国植被［M］．北京：科学出版社，1983：143－701．

［17］中国1∶100万土地类型图编委会．中国1∶100万土地类型图制图规范（试行草案第三稿）［A］//中国1∶100万土地类型图编辑委员会文集编辑组．中国土地类型研究［M］．北京：科学出版社，1986：1－21．

［18］赵松乔．中国1∶100万土地类型划分与制图［A］//中国1∶100万土地类型图编辑委员会文集编辑组．中国土地类型研究［M］．北京：科学出版社，1986：22－28．

［19］石玉林．关于《中国1∶100万土地资源图土地资源分类工作方案要点（草案）》的说明［J］．资源科学（原《自然资源》），1982，4（1）：63－69．

［20］杨子生．我国亚热带山区土地资源质量综合评价的初步研究——以四川省西昌市为例［D］．西南师范大学硕士学位论文，1989．

［21］马丽，浩飞龙，王士君．1949年以来中国土地利用分类演变与问题探讨［J］．资源开发与市场，2018，34（5）：617－623．

［22］Anderson J. R., Hardy E., Roach J. T., et al. A Land Use and Land Cover Classification System for Use with Remote Sensor Data［R］. Whshington, DC：US Geological Survey Professional Paper 964, USGS, 1976.

［23］戚冬瑾，周剑云．美英土地利用分类理论与实践的演进［J］．城市规划，2015，39（8）：80－86．

［24］吴亮，濮励杰，朱明．中日土地利用分类比较［J］．中国土地科学，2010，24（7）：77－80．

［25］Liang Jie, Xu Jincai, Shen Huifang, et al. Land－use Classification via Constrained Extreme Learning Classifier Based on Cascaded Deep Convolutional Neural Networks［J］. European Journal of Remote Sensing, 2020, 53（1）：219－232.

［26］杨子生，张宇欣，费燕，等．试论土地利用功能分区与土地用途分区的区别与联系［A］//刘彦随，熊康宁，但文红．中国农村土地整治与城乡协调发展研究［M］．贵阳：贵州科技出版社，2013：35－42．

［27］秦明周，陈云增．土地利用分类及其用途管制研究［J］．河南大学学报（自然科学版），2000，30（4）：58－60．

［28］Rind D., Hudson R. Land Use［M］. Landon & New York：Methuen, 1980：13－53.

［29］刘燕．南海土地利用分类研究［D］．中山大学硕士学位论文，2005．

［30］刘立国．我国土地利用现状分类标准修订研究［D］．南京农业大学硕士学位论文，2016．

［31］隋延辉．《俄罗斯联邦土地法典》2017版主要内容浅析［J］．国土资源情报，2018（7）：34－41．

［32］吴传钧，郭焕成．中国土地利用［M］．北京：科学出版社，1994.

［33］Loveland T. R., Reed B. C., Brown J. F., et al. Development of A Global Land Cover Characteristics Database and IGBP DISCover From 1 km AVHRR Data［J］．International Journal of Remote Sensing, 2000, 21（6－7）：1303－1330.

［34］Bartholome E., Belward A. S. GLC2000：A New Approach to Global Land Cover Mapping from Earth Observation Data［J］．International Journal of Remote Sensing, 2005, 26（9）：1959－1977.

［35］FAO/UNEP. Expert Consultation on Strategies for Global Land Cover Mapping and Monitoring Report［R］．Rome, Italy, 2002.

［36］吴传钧．开展土地利用调查与制图为农业现代化服务［J］．资源科学，1979，1（2）：39－47.

［37］任美锷．贵州遵义附近之土地利用［A］//任美锷地理论文选［M］．北京：商务印书馆，1991：69－82.

［38］全国农业区划委员会．土地利用现状调查技术规程［M］．北京：测绘出版社，1984：5－13.

［39］国家计划委员会农业区划局，农牧渔业部土地管理局．土地利用现状调查手册［M］．北京：中国农业出版社，1985.

［40］1：100万中国土地利用图编委会．1：100万中国土地利用图编制规范及图式［M］．北京：科学出版社，1986：11－18.

［41］全国人民代表大会常务委员会．中华人民共和国土地管理法［J］．中华人民共和国全国人民代表大会常务委员会公报，1998（4）：341－355.

［42］国土资源部．全国土地分类（试行）［J］．国土资源通讯，2001（10）：13－15.

［43］中华人民共和国国家质量监督检验检疫总局，中国国家标准化管理委员会．中华人民共和国国家标准（GB/T21010—2007）：土地利用现状分类［M］．北京：中国标准出版社，2007.

［44］中华人民共和国国家质量监督检验检疫总局，中国国家标准化管理委员会．中华人民共和国国家标准（GB/T21010—2017）：土地利用现状分类［M］．北京：中国标准出版社，2017.

［45］自然资源部办公厅．国土空间调查、规划、用途管制用地用海分类指南（试行）［EB/OL］．http：//gi. mnr. gov. cn/202011/t20201120_ 2589186. html, 2020－11－20.

［46］焦琨，杨子生．我国土地利用分类新旧标准的对比分析［J］．现代农业科技，2008（23）：296－297.

［47］陈百明，周小萍．《土地利用现状分类》国家标准的解读［J］．自然资源学报，2007，22（6）：994－1003.

［48］中华人民共和国国土资源部．县级土地利用总体规划编制规程［M］．北京：中国标准出版社，2010：19－20.

［49］陈俊，吴晓伟．水库水面用地性质及水利水电建设项目用地保障研究［J］．昆明理工大学学报（社会科学版），2014，14（1）：77－81.

　［50］曾乐春，王兆礼，简陆芽．新旧土地利用分类体系对比分析［J］．国土资源科技管理，2004，21（5）：53－55＋67．

　［51］李树国，马仁会．对我国土地利用分类体系的探讨．中国土地科学，2000，14（1）：39－40．

　［52］徐勇，赵燊，段健．国土空间规划的土地利用分类方案研究［J］．地理研究，2019，38（10）：2388－2401．

　［53］杨咙霏，杨子生，赵乔贵．我国边疆山区省份土地利用现状分类系统的特色分析——以云南省为例［A］//刘彦随，杨子生，赵乔贵．中国山区土地资源开发利用与人地协调发展研究［M］．北京：中国科学技术出版社，2010：223－229．

　［54］王秋兵．土地资源学［M］．北京：中国农业出版社，2003：109－147．

　［55］国务院．土地调查条例［N］．人民日报，2008－02－15（8）．

　［56］自然资源部．土地调查条例实施办法［EB/OL］．http：//f. mnr. gov. cn/201908/t20190813_ 2458550. html，2019－08－13．

　［57］国务院．国务院关于开展第三次全国土地调查的通知［EB/OL］．http：//www. gov. cn/zhengce/content/2017－10/16/content_ 5232104. htm，2017－10－16．

　［58］国务院第三次全国国土调查领导小组办公室．第三次全国国土调查实施方案［EB/OL］．http：//gi. mnr. gov. cn/201811/t20181120_ 2367135. html，2018－11－19．

　［59］中华人民共和国土资源部．中华人民共和国土地管理行业标准（TD/T_ 1055－2019）：第三次全国国土调查技术规程［M］．北京：地质出版社，2019．

　［60］国务院第三次全国国土调查领导小组办公室．关于开展第三次全国国土调查统一时点更新调查的通知［EB/OL］．http：//gi. mnr. gov. cn/202001/t20200107_ 2496335. html，2019－12－31．

第四章 土地资源评价

土地资源评价是土地资源学的重要研究内容和分支学科[1]，是土地资源开发利用、整治等研究的基础。因此，深入开展土地资源评价研究具有重大的理论意义和实际意义。近几十年来，土地资源评价研究在国内外一直方兴未艾，研究成果不断涌现[2-10]，国际上出现了著名的美国土地潜力分级体系[11]（Land Capability Classification）、苏联《全苏土地评价方法》[12]以及联合国粮农组织的《土地评价纲要》（AFFLE）等[13-17]土地评价体系，国内取得了以《中国1：100万土地资源图》[18]为代表的大批土地资源评价成果，推动了土地资源评价领域的蓬勃发展。本章在阐述土地资源评价的概念及种类、内容、方法基础上，分别阐述土地资源评价中常见的土地适宜性评价、土地生产潜力评价和土地利用效益评价。至于其他方面的评价，限于篇幅，这里暂不涉及。鉴于土地资源评价在土地资源学科以及当今国土空间规划与管理中的重要性，本书将在"第八章 土地资源专题研究"中增加中国耕地质量综合评价、山区建设用地适宜性评价等内容进行专门讨论，以此作为对本章的补充。

第一节 土地资源评价概述

一、土地资源评价的概念及种类

（一）土地资源评价的概念

土地资源评价（Land Resources Evaluation），也可简称土地评价，它是对土地资源质量的综合评述和鉴定。其本质是将各类土地按其性质、特征和生产力，重新组合、排列成土地质量等级。实际上，这是根据各类土地资源在生产实践上的相似性与差异性，重新再进行一次实用性的土地资源分类。它属于第三章所提及的土地应用性分类的范畴。因此，虽然土地资源评价是一种适用性的土地分类，但其本身并不能代替将土地作为自然综合体或自然－经济综合体的土地基础性分类或应用－基础性分类，相反，它应以基础性或应用－基础性土地分类系统作为基础，根据不同情况和实际需要，正确地从中选定某一级分类单元，以作为自己的评价单元。

（二）土地资源评价的种类

由于各国国情不同、评价目的和任务各异，土地资源评价亦各式各样。大体上，按评价目的之别，可分为比较性评价和解释性评价两类[12]。前者是针对某种特定的用途，例如，农业或谷类作物（或林业、果茶等），将各块土地的质量进行比较，进而进行分等评级，又如，美国1937年提出的斯托利指数分级（Storie Index Rating，STR）、苏联用于地籍管理的《全苏土地评价方法》等。在这种评价中，土地用途不是主要研究对象，其任务是揭示各块土地对于某种用途的相对好坏程度，主要用于征收土地税和确定地价、农业生产计划、农产品地区差价及地籍管理等目的。后者则是针对某个特定的土地单元，评定其对各种用途的利用能力或适宜性，并提出改良、管理方面的建议。在这种评价中，土地用途和利用方式是主要研究对象，主要服务于土地利用规划和土地改良等目的。在后者之内，还可分出两种：一是一般目的的土地评价，即将全部土地按照若干笼统的用途（如农、林、牧等土地利用大类）的质量要求，评定其利用能力或适宜性或生产潜力，如美国农业部[11]（1961）颁布的土地潜力分级体系（Land Capability Classification）、《中国1∶100万土地资源图》[18]中的土地资源评价体系等。这类评价又被称为综合评价。二是特定目的土地评价，系按某种具体用途（如单个作物、特定的农作制度或土地利用方式）的要求来评定各个土地单元对它的适宜性，例如，日本1948年进行的宜垦地评价、20世纪50年代中国开展的华南热带地区橡胶宜林地评价等。这种评价又可称为单项评价。当然，综合评价与单项评价是相对而言的，两者之间无绝对的界限。在土地评价中，既存在单项评价，亦存在综合评价，有时甚至两者共存于同一评价工作体系之中。

如果按评价指标来分，那么有土地自然评价、经济评价和自然－经济综合评价之别。前者的特点是将土地的自然属性作为决定土地利用能力或适宜性或价值的唯一尺度，而将社会经济条件仅作为评价背景来考虑。例如，美国农业部（1961）的土地潜力分级。然而，由于土地的好坏常常是相对于一定的投入和产出而言的，一般认为，只有投入少、产出多的土地才算好地，因而需要在评价中进行经济分析，并用可比的经济指标来反映评价结果。这种评价，即为土地经济评价。如美国内政部垦殖局1953年提出的灌溉适宜性评价、苏联地籍管理中的土地经济评价等。有的则将土地的自然评价和社会经济分析相结合，进行土地自然－社会经济综合评价，如联合国粮农组织（1976）提出的各国通用的、为土地利用规划服务的土地适宜性评价方法[13]等。

此外，还可按土地等级的划分和描述方法的不同来划分，可分出定性评价和定量评价两类。前者仅用定性的指标和术语来描述土地的好坏和进行土地等级划分；后者则用数值（分数或指数）或定量的经济指标来表示土地等级的差别。近几十年来的发展趋势是从定性走向定量的土地评价。

二、土地资源评价的内容

土地资源评价的内容是土地资源质量，因而又称为土地资源质量评价，也可简称土地质量评价。由于不同学者对"土地资源质量"的含义有着不同的理解，因而对土地资源质量评价必然得出不同的认识[19]。认识上的差异，又必然导致评价内容的差异，并进而引起评价原则、指标、方法、制图等一系列的差异。

（一）土地资源质量的"多面性"

土地资源质量的最大特征，就是具有明显的多面性。所谓"多面性"，即指在不同的用途条件下，土地资源质量的含义明显不同。例如，交通建设用地，其"质量"主要应指土地的工程性质，至少包括以下三个方面：①由岩性、土质、水文条件共同决定的地基承载能力；②由地形条件包括坡度、起伏及地表破碎程度所决定的地面工程量的大小；③由崩塌、滑坡、泻溜、泥石流、风沙等自然灾害因素决定的工程病害程度。就城市建设用地而言，其"质量"除了上述土地的工程性质之外，还应包括土地为城市提供的三个生态条件，①通风、照度等气候条件；②供水、排水等水文地质条件；③进行绿化的生境条件，等等。陈传康（1983）[20]等曾对此作过研究。农业生产用地与上述两种用地截然不同。由于农业土地资源对于人类至关重要，它是国内外进行研究和实践最多的，也是最为复杂的，因此，下面着重讨论农业土地资源质量的含义和内容。

（二）农业土地资源质量的含义

人们所理解的农业土地资源的质量，大致有以下四种意见：①认为"土地质量的高低优劣，其衡量标准是土地的自然生产力"[21]，即土地生产潜力；②"把土地适宜性一词表示土地的质量特征……而把潜力一词仅看作数量的特征"①；③认为土地适宜性和潜力是可以互换的术语，把土地适宜性、土地潜力和土地质量三者等同起来②；④认为"土地的质量鉴定……可从土地的适宜性和生产潜力

---

① 中国科学院自然资源综合考察委员会土地资源室.《中国1∶100万土地资源图》土地资源分类方案（讨论稿），土地资源研究文集（第二集），1981.

② 张巧玲. 全国农业区划学习班教材《土地资源及其调查》[M]. 全国农业区划委员会办公室，1980.

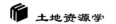

两方面进行研究"[22]。

显然，第一、第二种认识仅反映了土地质量的部分内容；第三种观点则混淆了"适宜性""潜力"和"质量"三者的概念；第四种观点较为客观，但仍显不足。笔者认为，从农业生产的角度出发，土地资源的质量应包括以下三个既相互区别又相互联系的方面[19]：

1. 土地适宜性

所谓土地适宜性（Land Suitability），是指在一定条件下土地对某种用途的适宜与否及适宜程度。它也为土地系统的功能之一，是构成土地资源质量的内容。一方面，"适宜性"与"潜力"既有区别又有联系，其区别表现在："适宜性"乃就土地适于利用的性质而言的，即适合做什么用，能生产什么东西；适宜性的好坏只是一个相对等级的概念。而"潜力"则表示能生产东西的多少，它是一个具有绝对数量的概念。因此，不能将两者混同起来。另一方面，两者又密切联系，均为表征土地资源质量的自然方面的属性，是构成土地资源自然质量的不可缺少且不能替代的两个方面。

2. 土地生产潜力

土地生产潜力（Land Productive Potentiality），一般是指在某种利用状况下土地所其有的潜在的生产能力。它是土地资源最重要、最本质的属性，也是土地系统最基本的功能，因而成为衡量土地资源质量的最重要指标之一。

3. 土地利用效益

土地利用效益（Land Use Benefit），是土地资源自然质量对农业生产的总效应，是自然质量在社会经济中的具体体现，表征土地资源质量的社会经济方面的属性。应包括三个方面：一是土地作为某种利用后表现出来的经济效益，二是土地利用的生态效益，三是土地利用的社会效益。土地利用效益的高低，其衡量标准应是两者的统一，而不能是片面的、孤立的权衡。

总之，笔者认为土地资源质量应包括上述三个方面的内容，三者共同构成衡量土地质量高低的指标体系，既不能互相替代，也不可将其混为一谈。

（三）土地资源评价的内容

由于土地资源质量具有"多面性"，使评价内容随土地用途的不同而不同。目前，土地资源评价至少应当包括农业（广义）用地评价、城市建设用地评价、交通建设用地评价、旅游用地评价以及特殊用地评价等。国外还兴起了以娱乐活动为目的的土地评价。其中，服务于大农业利用的土地资源评价是最基本、最重要、最广泛的一种土地评价，这是由农业在国民经济中的基础地位以及当今世界土地、粮食与人口间矛盾的日趋尖锐化所决定的，因此，本书加以着重讨论。由于人们对农业土地资源质量的含义有不同的理解，因而对农业土地资源评价亦有不同的认识：有的将土地适宜性评价视为土地质量评价，有的则将适宜性评价误解为潜力评价，有的虽然认识到适宜性评价与潜力评价的差异，并提出了把土地适宜性与生产潜力糅合起来进行综合评价的尝试，但其结果并不理想。笔者认为，就服务于大农业生产的土地资源评价而言，根据前述农业土地资源质量的含义，应包括以下三种评价：①土地适宜性评价；②土地生产潜力评价；③土地利用效益评价。三者共同构成土地资源评价系列。本章的后面三节即分别讨论这三种评价。

三、土地资源评价的方法

要科学地进行土地资源评价，关键之一是在于正确地选择适用的评价方法，不论是全球还是全国乃至某一地区，也不论综合评价还是单项评价，均离不开这一基础。因此，有必要对现有众多的评价方法加以总结、归纳和分类，并比较其优劣、探讨其发展趋势，以便于今后评价方法的进一步深入研究。

土地资源评价的方法，第一层次可区分出直接法和间接法两大类[23,24]。所谓直接评价法（Direct Evaluation Method），系指利用试验手段直接去探测土地质量对某种用途的影响大小，进而确定其适宜性（包括适宜程度）、限制性（包括限制程度）、生产潜力。例如，在几种不同类型的土地上种植同一作物，采用相同的农业生产和技术措施，通过不断地观察和测量作物长势并测定最后的作物产量，以产量的高低来评定这几种不同土地的生产力差异。应指出，严格地讲，直接评价的结果只能应用于具体的试验地点。然而，实际上却常常由此推广到具有相同或相似土地条件的其他地段上。由于常受系统试验资料的限制，直接评价实际上很难进行，因而绝大多数土地资源评价均采用间接评价法。

间接评价法（Indirect Evaluation Method）是指通过对影响土地适宜性、生产力的各种因素及其性质进行间接诊断或鉴定，由此推论土地质量的高低。该方法是通过长期实践检验并不断得到发展的，其应用非常广泛。它可分出两种主要方法。

（一）分等法

分等法也称归类法（Categoric System）。它是以针对一定利用方式的土地质量优劣为依据，评定其适宜性与适宜程度、生产潜力高低等，并将各土地类型的适宜性及其程度、生产潜力等进行组合、分类并排列在一定等级系统中的方法。该方法既可应用于大农业，也可用于非农业领域的土地评价。就大农业土地资源评价而言，较有代表性的方法是美国农业部制定的土地潜力分级（Land Capability Classification）、联合国粮农组织制定的《土地评价纲要》和中国的《中国1∶100万土地资源图》。

（二）评分法

评分法又称数值法（Numerical System）或参数法（Parametric System）。它是应用数学方法处理土地特征、进行土地评价的一种方法。该法常以某种利用方式下已知的最优土地作为比较的基础，通过数学计算得到不同的数字或百分率，即不同土地单元的评价指标，以此作为评定土地质量优劣的依据。由于处理上的区别，评分法一般可有以下三种：

一是相加法（Additive System），其基本形式为：$P = A + B + C$。

二是相乘法（Multiplicative System），其基本形式为：$P = A \times B \times C$

三是复合法（Complex Parametric System），如"平方根"法，其基本形式为：$P = A\sqrt{B \times C \times D}$。

其中，P 表示参数值或称生产力指数，A、B、C、D 分别表示土地的某些特性。对这些特性，既可直接采用表示其性质的数值，如土体厚度（厘米）；也可以是所评定的分数值，如土体厚度 30 厘米评为 10 分、40 厘米评为 15 分等。分数的设置范围一般为 0～100 分。这里，仅以相乘法为例，简要地作一介绍。

1. 相乘法的基本内容

相乘法中最基本、最著名的是斯托利指数评级法（Storie Index Rating, SIR），系斯托利于 1933 年在美国加利福尼亚州始创，后经多次修改，由它派生的各种方法已应用于世界许多地方。斯托利最初设计的指数评级法公式为：

$$SIR = A \times B \times C \qquad\qquad (4-1)$$

在式（4-1）中，SIR 表示评级指数；A 表示土壤剖面特征；B 表示表土土壤质地；C 表示多种因素（如排水、坡度等）。之后，又由 X 代替 C 的内容，而 C 转为专门表示坡度，于是得到下式：

$$SIR = A \times B \times C \times X \qquad\qquad (4-2)$$

但在进行林地和宜林地评价时，斯托利却用了 A、B、C、D、E 5 个因素相乘，即：

$$SIR = A \times B \times C \times D \times E \qquad\qquad (4-3)$$

在式（4-3）中，SIR 表示林地评级（Timber Site Rating）；A 表示土体厚度、土壤质地；B 表示土壤剖面的通透性；C 表示土壤的化学性质（如土壤盐化度、碱化度等）；D 表示排水和径流状况；E 表示气候（如雨量、湿度、风向等）。

1970 年联合国粮农组织提出了"土壤生产率指数"（Index of Soil Productivity）的概念，其计算公式为：

$$土壤生产力指数 = P \times T \times （N 或 S） \times O \times A \times M \times D \times H \qquad (4-4)$$

在式（4-4）中，P 表示有效土壤深度，T 表示土壤 A 层的质地和结构，N

表示盐基状况，S 表示可溶性盐含量，O 表示 A_1 层的有机质，A 表示 B 层矿物代换量和黏土性质，M 表示 B 层可变矿物的储存量，D 表示排水，H 表示土壤水分含量。

1972 年 J. 里基叶（Riquier）提出了比较复杂的包括米切利奇（Mitcherlich）产量函数的数学模型：

$$Y = 100 \times C \times Y_P \times Y_S \times Y_V \times Y_O \times Y_t \times \cdots \qquad (4-5)$$

式中，Y 表示在规定品种处于最适条件下最大可能产生的产量百分比，C 是 J. Papadakis（1952）根据气候、土壤和植物条件修正的生长系数，Y_P、Y_S、Y_V、Y_O、Y_t 等是产量百分比作为选定的诊断标准（例如，P 表示土壤有效深度，S 表示土壤的比表面，V 表示土壤盐基饱和度，O 表示土壤有机质含量百分比，t 表示土壤含盐量百分比，等等）的一个函数。

由上述可见，所采用的评价因素会随利用方式和评价目的的不同而有别。然而，这并非意味着 SIR 基本式的变化，而是 SIR 在不同地区、不同评价目的中的实际应用。C. 西斯（Sys）和 R. 弗兰卡特（Frankart）曾将 SIR 应用于湿热带和干旱地区的土地评价中，并根据地区特点和评价目的，对 SIR 作了非本质的修改，即较多地调整了评价因素的内容。

2. 相乘法的评价过程

以上表明，在评分法评价过程中，挑选评价因素、制定各因素的评价标准、求取各因素的指数是极其重要的三个步骤，它们是最后计算生产力指数、取得评价结果的依据。评价过程一般可分为以下五个步骤：

（1）挑选评价因素。根据研究区域土地的特点，筛选决定土地生产力的相关因素，以此作为区域土地评价因素。

（2）制定各因素的评价标准。对所选的因素按其各自的特点分别制定评价标准。可将评价因素按其数值大小分为若干级别。

（3）确定各因素评价标准相应的指数。制定了各因素的评价标准后，还需确定其相应的评价指数值，以代表其对作物生长的适宜性程度。指数值的范围是：建议前几项因素均取 0 ~ 1，最后一项因素取 0 ~ 100，这是为了保证最后计算的生产力指数值能取得 0 ~ 100 的数值，以便于土地质量分等定级。

（4）计算生产力指数。确定了各因素的评价标准及相应的指数值之后，即可根据上述生产力指数计算公式，分别计算各土地单元的生产力指数。其数值界于 0 ~ 100。

（5）制定评价等级标准。根据所计算的土地生产力指数值，制定出土地等级的划分标准。

（三）分等法和评分法的优点与缺点

上述表明，参数法具有连续系列的特点（即尺度的连续性），较为接近于土地本身性状的连续性，但因不便于实际使用，因而常需将评分法评出的结果（参数值或指数）按某种原则分割成若干分数段，其实质就是将参数法所确定的数值系列转化为分等法所确定的分等体系中的等或级，以此区分开各段土地的适宜性、限制性和生产潜力等质量特征。可见，分等法和评分法既有差异又有联系，两者之间的共同点表明它们可能源出同宗。综观这两种方法，它们各有其优点和缺点[23-25]，归纳如下：

1. 分等法的优点与缺点

分等法的优点主要表现在以下五个方面：

（1）此法能够综合各项土地因子，由此将土地评价单元评定、归纳为数目不多的几个等级，并明确指出与作物生长有关的土地质量的优劣（或主要限制因素及其强度），因而显得简明、通俗、实用、内涵丰富，易为土地利用者理解和接受，从而达到服务于大农业的目的。

（2）由于该法以定性评价为主，在当前对土地的各种属性、作物生态特性以及两者之间相互关系方面的了解、研究尚不够深入的情况下，该法并不失为一种较为实用的方法。

（3）由于其概括程度高，评价过程中可根据多种因素加以调节，在不同比例尺或具有不同限制因素类型和强度的地区，可以灵活地应用等级系统，不会对方法的内容和等级系统的基本结构产生大的影响。

（4）其评价结果，无论评到等级系统中的哪一级土地单元，均可在图上简明、直观地表示出来。不过，两个制图单元之间的分界往往是逐渐过渡的，并无一条明确的界线。

（5）由于此法具有较大的可调节范围，因而能够避免评分法那种机械的公式计算可能产生的不合理结论。

然而，此法也有其缺点，主要表现在以下两个方面：

（1）运用此法进行评价，易受评价者主观性的影响。即使有一套完整、精确的单项评价指标，亦因各个因素间的相互作用难以综合顾及，以至于在评定等级时灵活性较大，易受主观因素影响，经验不足的评价者可能无所适从甚至处理不当。

（2）将土地评价单元仅评定、归纳为几个等级，对于面积不大的地区，显然过于粗糙；加之没有定量含义，因而不能用于衡量具体两块土地的质量差别。

2. 评分法的优点与缺点

其优点主要表现在以下四个方面：

（1）评价标准和方法易于掌握，便于应用。

（2）由于它建立在具体数值基础之上，极大地避免了评价的主观性，其客观性显著强于分等法。

（3）有定量含义，较为精确，并有可能适应于数据库和计算机处理的需要。

（4）可用于特定作物的土地评价。

但是，该法亦有其缺点，主要表现在以下三个方面：

（1）在选择因素和分配指数值范围上，仍不免存在主观的影响，甚至有些重要因素可能被忽视或处理不当。

（2）不能表示限制因素的类型和强度，因而不能为土地使用者选择利用方式和利用类型、确定相应的土地改良目标提供坚实的基础依据。

（3）用简单的加法或乘法运算未必能够较好地处理和反映各因素间的相互关系和共同作用。

从发展的角度来看，分等法仍将得到广泛的应用。然而，由于评分法有其自己的优点，特别是有可能适应数据库和计算机处理的需要，因而必将会更多地应用并得到发展和完善。

由于两类方法各有优缺点，因此，评价方法的发展趋势可能是两者的有机结合，互为依存、相辅相成。陈百明（1984）[24]提出，以联合国粮食及农业组织（FAO）《土地评价纲要》的评价系统为框架，选用较好的数学方法（如模糊数学）计算的结果作为评定等级的依据。显然，以分等法的等级系统作为基本骨架，而以定量计算得出的指数或参数值作为评定等级的依据，将是土地评价方法论研究中的新课题。这种取两者之长、互补其短的做法，将为综合评价土地资源质量展现美好的前景。

第二节　土地适宜性评价

一、土地适宜性的概念与评价内容

土地适宜性（Land Suitability），是指在一定条件下土地对某种用途（如发展耕作业、林业、牧业、渔业、城镇建设、交通建设等）的适宜与否及其适宜的程度。可见，"适宜性"的概念是就土地适于利用的性质而言的，即表明土地适合于做什么用，能生产什么产品（如粮食、林木、牧草等）。按土地适宜的用途，可分出四种情况：①单宜性（Single Suitability），即指土地仅适于某一用途，如仅宜农或宜林或宜牧等；②双宜性（Twosided Suitability），即指土地同时适于两种用途，如既宜农又宜牧或既宜林又宜牧等；③多宜性（Manysided Suitability），即指土地同时适于三种或三种以上的用途，如既宜农又宜林、宜牧等）；④不宜性（Unsuitability），即指土地不能适宜于任何用途。土地适宜于某种用途的程度，即称适宜程度（Suitability Degree），是一个表示土地适宜性高低的相对等级的概念，它大致可分出三个等级：①高度适宜（Highly Suitable）；②中度适宜（Moderately Suitable）；③低度适宜（Marginally Suitable）。所谓高度适宜，即指土地对某一利用方式无限制或少限制，因而适宜性程度很高；中度适宜即指土地对某一利用方式有一定的限制，因而适宜性程度只能属于"中等"或"一般"；低度适宜则指土地对某种利用方式有较大的限制，因而适宜性程度较低，只能临界或勉强适宜于该种利用方式。

可见，这里所谓的"适宜性"是广义的，即它还包括了其反面——"土地限制性"（Land limitation）这一内容。所谓限制性，是指土地存在的某种不利因素（称为限制因素）限制或影响了土地的某种适宜利用类型及其适宜程度。限制性分析应包括两个方面：一是限制因素类型；二是限制强度。前者表明土地利用上需要采取的改造措施，后者则反映改造的难易程度。从根本上来讲，土地的适宜类型及其适宜程度是由制约土地生产潜力发挥的限制性因素及其强度决定的，适宜性与限制性是同一事物的两个侧面，两者的关系是：适宜性越大，则限制性越小；反之，适宜性越小，则限制性越大。正因为如此，不少土地资源评价的文献中为了避免重复，往往只提及"适宜性"而省略了"限制性"一词。但作为完整的土地适宜性评价内容，应包括两个方面：①土地适宜性，由适宜利用类型及其适宜程度等级两部分构成；②土地限制性，包括限制因素类型及其限制强度两个方面。

应指出，已有的土地适宜性评价，大多是根据土地本身所提供的生态条件，即按生态学原理，来分析确定土地的适宜性——单宜、双宜、多宜或不宜。无疑，这种研究并不失为一定的理论意义和实践意义。但也应当看到：①土地适宜性评价的目的是直接为生产实践服务，为有关部门和生产者进行生产实践和土地开发决策提供科学依据。然而，由于多数土地的生态条件较优越，生境状况良好，生态幅度较大，因而土地的适宜性范围较宽，往往具有双宜或多宜的特点。因此，这种评价成果往往模糊不清，这也适宜，那也适宜，显得似是而非，不利于有关部门的实际应用，从而在很大程度上失去了应有的目的和意义。可见，这种评价的适用性不高。②这种只按生态条件确定土地适宜性的结果，常常导致十分单纯地去适应自然的局面，显得过分简单化、抽象化，既不符合国情，也脱离现实状况，因而从根本上不能解决任何实际问题。因此，此种评价存在较大的不足性或说缺陷。如何加以改进、完善，亟待深入开展研究。辩证唯物主义原理告诉人们，必须既要遵循自然规律，按自然规律办事，又要充分发挥人的主观能动性，即发挥人类的认识自然、改造自然从而合理地利用自然的能力。因此，在土地适宜性评价中，针对多数土地具有双宜或多宜的特点，必须在土地的适宜范围内，根据土地可能取得的经济效益大小、土地利用方式的社会需求性以及技术可能性，进一步划分出土地的主宜性（Dominant Suitability，Principal Suitability 或 Main Suitability），并以此作为最终评定的土地适宜性[26]。只有这样，才能提高评价成果的适用性，便于有关部门的实际应用，为有关部门提供可靠、有效的依据。也只有这样，才能增强评价的科学性，从而将土地适宜性评价提高到一个新的水平。

进行土地主宜性分析，不仅对于增强土地适宜性评价的科学性、提高评价的深度和水平有重要意义，而且对于目前各地开展的国土空间规划也具有特别重大的基础性作用和指导意义。

二、土地适宜性评价的基本原则

（一）联合国粮农组织提出的土地评价基本原则

进行土地适宜性评价，首先必须确定评价原则，这是评价的基础。不同的学者所提出的评价原则有着不同程度的差别。联合国粮农组织在其《土地评价纲要》[13]中提出了六条基本原则：

1. 针对用途种类进行评价和分类

不同的土地用途种类有不同的条件要求，也就是说，每种土地用途均有其自身所需要的条件，如土壤养分、厚度、水分、温度等，因而土地适宜性评价只就特定的土地用途种类才有意义。

2. 评价需要将不同类型土地上获得的效益与投入的劳动、物力、资金进行比较

土地资源一旦被利用，就必然有投入。即便是采集野果也需投入劳动。如果不对土地进行投入，即便土地本身有很大生产潜力，也难以发挥出来，或很少发挥出来，因此，对每种用途的适宜性均须按所需投入量与所产出量或所获效益经过比较才能作出评价。

3. 需要多学科进行研究

土地适宜性总是或多或少地需要结合经济学考虑问题。在定性评价中，只是一般地运用经济学的概念，不需计算成本和效益。但在定量评价中，需要从经济上比较投入与产出，这在决定土地适宜性上起着重要作用。因此，一个评价小组应由多种专业的人员组成，通常包括以下四个内容：①自然科学者，如地貌学家、土壤地理学家、生态学家等；②设计土地利用方式的技术专家，如农学家、林学家、水利工程师、畜牧学家等；③经济学家；④社会学家。多学科综合研究

是当今科学研究和发展的趋势。

4. 评价要适合当地的自然、经济和社会因素

这些因素包括气候、土壤、水文、自然植被、居民生活水平、劳动力供应状况和劳动费用、就业需要、当地市场和外销情况、社会及政治所能接受的土地占有制度、资本有效供应量等，它们构成进行土地评价所要联系的范畴。

5. 适宜性指的是确立在长期持续基础上的用途

在评价土地适宜性时，需要考虑环境退化问题。例如，有些土地利用方式在短期内可能很能获利，但有可能导致水土流失、草场退化或河流下游发生不利变化等，其恶果会超过短期的获利能力，因此，对这类土地应列为"不适宜"。但这一原则并非意味着要保护环境就不能改变目前的状况，而是要求评价时必须尽可能准确地估计每一种土地利用方式对环境产生的可能后果。这些估计在适宜性评价时必须要考虑到。

6. 评价包括多种土地利用方式的比较

这种比较可在农业与林业之间、两种或多种耕作制度之间或多种不同作物之间进行。此外，还包括以现行利用方式与可能变化进行比较。这种可能的变化，或是新的利用方式，或是现行利用方式的改变。任何指定的利用方式的所获效益及所需投入量至少必须能与一种（常有好几种）不同的可选方案进行比较，只有经过这样的比较，评价才是可靠的。如果仅考虑一种利用方式，即便土地确实适宜于这种用途，也可能导致其他更有利的用途被忽视。

上述原则可以说是进行土地适宜性评价的指南和应遵循的准则。

（二）《中国1∶100万土地资源图》采用的土地资源评价原则

《中国1∶100万土地资源图》编委会编制《中国1∶100万土地资源图》时采用以下四条原则[18]：①土地生产力的高低；②土地对农林牧业生产的适宜性及其适宜程度；③土地对农、林、牧业生产的限制性及其限制程度；④适当结合考虑与土地资源有密切关系的土地利用现状特征及社会因素。其中，第2~3条原则实际上属同一内容，如前所述，适宜性与限制性仍是同一事物的两个侧面，第2条原则实际上已包括了第3条原则，两者不必重复，因而可以去掉第3条原则。另外，因社会经济方面（劳动生产率、生产费用等）资料常常较缺，在评价时多以前三者（属生态学原则）为主[27]。

（三）笔者提出的土地适宜性评价原则

笔者在借鉴国内外代表性的土地评价原则并通过实际探索和研究之后，根据前述土地适宜性评价的内容以及必须划分土地主宜性的观点，提出以下四条基本原则：

1. 生态适宜性

这是一条基础性原则。是指土地固有的生态条件必须满足土地利用方式的要

求，这是确定土地利用方式的基础依据和前提条件。由于土地本身是一个自然综合体，不同的土地类型表现出强烈的地域差异性，这也就是土地自然属性（即生态条件）的差异，而从很大程度上来讲，土地对农、林、牧业等的适宜性及其适宜程度是其自然属性的主要表现。因此，在进行土地适宜性评价时，必须充分分析土地本身所具有的自然属性，才能深刻地揭示土地为农、林、牧业等生产服务的内在本质——土地适宜利用方向。

2. 经济合理性

如前所述，多数土地本身生态条件所决定的适宜利用范围较宽，在此范围内，到底采用哪一种利用方式最佳，即主宜性是什么，这就必须考虑这一原则。它主要是指土地作为某种利用可能取得的经济效益大小，这是衡量土地利用是否合理的重要标准。通过分析、比较各种不同利用方式下可能取得的经济效益大小，可为选定土地的最佳利用方式（即主宜性）提供重要的科学依据。因此，这一原则是划分土地主宜性的关键性指标之一。

3. 社会需求性

土地利用的最终目的是为了满足人类社会生存和发展的各种物质需求，因此，在土地适宜性评价中，必须考虑这一原则，绝不能忽视。例如，有不少这样一些地区，从其自然条件来看，作为林业或牧业的适宜性程度较高，而种植业的适宜程度较低，因而应以发展林业或牧业为主。但是，考虑到当地众多人口的粮食需求不可能全靠国家调剂解决或从外地购入，因此，不得不在一些条件稍好、可以勉强种植作物的土地上，安排一定比重的种植业（不过，在种植方式、农田基本建设上必须加以注意，以防止产生不良的生态效果）。如果不考虑社会需求性，全部土地均用于林果业或牧业，那么可能将产生不堪设想的后果。尤其中国人口已达14亿，保障国家粮食安全是重中之重的头等大事，在土地利用战略上必须要坚守耕地保护红线，切实防止耕地非农化和非粮化。

4. 技术可行性

即要求技术条件必须满足土地利用方式的要求。这一原则决定着土地利用方式的可行性。因为如果技术条件不能满足某一利用方式的要求，那么即便该利用方式符合上述三个原则，也不能认为这种利用方式是可行的。

在上述四条原则中，前者是基础，后三者是关键，缺一不可。只有遵循以上基本原则，才能逐步提高土地适宜性评价的水平，使评价的科学性和成果的实用性得到提升。

三、土地适宜性评价的指标体系

评价指标可以说是评价原则的具体体现。确定了评价原则之后，如何对上述原则进行科学的应用以及采用什么指标加以体现，显得至关重要。

（一）实现生态适宜性原则的指标

即决定土地适宜性的生态条件。主要有四个方面：地貌条件、热量条件、水分条件、土壤条件。由于生态适宜性分析是土地适宜性评价的基础，因而这里对生态适宜性的分析指标加以着重阐述。

1. 地貌条件

主要包括地貌（形态）类型、海拔高度和地形坡度三个因子。它们是确定土地生态适宜性的重要指标。

（1）地貌（形态）类型。不同的地貌形态，其土地利用方式亦不同。平原地貌一般海拔较低、相对高度不大、地形平缓，因而一般利于发展耕作业，是农业（狭义）发展的理想基地；而山地地貌则一般海拔较高、地势起伏大、地形坡度较大、谷地（或山间盆地）狭窄，因而不应以耕作业为主，而应着眼于农林牧业的综合发展，才能作出正确的适宜性评价，为合理开发利用山地资源提供科学依据。《中国 1∶100 万土地资源图》编委会在该图编制规范中制定了主要地貌类型的农林牧评价的最高等级[18]，以作为评价时参考。

（2）海拔高度。不同的海拔高度会引起气候和土壤的垂直变化，进而相应地影响土地利用方式、作物布局和制作制度。各地需要因地制宜地确定出不同海拔高度带的土地适宜利用方向，供土地评价和开发决策时参考使用。

（3）地形坡度。这一因子尤为重要，它是决定土地适宜性的关键因子之一。地形坡度直接关系到水土流失程度、灌排设施、机耕条件、梯田修筑等诸多方面，因而影响农林牧用地的合理配置以及土层厚度。一般认为，土地利用的极限坡度为 35°，而开垦耕地则应以 25° 为限制坡度，即坡度 >25° 时便不适宜于种植作物，因为在这样的陡坡地上，水土流失可达到十分严重的程度。由表 4-1[28] 可见，不同坡度的土地，其利用方式也不一样。因此，在评价山区土地适宜性时，必须重视坡度大小。一般只有当坡度 <25° 且土层厚度 >30 厘米时，才可能作为宜农耕地。

表 4-1　不同坡度的土地利用方式参考指标

土层厚度（厘米）	地形坡度					
	<3°	3°~10°	10°~15°	15°~25°	25°~35°	>35°
<15	牧草	野生植物	野生植物	野生植物	野生植物	野生植物
15~30	牧草	牧草	牧草	林、果	造林	造林
30~50	农作物	农作物	作物、果树	果树、作物	林、果	造林
>50	农作物	农作物	作物	作物、果树	果树、作物	造林

2. 热量条件

最常用的基本指标是日均温≥10℃持续期的权温，即活动积温，以此作为衡量适宜作物的热量条件。它也是决定土地适宜性的重要因子。≥10℃积温的大小，决定着不同的农作制度。表4-2[29]列出了中国积温与作物熟制的关系。由表4-2可见，当≥10℃积温低于1000℃时，农作物便不能成熟，因而不能作为宜农耕地。

表4-2　中国≥10℃积温与作物熟制的关系

≥10℃积温（℃）	作物类型	熟制
1000～2000	喜凉作物	一年一熟
2000～3000（3500）	喜温作物	一年一熟
3000（3500）～4000（4500）	喜热作物	两年三熟、一年两熟
4000（4500）～6500	亚热带作物	一年两熟、两年五熟、一年三熟
>6500	热带、亚热带作物	一年三熟

3. 水分条件

包括降水量、水文状况以及由此决定的水源保证率。降水量大小对土地利用方式的选择也是很重要的。例如，中国以400毫米等雨线为界可分出两大部分，即大于400毫米的东部和小于400毫米的西部。东部为湿润半湿润区，西部则为干旱区。在东部，以900毫米等雨线为界，划分为南方和北方，前者为水田农区，后者则为旱作农区。在西北干旱区，只是有灌溉水源保证的绿洲地才能作为农耕地。

4. 土壤条件

主要包括土壤类型、土层厚度、土壤质地、土壤酸碱度（pH值）及土壤养分等指标。

（1）土壤类型。不同的土壤类型有不同的理化性状，因而影响着土地利用方式。《中国1∶100万土地资源图编制规范》制定了主要土壤类型的农林牧业评价的最高等级[18]，可供评价时参考。

（2）土层厚度。指有效土层厚度，其大小决定着土地的适宜性。所谓有效土层厚度，即指限制层（系指作物根系不能下扎、水分难以下渗的土壤层次）以上的土壤深度。由表4-3[29]可见，不同类的作物（以根系特征划分）对土层厚度的要求不同。

表 4 – 3 各类作物的土层厚度要求

作物类别	适宜厚度（厘米）	临界厚度（厘米）
多年生作物、林果	>150	75~150
块茎、块根作物	>75	50~75
谷类作物	>50	25（30）~50

（3）土壤质地。即指各种土粒粒级混合在一起所表现出来的土壤粗细状况。它对土壤的水、肥、气、热状况和耕性均有很大的作用和影响，从而影响着土地的适宜性及其适宜程度。例如，黏土因土粒很细、粒间孔隙很小，毛管作用强，因而通气性不良、透水性差，但保水抗旱能力较强；且因通气性差，土壤中好气性微生物活动受到抑制，有机质易于积累、含量多，因而供肥、保肥能力较强；因黏土蓄水多，热容量较大，土温变化缓慢，因而有冷土或凉性土之称；此外，黏土比较紧实板结，湿时泥泞，干时坚硬，耕作费用高，宜耕期短。而沙土则恰好相反，它具有以下四个特点：①通气性好，透水性强，而供水保水能力很差，土壤易发生旱象；②养分含量少，且有机质积累困难，吸肥保肥性能差；③因含水少，热容量较小，土温易升易降；④其胶结力弱，疏松易耕，宜耕期长，但易漏水跑肥。土壤则兼有沙土和黏土的优点，并克服了沙土和黏土的缺点，它既有一定数量的大孔隙，也有相当多的毛管孔隙，因而通气透水性良好，保水保肥性较强，土温较为稳定，其土粒比表面较小，黏性不大，耕性良好，宜耕期长，它适宜于多种作物生长，是农业生产上最理想的土壤质地。

（4）土壤酸碱度（pH 值）。不同作物在进行正常生理生化的生命活动时，均要求相应的适宜土壤酸碱度。当土壤 pH 值过高或过低时，均将对作物正常生长发育产生不利影响甚至危害，因而土壤 pH 值也是土地适宜性分析的重要土壤指标。

（5）土壤养分。主要包括土壤有机质、全氮及碱解氮、全磷及速效磷、全钾及速效钾等项。土壤养分的高低，是确定土地适宜性程度等级的重要指标之一。

除上述四个主要生态条件之外，植被类型对决定土地的林、牧业评价还有重要作用。《中国 1:100 万土地资源图编制规范》制定了主要植被类型的林、牧业评价的最高等级[18]，作为评价时的参考。

如前所述，土地适宜利用类型及其适宜程度实际是由土地限制因素类型及其限制强度决定的，因此，限制因素便成为土地适宜性的鉴定指标，也有人称为诊断指标。《中国 1:100 万土地资源图》采用的诊断指标（限制因素）主要有九个：土壤侵蚀、地形坡度、基岩裸露、土壤质地、有效土层厚度、土壤盐碱化、水文与排水条件、水分条件、温度条件。并将这些因素按所划分的九个"土地潜力区"分别进行分级，每一分级指标对应着相应的某一农林牧业评价等级[18]，由限制因素分级指标所决定的农林牧业评价等级即为最后确定的土地适宜性等级。

（二）实现经济合理性原则的指标

即决定土地适宜性程度的经济效益大小的指标。笔者[26]认为，较为可靠、有效的是以下两种指标：

1. 产—投差（OID）

产—投差（Output - Input Difference），即土地作为某种利用的产出量与投入量之差值。如果以 OID 表示产—投差，O 表示产出量（Output），I 表示投入量（Input），则可表示为：

$$OID = O - I \qquad (4-6)$$

2. 产—投比（OIR）

产—投比（Output - Input Ratio），即土地作为某种利用的产出量与投入量之比值。若以 OIR 代表产—投比，O 与 I 的含义同上，则可表示为：

$$OID = O/I \qquad (4-7)$$

关于式（4-6）和式（4-7），有三点应当指出：①OID 和 OIR 两者所表示的意义相同，即均为表征土地利用经济效益大小的指标；所不同的是，OID 表示的是经济效益大小的绝对数量值，而 OIR 则是表示经济效益相对数量值的指标。②在分析经济效益大小时，并不一定要同时采用这两种指标，可以根据实际需要和具体情况，采用其中的一种指标即可。③上面两式中的 OID、O、I 既可采用实物量表示，也可用价值量表示，还可折算成能量单位。但鉴于农、林、牧、渔业的产出实物量不同，难以进行直接对比，因而不宜采用实物量表示。至于价值量，因其常受价格波动之影响，也不易采用。因此，较为理想的是将实物量折算成能量单位来表示。不过，由于农、牧、渔业产出的是食物能，与林业产出的能量有着本质区别，不能进行对比，因此，能量单位表示法只适用于农、牧、渔业产出量之间的对比。而农、牧、渔业与林业产出量之间的对比，还是以价值量表示为宜，可选定某一年作为标准价格年（不变价）来进行折算。

（三）实现社会需求性原则的指标

即决定土地适宜性程度的社会需求性大小的指标。这种指标较为复杂，目前可以按人类社会生活、生存和发展的需要，大致分出三种情况：①最基本需求，如粮食需求等；②一般性需求，如畜肉等；③临界需求，即需求性程度相对很低。这些不同的社会需求性程度和类型，是确定土地适宜性程度和主宜性的关键指标之一。

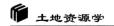

（四） 实现技术可行性原则的指标

即决定土地适宜性程度的技术可行性大小的指标。为简便起见，可大致分出三种情况：①易行。即某种土地利用方式对技术条件的要求很低，极易满足，常常只需要采用一般的常规技术即可，即技术条件对该种土地利用方式没有限制。②可行。即某种土地利用方式对技术条件有一定的要求，但在目前技术发展水平下可以满足这种要求。③难行。即某种土地利用方式对技术条件的要求较高，在目前技术发展水平下，难以满足该种土地利用方式的技术要求。这些不同的技术可行性程度和类型，是确定土地适宜性程度和主宜性的关键指标之一。

四、土地适宜性评价系统

制定科学而切合实际的评价系统，不仅是土地适宜性评价研究的核心内容之一，也是最复杂的问题之一，由于评价目的的不同，因此，其评价系统不一样；即便是同一评价目的，采用不同的原则和评价指标时，其评价系统也截然不同。

（一） 联合国粮农组织的土地适宜性评价系统

1976 年联合国粮农组织在《土地评价纲要》中依概括化减少的趋势，提出了逐级递降的四级制评价系统，即：

1. 土地适宜性纲 （Land Suitability Order）

反映土地适宜性的种类，表示土地对考虑中的用途是适宜或不适宜。可分出"适宜的"和"不适宜的"两个纲：

（1） 适宜纲 （S）。表示土地被持续利用于所考虑的用途时，能产生明显的经济效益，并且对土地资源本身不会产生破坏性后果。

（2） 不适宜纲 （N）。表示土地不能持续利用于所考虑的用途。不适宜的原因有三点：①土地的自然条件恶劣，强烈限制了土地利用的可能性（如高山寒漠、石质陡坡地等）；②土地被利用后可能会引起严重的土地资源退化与环境恶化（如陡坡地耕种等）；③所需投资大而收益小，在经济上得不偿失、无利可图；等等。

2. 土地适宜性级 （Land Suitability Class）

反映"纲"之内的适宜性程度，其级别用阿拉伯字母按"纲"内适宜性程度递减顺序排列。"纲"内级的数目未作具体规定，以保持在必要的最低限度内满足说明之需为目的。一般有 3~5 级，但常用的有以下 3 级：

（1） 高度适宜级 （S_1）。指土地可被持续利用于某种用途而不受重大限制，或仅有较小限制，不至于显著地降低产量或收益，也不需增加超出可承担水平以上的投资和费用。

（2） 中度适宜级 （S_2）。指土地被持续利用于某指定用途时受到中等程度的限制，因而产量和收益将减少，所需投资当然明显低于 S1 级土地的收益。

（3）低度适宜级（S_3）。指土地被持续利用于某指定用途时受到严重的限制，因而产量和收益将明显减少，并需增加必要的投资，以至于收支仅仅勉强达到平衡。

如果需作更细的分级，可借助于增加级的数目来实现，例如，增加"S_4""S_5"等，而不采用将级作更细划分的方法。《土地评价纲要》认为后者（即将"级"细分）与评价系统只用"级"来表示土地适宜性程度的原则相矛盾。

由上述可见，土地适宜性程度的差别决定于投入与产出之间的平衡关系，而这种平衡关系一方面随生产目的或用途的不同而不同，另一方面将随科学技术的发展和社会经济的变化而发生相应的变化，故各适宜级之间的划分界线亦须随之予以调整。

在"不适宜纲"内，常可分出两级：①当前不适宜级（N_1）。指土地所受到的严重限制在将来是可以克服或改造的，但在目前的技术水平和成本核算下还不能予以有效的持续利用。随着技术水平的进步、社会经济的发展，N_1 级土地将有可能从"不适宜纲"提高到"适宜纲"之列。②永久不适宜级（N_2）。指土地限制性极其强烈，因而没有任何有效地持续利用的可能性。此级土地一般是由难以克服或改造的自然限制性因素所决定的，因而具有永久性。

3. 土地适宜性亚级（Land Suitability Subclass）

反映"级"内限制性因素的种类，如水分亏缺、土壤侵蚀危险、土壤盐渍化等。亚级用小写字母表示。亚级的数目及区别亚级所选择的界线将随分类目的的不同而不同。一般，其数目应以能满意地区别一类土地范围内的土地为限；在其符号表示上，最好用最少的限制因素代号，一般仅用一个。如果两个限制因素同样重要，也可将两个符号并用。限制因素的代号一般用英文名词的第一个字母表示，如水分亏缺用 m，侵蚀危险用 e 等。这些代号被列于"级"之后，即表示为 S_{2m}、S_{2e} 等。

由于高度适宜级（S_1）土地几乎不受任何限制，因而在该级土地内不存在亚级之分。至于"不适宜纲"内的土地，也可按限制性因素的种类划分亚级，但由于此类土地均不投入经营使用，因而不必划分亚级，更不需要再分成"适宜性单元"。

4. 土地适宜性单元（Land Suitability Unit）

反映"亚级"之内所需经营管理方面的次要差别。不同单元之间在其生产特点或经营条件方面均有细微差别（往往可以规定为土地限制性的细节差异），而同一适宜性单元在生产利用上或改良措施的难易程度或规模上有着极为相似的一致性。"适宜性单元"用连接号"－"接阿拉伯数字表示，列于亚级符号之后，如 S_{2m-2} 等。

《土地评价纲要》还在某些情况下增加 "有条件的适宜性"（Conditional Suitability），作为 "适宜性纲" 之下的一个 "相"，称为 "有条件适宜相"（Conditional Suitable Phase）。它表示调查区域内的某些小面积土地，在规定的经营管理条件下，对某种特定的用途是不适宜的，或其适宜性很差；但当具备了某些条件时，它们又可能是适宜的。因此，这里的 "相" 是指在条件得到满足后的土地适宜性。但一般尽量少用 "有条件适宜相"，只有当满足所有下列规定时才能使用：①不满足这些条件，土地就要划归不适宜纲或最低的适宜级；②如果满足了这些条件，土地的适宜性程度将很高（一般至少是 2 级）；③这种有条件适宜的土地范围仅占整个研究区域总面积的很小比例。"有条件适宜相" 的表示方法是在 "纲" 符号和 "级" 编号之间用小写字母 c 表示，如 S_{c2} 等。如果有需要，"有条件适宜相" 可以再细分成 "级"。不过，由于其面积很小，因此，一般不需再细分为 "单元"。

（二）《中国 1∶100 万土地资源图》土地资源适宜性评价系统

自 1949 年以来，中国陆续开展了一些土地资源评价方面的研究，尤其是 1978 年以来，此项研究广泛蓬勃地展开，进而产生了不少评价系统。其中，真正有影响、具代表性的是由原中国科学院自然资源综合考察委员会主编的《中国 1∶100 万土地资源图》的土地资源适宜性评价系统。该系统系经全国有关学者集体反复讨论—修正—再实践—再修正过程之后产生的，具有全国性意义。

《中国 1∶100 万土地资源图编制规范》指出，该图的土地资源评价属土地资源适宜性评价，其评价系统采用土地潜力区、土地适宜类、土地质量等、土地限制型和土地资源单位五级分类制。简介如下：

1. 土地潜力区

为 "0" 级单位，其划分依据是气候和水热条件，反映区域之间生产力的对比。在同一 "区" 内，应具有大体相同的土地生产能力，包括适宜的农作物、牧草、林木的种类、组成、熟制和产量以及土地利用的主要方向和主要措施。

全国共划分出九个土地潜力区：①华南区，②四川盆地 – 长江中下游区，③云贵高原区，④华北 – 辽南区，⑤黄土高原区，⑥东北区，⑦内蒙古半干旱区，⑧西北干旱区，⑨青藏高原区。

2. 土地适宜类

系在土地潜力区的范围内依据土地对农、林、牧业生产的适宜性进行划分。在划分时，应尽可能按主要适宜方向划分；但对那些主要利用方向尚难明确的多宜性土地，应作多种适宜性评价。土地适宜类划分为八类：①宜农耕地类，②宜农宜林宜牧土地类，③宜农宜林土地类，④宜农宜牧土地类，⑤宜林宜牧土地类，⑥宜林土地类，⑦宜牧土地类，⑧不宜农林牧土地类。

3. 土地质量等

系在土地适宜类范围内划分，反映土地的适宜程度和生产潜力的高低。这是土地资源评价的核心。土地质量等的划分，可按农、林、牧诸方面各分三等。

（1）宜农土地。

1）一等地：对农业无限制或少限制，质量好。此类土地的地形平坦，土壤肥力高，机耕条件好，在当地均属基本农田，或易于建成基本农田。在正常耕作管理措施下，一般均能获得较好的产量。对于未垦土地，不需改造或略加改造即可开垦，垦后也易建成基本农田，且在正常利用下，不会对当地或邻近地区造成土地退化等不良后果。

2）二等地：对农业利用有一定限制，质量中等。此类土地需采取一定改造措施才能开垦和建设基本农田，或需一定的保护措施，以免产生土地退化。

3）三等地：对农业利用有较大的限制，质量差。此类土地需采取大力改造措施后，才能开垦或建设基本农田，或在严格保护下才能进行农业生产，否则易发生土地退化。

（2）宜林土地。

1）一等地：最适于林木生产的土地，无明显限制因素，在更新或造林时只需采用一般技术，产量高，质量好。

2）二等地：一般适于林木生产的土地，受地形、土壤、水分、盐分等因素的一定限制。造林时，技术要求较高，质量中等。

3）三等地：林木生产有一定困难的土地，受地形、土壤、水分、盐分等因素限制较大，造林时要有一定的改良措施，产量较低。

（3）宜牧土地。

1）一等地：最适于牲畜放牧饲养的土地，草群质量好，产草量高；水土条件好，易建设基本草牧场。

2）二等地：一般适宜于牲畜放牧饲养的土地。此类土地一般是：草群质量较差或产草量较低，或草场轻度退化，但水土条件较好，恢复较容易。

3）三等地：勉强适宜于牲畜放牧饲养的土地。此类土地一般是草群质量很差，或产草量很低；草场退化，需大力改造；或因某种条件的限制，利用较困难。

土地质量等用阿拉伯数字0、1、2、3组合表示。宜农耕地类用一位数字表示土地等级；不宜农林牧土地类用0表示；其他适宜类的土地质量等均用三位数表示农林牧等级，第一位数表示宜农等级，第二位数表示宜林等级，第三位数表示宜牧等级。例如，"213"，即表示二等宜农一等宜林三等宜牧的土地，"320"

表示三等宜农二等宜林的土地；"023"表示二等宜林三等宜牧的土地等。

4. 土地限制型

系在土地质量等的范围内，按其限制因素及其强度来划分。在同一限制型内具有相同的主要限制因素和相同的主要改造措施。在同一"等"内，"型"与"型"之间只反映限制因素的不同，改造对象和改造措施的不同，而没有质上的差别。土地限制型划分为 10 种：①无限制；②水文与排水条件限制；③土壤盐碱化限制；④有效土层厚度限制；⑤土壤质地限制；⑥基岩裸露限制；⑦地形坡度限制；⑧土壤侵蚀限制；⑨水分限制；⑩温度限制。各个限制因素均分出若干级，分级指标以满足能够进行农、林、牧分等为原则。鉴于中国幅员辽阔，地区之间的自然、经济条件差异较大，各潜力区和几个潜力区要建立一套适用于本潜力区情况的指标。

土地限制型用英文斜体小写字母表示。o 表示无限制，w 表示水文与排水限制，s 表示盐碱限制，l 表示土层限制，b 表示裸岩限制，p 表示坡度限制，e 表示侵蚀限制，r 表示水分限制，t 表示温度限制。其位置放在土地质量等的右上角。限制强度用小号阿拉伯字母 1、2、3…表示，放在英文字母右下角。如 2^{p_2}、323^{e_2}、022^{p_3}、030^{b_3}、002^{w_2} 等。

5. 土地资源单位

即土地资源类型，是土地资源分类的基层单位，由地貌、土壤、植被与利用类型组成。其中，地貌按形态划分为平地、岗地与台地、丘陵、山地、谷地和沙地六大类，其下根据评价的需要划分若干类型；土壤基本上按 1978 年中国土壤学会土壤分类学术会议上拟订的中国土壤分类暂行草案，规定以土类、亚类为主；植被以亚型、群系组为主；利用类型划分为水田、水浇地、旱耕地、林地、经济林地、草地等主要利用类型。土地资源单位的命名采用地貌、土壤、植被与利用类型联名法，例如，山地黄壤阔叶林地、丘陵紫色土旱耕地、平地冲积性水稻土水田。土地资源单位用阿拉伯字母 1、2、3…表示，放在土地质量等的右下角，由各幅图自行编号。

《〈中国 1:100 万土地资源图〉编图制图规范》制定的土地资源适宜性评价系统是中国近几十年来的代表之作，然而并非尽善尽美，部分研究者提出了一些不同看法，主要体现在以下三个方面：

（1）应该去掉"土地潜力区"这一零级单位。这是因为：

1）土地潜力区是一个区划单位，将它纳入评价系统作为类型单位使用，混淆了分区和分类的本质差别，从科学概念上讲是站不住脚的。

2）《中国 1:100 万土地资源图》所划分的九个潜力区，没有明确的定量指标依据，因而反映不出中国土地潜力的差别；而且区与区之间的界线亦不明确。

3）土地研究并非区域研究，所评定的土地潜力须落实到具体的土地上，而不是落实到某块土地所在的区域上；所要比较的，是两块具体土地的潜力，而非这两块土地所属的区域的潜力，以区域来反映各块土地潜力的做法，使土地本身所具有的潜力无法反映出来。结果，不仅使属于不同区域的土地丧失了比较其潜力的基础，而且也抹杀了同一区域内任意两块土地间的潜力差异。

4）增加了潜力区，图例随之大幅度增加，致使图幅负荷量过重，影响图幅质量。总之，应该去掉土地潜力区，只能将土地潜力评价与适宜性评价分开来进行。

（2）由于土地资源单位即土地资源类型本身，具有自己的分类系统，它与土地评价系统是两个具有不同概念、本质有别的系统，因而不应将其列入评价系统中，它只能作为土地评价的基本单元。

（3）从性质上来看，《中国 1∶100 万土地资源圈》属于土地适宜性评价图，其评价等级只反映土地质量的一个方面——适宜性的程度，因而将"质量等"改名为"适宜等"或"适宜级"更为恰当。

（三）笔者提出的土地适宜性评价系统

基于上述分析，可以认为，土地适宜性评价系统可采用适宜类、适宜级（或等）、限制型三级制，分别反映不同层面的内容。当然，根据不同的需要和要求，也可增加一些过渡性类型，例如，适宜亚类（如李明森（1987）[30] 在进行金川县土地适宜性评价时，在各适宜类内进一步划分出 2~3 个土地适宜亚类；笔者在进行西昌市土地适宜性评价[31]时，也在宜农耕地类内又按气候及土壤条件所决定的适生作物的种类和熟制续分出四个亚类）、适宜亚级（或亚等）、限制亚型等。

1. 土地适宜类

系土地适宜性评价的最高单位，作为评价系统的第一级，应以农、林、牧等业所需的生态因子的性质来综合鉴定土地，一般可划分为以下四种适宜类：①宜农耕地类，②宜林土地类，③宜牧土地类，④宜建设用地类，等等。对于所谓的多宜性土地，系由综合分析土地可能取得的最佳利用效益（包括经济效益、生态效益和社会效益）来确定其主宜性，归入主宜性所在的适宜类。例如，陡坡（>25°）耕地应退耕乃众所周知，但宜于还林或是还牧，可作这样粗略的估计和分析：当可能产生的生态效果大致相同时，如果还林的经济效益高于还牧，应归入宜林类，反之则归入宜牧类；如果还牧的经济效益虽然高于还林，但因牲畜活动可能引起不良生态效果或因水源涵养等需要造林时，那么应归入宜林土地类。由于国家和区域粮食安全的需要从社会需求出发，一般凡是既宜农又宜林、宜牧的土地，均可归入宜农耕地类内。

2. 土地适宜等

在适宜类（或亚类）内按土地对其适宜的程度来划分。原则上每类（或亚类）均分三等：高度适宜、中等适宜、低度适宜。

3. 土地限制型

系在"适宜等"内按照限制因素及其限制强度的不同来划分。"型"与"型"之间只反映限制因素及其限制强度的不同，而无本质区别。弄清了限制型，便可明确土地改造的方向和措施以及改造的难易程度。限制因素应是长期比较稳定的，至于容易改变或稍加措施即可改变的不稳定因素可不考虑。各适宜类（或亚类）的限制因素需要分成若干限制级别，分级指标以满足能够进行各类（或亚类）的分等为原则。

五、土地主宜性分析方法的探讨

如前文所述，已有的土地适宜性评价大多是按生态学原理来分析确定土地的适宜性。这种由土地生态条件所决定的适宜性，可称为土地的生态适宜性（Ecological Suitability）。然而，土地的这种生态适宜性范围往往较宽，大多具有双宜或多宜的特点，因而很有必要进一步开展土地主宜性分析评价。

显然，土地主宜性分析是在土地的生态适宜性评价的基础上进行的，因此，分析的原则应采用前述的经济合理性、社会需求性和技术可行性这三条原则。分析指标就是实现这三个原则的系列指标。分析方法可用综合分析法。只有对影响和决定土地主宜性的各个因素（经济效益大小、社会需求性程度、技术可行性程度）进行综合的分析，方能得出正确的结论。分析过程可分以下三步进行：

首先，根据经济合理性原则，分别分析土地在不同利用方式下可能取得的经济效益高低，并据此确定土地的经济适宜性（Economic Suitability）。如果土地在某一利用方式下可能取得的经济效益高于另一种利用方式，那么称土地在该种利用方式下的经济适宜性高。但是，土地在某一利用方式下的经济适宜性高，并不能认为该种利用方式就是最终评定的土地主宜性，还必须分析土地的社会适宜性和技术适宜性，并把经济适宜性、社会适宜性和技术适宜性三者结合起来进行综合分析、全面衡量，方能最后确定。

其次，根据社会需求性原则，分析土地在不同利用方式下的社会需求性及其程度，以确定土地的社会适宜性（Social Suitability）及其程度的高低。如果社会对某种利用方式存在需求性，那么称土地在该种利用方式下存在社会适宜性；反之，则无社会适宜性。土地利用方式的社会需求性越高，则土地的社会适宜性便越高；反之，则社会适宜性越低。

最后，根据技术可行性原则，分别分析土地在不同利用方式下的技术可行性及其程度，以确定土地的技术适宜性（Technical Suitability）及其程度的高低。当土地的技术适宜性确定之后，即可结合土地的经济适宜性和社会适宜性进行以下两点分析：

第一，如果土地在某一利用方式下的经济适宜性、社会适宜性和技术适宜性均高，那么可认为，该种利用方式就是土地的主宜性，那么即最后评定的土地适宜性；反之，则该种利用方式不能作为土地的主宜性。

第二，如果土地的经济适宜性、社会适宜性和技术适宜性不一致，也就是说，土地在某一利用方式下的经济适宜性高而社会适宜性和技术适宜性低，或经济适宜性低而社会适宜性和技术适宜性高，而在另一种利用方式下则刚好相反，这时，就需要进行综合分析。为了分析方便、可靠起见，这里提出一个定量分析的指标——即"土地经济 – 社会 – 技术适宜性指数"（Economic – social – technical Suitability Index），它是一个综合表示土地的经济 – 社会 – 技术适宜性高低的概念，可用下式[26]表示：

$$ESTSI = a \cdot ESI + b \cdot SSI + c \cdot TSI \tag{4-8}$$

在式（4-8）中，ESTSI 代表土地经济 – 社会 – 技术适宜性指数，ESI、SSI 和 TSI 分别表示经济适宜性、社会适宜性和技术适宜性程度高低的指数，a、b、c 分别是 ESI、SSI、TSI 的权重系数。为了使 ESTSI 的值介于 0 ~ 100，以便于计算、比较、分析，这里规定：a、b、c 的取值范围在 0 ~ 1，且三者之和等于 1；ESI、SSI、TSI 的值在 0 ~ 100。

根据式（4-8），采用一定的可行方法确定了 ESI、SSI 和 TSI 以及 a、b、c 的取值后，即可估算出不同利用方式下的土地经济 – 社会 – 技术适宜性指数值，根据该值（ESTSI）的大小，可确定出土地的主宜性，即为最终评定的土地的适宜性。

第三节　土地生产潜力评价

一、概述

（一）土地生产潜力的概念、特点及其研究意义

1. 土地生产潜力的基本概念

作为自然 – 经济综合体的土地，其最基本、最本质的特征是具有一定的生产力（Productivity），即指土地具有生产某种生物产品（如粮食、树林、牧草等）

的能力。从时间尺度上划分，土地生产力可分为以下两种。

（1）土地现实生产力（Present Productivity）。系指现有条件下土地所具有的实际生产水平。

（2）土地潜在生产力（Potential Productivity），或称土地生产潜力（Productive Potential）。系指在可预见的将来，即施加改造措施或更加集约经营条件下，土地所具有的可能生产水平。

本节所讨论的即为后者，即土地生产潜力。不过，在研究后者时，是不能脱离前者的，因为两者是相互紧密联系的。

土地生产潜力一般用单位面积上的产量来表征。产量表示法有两种：一是生物学产量，即指生物在一定时期（一个生育期或一年）内单位面积的全部干物质（包括根、茎、叶、花、果、种子等）的重量；二是经济产量，即指单位面积上的籽粒（如水稻、小麦、玉米）或薯块等的重量。生物学产量可通过经济系数换算成经济产量。

经济产量＝生物学产量×经济系数　　　　　　　　　　　　　　　　　（4-9）

在式（4-9）中的经济系数系指生物学产量中有经济价值的部分如籽粒或薯块等的重量与整个生物学产量的比值，它一般随作物的不同而不同。式（4-9）即反映了生物学产量与经济产量的相互关系。土地生产潜力的这两种表示法，各有其优缺点：生物学产量可以作为不同类型、不同利用方式下的统一衡量标准；而经济产量则无此优点，但人类所关心的主要是其直接需要部分的产量（即经济产量），如谷物、棉花、木材等。因此，这两种表示法缺一不可，可以相互补充、相辅相成。

2. 土地生产潜力的主要特点

土地生产潜力归纳起来，主要有以下四个特点：

（1）综合性。由于土地是一个综合体，是自然与人工综合作用的产物，进行土地生产潜力研究，涉及许多领域，需要许多学科的密切配合，诸如气象与气候学、地貌学、水文学、土壤学、植物学、农业地理学、综合自然地理学、数理统计学等，必须运用这些学科的有关知识、理论、原理，进行综合研究。因此，土地生产潜力是一门综合性的研究领域和分支学科。

（2）地域性。由于土地生产潜力是由各种自然地理要素综合决定的，而各个自然地理要素的显著特征就是具有明显的地域分异性，不同的地区具有不同的自然环境条件，其组合特征也不相同。由此决定了土地生产潜力也具有明显的地域性。例如，平原与山地，东部与西部，南部与北部，等等，其土地生产潜力有着巨大差异。即便是很小的一个范围内，也由于某些或某个自然要素存在着差异，导致土地生产潜力随之而不同。

（3）生产性。土地生产潜力研究，有其明确的特定目的，即为农业（广义）生产服务。其基本任务是揭示土地所具有的生产某种生物产品的能力以及地域差异性，为因地制宜地、有计划地进行农业生产提供科学依据和指导作用。可见，土地生产潜力研究具有明确的生产目的性。

（4）定量性。土地生产潜力研究，要求定量（而不是定性）地揭示某块土地的生物生产量的大小，这样才能与现实生产力相对照，找出差距，弄清目前生产经营和管理中存在的问题，采取正确途径，施加改造措施，以充分发挥土地的生产潜力。可见，土地生产潜力研究具有定量的性质，也只有这样，才能真正体现土地生产潜力研究的生产目的性，否则其研究的意义和价值似乎不大。

3. 土地生产潜力研究的重要意义

土地生产潜力研究，是随着人口与土地关系的逐渐恶化而兴起的。近几十年来，世界面临的突出问题之一是土地、粮食与人口三者之间的关系日趋紧张，人地矛盾日益尖锐，土地压力越来越大。具体表现在以下三个方面：

（1）人口的急剧增长。由于医疗卫生和生活条件的改善，人类死亡率降低，平均寿命却延长，加之不少国家和地区长期以来很不重视控制人口与计划生育工作，致使世界总人口不断迅速增长，而且增长率亦迅速增加。据有关资料，公元1年，世界总人口仅为3亿；到了公元1750年，世界总人口也只有7.91亿；1975年，世界总人口增至41.47亿；1984年，世界总人口达47.63亿。1999年10月，全球总人口达到了60亿。目前，世界总人口已达76亿。从中国来看，1949年全国总人口约为5亿，目前已突破14亿人。据华盛顿大学健康指标与评估研究所（IHME）的研究，世界人口将在2064年达到峰值97亿。

（2）粮食供需矛盾的日益突出。人口越多，意味着向土地索取的食物亦越多。然而，土地的食物供给水平毕竟总是有一个限度的，因此，随着人口的过快增长，致使人均粮食占有量逐年下降。目前，世界约有1/3的国家严重缺粮，20多个国家有余粮，其余多为自给自足。处于饥饿和严重营养不良的人数也逐渐增加。因此，当今世界粮食供需矛盾日益突出，应引起高度重视。

（3）耕地的逐渐丧失。据联合国粮农组织统计，在全世界总土地面积中，耕地所占比重极低，约为11%；且分布不均，以亚洲最多，次为欧洲和北美洲，而非洲、南美洲和大洋洲分布较少。一方面，由于人口增长导致的粮食需求量的日益增加，使耕地资源的压力相应地增大；另一方面，由于土地沙漠化、次生盐碱化、自然灾害以及工业化和城市化的影响，现有耕地也在不断地丧失。据联合国环境署估计，全世界每年丧失的耕地达500万～700万公顷。此外，由于现代工业的高速发展，"三废"物质大量排出，造成严重的土地污染和肥力减退，人均耕地将会大幅度减少。

正是由于上述土地、粮食与人口之间矛盾的日益尖锐化，引起了各国政府和科技界的关注。近几十年来，一些远见卓识之士致力于"土地资源人口承载能力"的研究，此项研究的基础就是土地生产潜力分析评价。因此，土地生产潜力研究对于研究土地资源人口承载能力，充分发挥土地生产潜力、生产出越来越多的各种产品、以满足人类社会不断增长的物质需求，具有特别重要的现实意义。

（二）土地生产潜力研究的主要方法

开展土地生产潜力研究，固然有不少方法可循，但综观国内外的研究，主要有以下三种方法[32]：

1. 定位试验法

所谓定位试验法，是指在野外选定典型的地点，利用试验手段通过对有关项目的具体探测，以达到分析、研究土地生产潜力的目的。此法是进行土地生产潜力研究所不可缺少的重要方法，但并非独有此方法。定位探测的项目不仅包括太阳辐射能、热量、水分、养分等要素以及光合作用与呼吸作用，且还应包括作物本身地上及地下部分的生长和发育状况，土壤理化性质、土壤动物和土壤微生物。此外，还须记录天气状况、农业措施等。因此，定位探测是一项复杂、困难的工作。较之通常的自然地理定点观测，其显著的特点有四个：

（1）具有明确的生产目的性。因为土地生产潜力研究是为农业生产服务的，因而每作一种或一组试验，均有明确的生产目的。探测的对象大多是以农作物为主体的土地生态系统，并非自然景观。试验的最终目的是为了提高土地生产力或解决与之有关的某些问题。

（2）在于它的综合性和完整性。由于土地利用始终受各种自然条件和人为因素的制约和影响，环境的各种变化最终都不同程度地反映到产量上，因而必须对作物的各个生育期生态条件的变化都要进行观测。可见，定位观测具有综合性和完整性的特点，它是连续的、多项目的探测试验，较之一般的专题试验（单项目试验）更为复杂和困难。它要求试验者更加周密、更有预见性和计划性。

（3）是精确性。由于影响产量的因素多种多样，有些物质和能量的变化过程本身十分细微且难以观测，同时其过程又很复杂，因此，要想取得有价值的资料和成果，必须拥有精确的观测数据。

（4）定位探测必须与实验室研究相结合。这是由于自然条件非常复杂，有些实验在复杂的自然条件下不易进行对比和测试，需要在实验室进行模拟，这一方面可以缩短试验周期，另一方面还可以人为地进行控制，以创造一些在自然环境中难以遇到的条件。此外，实验室还有一个作用是分析由田间取得的各种样品。

2. 面上调查考察法

所谓面上调查考察法，是指将定位试验法取得的点上的经验、理论和方法推广到面上，并在面上继续进行检验，布置一些重点区域的调查和考察，以达到研究土地生产潜力的目的。上述定位试验法尽管比较精确，但它要求必须在一个比较有限的面积上集中较多的人力、仪器等，做细致、系统的探测，投资较大，因而在一个大区域内不可能有很多定位试验，只能辅之以面上调查考察法，将定位试验站上的探测和重点地区的考察结合起来，相互补充，这是研究土地生产潜力的必要手段。考察内容包括当地自然条件、土地生产力、提高土地生产力的途径以及当地的经验和存在问题等。在考察时，可在一些地区布置一些简便易行的单项试验。通过对面上的调查和考察，可以了解较大范围内的情况，增加感性知识，以便对不同地区的土地生产潜力进行对比，交流提高土地生产力的经验，安排种植计划，发现新问题，为定位试验提出新的任务。

3. 计算统计法

该法是指利用相邻学科探测的数据资料，应用数学计算、数理统计原理，通过一系列计算和统计过程，最终得出研究区域的土地生产潜力值。这种方法在国内外均得到了广泛应用。此法需要搜集、利用的资料颇多，主要有以下三点：

（1）气象资料。包括太阳辐射、温度、湿度、风、日照、降水量、蒸发量等。由于这些资料不仅观测历史较久，观测规范较严格、明确，而且站网密布于全国各地，因此，利用潜力很大，可以加以整理、分析、计算、利用。

（2）水文资料。包括降水量、径流量、水面蒸发量等。由于全国各地拥有较多的水文站，因而这些资料亦应加以充分地利用。

（3）土壤资料。就中国而言，各省（市、区）、市（州）、县（市、区）均已开展了两次土壤普查，尤其第二次普查，各地都进行了全面、系统的普查，积累了丰富的资料。此外，还先后开展了相关的专项调查和分析研究。可以通过系统性的整理、分析，充分、有效地利用这些基础资料。

此外，各地的农业试验站、灌溉试验站以及农业科研所亦有不少专门的观测资料或搜集了不少有关的资料；近几十年来进行的许多考察，也积累了不少宝贵的资料。它们虽然不很系统，但也可见于一些内部资料或公开出版的著作。而且它们都具有自己的特色，可补充气象、水文台站观测和土壤普查的不足。

计算统计法是将定位探测成果推广到大区域（如全省或全国等）时常用的方法，也是一种必要和重要的方法。例如，要了解全国或全省土地生产潜力的分布特征与地域差异，就必须根据观测或试验资料如辐射、温度、水文、土壤等，经过认真分析、综合、应用计算统计法，分别计算统计出光合生产潜力、光温生产潜力、光温水生产潜力（或称气候生产潜力）和土地生产潜力，并绘制相应

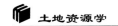

的潜力分布图。

总之，定位试验、面上调查考察和计算统计是土地生产潜力研究中常用的三种方法，是研究土地生产潜力的必要手段，三者相辅相成，缺一不可。工作时，可以交叉进行，亦可同时进行，但须有统一计划，以免因不了解情况而产生工作重复。

（三）国内外土地生产潜力研究概况

土地生产潜力研究早已为国内外科学界所瞩目，不少学者进行过许多有益的探索，取得了不少研究模型和方法。

1. 国外生物学产量（第一性生产力）的三大模型

国外一些学者经过不懈的努力，精心设计了一些数学模型，从全球以合理的密度测定的环境参数为依据来估算生物生产量（作物第一性生产力）[33]。其中，较为著名的有以下三大模型：

（1）迈阿密模型（Miami Model）。这一模型系 1971 年在美国迈阿密（Miami）研讨会上首先提出，并以概括的形式作为迈阿密模型公布于世。该模型系根据生物生产能力与温度和降水量之间的相关关系来估算生产力水平。其模型形式是：

$$y_t = \frac{3000}{1 + e^{1.315 - 0.119t}} \tag{4-10}$$

$$y_p = 3000 \ (1 - e^{-0.000664p}) \tag{4-11}$$

式中，y_t 和 y_p 分别表示按年均温和年降水量计算的生物生产量（克/平方米·年）；t 表示年均温（℃），p 表示年降水量（毫米）；e 表示自然对数的底。

此模型应用的逻辑理论是李比希（Liebig）定律，即最小量因子控制着生产力水平。因此，计算中应对每一站点选择由环境变量所预测的两个生产力值中的较低值，以此值作为计算点的生物生产量值。陈国南（1987）[34]曾运用该模型估算过中国的生物生产量（土地自然生产力）。

（2）桑斯威特纪念模型（Thornthwaite Memorial Model）。此模型是用年蒸散量来预测生物生产量。H. 里思（Lieth）等提出这一模型，并作了完整的论证。H. 里思等根据世界五大洲 50 个地点的净第一性生产力资料和桑斯威特可能蒸散模型，采用最小二乘法建立了该模型，其表达式为：

$$P = 3000 \ [1 - e^{0.0009695 \ (E-20)}] \tag{4-12}$$

在式（4-12）中，P 表示生物生产量（克/平方米·年），E 表示年实际蒸散量（毫米），e 表示自然对数的底。

该模型在国内外得到了广泛的应用。中国科学院自然资源综合考察委员会进行"中国土地资源生产能力与人口承载量研究"时，即采用这一模型[35]。笔者在估算西昌市宜林地生产潜力[36]时，亦采用此模型。

（3）格思勒 – 里思模型。这一模型系由格思勒（Gessner）和里思（Lieth）所提出。它是运用第一性生产力与生长期的相互关系而总结的经验公式，为一直线回归方程，即：

$$P = -157 + 5.17S \qquad (4-13)$$

在式（4 – 13）中，P 表示生物生产量（克/平方米·年），S 表示光合作用季节（日数）。

将迈阿密模型的生产力图和桑斯威特纪念模型的生产力图相比较，或此两者与 H. 里思 1972 年根据不同生物群落的平均生产量进行模拟后编制的第一张全球生产力图——即因斯布鲁克生产力图（Insbruck Productivity Map）相比较，其结果基本相同，但在某些地区之间会出现明显相悖[32]。一般由桑斯威特模型估算的陆地总生产量，其数值较迈阿密模型约低 5%[33]。

2. 瓦格宁根（Wageningen）法

以上模型适于测算大区域内综合的第一性生产力。如果进行某些作物或某一作物的生产力估算，那么涉嫌过粗。为此，不少学者进行了多方面的探索，得出许多方法，其中，影响较大的是国际土地开垦与改良研究所采用的瓦格宁根法，系由荷兰瓦格宁根大学斯莱波斯（Slabbers）提出。该模型通过模拟作物的光合、呼吸作用、叶和根生长量等因子的日变化以及碳水化合物的变化过程来模拟在水分和营养充足条件下的作物光温生产力。在计算时综合考虑了作物种类、光合特性、群体叶面积及作物产量形成的动态过程、机理等。该方法适用于求算小麦、玉米、高粱、苜蓿的生产力。其计算式为：

$$Y_{me} = Y_0 \cdot [ET_m/(e_a - e_d)] \cdot K \cdot CT \cdot CH \cdot G \qquad (4-14)$$

在式（4 – 14）中，Y_0 表示标准干物质产量毛重（千克/公顷·天）；ET_m 表示平均最大蒸散量（毫米/天），$e_a - e_d$ 表示饱和水汽压与实际蒸汽压之差的平均值（毫巴/天）；K 表示作物转换系数，即以标准作物的干物质产量毛重转换为各种作物的干物质产量毛重的系数；CT 表示温度系数，系按作物把总能量的 40%用于自身生长并维持呼吸作用时，把标准温度下的干物质产量毛重订正到实际平均温度下的干物质产量净重的系数；CH 表示收获指数，系指作物的收获部分（经济产量）与总的干物质产量净重的比值；G 表示生长期天数。

由式（4 – 14）计算的 Y_{me}（千克/公顷）称为"实验产量"，它可被视为在高水平的水分和作物管理（水分和养分不受限制，病虫害最少）条件下能够获得的作物标准产量。其计算步骤为：

（1）求算标准作物的总干物质产量（Y_0）。其计算采用 D. Wit（1965）的方法。该方法以标准条件下的入射有效短波辐射（Active Shortwave Radiation）水平为依据。计算式为：

$$Y_0 = F \cdot y_0 + (1 - F) y_c \tag{4-15}$$

其中，$F = (R_{se} - 0.5R_s)/0.8R_{se}$ (4-16)

在式（4-15）和式（4-16）中，Y_0 表示标准作物干物质产量，F 表示白天的阴天部分（云覆盖度），R_s 表示实测入射短波辐射（卡[①]/平方厘米·天），R_{se} 表示晴天时的最大入射有效短波辐射值（卡/平方厘米·天），y_0 表示生育期间完全阴天时的标准作物干物质产量（千克/公顷·天）；y_c 表示生育期间完全晴天时的标准作物干物质产量（千克/公顷·天）。

（2）气候影响订正 $ET_m/(e_a - e_d)$。除太阳辐射之外，给定气候条件下的作物生产量还与总生长期中的平均最大蒸散量（ET_m）和平均饱和差（$e_a - e_d$）之比呈密切相关，因而必须进行此项订正。订正公式为：

$$ET_m/(e_a - e_d) \tag{4-17}$$

其中，$ET_m = K_c \cdot ET_0$ (4-18)

在式 4-17 中，K_c 表示作物系数，ET_0 表示标准蒸散量，可用彭曼（Penman）公式求得。

（3）作物种类订正（K）。标准条件下作物干物质产量与苜蓿、玉米、高粱、小麦的干物质产量的关系为经验常数，称为作物转换系数，用 K 表示。作物转换系数（K）根据经验而推导出，苜蓿、玉米、高粱、春小麦、冬小麦分别为 0.9、1.9、1.6、1.17、0.65。

（4）温度订正（CT）。标准作物产量为作物在标准温度下的产量，按作物把总能量的 40% 用于自身维持呼吸作用考虑，则在总生长期实际白天温度平均值条件下的作物净产量可用作物各自的温度订正系数（CT）予以修正。作物温度订正系数（CT）取整个生长期为 G 天的平均值。

（5）收获部分的订正（CH）。收获量仅为干物质总产量的一部分，因而用经济系数（CH）订正后才能得到经济产量。各作物收获指数（CH）的取值是：苜蓿第一年取 0.4~0.5；之后各年取 0.8~0.9；玉米、高粱、小麦分别为 0.4~0.5、0.35~0.45、0.3~0.4。

（6）乘以生长期天数（G）。由于上述公式所计算的实验产量（Y_{me}）未考虑作物缺水带来的影响，因此，在作物需水量得不到满足时，可用下式进行水分订正：

$$Y_a = Y_{me}[1 - K_y(1 - ET_a/ET_m)] \tag{4-19}$$

在式（4-19）中，Y_a 表示考虑了缺水影响后的作物产量，K_y 表示作物产量对水分供应的反应系数，ET_a 为实际蒸散量。

---

① 1 卡 = 4.186 焦耳。

上述瓦格宁根法所需数据较多，然而，其中相当一部分可直接查表得到，如 R_{se}、y_o、y_c、e_a、K、CH、CT 等均可查表确定；而且，其余的数据可利用气象站观测资料经简单计算即可得到，其计算结果较为理想，因而在国际上获得了广泛应用。

3. 中国土地生产潜力研究简况

中国在土地生产潜力（有的称为农业生产潜力）研究方面，盛行的是土地生产潜力系列研究，即将土地生产潜力分为光合生产潜力（或叫光能生产潜力）、光温生产潜力、气候生产潜力（或叫光温水生产潜力）、土地生产潜力（或叫气候－土壤生产潜力）等，进行系统的综合研究。这一研究于 20 世纪 70 年代由中国科学院地理研究所黄秉维院士首次提出，专门进行了全国光合生产潜力的研究[37]，还对温度、水分等因子对光合生产潜力的影响问题作了探讨，从而开辟了中国土地生产潜力研究的开端。之后，龙斯玉（1976）[38] 的"我国生理辐射分布及其生产潜力"、邓根云等（1980）[39] 的"我国光温资源与气候生产潜力"、孙惠南（1985）[40] 的"我国农业生产潜力研究"等，研究成果层出不穷，大大丰富了中国的土地生产潜力研究。笔者[36]（1989）以四川省西昌市为例，就土地生产潜力评价的若干理论和方法问题进行了详细探讨。近 20 年来，国内土地生产潜力研究一直延续，区域性研究成果不断出现，进一步丰富和发展了土地生产潜力理论和方法。

二、土地生产潜力评价的对象

进行土地生产潜力评价，首先必须明确其评价对象，否则，所评定的土地生产潜力将成为"无源之水，无本之木"。综观已有的土地生产潜力研究，对其对象似乎模糊不清或笼统而论。实际上，由于土地用途是多方面的，如可作为农、林、牧业利用等，因而土地生产潜力也有多种，如耕地生产潜力、林地生产潜力、牧草地生产潜力等。如果按作物种类之别进行细分，耕地生产潜力又可分出多种，例如，水稻生产潜力、小麦生产潜力、玉米生产潜力等。因此，不应将土地生产潜力笼统化、抽象化，否则似乎其研究价值不大、适用性不高。

笔者认为，土地生产潜力评价应以某一级土地适宜利用类型作为评价对象。只有确定了土地适宜于某一利用类型之后评价土地在该利用类型条件下所具有的生产潜力，才有适用意义，评价成果的价值也才高。因此，土地生产潜力评价应以土地适宜利用类型的划分作为基础和前提。这里所说的土地适宜利用类型的划分，相当于土地适宜性评价中的土地适宜类（有的还续分出适宜亚类）的划分。划分的原则、指标与方法问题已在本章第二节中作了详细阐述，这里不再赘述。

三、土地生产潜力评价的指标及其确定方法

土地生产潜力是由土地肥力决定的。土地肥力由光能、热量、水分、空气和土壤养分五大因子组成[41]。其中，空气（主要是 CO_2）一般认为能够满足作物生活需要和没有明显的地区差异[39]。因此，一般主要考虑光、热、水、养分四个因子，它们与作物共同作用形成了相应的土地生产潜力系列[19]（见图4-1）：光合生产潜力、光温生产潜力、气候生产潜力和土地生产潜力（也可称为气候－土壤生产潜力）。可将四者认为是资源意义上的土地生产潜力系列。一些学者还在此基础上从理论上提出过生产性土地生产潜力系列，包括土壤结构所限制的潜力、微量元素所限制的潜力、品种因素所限制的潜力、耕作制度所限制的潜力、技术水平所限制的潜力、自然灾害（洪涝、盐碱化等）所限制的潜力等。本书系从资源意义上评价土地生产潜力，只考虑上述四者。其计算模式如下：

光合生产潜力 = 光能利用率 × 光合有效辐射

光温生产潜力 = 光合生产潜力 × 温度订正系数

气候生产潜力 = 光温生产潜力 × 水分订正系数

土地生产潜力 = 气候生产潜力 × 土壤养分订正系数

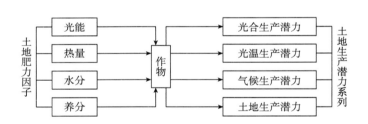

图4-1 土地肥力因子与土地生产潜力系列的关系

该潜力系列应是评价土地生产潜力的指标。但由于耕作业、林业、牧业的差异，目前难以统一按此系列来评定各业用地潜力，因此，笔者在进行四川省西昌市土地生产潜力评价时，对农、林、牧业生产潜力评价分别采取不同的指标和确定方法。

（一）宜农耕地生产潜力

采取上述潜力系列作为评价指标，其计算方法如下：

1. 光合生产潜力（Y_p）

即在其他因素处于最佳状况时，完全由光合有效辐射（也可称为生理辐射）量决定的生产潜力。按下式[42]计算：

$$Y_p = \frac{6.67 \times 10^6 r \cdot p \cdot Q_g}{1000\delta} = 6.67 \times 10^3 r \cdot p \cdot Q_g / \delta \qquad (4-20)$$

在式（4-20）中，Y_p 表示光合生产潜力（千克/亩①）；δ 表示能量转化系数，其值为 17.7939×10^6 焦耳/千克，r 表示黄秉维系数，等于 0.124；p 表示经济系数（或称收获指数），主要作物的取值可见表 $4-4^{[29]}$；Q_g 表示光合有效辐射（焦耳/平方米），按 $Q_g = K \cdot Q$ 计算，K 表示光合有效辐射系数，一般值为 $0.48 \sim 0.50$；Q 为总辐射，可采用下式计算：

$$Q = Q_0(a + b \cdot n/N) \qquad (4-21)$$

在式（4-21）中，Q_0 表示理想大气总辐射，n/N 表示日照百分率，a、b 表示回归系数（见表4-4）。

表 4-4　主要作物经济系数

作物	经济生产品	经济系数	作物	经济生产品	经济系数
小麦	谷物	0.35~0.45	马铃薯	块茎	0.55~0.65
水稻	谷物	0.40~0.50	甘薯	块根	0.70~0.85
玉米	谷物	0.35~0.45	番茄	果实	0.25~0.35
高粱	谷物	0.30~0.40	洋葱	茎	0.70~0.80
大豆	籽实	0.30~0.40	豌豆	籽实	0.30~0.40
花生	果实	0.25~0.35	菜豆	籽实	0.26~0.35
棉花	皮棉	0.08~0.12	甘蓝	头	0.60~0.70
棉花	籽棉	0.20~0.50	叶菜类	叶	>0.90
甘蔗	糖	0.20~0.30	椒类	果	0.20~0.40
甜菜	糖	0.35~0.45	烟草	叶	0.50~0.60
向日葵	种子	0.20~0.30	菠萝	水果	0.50~0.60

2. 光温生产潜力（Y_t）

即由光能和温度两个因子决定的生产潜力，计算式为：

$$Y_t = Y_p \cdot f(T) \qquad (4-22)$$

在式（4-22）中，$f(T)$ 为温度对光合生产潜力（Y_p）的订正系数，可按下述方法$^{[42,43]}$取值：

———————————

① 1 亩 = 1/15 公顷。

$$f(T) = \begin{cases} 0 & （当 T_1 > t \text{ 或 } t > T_3 \text{ 时}） \\ t/T_2 & （当 T_1 \leqslant t \text{ 或 } t \leqslant T_2 \text{ 时}） \\ 2 - t/T_2 & （当 T_2 < t \text{ 或 } t \leqslant T_3 \text{ 时}） \end{cases} \qquad (4-23)$$

在式 （4 – 23） 中，t 表示月均温 （℃）；T_1、T_2、T_3 分别表示作物光合作用的下限温度、最适温度和上限温度，主要作物的取值可参考文献辛德惠 （1985）[29]。

3. 气候生产潜力 （Y_c）

即由光、热、水三个气候肥力因子共同决定的生产潜力。其计算方法为：

$$Y_c = Y_t \cdot f(W) \qquad (4-24)$$

在式 （4 – 24） 中，f （W） 为水分对光温生产潜力 （Y_t） 的订正系数。据研究①，多数作物的相对产量 （相当于这里的 f （W）） 与相对蒸散量 （即作物实际蒸散量 E_a 与潜在蒸散量 E_m 之比） 呈线性关系，并用相对产量差 （相当于 1 – f （W）） 与相对蒸散量差 （1 – E_a/E_m） 的比值表示产量对水分供应状况的反应因子 （K_y），即：

1 – f （W） = K_y（1 – E_a/E_m），即：

$$f(W) = 1 - K_y(1 - E_a/E_m) \qquad (4-25)$$

在式 （4 – 25） 中，K_y 的取值见式 （4 – 27）；$E_m = K_c \cdot E_0$，其中，K_c 表示作物系数，E_0 表示参考蒸散量，以水分供应充足、完全覆盖地面、积极生长的 8 ~ 15 厘米高的绿草的蒸散量为标准，按 Penman 公式求取。

4. 土地生产潜力 （Y_1）

即由光、热、水、养分四大主要土地肥力因子共同决定的生产潜力。其计算方法为：

$$Y_1 = Y_c \cdot f(S) \qquad (4-26)$$

在式 （4 – 26） 中，f （S） 表示土壤养分订正系数，理论上应等于土壤自然供肥量 （B） 与形成气候生产潜力所需肥量 （A） 的比值[36]，即：

$$f(S) = B/A \qquad (4-27)$$

土壤养分的含义极为广泛，这里主要考虑对作物生长发育最为重要的，也是经常需要对土壤进行补充的氮、磷、钾三种元素。当然，土壤因子的影响较为复杂，除了养分之外，还需要考虑土壤质地、酸碱度等不少理化性状。因此，可以采用一种综合性的指标，综合反映土壤自然供肥量对形成气候生产潜力所需肥量的满足程度。

（二） 宜林土地生产潜力

实际上是指土地的森林生长量而言。目前按上述潜力系列计算林地生产潜力

---

① 亓来福. 国外关于作物产量对水分反应研究之一——最高产量及其计算方法 ［R］. 中央气象局气象科学技术情报研究所，1981.

还很困难。如前所述，国外曾提出不少估算生物生产量（第一性生产力）的模型，其中，Miami 模型系以年均温和年降水量为依据分别预测生物生产力，在两种预测结果中选用最低值作为 Miami 模型的生产力值，借以反映 Liebig 的最小值定律；Thornthwaite 纪念模型以实际蒸散量为基础来预测生物生产力。从某种意上来讲，蒸散作用就是综合了温度和降水量的最重要的作用，两者对植物是同时发生影响的[33]，因而从理论上较前者更具科学性和客观性。因此，可用 Thornthwaite 纪念模型来估算林地生产力。

应该指出，任何一个没有考虑土壤因素的气候生产力模型只能是十分近似的[25]。因此，应在上述模型计算结果（可称为气候性森林生产力，并用 P_c 表示之，以替代该模型中的 P）基础上进行土壤肥力订正，订正系数仍用 f（S）表示，这样，宜林类土地生产潜力（以 P_L 表示）便为：

$$P_L = P_c \cdot f(S) \tag{4-28}$$

宜林类土地的 f（S）值在确定方法上可作这样的分析：由于自然土壤总不会完美无缺，对气候性生产力的发挥总有或多或少的限制，因此，假设土壤养分分级（按全国统一标准，为六级制）中一级土壤至少比理想土壤减少产量 10%，即取 f（s）=0.90，二级至六级土壤分别取 f（S）为 0.80、0.70、0.60、0.50、0.40。这样，根据当地的土壤养分图（包括有机质图、碱解氮图、速效磷图、速效钾图），便可估算出 f（S）。

（三）宜牧土地生产潜力

相当于草场自然生产力，表示方法一般有两个：一是产草量（吨/公顷），系指单位面积草场草群地上部分的生物产量，它是反映草场生产力的标志；二是载畜能力（牲畜单位/公顷），即单位面积草场所能承载的牲畜（如牛、羊等）单位数量，它是衡量草场生产力的另一种指标。一般可用产草量作为评价牧地生产潜力的指标。产草量由具体实际测定。

按上述方法，即可确定出各土地适宜类（和亚类）的生产潜力值，从而为下一步制定土地生产潜力评价系统奠定基础。

四、土地生产潜力评价系统

制定土地生产潜力评价系统，是土地生产潜力评价的核心和关键所在。根据上述潜力系列，可以将土地生产潜力评价系统作四级划分，分别表达四个不同层面的内容。

（一）土地生产潜力纲

土地生产潜力纲（Potential Productivity Order）以最大可能生产潜力——光合生产潜力为划分指标，划出若干纲，分别用 A、B、C、D…表示。一般以划分

5～10 个纲为宜，其划分标准依具体地区实际情况而定。

（二）土地生产潜力亚纲

土地生产潜力亚纲（Potential Productivity Suborder）采用光温生产潜力（Y_2）与光合生产潜力（Y_1）之比值（Y_2/Y_1）为划分指标，反映土地生态系统中的温度因子对于形成植物光合生产潜力的影响和制约程度。由于 Y_2/Y_1 遵从于下述规律：$0 \leqslant Y_2/Y_1 \leqslant 1$，因此，根据 Y_2/Y_1 值，根据研究区域实际可以划出 5～10 个潜力亚纲，分别用Ⅰ、Ⅱ、Ⅲ、Ⅳ…表示。

（三）土地生产潜力级

土地生产潜力级（Potential Productivity Class）以光、温、水三个气候性因子决定的气候生产潜力（Y_3）与光温生产潜力（Y_2）之比值（即 Y_3/Y_2）作为划分指标，用以反映土地生态系统供水状况对形成光温生产潜力所需水量的满足程度。由于 Y_3/Y_2 也具有下述规律：$0 \leqslant Y_3/Y_2 \leqslant 1$，因此，按 Y_3/Y_2 的大小，也可划出 5～10 个潜力级，分别用 a、b、c、d…表示，具体界线指标与亚纲相同。

（四）土地生产潜力亚级

土地生产潜力亚级（Potential Productivity Subclass）系在"土地生产潜力级"内，以光、温、水、养分这四个主要土地肥力因子共同决定的土地生产潜力（Y_4）与气候生产潜力（Y_3）之比值（即 Y_4/Y_3）为划分指标，反映土壤自然供肥量对形成气候生产潜力所需肥量的满足程度。当供肥量≥需肥量时，$Y_4/Y_3=1$，表明土壤供肥充足，对产量的形成不起限制作用；当供肥量 $=0$，即没有土壤养分供应时，Y_4 必然等于 0，因而 $Y_4/Y_3=0$；如果 $0<$ 供肥量 $<$ 需肥量，那么有 $0<Y_4/Y_3<1$。因而根据 Y_4/Y_3 的大小，也可分出 5～10 个亚级，分别用 1、2、3、4…表示。其标准亦与土地生产潜力亚纲相同。

按照上述方法划分出的土地生产潜力评价系统，除了具有一般学者所论及的理论意义和实践主义之外，还可以对任意的两块土地——不论这两块土地属于同一气候带或自然区，还是分属于不同的气候带或自然区，均能进行一一对比，从而克服了已有的土地资源评价图中普遍存在的弊端。

然而，由于评价系统是评价指标的具体体现，如前文所述，目前各土地适宜类生产潜力难以统一按土地生产潜力系列来确定，而是只能分别确定，致使各适宜类土地生产潜力评价指标不甚相同，因而评价系统亦难以统一按上述理论上的系统来制定，而只能分别制定。

就宜农耕地生产潜力评价系统而言，由于宜农耕地生产潜力可按前述的潜力系统来进行计算，因而其评价系列可按上述系统（即四级制——纲、亚纲、级、亚级）来确定。对于宜林土地生产潜力评价系统来说，根据评价指标，可采用林地生产潜力级和林地生产潜力亚级两级制，前者以森林的气候性生产力（P_c）为指标，根据 P_c 的大小来分级；后者以森林的土地生产力（P_L）与气候性生产力（P_c）之比值为指标，反映土壤肥力因素对形成气候性生产力的满足程度，按 P_L/P_c 的大小来划分亚级。从宜牧土地生产潜力评价系统来看，可依据国家或各地对草场生产力分级的评价标准，按照研究区域的各类草场实测产草量，可确定出该区域的牧地生产潜力评价系统。

第四节　土地利用效益评价

一、土地利用效益评价的内容

土地利用（Land Use 或 Land Utilization），是人类改造自然、利用自然的一种社会经济活动。土地一旦为人类所利用，必将产生利用效益，即土地利用效益（Land Use Benefit）。如前文所述，它是土地资源自然质量在生产实践中的总效应，是自然质量在社会经济中的具体体现，表征土地资源质量的社会经济方面的属性。从广义而言，土地利用效益应包括三个方面内容：一是经济效益的大小；二是生态效益的好坏；三是社会效益的高低。

土地利用效益评价应根据上述三个方面的内容来进行，三者共同构成衡量土地利用效益高低的标准，缺一不可，且不能替代。

经济效益、生态效益和社会效益三者是同时并存、相互影响、相互制约的。一般来讲，三者是一致的、同向的，即较好的生态环境可以带来较高的经济效益，从而社会效益也高；反之，经济效益高，也有利于保持和维护生态效益和社会效益，没有经济效益，则生态效益和社会效益将无从发挥。另外，社会效益高，也可促进经济效益和生态效益的提高。但是，三者也有不一致、发生异向的情况，例如，人们在进行生产活动或向土地"索取"时，有时仅为了直接的经济利益以及满足短期的社会需求，乱垦、乱伐、乱牧，毁林毁草开荒，而很少考虑此举所产生的生态效果——土地质量退化、水土流失、土地沙化等。不过，这最终必将导致经济效益越来越低，直至消失；社会需求也终将得不到满足。这就告诉人们，在利用土地时，必须正确处理好此三者间的关系，不能只顾一方或两方而忽视或牺牲另一方或两方。

正因如此，进行土地利用效益评价便显得至关重要。按照时间尺度，土地利用效益评价可分出现状土地利用效益评价和未来土地利用效益评价（如对土地利用规划方案可能取得的利用效益评价等），两者均有重要意义。例如，前者通过对目前土地利用取得的利用效益进行评价，揭示现有土地利用效益的高低，可为今后土地的合理利用提供依据。后者则通过预测土地利用规划方案可能取得的利用效益大小，可表明土地利用规划方案的可行性程度，这也是制定土地利用规划方案所不可缺少的分析论证工作之一。

二、土地利用效益评价的指标体系与计算方法

（一）经济效益评价的指标与计算方法

衡量经济效益大小的指标颇多，例如，土地生产率（即单位面积产量或产值）、土地净产率（即单位面积净产值）、土地盈利率（即单位面积纯收入）、劳动生产率（即单位劳动时间所生产的农产品数量）、劳动净产值（即单位劳动时间净产值）、劳动盈利率（即单位劳动时间纯收入）、资金生产率（土地产品产量或产值/资金占用额）、资金净产率（土地产品净产值/资金占用额）、资金盈利率（土地利用纯收入/资金占用额）、成本盈利率（土地利用纯收入/产品成本）以及产－投比（产出量/投入量）、产－投差（产出量－投入量）等。其中，笔者认为，较为可靠、有效、实用的是产出－投入类指标（包括"产－投比"和"产－投差"两种指标）。此外，土地生产率类指标和单产量类指标也是较为常用的经济效益分析指标。

1. 产出－投入类指标

产－投差（OID）和产－投比（OIR）均为表征土地利用经济效益大小的指标，所不同的是，前者表示的是经济效益大小的绝对数量值，而后者则是表示经济效益相对数量值的指标。在实际工作中，并非两者都要同时用到，一般可根据实际情况和研究需要，只需选用其中一种指标即可。这两种指标的确定方法已在本章第二节作了详述，这里不再赘述。

2. 土地生产率类指标

在进行土地资源开发利用现状分析和土地利用效益评价时，土地生产率是最基本、最常用的一个重要指标。所谓土地生产率（Land Productivity），一般是指单位土地面积上的产量或产值，它是综合反映土地利用的技术水平和经济效果的指标。为了便于比较、分析和计算，常常采用土地综合生产率、农业用地生产率、种植业用地生产率、林业用地生产率等具体指标来分析[44]。通常影响和制约土地生产率高低的因素主要有自然条件（如土壤、地形、地势、气候等）、物质与能量的投入量、科学技术水平及经营管理水平[45]。此外，从土地综合生产率来看，还与土地具体用途、用地结构等因素有关。

（1）土地综合生产率。土地综合生产率（Integrated Land Productivity，ILP），是反映土地综合利用和总体产出水平的重要指标。随着总人口不断增长以及人地

矛盾的日益突出，努力提升土地综合生产率水平已成为未来土地资源可持续利用的重要战略目标[46]。该指标一般可用国内生产总值（GDP）与土地总面积的比率来表示。其计算方法为：

$$ILP = \frac{GDP}{TLA} \qquad (4-29)$$

在式（4-29）中，ILP 为土地综合生产率，GDP 为国内生产总值（Gross Domestic Product），TLA 为土地总面积（Total Land Area）。

（2）农业用地生产率。农业用地生产率（Agricultural Land Productivity，ALP），一般用农业总产值（即农林牧业业产值）与农业用地（包括耕地、园地、林地、牧草地、水面和其他农用地）面积的比率来表示，反映土地的大农业利用和产出水平。其计算方法为：

$$ALP = \frac{GOVA}{ALA} \qquad (4-30)$$

在式（4-30）中，ALP 为农业用地生产率，GOVA 为农业总产值（Gross Output Value of Agriculture），ALA 为农业用地面积（Agricultural Land Area）。

如果对农业用地生产率进一步测算和分析，可以分出种植业用地生产率、林业用地生产率、水面用地生产率等更细的指标。

种植业用地生产率一般用种植业产值（即狭义的农业产值）与种植业用地面积的比率来表示，反映土地的种植业利用和产出水平。按统计部门关于种植业产值的计算方法，相应的种植业用地应包括土地利用现状调查分类中耕地面积和除橡胶园之外的园地面积。

林业用地生产率可用林业产值与林业用地面积的比率来表示，反映土地的林业利用和产出水平。按统计部门关于林业产值的计算方法，相应的林业用地应包括土地利用现状调查分类中林地面积和园地中的橡胶园面积。应指出，林地（特别是森林）除了具有提供木材和其他林产品等经济效益之外，还具有非常重要的保持水土、涵养水源、抗御风沙与干旱等自然灾害、美化环境、保持生态平衡等生态效益和社会效益。

水面用地生产率通常可用渔业产值与水面用地面积的比率来表示，反映水域的渔业利用和产出水平。需要指出的是，水面除了具有水产养殖等直接生产功能并产生显著的经济效益之外，还具有提供灌溉等各业用水、人畜饮水以及调节气候等多种生态和社会功能。

（3）建设用地生产率。建设用地生产率（Building Land Productivity，BLP），一般用 GDP 中的第二、第三产业产值与建设用地面积的比率来表示，反映土地的开发建设和产出水平。其计算方法为：

$$BLP = \frac{OVSTI}{BLA} \tag{4-31}$$

在式（4-31）中，BLP 表示建设用地生产率，OVSTI 为第二、第三产业产值（Output Value of Secondary and Tertiary Industries），BLA 为建设用地面积（Building Land Area）。

若对建设用地生产率进一步测算和分析，还可以分出工业用地生产率、旅游用地生产率等更细的指标。

3. 土地单产量类指标

（1）单位耕地面积产量。系指种植业（粮食、经济作物等）产量与耕地面积之比值。用以综合反映耕地的农业技术水平和利用水平。其计算方法为：

$$单位耕地面积产量 = \frac{某作物产量}{某作物耕种面积}$$

（2）单位播种面积产量。系指种植业产量（粮食、经济作物等）与播种面积之比值。用以反映农业技术和精耕细作水平。其计算方法为：

$$单位播种面积产量 = \frac{某作物产量}{某作物播种面积}$$

（3）单位林地面积产量。系指林业产品产量与林地面积之比值。其计算方法为：

$$单位林地面积产量 = \frac{林产品产量}{林地面积}$$

（4）单位草场面积产量。系指牧草或畜产品的产量与草场面积之比值。其计算方法为：

$$单位草场面积产量 = \frac{牧草或畜产品产量}{草场面积}$$

（5）单位水面面积产量。系指水产品产量与已利用水面面积之值。其计算方法为：

$$单位水面面积产量 = \frac{水产品产量}{已利用水面面积}$$

确定了经济效益之后，可引入一个指数，即综合经济效益指数（Integrated Economic Benefit Index），并用 $IEBI_1$ 表示。为了便于计算、比较、分析，$IEBI_1$ 的取值范围在 0～100。

（二）生态效益评价的指标与计算方法

土地利用生态效益评价指标，归纳起来，主要包括以下 12 个方面，它们共同构成生态效益评价的指标体系：

1. 森林覆盖率

森林覆盖率是指森林面积占土地总面积的比率，是反映一个国家（或地区）

森林资源和林地占有的实际水平的重要指标。这里的森林面积，对土地资源调查相对应的是"林地"中的"有林地"，因此，其计算方法可表示为：

$$森林覆盖率 = \frac{有林地（森林）面积}{土地总面积} \times 100\%$$

2. 林木消长比

系指林地林木生长量与消耗量之比值。反映林地是否乱砍滥伐及其滥伐的程度。如果此值 <1，表明林木砍伐过度，可能引起生态环境的恶化。计算方法为：

$$林木消长比 = \frac{林木生长总量}{林木消耗总量} \qquad (4-32)$$

3. 迹地更新率

迹地是指森林砍伐、火烧后尚未更新的土地。迹地更新率指迹地更新面积占迹地总面积的百分比值。用以反映森林的再生产状况与森林植被的恢复程度。计算方法为：

$$迹地更新率 = \frac{迹地更新面积}{迹地面积} \times 100\% \qquad (4-33)$$

4. 放牧强度

系指草场（牧草地）实际放牧量占允许放牧量的百分比值。反映是否乱牧及其乱牧的程度。计算方法为：

$$放牧程度 = \frac{实际放牧量}{允许放牧量} \times 100\%$$

5. 捕捞强度

系指水域（水面）全年实际捕捞量占允许捕捞量的百分比值。反映水域是否乱捕及其乱捕的程度。计算方法为：

$$捕捞强度 = \frac{年实际捕捞量}{年允许捕捞量}$$

6. 沟壑密度

系指山区（或流域）单位土地面积的沟壑长度。其单位为"千米/平方千米"。沟壑密度的大小，一般与降水和径流特征、地形坡度、岩性、土壤的抗侵蚀性能、植被状况、土地利用方式等有关。它也是水土流失状况的体现，可作为划分水土流失等级时的参考指标。计算方法为：

$$沟壑密度 = \frac{沟壑总长度}{山区（或流域）面积}$$

7. 土壤侵蚀模数

系指山区（或流域）单位土地面积的土壤流失量。它是表征土壤侵蚀强度的指标，用以反映山区（或流域）土壤侵蚀强度的大小。一般用单位面积年度侵蚀量大小来表示，其单位为"吨/平方千米·年"。计算方法为：

$$土壤侵蚀模数 = \frac{土壤侵蚀量}{山区（或流域）面积}$$

8. 水土流失面积指数

系指山区（或流域）水土流失面积占土地总面积的百分比值。用以反映水土流失的范围与规模大小。计算方法为：

$$水土流失面积指数 = \frac{水土流失面积}{土地总面积} \times 100\%$$

9. 洪涝面积指数

系指洪涝灾害面积占土地总面积的百分比值。用以反映洪涝灾害的范围与规模大小。计算方法为：

$$洪涝面积指数 = \frac{洪涝灾害面积}{土地总面积} \times 100\%$$

鉴于常规的洪涝灾害（或水灾）灾情统计中往往分出受灾面积、成灾面积、绝收面积三个统计指标，各地可根据实际基础资料数据修订此类指标。

10. 受旱耕地面积指数

系指受旱耕地（即遭受干旱灾害影响的耕地）面积占土地总面积的百分比值。用以反映耕作业的水分环境条件。计算方法为：

$$受旱耕地面积指数 = \frac{受旱耕地面积}{土地总面积} \times 100\%$$

跟洪涝灾害（或水灾）类似，常规的干旱灾害灾情统计中也常常分出受灾面积、成灾面积、绝收面积三个统计指标，各地可根据实际基础资料数据修订此类指标。

11. 土地沙化面积指数

系指土地沙化面积占土地总面积的百分比值。用以反映区域风沙化的范围与规模大小。计算方法为：

$$土地沙化面积指数 = \frac{沙化面积}{土地总面积} \times 100\%$$

12. 土壤盐碱化面积指数

系指土壤盐碱化面积占土地总面积的百分比值。用以反映区域土壤盐碱化的范围与规模大小。计算方法为：

$$土地盐碱化面积指数 = \frac{土壤盐碱化面积}{土地总面积} \times 100\%$$

13. 土地受污染面积指数

系指土地受工业"三废"（即废水、废气、废渣）和农药、化肥等污染的面积占土地总面积的百分比值。用以反映区域土地受环境污染的范围与规模大小。计算方法为：

$$土地受污染面积指数 = \frac{受污染土地面积}{土地总面积} \times 100\%$$

如果上述 13 个指标分别以 E_1、E_2、$\cdots$、E_{13} 代表，那么可得出一个综合的评价指标——生态效益综合指数（Integrated Ecological Benefit Index），并以 $IEBI_2$ 表示，其计算方法如下：

$$IEBI_2 = b_1 E_1 + b_2 E_2 + \cdots + b_{13} E_{13} \tag{4-34}$$

在式（4-32）中，b_1、b_2、$\cdots$、b_{13} 分别是 E_1、E_2、$\cdots$、E_{13} 的权重系数。应指出，对于某一研究区域而言，并非上述 13 个指标都要用到，一般只需因地制宜地选取其中一些主要指标即可。各个权重系数依上述指标的重要性程度而定。如某一区域中以水土流失规模最为突出，则 E_7（水土流失面积指数）便成为最重要指标，因而 a_7（水土流失面积指数的权重系数）也就最大。为了保证 $IEBI_2$ 值在 $0 \sim 100$，应规定 $b_1 + b_2 + \cdots + b_{13}$ 必须等于 1。至于各系数具体确定为多少，一般可通过综合分析或相关数学方法来赋值。

（三）社会效益评价的指标与计算方法

如第二章第四节所指出，社会效益评价指标主要有六个方面，它们共同构成社会效益评价的指标体系，其含义及计算方法如下：

1. 总产值或总产量年增长率

即测算年土地总产值（或总产量）与起始年总产值（或总产量）相比之下的年均增长幅度。计算方法为：

$$总产值或总产量年增长率 = \frac{测算年总产值或总产量 - 起始年总产值或总产量}{起始年总产值或总产量 \times (测算年份 - 起始年份)} \times 100\%$$

2. 人均产值（或产量）

即总产值（或总产量）与总人口数的比值，即：

$$人均产值（或产量） = \frac{土地总产值（总产量）}{人口数}$$

3. 人均总收入（纯收入）年增长率

即指测算年人均总收入（纯收入）与测算年人均总收入（纯收入）相比之下的年均增长幅度。计算方法为：

$$人均总收入（纯收入）年增长率 =$$
$$\frac{测算人均总收入（纯收入） - 起始年人均总收入（纯收入）}{起始年人均总收入（纯收入） \times （测算年份 - 起始年份）} \times 100\%$$

4. 商品总产量（或产值）

即土地总产量（或总产值）与非商品性（即自消性）总产量（或总产值）之差值。计算方法为：

商品总产量（或产值）＝土地总产量（或产值）－非商品性总产量（或产值）

5. 每劳动力供养的非农人口数

即非农人口数与农业劳动力总数之比值。计算方法为：

$$每劳动力供养的非农人口数 = \frac{非农人口数}{农业劳动力总数}$$

6. 人均占有绿化面积

即绿化总面积与总人口量之比值。计算方法为：

$$人均占有绿化面积 = \frac{绿化总面积}{总人口量}$$

除了上述六个指标之外，还可以有其他方面的指标，可根据研究目的而适当增减。

如果上述六个指标分别用 S_1、S_2、$\cdots$、S_6 表示，可引入一个综合的评价指标——社会效益综合指数（Integrated Social Benefit Index），并以 ISBI 表示，其计算方法可表示为：

$$ISBI = c_1 S_1 + c_2 S_2 + \cdots + c_6 S_6 \tag{4-35}$$

在式（4-35）中，c_1、c_2、$\cdots$、c_6 分别是 S_1、S_2、$\cdots$、S_6 的权重系数，它们依上述各指标的重要性程度而定。一般而言，在进行某一区域研究时，只需选用其中的主要指标即可。

应指出，由于上述各指标之间量纲不一样，故只能统一采用相对的数值。即在分析上述各指标数值大小的基础上，划分其等级，并对每一等级进行赋分，各指标的赋分范围均在 0～100。并且规定：各指标的权重系数之和必须等 1，即 $b_1 + b_2 + \cdots + b_6 = 1$，以便于下一步的分析评价。各权重系数（i）可采用主观经验法、Delphi 法、主成分分析法、熵值法等来确定。

（四）综合效益指标的计算方法

在上述各效益指标分析的基础上，可以引入一个综合性的土地利用效益评价指标——综合效益指数（Integrated Benefit Index），并用 IBI 表示，其计算方法为：

$$IBI = a \cdot IEBI_1 + b \cdot IEBI_2 + c \cdot ISBI \tag{4-36}$$

在式（4-36）中，α、b、c 分别是 $IEBI_1$、$IEBI_2$、ISBI 的权重系数。为了保证 IBI 值范围在 0～100（以便于分析、评价），必须使 $\alpha + b + c = 1$。α、b、c 的取值可根据研究区域实际选用主观经验法、Delphi 法、主成分分析法、熵值法等来确定。

三、土地利用效益评价系统

制定土地利用效益评价系统，是进行土地利用效益评价的关键之所在，它直接影响和决定评价的科学性和成果的适用性。

目前论及土地利用效益评价的指标和方法的文献颇多，但这些指标往往多而散，评价结果并不理想。能否仿效前述土地生产潜力评价系统，选取不同的指标体系，建立一个能反映不同层面内容的评价系统？回答是肯定的。根据前述土地利用效益评价的内容和指标体系，可将评价系统分为以下四个层次：

（一）土地利用效益纲

土地利用效益纲（Order of Land Use Benefit，OLUB）反映土地作为某种利用的综合效益的高低。采用上述综合利用效益评价指标（IBI）为依据，以综合评定土地利用效益状况。根据 IBI 值的大小，可划分出五个土地利用效益纲，分别用Ⅰ、Ⅱ、Ⅲ、Ⅳ、Ⅴ表示，其划分的参考标准见表4－5。

表4－5　土地利用效益评价系统及划分指标与参考标准

土地利用效益纲				土地利用效益等			
纲序	划分指标	参考标准	综合效益状况	等序	划分指标	参考标准	经济效益状况
Ⅰ		$85 \sim 100$	高	1		$85 \sim 100$	高
Ⅱ		$70 \sim 85$	中高	2		$70 \sim 85$	中高
Ⅲ	IBI	$60 \sim 70$	中等	3	$IEBI_1$	$60 \sim 70$	中等
Ⅳ		$50 \sim 60$	中偏低	4		$50 \sim 60$	中偏低
Ⅴ		< 50	低	5		< 50	低
土地利用效益级				土地利用效益型			
级序	划分指标	参考标准	生态效益状况	型序	划分指标	参考标准	社会效益状况
1		$85 \sim 100$	高	1		$85 \sim 100$	高
2		$70 \sim 85$	中高	2		$70 \sim 85$	中高
3	$IEBI_2$	$60 \sim 70$	中等	3	ISBI	$60 \sim 70$	中等
4		$50 \sim 60$	中偏低	4		$50 \sim 60$	中偏低
5		< 50	低	5		< 50	低

（二）土地利用效益等

土地利用效益等（Rate of Land Use Benefit，RLUB）系在土地利用效益纲之内的续分，以反映土地作为某种利用的综合效益中的经济效益的高低。以前述经济效益评价指标为依据，根据 $IEBI_1$ 值的大小，可分出五个土地利用效益等，分别用阿拉伯数字1、2、3、4、5表示，其划分标准见表4－5。

（三）土地利用效益级

土地利用效益级（Class of Land Use Benefit，CLUB）也属在土地利用效益纲之内的续分，以反映土地作为某种利用的综合效益中的生态效益的高低。以前述生态效益评价指标为依据，根据 $IEBI_2$ 值的大小，可分出五种生态效益状况，分别对应着五个土地利用效益级，亦用阿拉伯数字 1、2、3、4、5 表示，其划分标准见表 4 – 5。

（四）土地利用效益型

与"等""级"一样，土地利用效益型（Type of Land Use Benefit，TLUB）也属土地利用效益纲之内的再次续分，以反映土地作为某种利用的综合效益中的社会效益的高低。以前述社会效益评价指标为依据，根据 $ISBI$ 值的大小，可分出五种社会效益状况，分别对应着五个土地利用效益型，仍用阿拉伯数字 1、2、3、4、5 表示，其划分标准见表 4 – 5。

显然，上述评价系统与某些文献采用把各种指标并列拼凑在一起进行繁杂的分析方法相比，具有简便易行、层次清晰、效果良好、适用性强的特点。

参考文献

［1］杨子生. 土地资源学的源流及其与其他学科的区别与联系初探［A］//刘彦随，宋戈. 中国新时期土地资源科学创新与发展研究［M］. 沈阳：东北大学出版社，2016：10 – 17.

［2］石玉林. 土地与土地评价［J］. 资源科学（原《自然资源》），1978（2）：1 – 13.

［3］傅伯杰. 美国土地适宜性评价的新进展［J］. 自然资源学报，1987，2（1）：92 – 95.

［4］傅伯杰. 土地评价研究的回顾与展望［J］. 资源科学（原《自然资源》），1990，12（3）：1 – 7.

［5］倪绍祥，陈传康. 我国土地评价研究的近今进展［J］. 地理学报，1993，48（1）：75 – 83.

［6］倪绍祥. 近 10 年来中国土地评价研究的进展［J］. 自然资源学报，2003，18（6）：672 – 683.

［7］刘彦随，杨子生. 我国土地资源学研究新进展及其展望［J］. 自然资源学报，2008，23（2）：353 – 360.

［8］刘彦随. 中国土地资源研究与学术交流新进展［J］. 自然资源学报，2013，28（9）：1479 – 1487.

［9］杨子生，赵乔贵，贺一梅. 基于云南省城镇上山战略的山区建设用地适宜性评价原理与方法研究［M］. 北京：科学出版社，2016.

［10］中国自然资源学会. 中国资源科学学科史［M］. 北京：中国科学技术出版社，

2017.

　[11] Klingebiel A. A., Montgomery P. H. Land Capability Classification ［N］. Washington D. C.：US Department of Agriculture Handbook, 210（1961）：1－24.

　[12] 郑振源. 土地评价 ［J］. 中国土地, 1985（4）：20－30.

　[13] FAO. A Framework for Land Evaluation ［N］. Rome：Food and Agriculture Organization of the United Nations, 1976.

　[14] FAO. Report on the Agro－Ecological Zones Project ［N］. Rome：Food and Agriculture Organization of the United Nations, 1980.

　[15] FAO. Guidelines：Land Evaluation for Rainfed Agriculture ［N］. Rome：Food and Agriculture Organization of the United Nations, 1983.

　[16] FAO. Land Evaluation for Forestry ［N］. Rome：Food and Agriculture Organization of the United Nations, 1984.

　[17] FAO. Gaidelines：Land Evaluation for Irrigated Agriculture ［N］. Rome：Food and Agriculture Organization of the United Nations, 1985.

　[18]《中国1∶100万土地资源图》编委会.《中国1∶100万土地资源图》编图制图规范 ［M］. 北京：科学出版社, 1990.

　[19] 杨子生. 论土地资源质量评价的几个理论问题 ［J］. 国土与自然资源研究, 1990（1）：33－37.

　[20] 陈传康. 城市建设用地综合分析和分等问题 ［J］. 资源科学（原《自然资源》）, 1983, 5（2）：18－25.

　[21] 申元衬. 土地科学研究内容的探讨 ［J］. 资源科学（原《自然资源》）, 1982, 4（3）：71－76.

　[22] 戴旭. 关于农业土地评价的质量鉴定问题 ［J］. 国土与自然资源研究（原《自然资源研究》）, 1987（4）：1－5.

　[23] 何同康. 土壤（土地）资源评价的主要方法及其特点比较 ［J］. 土壤学进展, 1983（6）：1－12.

　[24] 陈百明. 土地资源评价方法现状评述及发展趋势的探讨 ［J］. 中国土地, 1984（4）：52－58.

　[25] S. G. 麦克雷, C. P. 伯恩翰. 土地评价 ［M］. 厉为民译. 北京：中国展望出版社, 1986.

　[26] 杨子生. 土地适宜性评价中"主宜性"划分问题之探讨 ［J］. 自然资源学报, 1991, 6（3）：286－292.

　[27] 宗树森. 土地工作手册 ［M］. 北京：农村读物出版社, 1987.

　[28] 穆桂春, 刁承泰. 地貌与农业 ［M］. 北京：农业出版社, 1988.

　[29] 辛德惠. 土地利用 ［M］. 北京：农业出版社, 1985.

　[30] 李明森. 金川县土地资源的农业评价与开发 ［J］. 资源科学（原《自然资源》）, 1987, 9（3）：43－50.

　[31] 杨子生. 我国亚热带山区土地资源质量综合评价的初步研究——以四川省西昌市为

例［D］. 西南师范大学硕士学位论文，1989.

［32］陈百明. 国外土地资源承载能力研究评述［J］. 自然资源译丛，1987（2）：12 – 17.

［33］［美］H. 里思，R. H. 惠特克. 生物圈的第一性生产力［M］. 王业莲等译. 北京：科学出版社，1985.

［34］陈国南. 用迈阿密模型测算我国生物生产量的初步尝试［J］. 自然资源学报，1987，2（3）：270 – 278.

［35］陈百明. 我国的土地资源承载能力研究［J］. 资源科学（原《自然资源》），1989，11（1）：1 – 8.

［36］杨子生. 四川西昌市土地生产潜力评价的探讨［J］. 资源科学（原《自然资源》），1989，11（6）：49 – 58.

［37］黄秉维. 中国农业生产潜力——光合潜力［A］//地理集刊第 17 号［M］. 北京：科学出版社，1985：15 – 22.

［38］龙斯玉. 我国的生理辐射分布及其生产潜力［J］. 气象科技资料，1976（S1）：49 – 56.

［39］邓根云，冯雪华. 我国光温资源与气候生产力潜力［J］. 资源科学（原《自然资源》），1980，2（4）：11 – 16.

［40］孙惠南. 自然地理学中的农业生产潜力研究及我国农业生产潜力的分布特征［A］//地理集刊第 17 号［M］. 北京：科学出版社，1985：23 – 34.

［41］景贵和. 土地科学的几个理论问题［A］//地理学与农业［M］. 北京：科学出版社，1983：21 – 27.

［42］杨子生. 攀西地区土地资源生产潜力及人口承载能力的初步分析［J］. 国土与自然资源研究，1988（3）：21 – 26.

［43］梁荣欣，张瑞雪. 水稻的气候土壤生产潜力估算［J］. 资源科学（原《自然资源》），1984，6（2）：68 – 73.

［44］杨子生，李云辉，邹忠，等. 中国西部大开发云南省土地资源开发利用规划研究［M］. 昆明：云南科技出版社，2003.

［45］何盛明. 财经大辞典［M］. 北京：中国财政经济出版社，1990.

［46］Renyi YANG, Fenglian LIU, Haiying PENG, et al. Analysis on the Spatio – temporal Change of Integrated Land Productivity of China in Recent 20 Years［A］//Henry ZHANG, Changbo CHENG. Proceedings of The 8th Academic Conference of Geology Resource Management and Sustainable Development［M］. Sydney, Australia：Aussino Academic Publishing House, 2020：585 – 595.

第五章 土地资源开发利用

土地资源开发利用是土地资源学科的重要研究内容之一，开展土地资源调查、评价、整治、保护和管理都是为了更合理地开发利用土地资源，满足人类社会生存和发展的需求。本章着重从当前土地利用（即土地利用现状）研究、未来土地利用（即土地合理利用）研究以及可持续发展理论指导下的土地可持续利用评价等方面进行阐述。

第一节 基本概念与研究内容

一、土地资源开发利用的概念

所谓土地开发（Land Exploitation 或 Land Development），是指至今尚未为人类所利用以及利用很不充分、不合理的土地资源开始发挥其应有的作用和功能。可见，已开发与未开发，其本身的概念是相对的。严格来讲，只要有人居住的地区，总会有一定程度上的开发；而完全未开发的地区，只能是人迹未至之处。这里所说的未开发地区，实际上是指那些开发程度很低的地区。无疑在已开发地区，一般都存在着进一步合理利用即进一步开发的问题。在已开发或未开发地区之间，可以根据开发程度的不同，划出若干不同层次或等级的地区，如半开发地区等。不可否认，即使是在已开发地区的范围内，也会有部分地区开发得不那么好，或是半开发地区，甚至是未开发地区[1]。

土地利用（Land Use 或 Land Utilizatiou），是指人类为了一定的目的（包括经济的和社会的目的）而对土地进行的使用、保护和改造。严格地说，上面所说的开发，实际上也是利用，开发应该包括在利用之内。但鉴于中国国土辽阔，未开发或待开发的土地面积还很大，很有必要强调一下"开发"这一概念，因而将开发与利用并提。

从某种意义上来讲，土地开发利用主要属于社会经济范畴，是人类的一种社会经济活动。这种社会经济活动是以土地为舞台，在人类活动的干预下进行自然再生产和社会再生产的复杂的生产过程。这一生产过程既受土地自然属性的作用和制约，又受社会、经济、技术条件的重大影响。可以认为，土地开发利用是在一个特定的地区内自然、社会经济和技术条件共同作用的产物。土地利用的方式多种多样，从大农业利用的角度来看，既有耕作业利用，又有林业、牧业利用，还有渔业利用等。因此，进行土地利用研究，必须从综合的观点出发，采用自然、经济、技术三结合的方法。

由于土地资源的有限性，要求人们必须要让所有土地得到广泛的、充分的、合理的利用，这也是土地资源学科的重要任务。为此，必须要树立两种思想理念：一是一切土地都能利用，亦即坚持土地资源的广义概念；二是使每一块土地都尽量发挥作用，即坚持"十分珍惜和合理利用每寸土地"的基本国策。从这个意义上来讲，没有无用的土地，同时，土地的利用程度也是没有绝对界限的。随着人类社会不断增长的物质文化需要以及科学技术水平的提高，土地可能会不断出现新的用途。因此，必须用长远的眼光，以发展的观点来研究土地资源开发利用问题。

二、土地资源开发利用研究的内容

土地资源开发利用（以下简称土地利用）研究，一般应包括两大方面的研究内容：一是当前的土地利用，即土地利用现状研究；二是未来的土地利用，即研究土地利用的转变，即土地的合理利用研究。两者是密切联系、不可分割的。土地利用现状研究，可为土地合理利用研究提供科学依据。由于土地利用现状是人类长期利用土地、改造土地的产物，从当前或未来的眼光来看，有其合理与不合理的两个方面，前者宜加以保留，并不断改进，使其更加合理化，即提高其合理性程度；后者则必须扬弃。因此，通过分析、研究土地利用现状，揭示当前土地利用上的合理性与不合理性，找出开发利用中存在的问题，从而为今后土地的合理利用指明方向。可见，土地利用现状研究是研究土地合理利用必不可少的一项基础性工作，作为土地利用研究的基本内容之一，它具有重要的理论意义和现实意义。而土地合理利用研究，可说是土地利用现状（以及土地资源分类和土地资源评价）研究的归宿，任何基础性研究（包括土地利用现状、土地分类、土地评价等），其最终目的是为应用研究服务，即为土地合理利用研究奠定基础和提供依据。

此外，可持续发展是当今世界各国发展的主流思想，也是土地资源开发利用的指导思想，因此，土地可持续利用评价（或土地利用可持续性评价）也是当今土地利用研究的重要内容之一。这里需要说明的是，尽管土地可持续利用的概念是 20 世纪 90 年代可持续发展思想应用于土地科学领域而产生的，但土地持续利用的思想渊源较远，尤其 20 世纪 30 年代以来，国际上广泛开展了土地资源合理利用研究，国内在提出"土地可持续利用"概念之前也进行过许多土地资源合理利用方面的研究。所谓土地合理利用，也就是合乎科学原理（包括生态学原理、经济学原理、人类社会学原理、伦理学原理等）的土地利用[2]。土地资源合理利用的结果表现为土地资源的可持续利用，两者具有相同的内涵与目标[3]。因此，可以认为，土地可持续利用和土地合理利用应是同一概念的不同表达方式。

第二节　土地利用现状分析评价

所谓土地利用现状（Current Land Use），系指当前人类对土地利用的状况。土地利用现状研究的基本任务是摸清各土地利用类型的面积及其分布状况，了解土地利用的意见，为制定国民经济计划和土地政策，进行土地资源评价、土地合理利用区划和规划，以及土地资源保护与管理等项工作服务。土地利用现状研究内容主要包括三个方面：一是土地利用现状分类，也就是"土地利用类型"的划分；二是土地利用现状调查，这是土地资源调查的主体内容；三是土地利用现状分析评价。土地利用分类与土地资源调查已在第三章进行过专门论述，这里的土地利用现状研究仅就土地利用现状分析评价这一内容进行阐述。

一、土地利用现状分析评价的主要内容与方法

土地利用现状是人类在一定历史条件下利用土地、改造土地的产物。如前文所述，从当前或未来的眼光来看，有合理和不合理两个部分，前者宜加以保留并不断改进，使其更加合理化，而后者则必须扬弃。因此，分析评价土地利用现状的目的，就在于全面评价土地利用的效果和合理性及其程度，发掘和提高土地利用率和生产力，从而为今后土地资源的合理利用指明方向。所以，土地利用现状分析评价是土地合理利用区划和规划不可缺少的一项工作，它具有重要的理论意义和实践意义。

土地利用现状分析评价是一项极其复杂的研究工作，涉及的内容相当广泛，参考有关文献[2,4-7]，归纳起来，主要包括五个方面：一是土地开发程度（Developed Extent of Land）；二是土地利用程度（Used Extent of Land）；三是土地集

约经营程度（Intensive Extent of Land）；四是土地利用结构（Land use Structure）；五是土地利用效益（Land Use Benefits）。其中，土地利用效益分析评价这一内容已在第四章第四节专门进行了阐述，本节不再赘述。

分析评价的方法也多种多样，其中，较为简便易行的是"指标对比分析法"（Comparative Analysis of Indicators），即把揭示土地利用不同侧面而又相互联系的各项指标组合在一起，共同构成一个完整的指标体系。应用这一指标体系，既可以对同一区域（或用地单位）作若干年（或历史阶段）的土地利用动态变化情况进行比较（或谓纵向比较），又可以对不同区域（或用地单位）的土地利用状况进行横向对比分析，据此对研究区域的土地利用现状作出客观、科学的评价，从而揭示出土地利用的方向和目标，以及为实现这个方向和目标应采取的各项技术经济措施。

二、土地利用现状分析评价的指标体系

上述分析评价的每一方面内容均有多项评价指标，所有这些指标组合起来，便构成土地利用现状分析评价的指标体系。各项指标的含义和计算方法简介如下：

（一）土地开发程度的评价指标

1. 土地垦殖率（或垦殖指数）

土地垦殖率（Reclaimed Rate of Land）或垦殖指数（Reclaimed Index of Land）系指耕地面积占土地总面积的百分比值。用以反映研究区域的土地开发程度及种植业发达程度。计算方法为：

$$土地垦殖率或垦殖指数 = \frac{耕地面积}{土地总面积} \times 100\%$$

2. 森林覆盖率和森林覆盖率比

森林覆盖率（Forest Covering Rate）系指森林面积占土地总面积的百分比值。这里的森林面积相当于土地资源调查中"林地"内的"有林地"面积。森林覆盖率比（Ratio of Forest Covering Rate）指某地区的森林覆盖率与全国森林覆盖率之比值，用以分析比较研究区域的森林覆盖率水平。计算方法为：

$$森林覆盖率 = \frac{耕地面积}{土地总面积} \times 100\%$$

$$森林覆盖率比 = \frac{研究区域森林覆盖率}{全国森林覆盖率}$$

3. 草场载畜量

草场载畜量（Cattle Carrying Capacity of Grassland）系指单位草场面积上放牧的牲畜数量，综合反映牧区草场的开发程度和利用程度。计算方法为：

$$草场载畜量（牲畜单位/平方千米或公顷） = \frac{放牧牲畜总头数}{草场面积（平方千米或公顷）}$$

4. 人地比例指标

人地比例指标（Population – Land Rate）是指按人口平均占有的土地（或农用地、耕地、建设用地等）面积，用以表示研究区域的人地关系状况。计算方法为：

$$人均土地（农用地、耕地等） = \frac{土地（农用地、耕地、建设用地等）总面积}{人口总数}$$

5. 土地人口"负荷量"指数

土地人口"负荷量"指数（Population – Carrying Capacity of Land）指某国或某地区人口平均密度与世界人口平均密度之比值，用以表示某国或某地区的人地比例水平。计算方法为：

$$土地人口"负荷量"指标 = \frac{某国或某地区人口平均密度}{世界人口平均密度}$$

（二）土地利用程度的评价指标

1. 土地利用率

土地利用率（Land Utilization Rate 或 Land Use Rate）系指已利用的土地面积（包括农用地和建设用地）占土地总面积的百分比值。用以反映研究区区域土地资源总的利用程度大小。计算方法为：

$$土地利用率 = \frac{已利用土地面积}{土地总面积} \times 100\% = \frac{农用地面积 + 建设用地面积}{土地总面积} \times 100\%$$

2. 土地农业利用率

土地农业利用率（Agricultural Utilization Rate of Land）系指农业利用的土地面积占土地总面积的百分比。用以反映研究区域"大农业"的发展程度，因而它与土地垦殖率不同，后者仅反映种植业的发展程度。计算方法为：

$$土地农业利用率 = \frac{农用地面积}{土地总面积} \times 100\%$$

$$= \frac{耕地 + 园地 + 林地 + 牧草地 + 其他农用地}{土地总面积} \times 100\%$$

3. 土地非农利用率

土地非农利用率（Non – Agricultural Utilization Rate of Land）系指非农业用地（即建设用地）在土地总面积中的比重。反映研究区域非农建设的发展程度。计算方法为：

$$土地非农业利用率 = \frac{建设用地面积}{土地总面积} \times 100\%$$

$$= \frac{城乡建设用地 + 交通水利设施用地 + 其他建设用地}{土地总面积} \times 100\%$$

4. 沟、林、路、渠占地比率

沟、林、路、渠占地比率（Area Rate of Gully, Forest, Road and Canal）系指沟、林、路、渠面积占耕地面积的百分比值，用地表明耕地的利用率和土地利用的合理程度。计算方法为：

$$沟、林、路、渠占地比率 = \frac{沟、林、路、渠用地面积}{耕地面积} \times 100\%$$

5. 种植指数

种植指数（Plantation Index）系指实际种植面积占耕地面积的百分比值，用以反映耕地的利用程度。计算方法为：

$$种植指数 = \frac{实际种植面积}{耕地面积} \times 100\%$$

6. 复种指数

复种指数（Index of Multiple – Plantation）系指全年内农作物的总播种面积占耕地面积的百分比值。它是反映耕地利用程度的常用指标。计算方法为：

$$复种指数 = \frac{全年农作物总播种面积}{耕地面积} \times 100\%$$

7. 水面利用率

水面利用率（Utilization Rate of Water Surface）系指已利用水面面积占水面总面积的百分比值，用以反映水面的利用程度。计算方法为：

$$水面利用率 = \frac{已利用水面面积}{水面总面积} \times 100\%$$

（三）土地集约经营程度的评价指标

1. 农用地集约经营程度评价指标

（1）农业集约化程度（Intensive Extent of Agriculture）。系指单位农业用地面积（或耕地面积）上直接投入的各种物资技术费用之和。它是一项反映农业集约化经营程度（或水平）的综合性指标。计算方法为：

$$农业集约化程度 = \frac{直接投入的各种物资技术费用之和}{农业用地面积（或耕地面积）}$$

（2）单位耕地（或播种）面积用工量。系指作物生产一周期中所投入的劳动量与耕地面积（或播种面积）之比值。用以反映和分析农业活动投入程度。计算方法为：

$$单位耕地（或播种）面积用工量 = \frac{作物生产一周期中投入劳动量（日）}{耕地面积（或播种面积）}$$

（3）单位耕地（或播种）面积化肥施用量。系指化肥施用量与耕地面积

（或播种面积）之比值。用以反映农业化学化的程度。此指标可表明化肥施用水平，并可分析化肥施用量与农作物增产之间的关系。计算方法为：

$$单位耕地（或播种）面积化肥施用量 = \frac{化肥施用量}{耕地面积（或播种面积）}$$

（4）有效灌溉面积比率（Available Irrigated Area Rate）。系指人工灌溉耕地面积占总耕地面积的百分比值。用以反映耕地中人工灌溉程度和农用水利化程度。计算方法为：

$$有效灌溉面积比率 = \frac{耕地有效灌溉面积}{耕地总面积} \times 100\%$$

（5）单位耕地面积耗电量。系指种植业生产所耗用电量与耕地面积（或播种面积）之比值。用以反映农业电气化程度。计算方法为：

$$单位耕地（或播种）面积耗电量 = \frac{种植业生产耗电总量}{耕地面积（或播种面积）}$$

（6）单位耕地面积拥有马力数。系指在册农业机械年总马力数与耕地面积之比值。用以反映耕地的机械装备量，亦即农业机械化程度。计算方法为：

$$单位耕地面积拥有马力数 = \frac{在册农业机械年总马力数}{耕地面积}$$

（7）单位耕地拥有资金量。系指投入耕地生产的资金总量与耕地面积之比值。用以反映耕地的资金投入水平。计算方法为：

$$单位耕地面积拥有资金量 = \frac{投入生产资金总量}{耕地面积}$$

（8）单位耕地拥有固定资产量。系指固定资产净值（或原值）与耕地面积之比。用以反映耕地的固定资产投入水平。计算方法为：

$$单位耕地面积拥有固定资产量 = \frac{固定资产净值（或原值）}{耕地面积}$$

（9）放养密度。系指鱼（或其他水产品）放养数量与养殖水面面积之比。计算方法为：

$$放养密度 = \frac{鱼（或其他水产品）放养数量}{养殖水面面积}$$

2. 建设用地集约利用指标

（1）建设用地集约利用投入程度指标。主要是建设用地地均固定资产投资额，指全社会固定资产投资额与建设用地面积的比值。用以反映建设用地的投入水平。计算方法为：

$$建设用地地均固定资产投资额 = \frac{全社会固定资产投资额}{建设用地面积}$$

（2）建设用地集约利用强度指标。主要有人均建设用地面积、城镇人均建设用地面积、农村人均居民点用地面积、单位 GDF 交通用地面积、单位 GDP 水利设施用地面积等指标。计算方法为：

$$人均建设用地面积 = \frac{建设用地面积}{人口总量}$$

$$城镇人均建设用地面积 = \frac{城镇建设用地面积}{城镇人口量}$$

$$农村人均居民点用地面积 = \frac{农村居民点用地面积}{农村人口量}$$

$$单位 GDF 交通用地面积 = \frac{交通用地面积}{GDF}$$

$$单位 GDP 水利设施用地面积 = \frac{水利设施用地面积}{GDP}$$

（3）建设用地集约利用效益指标。主要有城镇工矿地均工业产值、建设用地地均第二、第三产业国内生产总值等指标。计算方法为：

$$城镇工矿地均工业产值 = \frac{工业总产值}{城镇工矿用地面积}$$

$$建设用地地均第二、第三产业产值 = \frac{第二、第三产业产值}{建设用地面积}$$

（四）土地利用结构的分析指标

1. 第一层次：三大地类面积比例

即农用地、建设用地、未利用地面积占土地总面积的比例。计算方法为：

$$农用地比例 = \frac{农用地面积}{土地总面积} \times 100\%$$

$$建设用地比例 = \frac{建设用地面积}{土地总面积} \times 100\%$$

$$未利用地比例 = \frac{未利用地面积}{土地总面积} \times 100\%$$

此外，根据分析研究工作需要，也可采用各业土地比例（指各业土地面积与土地总面积的百分比）来补充分析指标，例如，种植业用地比例、林业用地比例、牧业用地比例、渔业用地比例等。计算方法为：

$$种植业用地比例 = \frac{种植业用地（＝耕地＋橡胶园除外的园地）面积}{土地总面积} \times 100\%$$

$$林业用地比例 = \frac{林业用地（林地＋橡胶园）面积}{土地总面积} \times 100\%$$

$$牧业用地比例 = \frac{牧草地面积}{土地总面积} \times 100\%$$

$$渔业用地比例 = \frac{水产养殖面积}{土地总面积} \times 100\%$$

2. 第二层次：三大地类内部面积比例

即农用地、建设用地、未利用地之内各二级地类的面积比例。计算方法为：

（1）"农用地"内各二级地类比例。是指耕地、园地、林地、牧草地、其他农用地面积分别占农用地面积的比例。计算方法为：

$$耕地比例 = \frac{耕地面积}{农用地面积} \times 100\%$$

$$园地比例 = \frac{园地面积}{农用地面积} \times 100\%$$

$$林地比例 = \frac{林地面积}{农用地面积} \times 100\%$$

$$牧草地比例 = \frac{牧草地面积}{农用地面积} \times 100\%$$

$$其他农用地比例 = \frac{其他农用地面积}{农用地面积} \times 100\%$$

在此基础上，可得出常用的"农林牧渔用地结构比例"指标，即指种植业用地面积、林业用地面积、牧业用地面积和渔业用地面积四者之间的比例关系，用以反映大农业用地结构的合理程度。可表示为：

农林牧渔用地结构比例 = 种植业用地面积∶林业用地面积∶牧业用地面积∶渔业用地面积

（2）"建设用地"内各二级地类比例。指城乡建设用地、交通水利设施用地、其他建设用地面积分别占建设用地面积的比例。计算方法为：

$$城乡建设用地比例 = \frac{城乡建设用地面积}{建设用地面积} \times 100\%$$

$$交通水利设施用地比例 = \frac{交通水利设施用地面积}{建设用地面积} \times 100\%$$

$$其他建设用地比例 = \frac{其他建设用地面积}{建设用地面积} \times 100\%$$

（3）"未利用地"内各二级地类比例。是指荒草地、裸地等面积分别占未利用地面积的比例。计算方法为：

$$荒草地面积比例 = \frac{荒草地面积}{未利用地面积} \times 100\%$$

$$裸地面积比例 = \frac{裸地面积}{未利用地面积} \times 100\%$$

$$其他未利用地比例 = \frac{其他未利用地面积}{未利用地面积} \times 100\%$$

3. 第三层次：各二级地类内部面积比例

例如，"耕地"内的水田、水浇地和旱地面积比例，"园地"内的果园、茶园、橡胶园、其他园地面积比例，"林地"内的有林地、灌木林地、疏林地、其他林地面积比例，"牧草地"内的天然草地、改良草地、人工草地面积比例，"城镇工矿用地"内的城镇用地、农村居民点用地、独立工矿用地面积比例，等等。

此外，也可以采用其他指标作为补充分析。例如，"耕地"内，可以按具体作物种植情况采用"各类作物播种面积比例"（即指某作物播种面积占总播种面积的百分比）作为分析指标。在此类指标计算中，可以将农作物归纳为粮食作物、经济作物和其他作物三类，分别计算其占总播种面积的比例，从而得出"耕地"内作物种植结构比例关系：

作物种植结构比例＝粮食作物面积∶经济作物面积∶其他作物面积

第三节　土地可持续利用评价

一、土地可持续利用的概念与准则

土地利用是人类活动作用于自然环境的主要途径之一。自人类开始种植农作物与定居以来，便开始了土地利用的历史[8]。随着可持续发展思想的提出和逐渐被接受，土地可持续利用的理念应运而生。可以认为，土地可持续利用是可持续发展思想应用于土地科学而产生的新概念。

1990 年 2 月，印度农业研究会（ICAR）、美国农业部（USDA）和美国 Rodale 研究所共同组织在新德里举行了首次国际土地持续利用研讨会，此次会议上正式提出了土地可持续利用的思想。之后，国内外众多学者和研究机构对土地持续利用的概念、基本原则、评价纲要等有了明确的表述。1993 年联合国粮农组织（FAO）颁布了《可持续土地管理评价纲要》[9]，这在土地可持续利用研究上具有里程碑的意义，该纲要提出的土地可持续利用的概念、基本原则、评价标准和评价程序已经成为指导全球研究的纲领性文件。但该纲要仅为一个高度概括的基本框架，因不同国家和地区的自然条件和社会经济状况有着明显差异，所面临的问题也很不相同，因而即使土地可持续利用的基本思想和原则一致，其研究的内容和方法、实施途径也必然存在差异。

土地可持续利用（Sustainable Land Use），也称土地持续利用、土地资源可持续利用，或称（可）持续土地利用，与持续土地管理（Sustainable Land Management）的内涵基本一致[10]。从总体上来看，目前国内外关于土地持续利用的完整定义尚不多见[11]。由于学者们的学科背景、研究领域与重点不同，对土地持续利用的内涵界定也各有侧重。目前，国际上普遍接受的"土地可持续利用"概念是联合国粮农组织《持续土地管理评价大纲》中对持续土地管理所下的定义："持续土地管理是将技术、政策和能够使社会经济原则与环境考虑融为一体的行为结合起来，以便同时实现保持或提高生产力与服务（生产性，Productivity）、降低生产风险（安全性，Security）、保护自然资源潜力及防止土壤退化（保护性，Protection）、经济上可行（可行性，Viability）和社会可接受（可接受性，Acceptability）"[9]。多数国家的专家学者基本上根据这一定义中的五大目标（或原则、准则）来开展土地可持续利用研究工作。从国内来看，学者们从生态、经济、社会、空间、技术、人地协调与世代伦理等诸多方面对土地可持续利用的概念和内涵进行了深化和拓展，有的关注生态、经济与社会，有的着重技术、人地协调，有的考虑世代伦理。从已有的各类定义可以看出，与联合国粮农组织（1993）的定义相比，中国学者更注重探讨土地可持续利用的本质内涵。笔者认为，既然土地可持续利用是 20 世纪 90 年代可持续发展思想[12]应用于土地科学而产生的新概念，与可持续发展一样，土地可持续利用实际上是用以指导土地利用的一种新思想、新理念，在具体定义上，笔者倾向于采用世代伦理型的定义，可以表述为：土地可持续利用是指既能满足当代人需要又不损害子孙后代满足其需求能力的永续性土地利用方式与措施。

这一定义的内涵非常丰富，充分表达了土地利用上的可持续发展观。该定义强调在土地利用过程中任何土地资源开发利用方式和措施都要贯彻可持续发展的思想，要求做到以下四点：①生态上要保护资源与环境，避免资源退化、生态破坏和环境恶化；②经济上要具有合理性，能够为土地利用或经营者带来收益，确保经济发展的可持续性；③社会上要能够为人类提供基本需求，满足其生存和发展的需要；④伦理上要充分体现公平性，包括代内公平和代际公平，使当代人之间和当代人与后代人之间能够得到公平、合理的发展。

这一定义与联合国粮农组织（1993）在《可持续土地管理评价纲要》中提出的可持续土地利用和管理的五条原则或标准（即生产性、安全性、保护性、可行性、可接受性）是相符的。总体来说，土地可持续利用的基本准则或目标也就是联合国粮农组织（1993）制定的这五条原则或标准。需要指出的是，这五条原则实际上包括了土地利用可持续性的三个基本方面，即生态可持续性（Ecological Sustainability）、经济可持续性（Economical Sustainability）和社会可持续性（Societal Sustainability）[13]，因此，我们可以将土地可持续利用的基本准则简化为三个方面，即土地利用的生态可持续性、土地利用的经济可持续性和土地利用的社会可持续性。

二、土地可持续利用评价的基本内容和目标

根据以上土地可持续利用的概念和内涵，参考联合国粮农组织（1993）制定的土地可持续利用目标和联合国粮农组织（1991）在农业与环境国际会议上提出的可持续农业和农村发展的新概念与内涵[14]，这里总结出土地可持续利用评价的基本内容及其主要目标（见表5-1）。这些评价内容和目标只是原则性、粗线条的基本框架，不涉及具体的时空尺度，各地在进行土地可持续利用分析和评价时，可结合当地实际制定具体的土地可持续利用评价指标体系和评判标准。

表5-1　土地可持续利用评价的基本内容与主要目标简表

基本内容	主要目标
生态友好性（生态可持续性）	（1）一切土地开发利用活动均遵从生态友好的方针，保护固有的生态环境，维护资源基础的质量，尤其维护土地的生产能力，防止土地退化（包括土壤侵蚀、沙漠化、次生盐碱化、土壤污染等各类退化现象）； （2）保护土地自然条件，尤其是地表水与地下水的水循环和土壤性状，防止水污染和土壤肥力下降； （3）保护和发展生物多样性，包括生态系统多样性（或称景观多样性）、物种多样性和遗传多样性（或基因多样性）
经济可行性（经济可持续性）	（1）维护土地生产率和产量的长期持续性； （2）降低生产成本，确保土地利用者的长期可获利性； （3）实现各地的充分就业和增加收入，尤其要根除农村的贫困现象； （4）降低农业生产风险，避免因"天灾人祸"而导致土地经营失败、群众流离失所甚至无法继续生存
社会可接受性（社会可持续性）	（1）持续不断地提供充足而可靠的农产品（特别是粮食）和其他土地产出品，满足人类社会的需要。发展中国家（尤其贫困地区）最为迫切的要求是解决温饱、避免饥荒，即保障食物安全问题；发达国家通常要求提供既充分又多样的产品以满足消费需求和偏好，并确保安全可靠的供给； （2）土地利用活动的公平性，即要做到代间平等，既要为后代人保护资源基础，保护他们从资源利用中获得收益的机会和权利，避免那些导致生态退化而使将来生产成本或生态环境治理成本增加的土地利用活动；又要做到代内平等，即资源利用和生产活动的收益在国家之间、区域之间、社会集团之间、农户之间要公正而平等地进行分配，避免那些为了自身利益而损害其他国家、地区、社会集团和农户利益的土地利用活动

三、土地可持续利用评价的指标体系

近年来土地可持续利用评价是土地可持续利用研究的核心领域。评价研究成果既是制定土地利用规划的重要基础，同时也是土地管理决策和管理效果评价的主要依据[15]。因此，土地可持续利用评价研究应当通过建立系统性的具体评价指标体系及其评价标准。尤其在中国中西部山区，由于土地生态环境问题往往较为突出，使土地利用的可持续性较差，因此，研究和建立一套具体、可行、实用的土地可持续利用评价的指标体系不仅很有必要，而且非常重要，对于扭转各地土地利用的种种不合理行为，推进区域土地利用的生态－经济－社会可持续性具有特别重要的指导意义和科学决策价值。

需要指出的是，这里所要建立的评价指标体系，主要是针对区域性土地可持续利用评价而言的，也就是说，实用于区域性（包括各级行政区域、自然地理区域、经济区域或流域）的评价工作。

（一）评价指标的选取原则

土地可持续利用评价指标体系作为一种政策导向，既要体现以土地为载体的诸多方面协调发展的主导思想，又要使各评价指标成为表征区域土地利用系统的众多指标中最灵敏、最便于度量、内涵最丰富的主导性指标，使评价指标体系能够准确描述区域土地利用系统的状态变化趋势[16]。有鉴于此，在构建土地可持续利用评价指标体系时，需要遵循以下四项原则：

（1）着力反映土地利用的系统可持续性思想的主要内涵；

（2）具体体现中国地域特征的实用性和针对性指标；

（3）重视和强化指标选取的科学性、可操作性及相对完备性；

（4）充分顾及指标基础数据的可获取性、灵敏性和可量化性。

（二）评价指标的标准化转换

在一般意义上的土地可持续利用评价中，通常需要选取众多的指标进行评价，但由于这些指标的性质往往不同，其取值的范围也相差很大，不具有直接可比性，尤其在综合评价时不可能直接放在一起。因此，很有必要寻找一种方法，使所有的指标均能转换成可以统一评价的数值[16]。这里设定各评价指标的值域均为［0～100］，之后通过系统转换指数，将所有指标的计算值转换成趋于100为可持续性高，趋于0为可持续性低。这样，可以在此基础上进行加权求和，从而得到最后用于整体评价的综合指数值。在转换过程中，可以采用的数学方法主要有幂转换法、满意度转换法、分级赋分法、倒数法等，可根据实际需要选用。

（三）土地可持续利用评价指标体系

土地利用系统是一个非常复杂的生态－经济－社会复合系统，涉及一系列相

关因素和诸多协调发展状况，使土地利用评价具有系统的复杂性、多因素关联性、实现机制的多元性以及区域的差异性与特殊性等特征[16]。因此，土地可持续利用评价指标体系的构建，应当切实针对各地生态环境与土地利用特点，以土地利用的目标——土地利用的方式——影响土地利用的要素——可持续利用评价的指标——评价标准（范围和阈值）为主线，突出土地利用对生态-经济-社会过程的影响。有鉴于此，在评价指标设置上，应当在充分了解区域土地利用系统的结构、功能、特点以及可持续利用目标的基础上，选取相互独立且能反映各方面特征的典型敏感指标，建立起土地可持续利用评价的指标体系框架。根据这一思路，借鉴陈百明、王静、张凤荣等专家已构建的中国代表性结构框架[17]，这里将土地可持续利用评价指标体系划分为评价指标类（Indicaior Category）、评价指标（Evaluation Indicaior）和元指标（Element Indicaior）三个层次（见表5-2）。

表5-2 土地可持续利用评价指标体系框架及数据获取方式

评价指标类	评价指标	元指标	数据获取的主要方式
生态友好性评价指标类	土地过度开发利用指数	过度垦殖率	实地调查、专题研究、遥感监测
		森林过伐率（林木消长比）	森林普查、专题调查、遥感监测
		超载过牧率	草场资源普查、专题调查、遥感监测
		水域过捕率	水域利用专题调查、遥感监测
	土地改造指数	坡地梯田化程度	实地调查、遥感监测
		耕地有效灌溉率	实地调查、遥感监测
		中低产土地面积比例	农村经济统计、专门调查研究
	土地保护指数	森林覆盖率	森林普查与遥感检测
		基本农田保护率	实地调查、遥感监测
		湿地面积比例	土地变更调查、遥感监测
		裸土裸石地面积比例	土地变更调查、遥感监测
		沙化面积比例	遥感调查监测、监测站点定位监测
		污染面积比例	环境调查监测、监测站点定位监测
		水旱灾害面积比例	年度灾害调查统计、专门调查和监测
	水土保持指数	水土流失面积比例	遥感调查监测、监测站点定位监测
		土壤侵蚀模数	遥感调查监测、监测站点定位监测
经济可行性评价指标类	农作物生产力指数	农作物潜在生产力	专题调查研究
		农作物现实生产力	农村经济统计

评价指标类	评价指标	元指标	数据获取的主要方式
经济可行性评价指标类	农用地产值指数	区域单位农用地第一产业产值	社会经济统计、土地变更调查
		全国平均单位农用地第一产业产值	
	建设用地产值指数	区域单位建设用地第二、第三产业产值	
		全国平均单位建设用地第二、第三产业产值	
	土地 GDP 指数	区域单位土地面积的 GDP	社会经济统计
		全国平均单位土地面积的 GDP	
社会可接受性评价指标类	人口压力指数	实际人口量	社会经济统计
		土地人口承载力	专题调查研究
	农民人均纯收入指数	区域的农民人均纯收入	农村社会经济统计
		全国平均的农民人均纯收入	
	人均粮食产量指数	人均粮食产量	社会经济统计
		人均粮食产量目标	经济社会规划
	人均 GDP 指数	区域人均 GDP	社会经济统计
		全国人均 GDP	

1. 评价指标类

评价指标类作为评价指标体系的第一层次，取决于评价的基本内容。如上所述，土地可持续利用评价的基本内容包括三个部分：一是生态友好性（反映土地利用的生态可持续性），二是经济可行性（反映土地利用的经济可持续性），三是社会可接受性（反映土地利用的社会可持续性），此三者共同构成了整体性的土地可持续利用评价系统。任何一个区域土地可持续利用能力的形成、培育和发展，均为这一整体系统中各部分综合作用的结果，而不是其中的单个部分和内容在起作用。据此，这里可以将土地可持续利用的评价指标类分为三大类，即生态友好性评价指标类、经济可行性评价指标类和社会可接受性评价指标类。

2. 评价指标

评价指标是在"评价指标类"之下，为了反映土地利用系统中每个评价内容而选取的定量分析指标。一般，每个评价的基本内容都需要若干指标来具体的定量表述，因而每一评价指标类常常由数量不等的具体评价指标组成。同时，每一个评价指标又由若干个元指标来具体表述。

3. 元指标

元指标是表征评价指标的基础性指标，在整个评价指标体系中居最低层次，属于最小组成单位，是评价区域土地可持续利用水平的具体量度[17]。应当选取可测的、可比的、可获得的定量指标或指标群来对评价指标的数量表现、强度表现和速率表现进行直接表述。

四、土地可持续利用评价的方法模式

（一）总体方法模式

土地可持续利用评价包括单项评价和综合评价两个方面。单项评价系对土地利用生态友好性、经济可行性和社会可接受性分别进行评价，它是综合评价的基础。综合评价即通过对单项评价指标赋予一定的权重，从而将各单项评价结果有机结合起来，得到综合性的土地可持续利用评价结果。综合评价应当是土地可持续利用评价过程的核心，也是整个评价研究工作的目的与归宿。具体评价过程可用图5-1来概括。在评价过程中，制定各单项指标的评价方法和综合集成方法是非常重要的基础性工作。

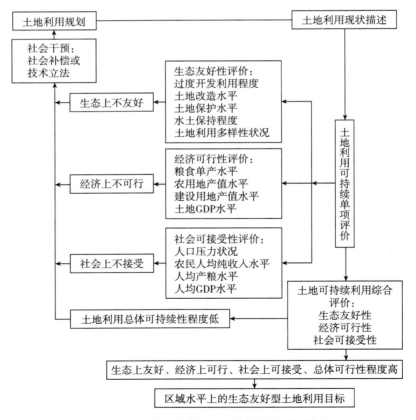

图5-1　土地可持续利用评价的基本过程模式

（二）土地可持续利用的综合评价方法

表5－2中的三大系列指标分别反映了土地可持续利用系统评价的具体内容和细节问题，这是整个评价工作必不可少的重要基础工作。然而，在此基础上，通常还需要将所有指标有机地综合起来，从而得到一个或几个综合性指数，以便把从不同角度进行评价的零星、分散的单项信息融合在一起，对整个区域土地利用系统得出整体性的评价和认识。这就是区域土地可持续利用的综合评价。

为了从整体上对区域土地可持续利用作出定量的评价，这里提出四个定量的综合性评价指标，即土地利用生态友好度、经济可行度、社会可接受度和总可持续度（Degrees of Overall Land Use Sustainability），分别反映土地利用系统中的生态友好性程度、经济可行性程度、社会可接受性程度和总体可持续性程度。这四种综合指标的测算方法如下：

1. 土地利用生态友好性程度（Degrees of Ecological Friendliness，D_{EF}）

如前文所述，反映土地利用生态友好性程度的单项指标有土地过度开发利用指数（I_{EE}）、土地改造指数（I_{LT}）、土地保护指数（I_{LP}）和水土保持指数（I_{SC}）等。因此，在分别测算这些指数值的基础上，可按照以下方法来定量计算土地利用生态友好度（D_{EF}）值：

$$D_{EF} = w_{11} \cdot I_{EE} + w_{12} \cdot I_{LT} + w_{13} \cdot I_{LP} + w_{14} \cdot I_{SC} \qquad (5-1)$$

在式（5－1）中，w_{11}、w_{12}、w_{13}和w_{14}分别为过度开发利用指数（I_{EE}）、土地改造指数（I_{LT}）、土地保护指数（I_{LP}）和水土保持指数（I_{SC}）的权重值。

D_{EF}值越高，表示土地利用的生态友好性程度越大。

2. 土地利用经济可行性程度（Degrees of Economic Viability，DEV）

表征土地利用经济可行性程度的单项指标有粮食单产指数（I_{YGC}）、农用地产值指数（I_{OVA}）、建设用地产值指数（I_{OVC}）和土地 GDP 指数（I_{GDPL}）等。在分别测算这些指数值的基础上，可按照以下方法来定量测算土地利用经济可行度（D_{EV}）值：

$$D_{EV} = w_{21} \cdot I_{YGC} + w_{22} \cdot I_{OVA} + w_{23} \cdot I_{OVC} + w_{24} \cdot I_{GDPL} \qquad (5-2)$$

在式（5－2）中，w_{21}、w_{22}、w_{23}和w_{24}分别为粮食单产指数（I_{YGC}）、农用地产值指数（I_{OVA}）、建设用地产值指数（I_{OVC}）和土地 GDP 指数（I_{GDPL}）的权重值。

D_{EV}值越高，表示土地利用的经济可行性程度越大。

3. 土地利用社会可接受性程度（Degrees of Social Acceptability，DSA）

表征土地利用社会可接受性程度的单项指标有人口压力指数（I_{PP}）、农民人均纯收入指数（I_{NIR}）、人均粮食产量指数（I_{PYG}）和人均 GDP 指数（I_{PGDP}）等。在分别测算这些指数值的基础上，可按照以下方法来定量测算土地利用社会可接

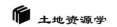

受度（D_{SA}）值：

$$D_{SA} = w_{31} \cdot I_{PP} + w_{32} \cdot I_{NIR} + w_{33} \cdot I_{PYG} + w_{34} \cdot I_{PGDP} \qquad (5-3)$$

在式（5-3）中，w_{31}、w_{32}、w_{33} 和 w_{34} 分别为人口压力指数（I_{PP}）、农民人均纯收入指数（I_{NIR}）、人均粮食产量指数（I_{PYG}）和人均 GDP 指数（I_{PGDP}）的权重值。

D_{SA} 值越高，表示土地利用的社会可接受性程度越大。

4. 土地利用总可持续性程度（Degrees of Overall Land Use Sustainability, DOS）

土地利用总可持续度是上述土地利用生态友好度（D_{EF}）、经济可行度（D_{EV}）和社会可接受度（D_{SA}）的有机综合与集成。在分别测算这三个综合指标值的基础上，可按照以下方法来定量测算土地利用总可持续度（D_{OS}）值：

$$D_{OS} = w_1 \cdot D_{EF} + w_2 \cdot D_{EV} + w_3 \cdot D_{SA} \qquad (5-4)$$

在式（5-4）中，w_1、w_2 和 1w_3 分别表示土地利用生态友好度（D_{EF}）、经济可行度（D_{EV}）和社会可接受度（D_{SA}）的权重值。

D_{OS} 值越高，表示土地利用的总体可持续性程度越大。

一般各指标对系统的影响程度是不同的，因此，在对系统进行综合评价时，通常需要确定各指标的不同权重值。这是土地利用评价过程中的重要环节。权重的确定方法主要有主成分分析法（Principal Components Analysis）、层次分析法（Analytic Hierarchy Process，AHP）、德尔菲法（Delphi Method）（或专家咨询法）等。其中，德尔菲法（专家咨询法）是较为常用的确定权重系数的方法，它通过组织专家对各因子权重进行赋值或打分，并通过反馈概率估算结果后，由专家对各因子权重进行第二轮、第三轮打分，使分散的赋值逐渐收敛，最后得到较为协调一致的各因子权重值。

五、土地利用可持续性分级系统

在计算出研究区域的土地利用生态友好度、经济可行度、社会可接受度和总可持续度值之后，还需要以此为依据，对土地利用生态友好性、经济可行性、社会可接受性和总体可持续性进行分级，以便对不同等级的生态友好性程度、经济可行性程度、社会可接受性程度和总体可持续性程度进行定性，使研究成果做到定性与定量相结合，更好地为实施区域土地可持续利用战略提供科学指导和决策依据。

（一）土地利用生态友好性分级

目前，国内外对土地利用生态友好性分级系统和分级标准尚未作过专门的探讨和研究。这里，根据笔者在长期调查和研究中形成的认识和体会，拟将区域土地利用生态友好性程度划分为五个等级，即高度友好（Highly Friendly）、中度友好（Moderately Friendly）、低度友好（Lowly Friendly）、不友好（Unfriendly）和很不友好（Very Unfriendly）。同时，还确定了各生态友好性等级的划分标准及基本含义（见表5-3）。

表5-3 山区土地利用生态友好性程度分级标准及基本含义

生态友好性等级	生态友好度值	基本含义
1. 高度友好	≥90	土地利用的生态友好性程度很高；土地开发利用活动没有对生态环境造成明显的影响和破坏；能够确保土地利用的生态可持续性
2. 中度友好	70~90	土地利用的生态友好性程度中等；土地开发利用活动对生态环境造成了一定程度的影响和破坏；通过采取一般性的生态建设与环境保护措施，可以确保土地利用的生态可持续性
3. 低度友好	55~70	土地利用的生态友好性程度较低；土地开发利用活动已对生态环境造成了显著的影响和破坏；需要采取切实有效的生态建设与环境保护措施，才能确保土地利用的生态可持续性
4. 不友好	40~55	土地利用的生态友好性程度低下；土地开发利用活动已对生态环境造成了较大的影响和破坏；需要采取强有力的生态建设与环境保护措施，才能确保土地利用的生态可持续性
5. 很不友好	<40	土地利用的生态友好性程度非常低，不友好性特别突出；土地开发利用活动已对生态环境造成了重大的影响和破坏；需要从根本上扭转土地利用方式并采取重大的生态建设与环境保护措施，才能确保土地利用的生态可持续性

（二）土地利用经济可行性和社会可接受性分级

同理，参照生态友好性程度等级体系及其划分标准，结合笔者在各地长期调查和研究中形成的认识和体会，拟将区域土地利用经济可行性程度划分为五个等级，即高度可行（Highly Viable）、中度可行（Moderately Viable）、低度可行（Lowly Viable）、不可行（Nonviable）和很不可行（Very Nonviable）。同样，可将山区土地利用的社会可接受性程度划分为五个等级，即高度可接受（Highly Acceptable）、中度可接受（Moderately Acceptable）、低度可接受（Lowly Acceptable）、不可接受（Unacceptable）和很不可接受（Very Unacceptable）。经济可行性程度和社会可接受性程度分级标准见表5-4。

表 5-4　山区土地利用经济可行性程度和社会可接受性程度分级系统及标准

经济可行性分级系统及标准		社会可接受性分级系统及标准	
经济可行性等级	经济可行度值	社会可接受性等级	社会可接受度值
1. 高度可行	≥90	1. 高度可接受	≥90
2. 中度可行	70~90	2. 中度可接受	70~90
3. 低度可行	55~70	3. 低度可接受	55~70
4. 不可行	40~55	4. 不可接受	40~55
5. 很不可行	<40	5. 很不可接受	<40

（三）土地利用总体可持续性分级

参照上述土地利用生态友好性程度、经济可行性程度和社会可接受性程度分级系统及标准，并考虑山区土地利用的总体特点，结合笔者在各地长期调查和研究中形成的认识和体会，这里拟将区域土地利用总体可持续性程度划分为五个等级，即高度可持续（Highly Sustainable）、中度可持续（Moderately Sustainable）、低度（勉强）可持续（Lowly Sustainable）、有条件可持续（Conditionally Sustainable）和不可持续（Unsustainable）。同时，还确定了各总体可持续性等级的划分标准及基本含义（见表5-5）。

表 5-5　山区土地利用可持续性程度分级标准及基本含义

可持续性等级	总可持续度	基本含义
1. 高度可持续	≥90	土地利用的生态友好性、经济可行性和社会可接受性程度均很高，因而总体的可持续性程度高；土地开发利用活动没有对生态环境造成明显的影响和破坏，且经济效益和社会效益好；能够确保"人口-资源-环境-经济发展"系统的协调性和土地利用系统的可持续性
2. 中度可持续	70~90	土地利用的总体可持续性程度为中等，生态友好性、经济可行性和社会可接受性有着不同程度的不足或缺陷；土地开发利用活动对生态环境造成了一定程度上的影响和破坏，或经济效益和社会效益不高；通过采取一般性的生态环境措施、经济措施或综合措施，一般可以确保"人口-资源-环境-经济发展"系统的协调性和土地利用系统的可持续性
3. 低度（勉强）可持续	55~70	土地利用的总体可持续性程度较低，生态友好性、经济可行性和社会可接受性有着显著的不足或缺陷；土地开发利用活动已对生态环境造成了显著的影响和破坏，或经济效益和社会效益低；需要采取切实有效的生态环境措施、经济措施或综合措施，才能确保"人口-资源-环境-经济发展"系统的协调性和土地利用系统的可持续性

可持续性等级	总可持续度	基本含义
4. 有条件可持续	40~55	土地利用的总体可持续性程度低下，生态友好性、经济可行性和社会可接受性有着较大的不足或缺陷，或者此三者中的 1~2 个方面有很大缺陷；如果能够采取强有力的生态环境措施、经济措施或综合措施，可以提高土地利用的可持续性程度，确保"人口－资源－环境－经济发展"系统的协调性和土地利用系统的可持续性
5. 不可持续	<40	土地利用的总体可持续性程度非常低，生态友好性、经济可行性和社会可接受性均有很大的不足或缺陷，或者此三者中的 1~2 个方面有重大缺陷，使土地利用系统的不可持续性特别突出；需要从根本上扭转土地利用方式并采取重大的生态环境措施、经济措施或综合措施，大幅度提高土地利用的总体可持续性程度，才能逐步增进"人口－资源－环境－经济发展"系统的协调性和土地利用系统的可持续性

第四节　土地利用区划

土地利用区划（Land Use Regionlization）是土地资源合理开发利用区划的简称[18]，也称土地利用地域分区，是指在土地资源评价和土地利用现状分析研究的基础上，从最大限度地获取经济效益、生态效益和社会效益的要求出发，对土地资源合理利用的方向、结构和布局形式在空间上进行分区划片[19]。它被认为是从空间上合理开发利用土地资源的一项战略措施[20]，因而是土地合理利用研究的重要内容之一，从而也是土地资源评价和土地利用现状分析研究的目的和归宿之一。

自 1963 年以来，中国在土地利用区划领域的研究成果不断涌现[18-72]，这些成果既有土地利用区划理论的探讨[19-27]和区划方法的尝试[28-48]，又涉及各级区域的土地利用区划实践，如国家级区划[49-52]、省级区划[18,53-62]、市县级区划[63-67]等，也有区划研究进展或综述[68-72]，使土地利用区划的理论和方法不断得到发展。

进行土地合理利用区划，最关键、最基本的问题有三点：一是区划原则的确定；二是区划指标的选取；三是分区系统的制定。此三者紧密联系，表现在区划原则是基础，区划指标是区划原则的具体体现，也是制定分区系统的基础和依据。三者从根本上决定了区划的科学性和区划成果的适用性，并反映区划研究的深度和水平。因此，科学地确定区划原则、客观地选取区划指标、合理地制定分区系统，便显得十分必要和重要。

一、土地利用区划的基础

作为应用基础性研究领域的土地利用区划，其研究的基础主要包括三个方面：一是土地资源评价；二是土地利用现状分析；三是研究区域的自然、社会经济条件分析。

（一）土地资源评价是土地利用区划最重要的基础、前提和依据

如前文所述，土地资源评价，尤其是土地适宜性评价，系根据各土地类型的固有特征（生态适宜性）以及经济合理性、社会需求性和技术可行性四方面来综合分析、评定土地的最佳利用方向和利用方式，以及该利用方式中存在的限制因素类型和限制程度的大小，从而指明了需要采取的改造措施以及改造的难易程度。这种评价成果，正是土地合理利用研究所必不可少的基础和依据，因而成为土地合理利用区划最重要的基础。离开了土地适宜性评价这一基础工作，土地合理利用区划便失去了前提和依据，因而难以进行或说不能很好地进行，进而极大地影响区划成果的科学性和适用性。这也正是为什么我们反复强调土地资源评价是基础而土地合理利用研究是归宿的原因所在。

（二）土地利用现状分析也是土地利用区划的基础依据之一

土地利用现状是人类长期利用土地、改造土地的产物。自从有了人类，便有了对土地的利用、改造。从某种意义上可以说，人类的发展过程也就是与土地打交道的过程。在人类的长期生产活动过程中，虽然对土地的利用和改造有着不合理的一面，但毫无疑问，人类经历长期生产实践，对于土地的特性、利用方式等均有了较为充分的认识，积累了丰富的经验。这种宝贵的历史经验，很值得人们在研究土地合理利用时参考、借鉴。土地利用现状分析研究的目的，也就是为土地合理利用研究提供依据。因此，在进行土地合理利用区划时，必须充分考虑研究区域的土地利用现状特征，将它作为区划的基础依据之一。

（三）区域自然及社会经济条件分析是土地利用区划不可缺少的依据

自然条件和社会经济条件，既是影响土地资源合理利用的因素，又是土地开发利用的可能条件。因此，在研究、制定土地合理利用区划方案，确定各区土地利用的方向、结构、布局形式时，必须全面、综合地分析研究区域的各种自然条件和社会经济条件，正确认识其有利条件和不利条件，充分利用其有利因素，发挥优势，扬长避短。

二、土地利用区划的原则

土地利用区划（或土地利用综合分区、地域分区）是因地制宜地实施区域土地资源可持续利用战略和管理的基础性工作。科学地确定分区原则、客观地选取分区指标、合理地制定分区系统、适当地运用科学的区划方法，是本项分区工作中最关键、最基本的环节。

区划原则取决于区划目的。这里进行的土地利用分区，一般系以最新的土地调查成果资料为基础，从未来研究区域因地制宜地实施土地资源可持续利用战略的实际需要出发，按照统筹区域协调发展的战略需求，根据研究区域自然和社会经济、土地资源禀赋和土地利用状况、经济社会发展战略和空间布局以及未来土地利用方向、结构、布局、政策和措施的区域差异性，综合地在空间上划分土地利用区域，并制定相应的区域土地利用政策、调控指标和措施，为统筹研究区域的区域土地利用和区域协调发展提供科学依据。根据这一土地利用分区的基本目的，可确定出以下六条区划原则：

（一）体现区域发展战略的要求

这里的土地利用区划是为了统筹区域土地利用、促进区域协调发展，因此，要求统筹区域土地利用研究要围绕区域发展战略来进行土地利用综合分区，并提出分区土地利用政策、调控指标和措施，以保障统筹区域协调发展目标的实现。

（二）综合考虑自然与经济社会条件的相似性

自然条件是土地利用的基础，尤其是地貌、气候、土壤、植被等是组成土地自然综合体的基本要素。自然条件的差异，为不同的土地利用提供了可能性，直接影响着土地利用方向、措施和效益。但是，自然条件所提供的可能性必须在一定的社会经济条件下才能实现。社会经济条件的差异，在很大程度上制约或促进了土地自然条件的利用，并影响到土地利用的方向、结构、布局、措施及其综合效益。因此，综合考虑区域自然条件和经济社会条件，依据各区域资源禀赋条件和产业发展定位对土地利用进行综合分区，才能因地制宜地合理利用和管理土地资源。

（三）土地资源禀赋条件、利用现状及存在问题的相对一致性

这是一条基础性原则。土地资源禀赋条件和土地利用现状是制定区域性土地利用规划的基础和依据；现有土地利用的存在问题可以为今后合理利用土地资源指明方向，是研究未来土地资源合理利用与整治方向和措施体系的重要依据。因此，在土地利用分区中，需要遵循这一基础性原则。

（四）土地资源合理利用与整治方向和管理措施的相对一致性

这一原则很重要，它可以说实现土地利用区划的基本原则。因为这一区

划是一种有着特定目的的区划，即它是为因地制宜地制定土地利用规划和可持续利用战略措施体系、保障统筹区域协调发展目标服务的。土地资源的合理利用、整治方向和管理措施是由多种因素决定的，不仅取决于土地资源固有的自然环境因素，还取决于土地利用的方式、规模、强度以及治理、改造、保护、管理等多种人为因素，此外，还与研究区域经济社会发展对土地资源及其利用的要求、国家与地方政策和法规等因素相关。因此，这是一条综合性的原则。

（五）集中连片性

集中连片是所有区划的共性和基本要求，它实际上也就是地理学上常说的区域共轭性原则。这一原则强调地域的整体性，每一个区划单位都必须且必然是空间上连续的地域个体。

（六）照顾到县级行政界线的完整性

在经济区划、农业区划、土地利用区划等许多区划中，一般都要求照顾到某一级行政界线的完整性，其基本目的是为了便于有关生产、计划、规划、管理等部门的实际应用。此外，保持行政界线的完整，也有利于有关基础资料的搜集和整理。就省级研究而言，由于其地域较广，一般省份在行政区划上包括了几十个甚至 100 多个县级行政单元，加之考虑到基础资料情况，因此，建议将省级土地利用综合分区照顾到县级行政界线的完整，即不打破县级行政界线。其他级别土地利用区划可以酌情考虑。

在以上六条原则中，前四条原则是为了实现区划目的而提出的，而后两条原则是为了取得区划界线而需要加以遵守的。

三、土地利用区划的指标

分区指标可以说是分区原则的实际应用和具体体现。在确定了分区原则之后，如何对上述原则进行科学的应用以及采用什么指标加以体现，这是进行分区的关键所在。这里以笔者 2013 年开展的云南省土地利用区划[18]为例，介绍省级土地利用区划指标体系。根据土地利用区划工作需要和可能得到的基础资料条件，在参考和借鉴以往土地利用综合分区指标体系的基础上，结合云南实际情况及指标的可获取性，建立了由 6 个指标类（即生态环境条件指标、社会经济条件指标、土地资源与土地利用结构指标、土地质量指标、土地开发整治指标和土地利用效率指标）、36 个元指标组成的云南省土地利用综合分区指标体系（见表 5 - 6）。

表 5－6 云南省土地利用区划指标体系及计算方法

指标类	代号	元指标	计算方法	基础数据来源
1. 生态环境条件指标	I_1	坝区土地面积比重（％）	$I_1 = \dfrac{\text{坝区土地面积}}{\text{土地总面积}} \times 100\%$	云南省坝子核定数据（2011 年）
	I_2	>25°土地面积比重（％）	$I_2 = \dfrac{\text{>25°土地面积}}{\text{土地总面积}} \times 100\%$	《云南省不同气候带和坡度的土地面积》
	I_3	年均气温（℃）	—	《云南省农业气候资料集》
	I_4	≥10℃积温（℃）		
	I_5	低热层土地面积比重（％）	$I_5 = \dfrac{\text{北热带面积} + \text{南亚热带面积}}{\text{土地总面积}} \times 100\%$	《云南省不同气候带和坡度的土地面积》
	I_6	高寒层土地面积比重（％）	$I_6 = \dfrac{\text{温带面积} + \text{寒温带面积}}{\text{土地总面积}} \times 100\%$	
	I_7	年均降水量（毫米/年）	—	《云南省农业气候资料集》
	I_8	森林覆盖率（％）	$I_8 = \dfrac{\text{有林地面积}}{\text{土地总面积}} \times 100\%$	"二调" 2009 年 12 月 31 日统一时点汇总数
	I_9	水土流失面积比重（％）	$I_9 = \dfrac{\text{轻度以上土壤侵蚀面积}}{\text{土地总面积}} \times 100\%$	引自《云南省 2004 土壤侵蚀现状遥感调查报告》
	I_{10}	年均土壤侵蚀模数（吨/平方公里·年）	$I_{10} = \dfrac{\text{年均土壤侵蚀量}}{\text{土地总面积}}$	《云南省 2004 土壤侵蚀现状遥感调查报告》
2. 社会经济条件指标	I_{11}	人均GDP（元/人）	$I_{11} = \dfrac{\text{地区生产总值（GDP）}}{\text{总人口}}$	《云南统计年鉴（2010）》
	I_{12}	第一产业比重（％）	$I_{12} = \dfrac{\text{第一产业产值}}{\text{地区生产总值}} \times 100\%$	
	I_{13}	第二产业比重（％）	$I_{13} = \dfrac{\text{第二产业产值}}{\text{地区生产总值}} \times 100\%$	
	I_{14}	第三产业比重（％）	$I_{14} = \dfrac{\text{第三产业产值}}{\text{地区生产总值}} \times 100\%$	
	I_{15}	农民人均纯收入（元/人）	—	
	I_{16}	人均粮食产量（千克/人）	$I_{16} = \dfrac{\text{粮食总产量}}{\text{总人口}}$	

指标类	代号	元指标	计算方法	基础数据来源
3. 土地资源与土地利用结构指标	I_{17}	人均土地面积（公顷/人）	$I_{17} = \dfrac{土地总面积}{总人口}$	"二调" 2009 年 12 月 31 日统一时点汇总数
	I_{18}	人均耕地面积（公顷/人）	$I_{18} = \dfrac{耕地面积}{总人口}$	
	I_{19}	土地利用率（%）	$I_{19} = \dfrac{已利用土地（农用地 + 建设用地）}{土地总面积} \times 100\%$	
	I_{20}	土地垦殖率（%）	$I_{20} = \dfrac{耕地面积}{土地总面积} \times 100\%$	
	I_{21}	建设用地比重（%）	$I_{21} = \dfrac{建设用地面积}{土地总面积} \times 100\%$	
	I_{22}	城镇工矿用地占建设用地比重（%）	$I_{22} = \dfrac{城镇工矿用地（城镇用地 + 工矿用地）}{建设用地面积} \times 100\%$	
4. 土地质量指标	I_{23}	宜耕地占耕地总面积比重（%）	$I_{23} = \dfrac{宜耕地面积}{耕地总面积} \times 100\%$	课题组分析研究数
	I_{24}	Ⅰ 等宜耕地占宜耕地总面积比重（%）	$I_{24} = \dfrac{一等宜耕地面积}{宜耕地总面积} \times 100\%$	
	I_{25}	Ⅱ 等宜耕地占宜耕地总面积比重（%）	$I_{25} = \dfrac{二等宜耕地面积}{宜耕地总面积} \times 100\%$	
	I_{26}	Ⅲ 等宜耕地占宜耕地总面积比重（%）	$I_{26} = \dfrac{三等宜耕地面积}{宜耕地总面积} \times 100\%$	
5. 土地开发整治指标	I_{27}	土地开发整理补充耕地潜力（公顷）	$I_{27} = 开发补充耕地 + 复垦补充耕地 + 整理补充耕地$	课题组调查研究数

续表

指标类	代号	元指标	计算方法	基础数据来源
5. 土地开发整治指标	I_{28}	>25°坡耕地占总耕地面积比重（%）	$I_{28} = \dfrac{>25°坡耕地面积}{耕地面积} \times 100\%$	"二调" 2009 年 12 月 31 日统一时点汇总数
	I_{29}	梯田梯地化水平（%）	$I_{29} = \dfrac{>2°梯田梯地面积}{>2°耕地面积} \times 100\%$	
	I_{30}	耕地有效灌溉率（%）	$I_{30} = \dfrac{耕地有效灌溉面积（水田+水浇地）}{耕地面积} \times 100\%$	
	I_{31}	裸地比例（%）	$I_{31} = \dfrac{裸地面积}{土地总面积} \times 100\%$	
6. 土地利用效率指标	I_{32}	总土地平均 GDP（元/公顷）	$I_{32} = \dfrac{地区生产总值（GDP）}{土地总面积}$	"二调" 2009 年 12 月 31 日统一时点汇总数与《云南统计年鉴（2010）》
	I_{33}	农用地平均第一产业产值（万元/公顷）	$I_{33} = \dfrac{第一产业产值}{农用地面积}$	
	I_{34}	建设用地平均二、三产业产值（万元/公顷）	$I_{34} = \dfrac{第一产业产值+第二产业产值}{建设用地面积}$	
	I_{35}	总人均建设用地（平方米/人）	$I_{35} = \dfrac{建设用地面积^{[65]}}{总人口}$	
	I_{36}	人均城乡建设用地（平方米/人）	$I_{36} = \dfrac{城乡建设用地（城镇+村庄+工矿）面积}{总人口}$	

　　按照表 5-6 中的各项指标计算方法及其基础数据来源，可以计算和确定出各县级单元的 36 个指标数据表，作为进行土地利用区划的基础依据。

四、土地利用区划的方法

（一）区划方法概述

　　区划的方法很多，较为常用的是综合分析法和分区单元归并法，也可以是这两种方法的综合。综合分析法系在综合分析和了解研究区域基本情况、土地利用特征、土地资源禀赋、后备土地资源潜力、人地关系特点、土地利用方向与措施的基础上来划分不同的土地利用区域。这种方法是定性的，大多带有主观经验的特点，因而也称为主观经验法。分区单元归并法，即将各个分区单元归并成不同的土地利用区，分区单元可以是行政单元，如以县（市、区）为分区单元，选取一定的指标，可以采用模糊聚类分析法，将分区单元归类，确定分区单元的归属，划分各类土地利用区域。经过认真分析、反复探索，土地利用区划主要应用模糊聚类分析方法（即定量的分区单元归并法）来进行，并在必要时辅之以综合分析法，以使分区方案更加完善、更加符合研究区域实际。

任何一种区划（或分区），其理论基础是地域分异理论，土地利用区划也是如此，它就是以区内相似性和区间差异性特征为基础，采用归纳相似性与区分差异性这一原理，来划分土地利用区域。这种分区的过程，实际上就是聚类的过程，即将那些在土地生态环境条件和社会经济条件、土地资源禀赋与土地利用结构、土地质量状况、土地开发整治和土地利用效率、土地资源利用方向与管理措施等方面大致相同或相似的分区单元聚为一类（即归纳为一个土地利用区域），而将差异较大的分区单元聚为不同的类（即区分为不同的土地利用区域）。因此，模糊聚类方法在土地利用分区工作中具有良好的应用前景。

（二）应用模糊聚类法进行土地利用区划的方法步骤

1. 区划指标数据的选取

指标及其计算见表 5 - 6。

2. 指标数据的处理

为便于分析、比较，通常需要进行数据标准化。采用以下公式[73]（极差标准化公式）：

$$x_{ij} = \frac{x_{ij} - \min\limits_{j}\{x_{ij}\}}{\max\limits_{j}\{x_{ij}\} - \min\limits_{j}\{x_{ij}\}} (i = 1, 2, \cdots, m; j = 1, 2, \cdots, n) \qquad (5-5)$$

在式（5 - 5）中，m 表示分区单元数（县数）；n 表示指标数。经过这种标准化所得的新数据，各要素的极大值为 1，极小值为 0，其余的数值均在 0 ~ 1。

3. 模糊相似矩阵 $\underline{R}$ $(r_{ij})_{max}$ 的建立

进行聚类，首先需要选择一个能衡量对象间相似性与差异性的分类统计量，即分类对象间的相似程度系数 r_{ij}，从而确定论域上的模糊相似矩阵 $\underline{R}$：

$$\underline{R} = \begin{bmatrix} r_{11} & r_{12} & \cdots & r_{1m} \\ r_{21} & r_{22} & \cdots & r_{2m} \\ \cdots & \cdots & \ddots & \cdots \\ r_{m1} & r_{m2} & \cdots & r_{mm} \end{bmatrix}$$

式中，$0 \leqslant r_{ij} \leqslant 1$，$i = 1, 2, \cdots, m$；$j = 1, 2, \cdots, m$。

4. 相似系数 r_{ij} 的计算

r_{ij} 的确定方法多达 10 余种，这里选用"夹角余弦法"来计算，其公式为：

$$r_{ij} = \frac{\sum_{k=1}^{n} x_{ik} x_{jk}}{\sqrt{(\sum_{k=1}^{n} x_{ik}^2)(\sum_{k=1}^{n} x_{jk}^2)}} \qquad (5-6)$$

在式（5-6）中，x_{ik} 表示标准化后第 i 个分区单元的第 k 个指标值，x_{jk} 表示标准化后第 j 个分区单元的第 k 个指标值。

5. 模糊聚类

模糊聚类有多种方法[74]，可以采用模糊等价矩阵聚类法。该法是把上述处理后得到的模糊相似关系矩阵，根据传递闭包方法改造成模糊等价关系矩阵，然后选定适当的 λ（∈ ［0，1］）值，利用模糊等价关系矩阵，在 λ 水平集上进行分类。

五、土地利用分区系统

分区系统合理与否，直接影响到区划成果的实用性。如果分区系统太简单，那么仅将研究区域粗略地划分成若干片区，似乎意义不大；反之，如果分区系统太繁杂，那么不便于有关部门的实际应用。什么样的分区系统才合理，这应由研究区域的范围大小、资源状况及自然条件等的复杂程度来决定。以云南省土地利用区划为例，根据省域自然环境（尤其是地貌格局）和社会经济条件复杂、土地利用地域差异较大的特点，云南省土地利用区划采用二级制的分区体系，即划分"区"和"亚区"。

"区"为一级土地利用区域，主要从宏观上反映省域土地利用总体格局的地域差异性特征，为统筹区域土地利用提供依据。由于云南为典型的山区省份，地貌格局复杂，而且总体的地貌格局从根本上决定了全省土地利用总体格局的地域差异性特点，因此，一级土地利用区域的命名采用"地理区位＋地貌格局或地貌类型组合＋区"来进行。"区"的代号用罗马字母 Ⅰ、Ⅱ、Ⅲ…表示。

"亚区"为二级土地利用区域，是在一级土地利用区域之内，进一步按照统筹区域协调发展的战略需求，主要根据土地利用主导功能或土地利用和整治方向的差异性来进行划分。二级土地利用区域的命名采用"主要地名或地理区位＋土地利用主导功能或土地利用和整治方向＋亚区"来进行。"亚区"的代号系在"区"代号（罗马字母）右下角用阿拉伯数字表示，如 $Ⅰ_2$、$Ⅱ_1$、$Ⅲ_3$ 等。

据此，在运用模糊聚类方法进行反复优选的基础上，再经综合分析、归并和局部调整，将全省划分为 5 个一级土地利用区域，即：Ⅰ滇东北中山山原区、Ⅱ

滇中中山湖盆高原区、Ⅲ滇东南中低山岩溶山原区、Ⅳ滇西北高山高原峡谷区和 Ⅴ滇西南中低山盆谷区[18]。其下又进一步分出 17 个亚区（二级区）。总体而言，这一土地利用综合分区的结果符合云南省的客观实际，基本上反映了云南省土地资源及其利用状况的地域差异性规律，因而是合理的、可行的。

第五节　土地利用规划

一、土地利用规划的概念与特性

（一）土地利用规划的概念、任务及作用

土地利用规划（Land use Planning），也可简称土地规划，是指人们为了改变并控制土地利用方向、优化土地利用结构和布局、提高土地产出率和综合效益，根据经济社会发展要求和当地的自然、经济和社会条件，对一定区域范围内的土地利用进行结构上和空间上的优化组合并在时间上予以实现的统筹安排[75]。它是因地制宜地合理组织土地利用的一项综合性战略措施，因而是土地合理利用研究的主要内容。

土地利用规划是保障"十分珍惜、合理利用土地和切实保护耕地"这一国策得以实现的重大举措。其任务有二：一是在国民经济各部门之间和各业生产之间合理地分配土地，使之形成一个与经济结构相适应的合理的土地利用结构；二是将各种用地尽可能配置在合适的土地类型上，做到"地尽其用"，并形成各种用地合理的空间组合与布局格式，从而使之能获得最佳的经济效益、生态效益和社会效益，而不导致土地质量的退化和人类生活环境的恶化。

土地利用规划对于规划区域的社会和经济发展、合理开发利用当地的土地资源、促进各业生产的发展具有十分重要的作用。土地利用规划所要解决的问题均为当今现代化建设迫切需要解决的课题，是规划地区今后较长一段时期内发展建设的蓝图。例如，拥有一定数量和质量的土地资源是高速度地发展农业生产、保障国家和区域粮食安全、经济安全、生态安全的必要前提和基础条件，因而尽力保护好土地尤其是耕地资源，便成为当今现代化建设的重要课题，也是土地利用规划的中心内容之一。又如，在当今国民经济和社会不断发展、人口迅速增长、各项建设事业均要求占用一定数量的土地资源的现实情况下，如何严格地控制农用土地（尤其是耕地）的非农业占用规模和速度，又能满足新型城镇化、工业化、交通、水利等各项建设事业对用地数量、质量和位置的具体要求，便成为当前土地利用规划中迫切需要解决的重大问题。当前国民经济调整的一项重要内容和任务，是实现各业生产结构的合理化。而一定的生产结构或经济结构，客观上均有与之相适应的用地结构（即土地利用结构），从某种意义上来讲，用地结构就是生产结构和经济结构在土地上的具体落实和最终体现。因此，土地利用规划常被视为规划区域的经济发展规划在土地上的具体落实。不仅如此，它同时也可以说是制定经济发展规划的必不可少的重要依据。只不过土地利用规划是从土地资源和土地利用规律的角度出发，去探求区域的发展模式，并论证区域经济发展规划是否合理。

（二）土地利用规划的特性

这里所说的土地利用规划主要是指土地利用总体规划，它具有以下七个明显的特点：

1. 综合性

它是多方向、多目标、多部门、多科学的综合。具体表现在以下五个方面：

（1）从规划的对象来看，涉及某一区域范围内的全部土地，而不是某一种用地或某一局部范围的土地，它实行的是城乡全部土地统一规划。

（2）从规划的任务来看，它需要综合各部门对土地的要求，协调各部门用地矛盾，调整整个区域用地结构与布局，使土地利用符合国民经济和社会发展及生态环境保护的需要，保障国民经济持续、稳定、协调地发展。也就是说，土地利用规划涉及规划区域内所有用地部门和用地项目，既包括农业生产部门（农、林、牧、渔等），又包括非农业生产部门，如城镇建设、工矿、交通运输、水利建设、国防、旅游、自然保护区等。它是所有这些用地部门和用地项目的综合规划，而不只是规划某部门或某一行业的用地。

（3）从规划的内容来看，它是以土地利用为中心，对土地资源的开发、利用、整治和保护进行统筹安排、全面考虑，综合地开发利用土地资源，而不是单一利用或单一的开发、整治、保护规划。

（4）从规划的目标来看，它不仅是提高某一种用地或某一部门用地的效益，特别注重的是提高规划区域内全部用地的整体效益，力求取得最佳的生态、经济、社会综合效益。

（5）从涉及的学科来看，土地利用规划涉及许多不同的学科领域，它需要自然地理学、经济地理学、生态学、生态经济学、农学、社会经济学、政治经济学、资源经济学、工程技术学、系统科学、控制论、3S 技术等诸多学科相配合、相交叉，协同作战。也就是说，要进行多学科、跨部门的综合研究。

2. 长期性

土地利用规划是土地利用的长期规划，必须对与土地利用有关的重要经济活动的长期变化趋势（如人口变化、城镇化进程、城乡居民消费水平、工农业发展、各业生产和发展建设布局等）作出预测，进而制定长远的土地利用规划，拟订战略性的土地利用方针和政策。为了实现土地资源的合理利用，逐步消除以往不合理利用土地的方式和后果，为实现规划区域国民经济和社会发展规划提供土地资源保障，必须要有一个长期的土地利用规划。一般而言，土地利用总体规划期限在 10 年以上，可展望到 20～50 年。

3. 战略性

土地利用规划以从时间和空间上合理组织土地利用（包括用地结构合理调整和用地结构优化布局）为基本内容，是土地利用的一项战略性措施。通过规划来确定与经济结构相适应的合理的用地结构，配置并形成各种用地合理的空间组合与布局格式，从而真正做到合理地利用土地，造福人类。

4. 统一性

土地利用规划的目的和要求就是土地资源的合理开发利用与生态环境的治理保护相统一，经济效益、生态效益和社会效益相统一，整体利益与局部利益相统一，当前利益与长远利益相统一。统一性贯穿于规划过程的始终。

5. 权威性

根据《中华人民共和国土地管理法》[76]等相关规定，土地利用总体规划一经批准，便具有了一定的权威性，必须严格执行。各级土地利用总体规划对其他类型土地规划（如区域土地整治规划、基本农田保护规划等）起约束和指导作用。

6. 强制性

一是依照《土地管理法》[76]等法律法规和相关规定，在编制土地利用总体规划时，下级规划应当服从上级规划，城乡建设用地规模、建设占用耕地规模等不得超过上一级规划的控制指标，而耕地保有量、基本农田保护面积、土地整治补充耕地规模等指标不得低于上一级规划的控制指标；二是土地利用总体规划一经批准，即成为法定文件，任何个人无权随意改动，使用土地的所有单位和个人必须按照土地利用总体规划确定的用途来使用土地。也就是说，国家依据土地利用总体规划实行土地用途管制，任何违反土地利用总体规划的行为均将受到严肃处理。

7. 整体控制性

土地利用总体规划以持续发展的观点，立足规划区域内的全部土地、所有用地部门和用地单位以及长远的整体利益，充分考虑土地利用的整体性，统筹安排各业各类用地，强调各部门用地规划必须服从其整体控制。从具体操作来看，一方面，以土地利用指标（定量）和用地布局（定位）来引导和控制土地使用者按规划的用地方案来使用土地，最终实现规划目标；另一方面，通过制定土地用途管制规则（定性）来制约土地利用，以确保规划目标的实现。因此，定量的土地利用指标的宏观控制、定位的土地利用布局和定性的土地用途管制规则，正是土地利用总体规划发挥其土地管理的"龙头"和"核心"作用的重要手段[75]。

二、土地利用规划的类型体系

中国是土地利用规划体系较为完备的国家，土地利用规划的类别较多，它包括不同类型、不同层次、不同时序的规划，构成了特色鲜明的土地利用规划体系。

（一）依规划时限划分

按规划时限不同，土地利用规划一般可分为长期规划、中期规划和短期规划。长期规划年限达 10 年以上，短期规划年限小于 5 年，中期规划介于两者之间。

自 1990 年以来中国编制的三轮土地利用总体规划均属于长期规划，它是编制中、短期规划和年度用地计划的依据。一般而言，中、短期规划多属于过渡性规划，例如，第三轮土地利用总体规划（2006 ~ 2020 年）中的近期规划（2006 ~ 2010 年）等，是长期规划的深化和补充，是由宏观向微观过渡的规划。

（二）依规划范围划分

依据规划范围的大小，中国现行的土地利用总体规划按照行政区域范围划分为全国、省级、地市级、县级、乡（镇）级五个基本层次。在各个层次之间，还可以根据区域经济发展需要，按自然区域范围或经济建设区域范围进行不同层次的跨行政区域的土地利用规划，如跨省（自治区）的三北（西北、华北和东北）防护林地区土地利用规划、京津唐地区土地利用规划、滇池流域土地利用规划等。

（三）依规划性质划分

按照规划性质（包括规划地位、作用和服务功能）的不同，可将土地利用规划分为土地利用总体规划、土地利用专项规划和土地利用详细规划。

1. 土地利用总体规划

土地利用总体规划，是对某一地域范围内全部土地资源的开发、利用、整治和保护所做的总体性、战略性的部署和安排，可简称"总规"。它具有总体性、综合性、宏观指导性和整体控制性，主要解决跨部门、跨行业的土地利用问题，是整个土地资源管理工作的"龙头"。

2. 土地利用专项规划

土地利用专项规划，是在土地利用总体规划的控制下，针对土地资源开发、利用、整治和保护中的某一专门问题而进行的规划，可简称"专规"。中国已有的土地利用专项规划主要是为保护耕地、改善和保护土地生态环境、提高土地利用率和产出率而编制的，例如，基本农田保护区规划、土地整治规划、盐碱地治理规划等。此类规划通常是在同级行政区域内进行，是同级土地利用总体规划的有机组成部分。

3. 土地利用详细规划

土地利用详细规划，是在土地利用总体规划或土地利用专项规划的控制和指导下，直接对某一地段或某一土地使用单位的土地利用及其配套设施作出具体的安排，可简称"详规"。它是土地利用总体规划或土地利用专项规划的深入和细化。例如，农场土地利用规划、林场土地利用规划、村庄用地规划、土地整治项目区规划设计等。

三、土地利用规划编制的原则

不同类别的规划，其编制的原则有所不同。所属学者论及的土地利用规划编制原则主要是因地制宜原则、逐级控制原则、综合效益原则、多方案比较原则、公众参与原则等。从土地利用总体规划来看，以县级规划为例，按照 2010 年国土资源部颁布的《县级土地利用总体规划编制规程》的规定，规划编制中遵循以下五个原则：

（一）依法编制

县级土地利用总体规划编制应遵循《中华人民共和国土地管理法》《基本农田保护条例》等相关法律、法规和规章的规定，符合地方有关土地管理法规的要求。

（二）统筹兼顾

县级土地利用总体规划编制应全面考虑经济、社会、资源、环境条件和土地供需状况，妥善处理全局与局部、当前与长远的关系，统筹安排土地利用。规划涉及的土地利用活动应避免或尽量减少对相邻地区产生负面影响。

（三）上下结合

县级土地利用总体规划编制在确定土地利用政策、规划目标与主要指标、土地利用布局与用途分区中，应注重上下级规划的协调和衔接。县、乡两级土地利用总体规划原则上应同步编制。

（四）充分协调

县级土地利用总体规划编制应与相关规划在用地规模和布局等方面做好协调。城市总体规划、村庄和集镇规划，江河、湖泊综合治理和开发利用等规划应与土地利用总体规划相衔接。

（五）公众参与

县级土地利用总体规划编制应采取多种形式，广泛听取基层政府、部门、专家和社会公众对规划目标、方案、实施措施等的意见和建议。

四、土地利用规划的任务与内容

由于土地利用规划的类别不同，各类规划的任务和内容不完全一致。由于县级土地利用总体规划是落实上级土地利用总体规划和指导乡（镇）土地利用总体规划的规划，是县域内土地利用、审批和监督的基本依据，被视为最为重要和关键的规划层次，因此，这里仍以县级规划为例来说明土地利用总体规划的任务和内容。

（一）土地利用规划的任务

根据国土资源部2010年颁布的《县级土地利用总体规划编制规程》[77]，县级土地利用总体规划的任务是：根据自然经济社会条件和上级规划的要求，研究确定土地利用的方针、目标和调控措施，合理调整土地利用结构和布局，统筹协调和合理安排县域内各业、各类用地，制定规划实施的各项保障措施。主要包括七个方面：①落实上级规划下达的任务，协调上下级规划；②研究制定土地利用的方针和目标，确定各类农用地、建设用地的调控指标；③统筹安排县域内土地利用结构、布局与主要用地规模；④划定土地用途区，落实建设用地空间管制，明确管制规则；⑤确定土地整治的规模、范围和重点区域；⑥分解下达乡（镇）土地利用调控指标；⑦制定实施规划的措施。

（二）土地利用规划的内容

按照国土资源部2010年颁布的《县级土地利用总体规划编制规程》[77]，县级土地利用总体规划编制应重点开展以下七个方面的内容：

1. 规划目标确定

应围绕实施经济社会发展战略，着眼解决土地利用的重大问题，提出规划期间土地利用调控目标。确定规划目标的依据主要是：①国民经济与社会发展规划；②上级规划的要求；③县域资源环境与经济社会状况；④土地供需状况与土地利用的主要问题等。

规划目标主要包括四个方面：①保护耕地特别是基本农田；②保障经济社会发展的必要用地；③保护和改善生态环境；④推进节约集约用地和农村土地整治等。

规划目标应通过具体的指标量化，主要包括耕地保有量、基本农田保护面积、城乡建设用地规模、新增建设占用耕地规模、土地整治补充耕地面积、人均城镇工矿用地、建设用地总规模、新增建设用地总量、新增建设占用农用地规模、交通水利等基础设施用地规模、城镇工矿用地规模、土地集约用地指标等。

2. 土地利用结构和布局调整

土地利用结构和布局调整方案的拟定应遵循以下六个原则和次序：①设定国土生态屏障网络用地；②优先保护耕地和基本农田；③保障基础设施建设用地；④优化城乡建设用地布局；⑤拓展农业生产和城乡绿色空间用地；⑥构建土地利用景观风貌。

土地利用结构和布局调整方案的制定，一般按以下五个步骤进行：

（1）明确结构和布局调整的条件。结构和布局调整必须满足上级规划下达的各项约束性指标，以及当地资源环境条件中的硬性约束。

（2）进行土地供需综合平衡。根据土地利用现状分析、潜力评价和需求预测，进行土地供求综合平衡。当县域内土地供给和需求难以平衡时，应依据规划编制原则和规划目标，提出对各类用地数量、结构与布局进行合理调配，解决供需矛盾的措施。

（3）提出结构和布局调整供选方案。在土地供需综合平衡的基础上，根据经济社会发展预期、实施途径和规划保障措施的不同，提出多个土地利用结构和布局调整的供选方案。

（4）开展多方案评价比较。从方案实施的可能性、效益、保障条件、社会敏感性等方面，对供选方案进行综合评价和比较选优，提出推荐方案。

（5）确定结构和布局调整方案。对提出的推荐方案及供选方案进行论证，征求有关地方、部门和专家意见，确定结构和布局调整方案。

3. 土地用途区划定和管制规则制定

县级土地利用总体规划编制，需要结合实际划定土地用途区。按《县级土地利用总体规划编制规程》[77]规定，土地用途区一般包括九个区，即：基本农田保护区、一般农地区、城镇村建设用地区、独立工矿区、风景旅游用地区、生态环境安全控制区、自然与文化遗产保护区、林业用地区和牧业用地区。各个土地用途区的划定要求和管制规则见表5-7。

4. 建设用地空间管制

《县级土地利用总体规划编制规程》[77]规定，为加强对建设用地的空间管制，按照保护资源与环境优先、有利于节约集约用地的要求，结合建设用地空间布局安排，划定建设用地管制边界和建设用地管制区。建设用地管制区应与土地用途分区相衔接，与规划主要控制指标相协调。

县级规划需要划定以下建设用地管制边界，确定五个相应的建设用地管制区：①中心城区建设用地规模边界和扩展边界，以及相应的允许建设区和有条件建设区；②建制镇镇区规模边界和扩展边界，以及相应的允许建设区和有条件建设区；③大中型工矿的建设用地规模边界，以及相应的允许建设区；④禁建边界，以及相应的禁止建设区；⑤结合实际，可对其他具有重要功能的镇村，划定建设用地规模边界和扩展边界，以及相应的允许建设区和有条件建设区。

表 5 – 7 县级规划土地用途区体系、划定要求和管制规则

序号	土地用途区体系	土地用途区划定要求	土地用途区管制规则
1	基本农田保护区	（1）下列土地应当划入基本农田保护区：①经国务院主管部门或者县级以上地方人民政府批准确定的粮、棉、油、蔬菜生产基地内的耕地；②有良好的水利与水土保持设施的耕地，正在改造或已列入改造规划的中、低产田，农业科研、教学试验田，集中连片程度较高的耕地，相邻城镇间、城市组团间和交通沿线周边的耕地；③为基本农田生产和建设服务的农村道路、农田水利、农田防护林和其他农业设施，以及农田之间的零星土地；（2）下列土地不应划入基本农田保护区：①已列入生态保护与建设实施项目的退耕还林、还草、还湖（河）耕地；②已列入城镇村建设用地区、独立工矿区等土地用途区的土地	（1）区内土地主要用作基本农田和直接为基本农田服务的农田道路、水利、农田防护林及其他农业设施；区内的一般耕地，应参照基本农田管制政策进行管护；（2）区内现有非农建设用地和其他零星农用地应当整理、复垦或调整为基本农田，规划期间确实不能整理、复垦或调整的，可保留现状用途，但不得扩大面积；（3）禁止占用区内基本农田进行非农建设，禁止在基本农田上建房、建窑、建坟、挖沙、采矿、取土、堆放固体废弃物或者进行其他破坏基本农田的活动；禁止占用基本农田发展林果业和挖塘养鱼
2	一般农地区	下列土地可划入一般农地区：①除已划入基本农田保护区、建设地区等土地用途区的耕地外，其余耕地原则上划入一般农地区；②现有成片的果园、桑园、茶园、橡胶园等种植园用地；③畜禽和水产养殖用地；④城镇绿化隔离带用地；⑤规划期间通过土地整治增加的耕地和园地；⑥为农业生产和生态建设服务的农田防护林、农村道路、农田水利等其他农业设施，以及农田之间的零星土地	（1）区内土地主要为耕地、园地、畜禽水产养殖地和直接为农业生产服务的农村道路、农田水利、农田防护林及其他农业设施用地；（2）区内现有非农业建设用地和其他零星农用地应当优先整理、复垦或调整为耕地，规划期间确实不能整理、复垦或调整的，可保留现状用途，但不得扩大面积；（3）禁止占用区内土地进行非农业建设，不得破坏、污染和荒芜区内土地

续表

序号	土地用途区体系	土地用途区划定要求	土地用途区管制规则
3	城镇村建设用地区	(1) 下列土地应划入城镇村建设用地区：①现有的城市、建制镇、集镇和中心村建设用地；②规划预留城市、建制镇、集镇和中心村建设用地；③开发区（工业园区）等现状及规划预留的建设用地； (2) 规划确定的应整理、复垦的城镇、村庄和集镇用地，不得划入城镇村建设用地区	(1) 区内土地主要用于城镇、农村居民点建设，与经批准的城市、建制镇、村庄和集镇规划相衔接； (2) 区内城镇村建设应优先利用现有低效建设用地、闲置地和废弃地； (3) 区内农用地在批准改变用途之前，应当按现用途使用，不得荒芜
4	独立工矿区	(1) 下列土地应划入独立工矿区：①独立于城镇村建设用地区之外，规划期间不改变用途的采矿、能源、化工、环保等建设用地（已划入其他土地用途区的除外）；②独立于城镇村建设用地区之外，规划期间已列入规划的采矿、能源、化工、环保等建设用地（已划入其他土地用途区的除外）； (2) 下列土地不应划入独立工矿区：①已列入城镇范围内的开发区（工业园区）不得划入独立工矿区；②规划确定应整理、复垦为非建设用地的，不得划入独立工矿区； (3) 区内建设用地应满足建设交通防护环保等建设条件，与居民点的安全距离应符合相关规定	(1) 区内土地主要用于采矿业以及其他不宜在居民点内安排的用地； (2) 区内土地使用应符合经批准的工矿建设规划及相关规划； (3) 区内因生产建设挖损、塌陷、压占的土地应及时复垦； (4) 区内建设应优先利用现有低效建设用地、闲置地和废弃地； (5) 区内农用地在批准改变用途之前，应当按现用途使用，不得荒芜
5	风景旅游用地区	下列土地应划入风景旅游用地区：①风景游赏用地、游览设施用地；②为游人服务而又独立设置的管理机构、科技教育、对外及内部交通、通信用地、水、电、热、气、环境、防灾设施用地等	(1) 区内土地主要用于旅游、休憩及相关文化活动； (2) 区内土地使用应当符合风景旅游区规划； (3) 区内影响景观保护和游览的土地，应在规划期间调整为适宜的用途； (4) 在不破坏景观资源的前提下，允许区内土地进行农业生产活动和适度的旅游设施建设； (5) 严禁占用区内土地进行破坏景观、污染环境的生产建设活动

序号	土地用途区体系	土地用途区划定要求	土地用途区管制规则
6	生态环境安全控制区	（1）下列土地应划入生态环境安全控制区：①主要河湖及其蓄滞洪区；②滨海防患区；③重要水源保护区；④地质灾害高危险地区；⑤其他为维护生态环境安全需要进行特殊控制的区域；（2）生态环境安全控制区的划定应与相关专业规划相衔接	（1）区内土地以生态环境保护为主导用途；（2）区内土地使用应符合经批准的相关规划；（3）区内影响生态环境安全的土地，应在规划期间调整为适宜的用途；（4）区内土地严禁进行与生态环境保护无关的开发建设活动，原有的各种生产、开发活动应逐步退出
7	自然与文化遗产保护区	下列土地应当划入自然与文化遗产保护区：①典型的自然地理区域、有代表性的自然生态系统区域以及已经遭受破坏但经保护能够恢复的自然生态系统区域；②珍稀、濒危野生动植物物种的天然集中分布区域；③具有特殊保护价值的海域、海岸、岛屿、湿地、内陆水域、森林、草原和荒漠；④具有重大科学文化价值的地质构造、著名溶洞、化石分布区及冰川、火山温泉等自然遗迹；⑤需要予以特殊保护的其他自然和人文景观、遗迹等保护区域	（1）区内土地主要用于保护具有特殊价值的自然和文化遗产；（2）区内土地使用应符合经批准的保护区规划；（3）区内影响景观保护的土地，应在规划期间调整为适宜的用途；（4）不得占用保护区核心区的土地进行新的生产建设活动，原有的各种生产、开发活动应逐步退出；（5）严禁占用区内土地进行破坏景观、污染环境的开发建设活动
8	林业用地区	下列土地应当划入林业用地区：①现有成片的有林地、灌木林、疏林地、未成林造林地、迹地和苗圃（已划入其他土地用途区的林地除外）；②已列入生态保护和建设实施项目的造林地；③规划期间通过土地整治增加的林地；④为林业生产和生态建设服务的运输、营林看护、水源保护、水土保持等设施用地	（1）区内土地主要用于林业生产，以及直接为林业生产和生态建设服务的营林设施；（2）区内现有非农业建设用地，应当按其适宜性调整为林地或其他类型的营林设施用地，规划期间确实不能调整的，可保留现状用途，但不得扩大面积；（3）区内零星耕地因生态建设和环境保护需要可转为林地；（4）未经批准，禁止占用区内土地进行非农业建设，禁止占用区内土地进行毁林开垦、采石、挖沙、取土等活动

序号	土地用途区体系	土地用途区划定要求	土地用途区管制规则
9	牧业用地区	下列土地应当划入牧业用地区：①现有成片的人工、改良和天然草地（已划入其他土地用途区的牧草地除外）；②已列入生态保护和建设实施项目的牧草地；③规划期间通过土地整治增加的牧草地；④为牧业生产和生态建设服务的牧道、栏圈、牲畜饮水点、防火道、护牧林等设施用地	（1）区内土地主要用于牧业生产，以及直接为牧业生产和生态建设服务的牧业设施；（2）区内现有非农业建设用地应按其适宜性调整为牧草地或其他类型的牧业设施用地，规划期间确实不能调整的，可保留现状用途，但不得扩大面积；（3）未经批准，严禁占用区内土地进行非农业建设，严禁占用区内土地进行开垦、采矿、挖沙、取土等破坏草原植被的活动

资料来源：国土资源部，县级土地利用总体规划编制规程［M］．北京：中国标准出版社，2010.

规模边界（Boundary of the Constructive Expansion Permitted Zone）依规划确定的城乡建设用地规模指标划定的允许建设区的范围界线。扩展边界（Boundary of the Constructive Expansion Limit）是规划确定的可以进行城乡建设的最终范围界线。禁建边界（Boundary of the Constructive Expansion Prohibited Zone）是规划确定的禁止建设区的范围界线。

允许建设区（Constructive Expansion Permitted Zone）是规划中确定的、允许作为建设用地利用、进行城乡建设的空间区域。有条件建设区（Constructive Expansion Conditionally – permitted Zone）是规划中确定的、在满足特定条件后方可进行城乡建设的空间区域。限制建设区（Constructive Expansion Restricted Zone）是允许建设区、有条件建设区和禁止建设区以外、禁止城镇和大型工矿建设、限制村庄和其他独立建设、控制基础设施建设、以农业发展为主的空间区域。禁止建设区（Constructive Expansion Prohibited Zone）是规划中确定的，以生态与环境保护空间为主导用途，禁止开展与主导功能不相符的各项建设的空间区域。

建设用地管制边界和管制区的划定要求和管制规则见表5－8。

5. 土地整治安排

在县级规划编制中，要根据统筹城乡发展和推进农村建设的总体要求，统筹安排、整体推进土地综合整治。《县级土地利用总体规划编制规程》[77]对此作出以下六条规定：

表 5-8　县级规划建设用地空间管制边界和管制区的划定要求和管制规则

建设用地空间管制分区	建设用地管制边界和管制区的划定要求	土地用途区管制规则
允许建设区	（1）规模边界按照有利发展、保护资源、保护环境的要求，在建设用地适宜性评价以及与其他相关规划充分协调的基础上，根据各类建设用地规模控制指标划定； （2）允许建设区应涵盖规划期内将保留的现状建设用地和规划新增的建设用地，划分为城镇、村庄、工矿等不同类型； （3）允许建设区布局应进行多方案比选，优先选择有利于保护耕地和环境、节约集约用地的方案，尽量利用存量建设用地和未利用地，少占农用地特别是耕地； （4）允许建设区应与城镇村建设用途区、独立工矿用途区的规模和范围相协调	（1）区内土地主导用途为城、镇、村或工矿建设发展空间； （2）区内新增城乡建设用地受规划指标和年度计划指标约束，应统筹增量与存量用地，促进土地节约集约利用； （3）规划实施过程中，在允许建设区面积不改变的前提下，其空间布局形态可依程序进行调整，但不得突破建设用地扩展边界； （4）允许建设区边界（规模边界）的调整，须报规划审批机关同级国土资源管理部门审查批准
有条件建设区	（1）有条件建设区在建设用地规模边界外，按照保护资源和环境、有利于节约集约用地的要求划定，避让优质耕地和重要的生态环境用地； （2）扩展边界应尽量采用主要河流、高速公路、铁路、绿化带、山体等具有明显隔离作用的地物； （3）在无原则性冲突时，建设用地扩展边界可采用其他相关规划的同类边界	（1）区内土地符合规定的，可依程序办理建设用地审批手续，同时相应核减允许建设区用地规模； （2）土地利用总体规划确定的农村土地整治规模已完成，经评估确认拆旧建设用地复垦到位，存量建设用地达到集约用地要求的，区内土地可安排新增城乡建设用地增减挂钩项目； （3）规划期内建设用地扩展边界原则上不得调整。如需调整按规划修改处理，严格论证，报规划审批机关批准
限制建设区	允许建设区、有条件建设区、禁止建设区以外的土地划入限制建设区	（1）区内土地主导用途为农业生产空间，是发展农业生产，开展土地整治和基本农田建设的主要区域； （2）区内禁止城、镇、村建设，控制线型基础设施和独立建设项目用地
禁止建设区	（1）自然保护区核心区、森林公园、地质公园、列入省级以上保护名录的野生动植物自然栖息地、水源保护区的核心区、主要河湖的蓄滞洪区、地质灾害高危险地区等，划入禁止建设区； （2）禁止建设区应与生态环境安全控制区、自然与文化遗产保护区的规模和范围一致	（1）区内土地的主导用途为生态与环境保护空间，严格禁止与主导功能不相符的各项建设； （2）除法律法规另有规定外，规划期内禁止建设用地边界不得调整

资料来源：国土资源部．县级土地利用总体规划编制规程［M］．北京：中国标准出版社，2010.

（1）土地整治安排要与经济社会发展规划、城乡建设规划、产业发展规划、基础设施建设规划、生态建设和环境保护规划、基本农田保护规划等相协调，提高规划的针对性和可操作性。

（2）土地整治安排，要深入调查分析各类土地整治潜力，综合考虑经济社会发展状况、改善生产生活的愿望和能力以及资金保障水平，明确土地整治的类型、规模和布局，确定土地整治重点区域和重点项目。

（3）农村土地整治安排，要注重保持农村风貌和当地特色，保留传统农耕文化和民俗文化中的积极元素，保护农村人文景观和生态环境。

（4）农村土地整治安排，要充分尊重农民意愿，切实维护农民权益。在整治方式、旧房拆迁、新居建设等方面要为农民提供多种选择。

（5）开展城乡建设用地增减挂钩工作的地方，要制定城乡建设用地增减挂钩方案，明确农村建设用地整治和城镇建设用地增加的规模、范围和复耕面积，确定拆旧区和建新区，共同组成增减挂钩项目区。增减挂钩要确保城乡建设用地总量不增加，耕地和基本农田不减少，质量有提升。

（6）有条件的地方，要将土地整治与城乡建设用地增减挂钩相结合，整合涉农的相关项目和资金。首先，整治的土地复垦为耕地；其次，用于农村基础设施和公共服务设施建设，预留农村发展用地；最后，节余的土地，用于城乡建设用地增减挂钩。

6. 乡（镇）土地利用调控控制

在县级规划编制中，应分析县域内各乡（镇）的自然、经济社会条件、土地资源现状和利用潜力，明确乡镇土地利用的方向及有关政策。

同时，根据土地用途分区、土地利用结构和布局调整方案以及基本农田保护、土地整治安排，在充分协调的基础上，拟定乡（镇）土地利用调控指标。

7. 近期规划安排

根据经济社会发展规划，综合考虑国家发展政策、城乡建设部署和土地供求状况，拟定各阶段的规划目标和主要任务，重点对近期土地利用做出安排，明确近期耕地保护、节约集约用地、土地整治和重点建设项目用地等，提出近期土地利用调控指标和布局安排。

8. 规划实施措施制定

围绕规划目标和方案，制定行政、经济、技术和社会等规划实施措施，确保规划有效实施。规划措施的制定应符合国家法律法规和政策要求，同时要从县（区）实际出发，具有针对性和可操作性。规划措施要重点针对保护耕地、控制建设用地、推进土地整治等方面，提出领导责任、组织制度、财政保障和监督管理等具体要求。

五、土地利用规划的成果要求

以县级土地利用总体规划为例，按照国土资源部《县级土地利用总体规划编制规程》[77]的规定，规划成果包括规划文本、规划图件、规划说明、规划数据库及其他材料。除纸质形式外，规划成果应按照县级土地利用总体规划数据库标准、县级土地利用总体规划制图规范的有关要求，形成相关电子数据。此外，应对规划成果进行校验和检查，确保文字、图件、数据、表格的一致性。

（一）规划文本

规划文本的主要内容包括 12 个部分：前言、规划背景、规划目标、土地利用结构和布局调整、耕地和基本农田保护、建设用地调控和用地安排、土地生态建设与环境保护、土地用途分区管制、土地整治安排、乡（镇）土地利用调控、近期规划、规划实施措施。

（二）规划图件

1. 必备图件

必备图件一般包括土地利用现状图、土地利用总体规划图、建设用地管制分区图、基本农田保护规划图、土地整治规划图、重点建设项目用地布局图、中心城镇土地利用现状图和规划图。必备图件比例尺一般为 1：50000；可根据县行政辖区面积的实际情况，可适当调整图件比例尺。

在土地利用现状图上，应标注按照土地用途规划分类进行转换形成的现状地类以及水系、交通、地形、地名和行政区划要素。

土地利用总体规划图、建设用地管制分区图、基本农田保护规划图、土地整治规划图、重点建设项目用地布局图、中心城镇土地利用规划图，应在土地利用现状图的基础上，标注相应的规划要素以及水系、交通、行政区划等其他要素。

2. 其他图件

根据实际需要，可编制其他相关图件。包括区位分析图、遥感影像图、数字高程模型图、生态用地空间组织图、城镇用地空间组织图、交通设施空间组织图、农业产业用地布局图、工业用地空间整合规划图、基本农田调整分析图、土地生态适宜度分级图、土地适宜性评价图、土地利用潜力分析图等。

（三）规划说明

规划说明应包含以下六个主要内容：①规划编制过程；②关于上轮规划实施的情况、存在问题和经验；③关于规划基础数据；④关于规划主要内容的说明，包括规划目标、土地利用结构和布局调整、耕地和基本农田保护、建设用地调控与用地安排、土地生态建设和环境保护、土地整治、土地用途分区管制、建设用地空间管制、乡镇土地利用控制、近期规划等；⑤关于规划实施保障措施；⑥关于规划的协调、论证和修改情况。

（四）规划数据库

规划数据库是规划成果数据的电子形式，包括符合县级土地利用总体规划数据库标准的规划图件的栅格数据和矢量数据、规划文档、规划表格、元数据等。规划数据库内容应与纸质的规划成果内容一致。

（五）其他材料

包括规划编制过程中形成的专题研究报告、工作报告、规划大纲、基础资料、会议纪要、部门意见、专家论证意见、公众参与记录等。

参考文献

[1] 刘与任. 国土经济学 ［M］. 北京：经济科学出版社，1986.

[2] 杨子生，刘彦随. 中国山区生态友好型土地利用研究 ［M］. 北京：中国科学技术出版社，2007.

[3] 钱海滨，薛永森，田彦军. 土地资源合理利用评价研究综述 ［J］. 中国土地科学，2001，15（2）：14－19.

[4] 宗树森. 土地工作手册 ［M］. 北京：农村读物出版社，1987.

[5] 全国农业区划委员会. 土地利用现状调查技术规程 ［M］. 北京：测绘出版社，1984.

[6] 中华人民共和国国家质量监督检验检疫总局，中国国家标准化管理委员会. 中华人民共和国国家标准（GB/T21010－2017）：土地利用现状分类［M］. 北京：中国标准出版社，2017.

[7] 宗树森. 谈土地技术经济指标体系 ［J］. 国土与自然资源研究，1987（3）：22－25.

[8] David Rhind, Ray Hudson. Land Use ［M］. London：Methuen，1980.

[9] FAO. FESLM：An International Framework for Evaluating Sustainable Land Management ［R］. Rome：World Soil Resources Report No. 73，Food and Agriculture Organization of the United Nations，1993.

[10] 彭建，王仰麟，吴健生，等. 我国土地持续利用研究进展 ［J］. 中国土地科学，2002，16（5）：37－45.

[11] 姜志德. 土地资源可持续利用概念的理性思考 ［J］. 西北农林科技大学学报（社会科学版），2001，1（4）：57－61.

[12] The World Commission on Environment and Development（WCED）［M］. Our Common Future. Oxford：Oxford University Press，1987.

[13] Yang Zisheng, Liang Luohui. Traditional Land Use for Sustainable Land Use：The Case of

Yunnan Province, China ［A］//Saskia Sassen and Peter Marcotullio ［EB/OL］. Human Resource System Challenge Ⅶ：Human Settlement Development, in Encyclopedia of Life Support Systems （EOLSS）. Oxford, UK：Eolss Publishers, 2004.

［14］FAO. The State of Food and Agriculture ［R］. Rome：Food and Agriculture Organization of the United Nations, 1991.

［15］陈百明, 张凤荣. 中国土地可持续利用指标体系的理论与方法 ［J］. 自然资源学报, 2001, 16 （3）：197 – 203.

［16］陈百明. 区域土地可持续利用指标体系框架的构建与评价 ［J］. 地理科学进展, 2002, 21 （3）：204 – 215.

［17］张凤荣, 王静, 陈百明, 等. 土地资源可持续利用指标体系与评价方法 ［M］. 北京：中国农业出版社, 2003.

［18］杨子生, 赵乔贵. 云南省土地利用区划研究 ［A］//杨子生. 中国土地开发整治与建设用地上山研究 ［M］. 北京：社会科学文献出版社, 2013：15 – 29.

［19］杨子生. 在土地适宜性评价基础上进行土地合理利用区划初探 ［J］. 国土与自然资源研究, 1991 （4）：26 – 29.

［20］杨子生, 郝性中. 土地利用区划几个问题的探讨 ［J］. 云南大学学报 （自然科学版）, 1995, 17 （4）：363 – 368.

［21］许牧. 试论土地利用区划 ［J］. 经济地理, 1982 （1）：18 – 21.

［22］李盛湖. 对土地利用区划的研讨 ［J］. 干旱区研究, 1994, 11 （4）：38 – 42.

［23］徐邓耀, 税远友. 论土地利用分区 ［J］. 四川师范学院学报 （自然科学版）, 1996, 17 （2）：71 – 74.

［24］李乔, 唐景新. 干旱绿洲区土地利用分区理论与方法研究——以新疆吐鲁番市土地利用分区为例 ［J］. 干旱区研究, 1998, 15 （3）：60 – 64.

［25］韩书成, 濮励杰. 土地利用分区内容及与其他区划的关系 ［J］. 国土资源科技管理, 2008, 25 （3）：11 – 16.

［26］张洁瑕, 陈佑启, 姚艳敏. 现代土地利用区划新设想 ［J］. 地理与地理信息科学, 2008, 24 （4）：75 – 79.

［27］蔡玉梅, 郑伟元. 土地利用分区与差别化的土地利用政策 ［J］. 国土资源, 2008 （12）：53 – 54.

［28］高慧卿, 樊兰瑛. 山西省土地利用分区方法初探 ［J］. 农业系统科学与综合研究, 1994, 10 （4）：309 – 312, 314.

［29］王虚, 张正雄, 李学明, 等. 聚类分析在土地利用分区中的应用[J]. 安徽农业科学, 1995, 23 （4）：360 – 362.

［30］杨子生, 杨绍武. 模糊聚类方法在四川省土地利用区划中的应用 ［A］//中国自然资源学会. 土地资源与土地资产研究论文集 ［M］. 长沙：湖南科学技术出版社, 1996：513 – 519.

［31］郑新奇. 山东省土地利用分区界限模型判别的探讨 ［J］. 农业系统科学与综合研究, 1996, 12 （3）：172 – 175.

［32］甘永萍．聚类分析方法在土地利用区划中的应用——以广西河池市为例［J］．广西师范学院学报（自然科学版），1997，14（2）：9－13.

［33］周生路，傅重林，铁成，等．土地利用地域分区方法研究——以桂林市为例［J］．土壤，2000，32（1）：6－10.

［34］陈百明．基于区域制定土地可持续利用指标体系的分区方案［J］．地理科学进展，2001，20（3）：247－253.

［35］王秀红，何书金，张镱锂，等．基于因子分析的中国西部土地利用程度分区［J］．地理研究，2001，20（6）：731－738.

［36］姚晓军，马金辉，年雁云，等．最小方差法在甘肃省土地利用分区中的应用［J］．甘肃科学学报，2005，17（1）：48－52.

［37］彭建，王军．基于 Kohonen 神经网络的中国土地资源综合分区［J］．资源科学，2006，28（1）：43－50.

［38］李默，李晓东，马爱慧．基于 SPSS 的新疆土地利用分区［J］．资源与产业，2006，8（4）：59－62.

［39］王雁雁，王红梅．基于土地利用现状评价的黑龙江省分区［J］．国土与自然资源研究，2007，（1）：52－53.

［40］张雅杰，张俊玲，杨洋，等．层次聚类分析法在连州市土地利用分区中的应用［J］．国土资源科技管理，2007，24（5）：71－76.

［41］张彤吉，赵言文，朱闪闪．基于 SPSS 的长三角土地利用分区研究［J］．江西农业学报，2007，19（11）：77－80.

［42］张洁瑕，陈佑启，姚艳敏，等．基于土地利用功能的土地利用分区研究——以吉林省为例［J］．中国农业大学学报，2008，13（3）：29－35.

［43］丛明珠，欧向军，赵清，等．基于主成分分析法的江苏省土地利用综合分区研究［J］．地理研究，2008，27（3）：574－582.

［44］孙伟，严长清，陈江龙，等．基于自然生态约束的滨湖城市土地利用分区——以无锡市区为例［J］．资源科学，2008，30（6）：925－931.

［45］齐伟，曲衍波，刘洪义，等．区域代表性景观格局指数筛选与土地利用分区［J］．中国土地科学，2009，23（1）：33－37.

［46］焦庆东，杨庆媛，冯应斌，等．基于 Pearson 分层聚类的重庆市土地利用分区研究［J］．西南大学学报（自然科学版），2009，31（6）：173－178.

［47］赵荣钦，黄贤金，钟太洋，等．聚类分析在江苏沿海地区土地利用分区中的应用［J］．农业工程学报，2010，26（6）：310－314.

［48］张俊平，胡月明，阚泽胜，等．基于主分量模糊 c－均值算法的区域土地利用分区方法探讨——以广东省大埔县为例［J］．经济地理，2011，31（1）：134－139.

［49］邓静中．我国土地利用现状区划［A］//中国农业土壤志［M］．北京：农业出版社，1964：23－48.

［50］赵其国．中国土地资源及其利用区划［J］．土壤，1989，20（3）：113－119.

［51］封志明．一个基于土地利用详查的中国土地资源利用区划新方案［J］．自然资源学

报，2001，16（4）：325 – 333.

［52］陈百明. 中国土地利用与生态特征区划［M］. 北京：气象出版社，2003：19 – 51.

［53］赵小敏，鲁成树，刘菊萍. 江西省土地利用分区研究［J］. 江西农业大学学报，1998，20（3）：387 – 392.

［54］黄进良，饶鸣，张宇宾. 湖北土地利用区划与可持续利用区域模式［J］. 华中师范大学学报（自然科学版），2002，36（4）：521 – 525.

［55］邓敏娜，张明辉，黄飞. 湖南省土地合理利用与战略分区研究［J］. 国土资源导刊，2006，3（6）：21 – 24.

［56］陈云川，朱明苍，罗永明. 区域土地利用综合分区研究——以四川省为例［J］. 软科学，2007，21（1）：92 – 95.

［57］吴胜军，洪松，任宪友，等. 湖北省土地利用综合分区研究［J］. 华中师范大学学报（自然科学版），2007，41（1）：138 – 142.

［58］王玉波，雷国平. 统筹黑龙江省土地利用分区与战略对策研究［J］. 地理与地理信息科学，2008，24（2）：61 – 65.

［59］廖晓勇，陈治谏，王海明，等. 西藏土地利用综合分区［J］. 山地学报，2009，27（1）：96 – 101.

［60］张元玲，任学慧，钞锦龙. 辽宁省土地利用综合分区研究［J］. 资源与产业，2009，11（4）：46 – 50.

［61］潘竟虎，石培基，孙鹏举. 统筹甘肃省土地利用分区研究［J］. 中国土地科学，2009，23（9）：9 – 14.

［62］李淑杰，窦森，王利敏. 吉林省土地利用综合分区及调控政策研究［J］. 安徽农业科学，2010，38（2）：846 – 848，882.

［63］雒爱萍. 西安市土地利用分区［J］. 地域研究与开发，1994（4）：28 – 31，64.

［64］尹丽萍，董玉祥. 广东佛山土地利用区划研究［A］//刘彦随，熊康宁，但文红. 中国农村土地整治与城乡协调发展研究［M］. 贵阳：贵州科技出版社，2013：519 – 526.

［65］钟文，杨子生. 基于扶贫开发的我国西南边疆县级土地利用区划研究——以云南芒市为例［A］//刘彦随，杨子生，方斌. 中国土地资源科学创新与精准扶贫研究［M］. 南京：南京师范大学出版社，2018：97 – 104.

［66］李鹏飞. 基于精准扶贫战略的长江上游国家深度贫困县土地利用区划——以云南东川区为例［D］. 云南财经大学，2019.

［67］李秋德. 基于精准扶贫战略的山区贫困县土地利用分区研究——以云南省禄劝彝族苗族自治县为例［D］. 云南财经大学，2020.

［68］郭娅，濮励杰，赵姚阳，等. 国内外土地利用区划研究的回顾与展望［J］. 长江流域资源与环境，2007，16（6）：759 – 763.

［69］郧文聚，范金梅. 我国土地利用分区研究进展［J］. 资源与产业，2008，10（2）：9 – 14.

［70］张洁瑕，陈佑启. 中国土地利用区划研究概况与展望［J］，中国土地科学，2008，22（5）：62 – 68.

［71］范树平，程久苗，程美琴，等．国内外土地利用分区研究概况与展望［J］．广东土地科学，2009，8（4）：22－27.

［72］冯红燕，谭永忠，王庆日，等．中国土地利用分区研究综述［J］．中国土地科学，2010，24（8）：71－76.

［73］徐建华．现代地理学中的数学方法（第 2 版）［M］．北京：高等教育出版社，2002.

［74］毛禹功，何湘藩，戴正德，等．现代区域规划模型技术［M］．昆明：云南大学出版社，1991.

［75］吴次芳．土地利用规划［M］．北京：地质出版社，2000.

［76］全国人民代表大会常务委员会．中华人民共和国土地管理法［Z］．中华人民共和国全国人民代表大会常务委员会公报，1998（4）：341－355.

［77］中华人民共和国国土资源部．县级土地利用总体规划编制规程［M］．北京：中国标准出版社，2010.

第六章　土地资源整治

　　土地资源整治是土地资源学研究的重要内容，它是实现土地资源合理开发利用的保证和措施之一。其研究的内容颇多，以往传统意义上的土地整治主要偏向于土地资源治理改造。自 1999 年以来，土地管理行业部门开展的土地整治专指土地开发、复垦与整理。本章与土地管理行业部门的土地整治研究范畴相统一，以利于更好地发挥土地资源学科在土地管理行业部门中的指导作用。

第一节　土地开发、复垦和整理的基本概念辨析

　　自 1999 年 1 月实施的《中华人民共和国土地管理法》首次提出"国家鼓励土地整理"之后，国内陆续出现了很多概念，例如，土地整理复垦、土地整理复垦开发、土地开发整理复垦、土地开发整理、土地整治、农村土地整治、土地综合整治等。2002 年，在全国范围内首次开展了国家级、省级、地市级和县级土地开发整理规划（相当于第一轮土地整治规划），内容包括土地开发、复垦、整理三个方面[1]。2003 年 3 月，国土资源部正式出台了《全国土地开发整理规划（2001 – 2010 年）》[2]。

　　2010 年 6 月国土资源部发布的中华人民共和国土地管理行业标准《市（地）级土地利用总体规划编制规程》《县级土地利用总体规划编制规程》和《乡（镇）土地利用总体规划编制规程》均将土地整治的概念确定为"对低效、空闲和不合理利用的土地进行治理，提高土地利用率和产出率的活动，是各类土地整理、复垦、开发等活动的统称"[3~5]，并将土地整治的英文确定为 Land Consolidation and Improvement，即兼有土地整理（Land Consolidation）和土地改良（Land Improvement）的含义。

　　2013 年 1 月国土资源部发布的中华人民共和国土地管理行业标准《市（地）

级土地整治规划编制规程》和《县级土地整治规划编制规程》均将土地整治的概念确定为"以提高土地利用率、保障土地资源可持续利用为目的，对未合理利用土地的整理，因生产建设破坏和自然灾害损毁土地的修复以及未利用土地的开发等活动。土地整治包括农用地整理、农村建设用地整理、城镇工矿建设用地整理、土地复垦和宜耕后备土地资源开发等"[6,7]，并将土地整治的英文确定为Land Rearrangement。

上述表明，近20多年来，土地管理行业部门开展的土地整治系专门指土地开发、土地复垦与土地整理，是此三者的统称。为了更好地调查和分析区域土地整治潜力（包括农用地整理潜力、农村建设用地整理潜力、城镇工矿建设用地整理潜力、土地复垦潜力和宜耕后备土地资源开发潜力等）的数量、分布和整治前景，进而为合理地编制区域土地整治规划提供科学依据，这里需要对土地开发、土地复垦和土地整理三个基本概念进行辨析。

一、土地开发的概念界定

土地开发是人类生存和发展的基础。所谓土地开发（Land Exploitation 或 Land Development），通常是指至今尚未为人类所利用以及利用不充分、不合理的土地资源开始发挥其应有作用和功能的活动或过程。可见，已开发土地与未开发土地，其本身的概念是相对而言的。严格地讲，只要有人居住的地区，总会有一定程度的开发；而完全未开发的土地，只能是人迹未至之处。这里所说的未开发土地，实际上主要是指那些开发利用程度很低的土地。例如，中国已有的土地利用分类系统把荒草地、盐碱地、沼泽地、沙地、裸土地、裸岩石砾地、田坎等列为未利用土地，但实际上这些未利用土地已不同程度地为人类所利用，只是相对于现有耕地、园地等农用地和城镇村庄及工矿用地等建设用地而言，其开发利用程度较低，效益也很低下，因而被列入"未利用土地"中，并被作为后备土地资源（或称待开发土地资源）。无疑，对于已开发土地，由于自然、经济、社会、技术等诸多原因，其潜力大多都还未得以充分发挥，因而都还存在着进一步充分、合理利用（即进一步开发）的问题，也就是通常所说的"深度开发"的问题。从各类土地的分布情况来看，即使是在已开发利用土地的范围内，也散布着部分未开发利用的零星土地。

从目前国内外有关文献来看，土地开发的概念有广义和狭义之分。

广义的土地开发概念认为，土地开发应当包括两个方面：一是对开发利用潜力尚未充分发挥的已利用土地（如耕地、园地、林地、牧草地、已利用水面、城镇村庄及工矿用地、交通用地、水利设施用地等）进行进一步开发，以挖掘其潜力，充分发挥其应有的作用和功能，满足人类和经济社会发展的需求。这类开发又可称为深度开发。二是对未利用土地（如荒草地、盐碱地、沼泽地、沙地、裸土地、裸岩石砾地、田坎等）进行开发和利用，使这些尚未发挥作用和功能的后备土地资源（或称待开发土地资源）开始发挥其应有的作用和功能。这种开发又可称为广度开发。例如，中国以往开展的农业综合开发，既包括了对已利用农业资源的开发（如中低产田地的改造），又包括了农业后备资源（主要是荒山、荒地、荒滩和荒水——"四荒"资源）的开发。

狭义的土地开发概念则仅指对未利用土地（如荒草地、盐碱地、沼泽地、沙地、裸土地、裸岩石砾地、田坎等）的开发，大致相当于农业综合开发中的"四荒"资源开发，也即广度开发。原国家土地管理局 1997 年 10 月发布和实施的《县级土地利用总体规划编制规程（试行）》采用的即为狭义的土地开发概念，将其定义为"指对未利用的后备土地资源采取工程和生物等措施，使其投入经营与利用的活动"。国土资源部 2002 年 7 月印发的《省级土地开发整理规划编制要点》和《县级土地开发整理规划编制要点》也采用类似的概念，将土地开发定义为"在保护和改善生态环境、防止水土流失和土地荒漠化的前提下，采取工程、生物等措施，将未利用土地资源开发利用与经营的活动"。2013 年 1 月国土资源部发布的《市（地）级土地整治规划编制规程》和《县级土地整治规划编制规程》均将宜耕后备土地资源开发的对象确定为未利用的宜耕土地。

考虑到土地整治规划编制以及土地整治项目安排的实际需要，这里采用土地管理行业部门相关技术规程中规定的土地开发概念，即狭义的土地开发概念，也就是仅指土地的广度开发（即未利用土地开发）。至于广义土地开发概念中的深度开发问题，实际上已包含于后面的土地整理之中。

二、土地复垦的概念界定

土地复垦（Land Reclamation）的概念相对较为容易理解，从字义上解释，所谓复垦，是指重新开垦、恢复性开垦之意，其对象无疑是已遭破坏或损害的土地，主要包括两类：一是工矿等建设中造成破坏和废弃的土地，二是因自然灾害造成破坏和废弃的土地。参照国土资源部相关技术规程的规定，可将土地复垦定义为：指采取工程、生物等措施，对在生产建设过程中因挖损、塌陷、压占造成破坏、废弃的土地和自然灾害造成破坏、废弃的土地进行整治，使其恢复到可利用状态的活动。

三、土地整理的概念界定

（一）术语称谓与英文译名

综观国内外有关土地整理的文献资料，不同的国家和地区所采用的土地整理概念和称谓明显不同。德国是最早使用"土地整理"术语的国家，其后法国、俄罗斯、瑞士、加拿大、朝鲜等国也称为土地整理；日本则称为土地整治；韩国称为土地调整措施；前南斯拉夫、匈牙利称为土地调整。就中国来看，20世纪初期曾出现了"土地整理"一词，到20世纪50年代又学习苏联经验而采用过"土地整理"；中国台湾则采用"土地重划"一词；在20世纪60～90年代中期，中国有关文件和文献很少使用"土地整理"术语，而代之为土地开发、土地复垦、土地治理、土地改良、土地保护、土地整治等称谓；1996年以来，中国逐步使用"土地整理"一词，这是经济社会发展对土地利用提出新要求的结果，近年来土地整理已成为中国土地利用研究与管理中的热点领域。

见诸文献的土地整理英文译名也有多种，一是 Land Arrangement，Arrangement 基本含义是整理、排列、布置，因而 Land Arrangement 具有将散乱的土地进行整理和调整之意，符合通常土地整理的基本内容——调整用地，合并地块，规整田块形状等；二是 Land Reorganization，Reorganization 的基本含义为重新安排、重组、改组、改编，故 Land Reorganization 也有对土地重新进行组织和安排（如归并地块等）之意；三是 Land Re - Adjustment，Re - adjustment 的基本含义为重新调整、重新整理；四是 Land Consolidation，Consolidation 具有合并之意，Land Consolidation 的含义为地块合并或归并，因而 Land Consolidation 也有与 Land Arrangement、Land Reorganization、Land Re - Adjustment 类似的含义。国土资源部土地整理中心的英译名和所办刊物《土地整理政策与技术》英译名中将土地整理译为 Land Consolidation & Rehabilitation，即同时具有 Consolidation（合并）和 Rehabilitation（恢复）之意。上述译名差别不大，这里建议在文献中土地整理的英文译名可采用 Land Consolidation。

（二）土地整理的概念界定

各国的土地整理概念有着显著差异。在德国，土地整理一般是指对土地进行重新规划和调整，包括合并零碎地块，兴建标准农路、沟渠等基础设施，改良土壤和环境状况，改善农业生产条件等各种措施，以降低生产成本、提高效益。苏联的土地整理是指为实施有关土地法令和政府关于组织土地利用及保护土地的决议、创造良好的生态环境和改善自然景观而采取的一系列措施体系。在加拿大，土地整理是指在一定区域内对土地进行调整和治理的概称，其目的是要对土地进行重新调整，以便改进农、林业的生产条件；改善人民的居住和生活条件；进一步进行土地改良和土地开发；合理利用土地；控制城市范围的过分扩大；调节生态平衡，进行最佳区域性规划；促进各地区经济、文化和工农业的发展。土地整理在韩国称为土地调整措施，是指根据利用基础设施建设能带来相邻地段地价增值的原理，对土地利用方式与土地收益分配进行调整的一种措施。中国台湾地区的土地整理称为土地重划（Land Replotting），是指改进土地利用环境与增大土地利用效能的一项重要措施，其主要内容包括调整地块的高低、大小形状以及分布状况，改善交通、水利和其他环境条件，划定各区土地和各种利用方式的土地范围。可见，各国（或地区）对土地整理的含义或观点明显不同，这主要是由于各国（或地区）的土地国情不同，研究方法、研究重点和立场也有别。这也表明，土地整理没有固定的模式和统一的标准。

从中国来看，对土地整理概念也有不同的理解。董祚继（1997）认为，土地整理是指根据需要对土地利用及土地权属关系重新调整、理顺，以充分合理利用土地[8]。朱道林（1997）认为，土地整理是指针对土地利用的不合理、不充分和混乱现象所进行的利用状况和权属状况的治理和调整，以促进土地资源的合理、充分和有序利用[9]。吴次芳等（1997）认为，土地整理是对土地利用的调整和治理，它是通过对土地利用生产环境的改善和生态景观建设，消除土地利用中对社会经济发展起制约或限制作用的因素，促进土地利用的有序化和集约化，从而提高土地利用效率的工程技术手段及相应的政策措施[10]。姜爱林（1997）认为，土地整理是指根据社会经济发展的需要，采取一定的手段，对土地利用方式、土地利用结构和土地利用关系进行重新规划与调整，以提高土地利用率，实现土地利用目标的一种措施[11]。严金明（1998，2001）认为，土地整理是人们为了达到一定目的，合理组织土地利用，理顺土地关系的一种活动[12,13]。虽然这些观点有不同之处，但总体上论述了土地整理概念的主要内容，基本上反映了土地整理概念的内涵与外延的关系。此外，从土地利用方式上，可将土地整理分为农地（指大农业用地）整理和建设用地整理两大类，或称为农地整理和非农地整理。

根据中国国情，近20多年来中国土地整理的重点是农地整理（Agricultural Land Arrangement）。农地整理按其内容，可划分为综合整理和单项整理两大类，单项整理又可分为耕地整理、园地整理、林地整理、牧草地整理和养殖水面用地整理等类型。

关于农地整理的概念，原国家土地管理局1997年10月发布和实施的《县级土地利用总体规划编制规程（试行）》采用的概念是：在一定区域内，依据土地利用总体规划，采取行政、经济、法律和技术手段，对田、水、路、林、村等综合整治，调整土地关系，改善土地利用结构和生产、生活条件，增加可利用土地面积，提高土地利用率和产出率的国家措施。其主要内容包括七个方面：一是调整农地结构，归并零散地块；二是平整土地，改良土壤；三是道路、沟渠等综合建设；四是归并农村居民点、乡镇企业等；五是复垦废弃土地；六是划定地界，确定权属；七是改善环境，维护生态平衡。这是一个较为完整的土地整理概念和内容体系。国土资源部 2002 年 7 月 2 日发布的《省级土地开发整理规划编制要点》和《县级土地开发整理规划编制要点》将农地整理的概念定义为："采用工程、生物等措施，对田、水、路、林、村进行综合整治，增加有效耕地面积，提高土地质量和利用效率，改善生产、生活条件和生态环境的活动。"2013 年 1 月国土资源部发布的《市（地）级土地整治规划编制规程》和《县级土地整治规划编制规程》均将"农用地整理"定义为："在以农用地（主要是耕地）为主的区域，通过实施土地平整、灌溉与排水、田间道路、农田防护与生态环境保持等工程，增加有效耕地面积，提高耕地质量，改善农业生产条件和生态环境的活动。"国土资源部的这几个概念大同小异，较为通俗、明了、实用，便于实际操作，这里并无必要重新下一个定义。

四、土地整治概念中的三个关系

在调查和分析区域土地整治潜力、开展土地整治规划以及安排土地整治项目时，要正确理解土地整治概念（尤其是农地整理概念），应当明确以下三个关系：

（一）土地整理与土地开发的关系

由于对这两个概念理解上的差异，一方面，从广义的土地整理概念来看，土地整理包括土地开发，即未利用地的开发；另一方面，从广义的土地开发概念来看，土地开发包括土地整理，即已利用地的深度开发。鉴于土地行业管理部门的土地整治规划将土地开发、复垦和整理三者并列，因此，如上所述，本书所采用的土地开发概念是狭义的，即仅指未利用地的开发；同样地，这里所采用的土地整理概念也应当是狭义的，即不包括未利用地的开发。但从具体操作来看，两者难以截然区分，因而需要做两个界定：①土地整理区范围内的零星未利用地的开发应纳入土地整理范畴，而土地整理区范围之外的成片未利用地的开发则应纳入土地开发范畴；②土地开发区范围内的零星已利用地的整理应纳入土地开发范畴，而土地开发区范围之外的成片已利用地的整理则应纳入土地整理范畴。

（二）土地整理与土地复垦的关系

跟土地整理与土地开发的关系相类似，从广义的土地整理概念来看，土地整理包括了土地复垦，即各种废弃土地（包括工矿企业建设废弃地和自然灾害损毁废弃地）的复垦。然而，土地整治概念将土地开发、复垦和整理三者并列，三者处于同等地位，为了便于具体操作，这里同样应当作这样的界定：①土地整理区范围内的零星废弃地的复垦应纳入土地整理范畴，而土地整理区范围之外的成片废弃地的复垦则应纳入土地复垦范畴；②土地复垦区范围内的零星土地整理应纳入土地复垦范畴，而土地复垦区范围之外的成片土地整理则应纳入土地整理范畴。

（三）正确处理土地整治中数量、质量与生态的关系

在土地整治（尤其是农地整理）中，增加耕地有效面积、提高土地质量和改善生态环境三者均很重要，尤其以提高土地质量和改善生态环境最为重要。但在上述定义中，似乎对"增加有效耕地面积"强调得更多；在实际操作中，更为重视增加有效耕地面积，而对提高土地质量和改善生态环境不够重视，往往出现重数量、轻质量和生态的倾向，这种状况应当改变。

第二节　土地整治潜力调查评价

土地整治潜力是在一定的经济社会发展条件和科学技术水平等因素限制下，对田、水、路、林、村进行综合整治，对低效利用的城镇工矿建设用地进行改造，由此可增加有效耕地面积、其他农用地面积和节约的建设用地面积，以及土地利用效率和土地质量提高的程度[6,7]。深入系统调查和分析土地整治的潜力，是科学确定土地整治规划目标和任务、土地整治重点区域和土地整治重点项目计划与安排的基础依据。根据国土资源部《市（地）级土地整治规划编制规程》（TD/T 1034 - 2013）和《县级土地整治规划编制规程》（TD/T 1035 - 2013）的有关规定和要求，土地整治潜力的调查分析包括农用地整理潜力、农村建设用地整理潜力、城镇工矿建设用地整理潜力、土地复垦潜力和宜耕后备土地资源开发潜力五个方面。

一、农用地整理潜力调查评价

（一）农用地整理潜力的概念及分析评价内容

农用地整理潜力是指通过对农用地（主要是耕地）及其间的道路、林网、沟渠、零星建设用地和未利用地等进行综合整治，使有效耕地面积增加和耕地质量提高的能力。农用地整理包括耕地调整、耕地改造、地块规整、基础设施配套、零星未利用地开发以及零星农宅地和建设用地迁并等内容。农用地整理的对象主要有以下三点：①当前利用率较低的耕地片区，表现为地块规模小、布局散乱、地块中分布着较多的其他闲散地（尤其是零星未利用地），这种情况可通过耕地整理直接地增加耕地的实际利用面积；②目前产出率较低的耕地，即为常说的中低产田地，表现为耕地质量较差、基础设施不配套、单位耕地面积的产出率低下，这种情况可通过耕地整理提高耕地质量和产出率；③目前利用率和产出率均较低的耕地片区，这应是当今农用地整理的重点。

根据农用地整理潜力的概念，农用地整理潜力分析评价包括三个基本方面：一是整理可增加的有效耕地面积，可用绝对数（可补充耕地面积）或相对数（整理增加有效耕地面积占待整理区总面积的比率，即新增耕地系数）指标来进行分析评价；二是整理后耕地质量提高程度，表现在耕地生产能力提高程度上，可用耕地质量等级的增加来进行分析评价；三是整治后生态环境改善程度，主要是对地块平整程度、土壤理化形状改善程度、水土流失减轻程度、水旱灾害减轻程度、农田污染改善程度等方面进行分析评价。按照国土资源部发布的《县级土地整治规划编制规程》的有关规定，这里的农用地整理潜力分析评价主要是对整理可补充耕地面积的潜力进行评价，至于耕地质量提高程度（或耕地生产能力提高程度）以及生态环境改善程度的分析评价将在"效益评价"部分进行了分析。

（二）农用地整理潜力调查方法

以县级土地整治规划为例，依据国土资源部发布的《县级土地整治规划编制规程》的规定，农用地整理潜力调查研究采用问卷调查、实地抽样调查、访谈等方法，开展全面调查、典型调查和项目调查。

全面调查是在县级国土资源管理部门统一组织与指导下，以最新全国土地调查和变更调查等资料为基础，采用问卷调查、实地抽样调查、访谈等方法，以行政村为调查单元，对县域内全部农用地（主要是耕地）进行调查、收集各行政村农用地整理潜力测算的基础资料。

典型调查是在县域范围内，依据地貌类型、土地利用方式与地区经济发展水平来划出若干个整理条件接近的类型区，在各类型区内分别选取典型行政村开展调查，测算农用地整理潜力。选取典型行政村数量一般不少于行政村总数的30%。

项目调查是对于已开展农用地整理活动的行政村，选取若干个已实施的典型农用地整理项目进行调查。

（三）农用地整理潜力测算方法

按照国土资源部发布的《县级土地整治规划编制规程》的规定，县级农用地整理潜力的汇总测算方法为：

$$\Delta S = \sum_{i=1}^{n} (\alpha_i \times S_i) \qquad (6-1)$$

（i=1，2，…，n；其中，n 表示县域行政村个数）

式中，ΔS 表示县域某类型土地整理新增耕地面积；α_i 表示第 i 行政村新增耕地系数（%）；S_i 表示第 i 行政村待整理区面积。

这里的待整理区面积包括待整治片区内的耕地面积及其间的零星地类面积，而待整理片区内的耕地面积是指现状耕地总面积扣除不宜耕耕地面积、已纳入建设用地预留范围的耕地面积和因集约利用水平较高或自然等因素限制已无整理余地的耕地面积之后的耕地面积。按照以下方法测算：

$$S_z = S_t - S_n - S_c - S_w + S_s \qquad (6-2)$$

在式（6-2）中，S_z 表示待整理区面积（公顷）；S_t 表示现状耕地面积（公顷）；S_n 表示不宜耕耕地面积（包括 ≥25°陡坡耕地以及已确定为生态退耕的耕地，以土地利用总体规划为依据）（公顷）；S_c 表示已纳入建设用地预留范围的耕地面积（包括单独选址项目）（公顷）；S_w 表示已无整理余地的耕地面积（包括开展土地整治或农业综合开发等活动中已整理过的耕地和没有整理余地的其他耕地等面积，公顷）；S_s 表示指待整理区内田坎地埂、≥1 米的道路和沟渠、零星建设用地、零星未利用地、零星废弃地、田间坟地等地类面积（公顷）。

（四）农用地整理潜力分级指标与方法

根据国土资源部发布的《县级土地整治规划编制规程》的规定，农用地整理潜力分级以村级行政区域为基本单元，根据农用地整理潜力分析评价结果，应同时考虑可补充耕地面积、新增耕地系数的影响，采用"最低门槛法"和"四象限法"两种方法中的一种进行分级。

"四象限法"是以各行政村可补充耕地面积和新增耕地系数的平均值为标准，依以下情形划分农用地整理潜力等级：

1 级：双指标不低于各自平均值；

2 级：可补充耕地面积不低于平均值，新增耕地系数低于平均值；

3 级：可补充耕地面积低于平均值，新增耕地系数不低于平均值；

4 级：双指标低于各自平均值。

二、农村建设用地整理潜力调查评价

农村建设用地整理是对农村地区散乱、废弃、闲置和低效利用的建设用地进行整治，完善农村基础设施和公共服务设施，改善农村生产生活条件，提高农村建设用地节约集约利用水平的活动。

自实行改革开放以来，随着县域经济的发展和农村生活水平的逐渐提高，农村住宅纷纷拆旧建新，人居环境明显改善，但也出现了诸如农村居民点缺乏系统规划、布局散乱、农户建房大量占用良田好地、用地规模过大等现象和问题，影响了农村土地的集约化利用和农业的可持续发展。为了创造良好的人居环境，促进农村居民点土地利用的集约化，提高土地利用效率，缓解日益突出的人地矛盾，很有必要开展农村建设用地整理潜力专项调查研究。

（一）农村建设用地整理潜力的概念和调查方法

农村建设用地整理潜力是指通过对农村地区散乱、废弃、闲置和低效利用的建设用地进行整治（尤其是对现有农村居民点改造、迁村并点、空心村整治等）

可补充耕地及其他农用地面积的能力。农村建设用地整理潜力的主要来源是通过农村居民点内部用地的调整，对现有居民点的建设用地实施集约化、标准化和居民点内部废弃、闲置和低效用地的充分利用。

农村建设用地整理潜力调查主要是调查可整理的农村建设用地规模以及通过整理可补充耕地面积或可节约的建设用地面积。

以村级行政区域为调查组织单位，调查农村居民点用地面积、人口数、人均建设用地标准。依据调查分析结果，并考虑社会、经济、科技水平和可能投入规模等因素，分析测算各行政村的农村建设用地整理规模与分布、可减少建设用地面积、可补充耕地面积和新增耕地系数。

（二）农村建设用地整理潜力测算方法

农村建设用地整理潜力的分析测算主要包括农村建设用地整理规模、可补充耕地面积和新增耕地系数等方面。按照国土资源部发布的《县级土地整治规划编制规程》的规定，可采用人均用地估算法、规划模拟法等方法，评价可整理的农村建设用地规模；结合不同地貌特征以及已实施项目的经验，确定不同地貌特征下农村建设用地整理后的新增耕地系数，计算可补充耕地面积。

通常县级农村建设用地整理潜力分析测算可以采用"人均用地估算法"来进行，具体方法如下：

1. 预测农村人口

其计算公式为：

$$Q_t = Q_o \times (1 + r)^t \pm \Delta Q \qquad (6-3)$$

在式（6-3）中，Q_t 表示规划农村人口总数（人）；Q_o 表示现状农村人口总数（人）；r 表示人口自然增长率（‰）；t 表示规划期（年）；ΔQ 表示人口机械变动量（人）。

2. 预测农村建设用地腾退规模

其计算公式为：

$$S_t = B \times Q_t \qquad (6-4)$$

$$\Delta S = S_o - S_t \qquad (6-5)$$

在式（6-4）和式（6-5）中，S_t 表示规划农村居民点用地面积（公顷）；B 表示规划人均用地（平方米/人）；ΔS 表示农村建设用地腾退规模（公顷）；S_o 表示现状农村居民点用地面积（公顷）。

3. 预测农村建设用地整理新增耕地系数

其计算公式为：

$$\alpha = \Delta S_g / \Delta S \qquad (6-6)$$

式中，α 表示增加耕地系数（%）；ΔS_g 表示可补充耕地面积（公顷）；ΔS

表示农村建设用地腾退规模（公顷）（也就是农村建设用地整理规模）。

（三）农村建设用地整理潜力分级体系与分级方法

按照国土资源部发布的《县级土地整治规划编制规程》的规定，县级农村建设用地整理潜力分级，以村级行政区域为基本单元，根据农村建设用地整理潜力分析评价结果，以农村建设用地整理规模和可补充耕地面积两个指标为分级依据，将县域范围内各行政村的农村建设用地整理潜力进行汇总和分级。按各县实际，可将农村建设用地整理潜力等级分为四级，分别用阿拉伯数字1、2、3、4表示，分级指标依据各县实际确定。当各行政村农村建设用地整理规模和可补充耕地面积两个指标对应的潜力级别不一致时，以"农村建设用地整理规模"指标为主导依据来确定潜力级别。

三、城镇工矿建设用地整理潜力调查评价

城镇工矿建设用地整理是指对低效利用的城镇工矿建设用地（旧城镇、旧厂矿和城中村等）进行改造，完善配套设施，加强节地建设，拓展发展空间，提升土地价值，改善人居环境，提高节约集约用地水平的活动。

（一）城镇工矿建设用地整理潜力的概念和调查方法

城镇工矿建设用地整理潜力，也就是一般所说的"城镇低效建设用地再开发潜力"，是指通过对旧城镇、旧工矿和"城中村"等低效建设用地进行改造，可拓展城镇工矿发展空间规模、提高节约集约用地水平的能力。城镇工矿建设用地整理潜力的主要来源是通过城镇建成区内旧城镇、旧工矿和"城中村"等低效建设用地的改造和调整，对现有城镇建设用地实施集约化利用和城镇内部闲置和低效用地的充分利用。

城镇工矿建设用地整理潜力调查主要是调查旧城镇、旧厂矿、"城中村"等闲置低效用地的可再开发利用规模、分布和土地利用效率提升程度。重点是调查评价城镇用地内闲置低效用地面积（城镇工矿建设用地整理规模）以及可整理比例。

县级城镇工矿建设用地整理潜力调查以行政村（社区）级行政单元为调查组织单位，调查城镇用地（含城镇内工矿用地）面积、城镇人口数、城镇人均建设用地标准。依据调查分析结果，并考虑社会、经济、科技水平和可能投入规模等因素，分析测算各行政村（社区）级行政单元的城镇用地内闲置低效用地面积（城镇工矿建设用地整理规模）。

（二）城镇工矿建设用地整理潜力测算方法

城镇工矿建设用地整理潜力的分析测算主要包括城镇工矿建设用地整理规模和可整理比例等方面，采用的方法如下：

$$Q_t = Q_o \times (1 + r)^t \pm \Delta Q \tag{6-7}$$

$$S_t = B \times Q_t \tag{6-8}$$

$$\Delta S = S_o - S_t \tag{6-9}$$

$$\alpha = \Delta S / S_o \tag{6-10}$$

式中，Q_t 表示规划城镇人口总数（人）；Q_o 表示现状城镇人口总数（人）；r 表示人口自然增长率；t 表示规划期（年）；ΔS 表示城镇人口机械变动量（人）；S_t 表示规划城镇用地面积（公顷）；B 表示规划城镇人均用地标准（平方米/人）；ΔS 表示城镇工矿建设用地整理规模（公顷）；S_o 表示现状城镇用地面积（公顷）；α 表示可整理比例（％）。

（三）城镇工矿建设用地整理潜力分级体系与分级方法

按照国土资源部发布的《县级土地整治规划编制规程》的规定，县级城镇工矿建设用地整理潜力的分级，以村级（社区）行政区域为基本单元，根据城镇工矿建设用地整理潜力分析评价结果，以城镇工矿建设用地整理规模为分级依据，将县域范围内村级（社区）行政区域的城镇工矿建设用地整理潜力进行汇总和分级。按各县实际，通常可以将城镇工矿建设用地整理潜力等级分为四级，分别用阿拉伯数字 1、2、3、4 表示，分级指标依据各县实际确定。

四、土地复垦潜力调查评价

土地复垦是对生产建设活动和自然灾害损毁的土地，采取整治措施，使其达到可供利用状态的活动。它也是实现耕地"占补平衡"的途径之一。通过土地复垦，可以有效地恢复废弃土地的生态功能和生态功能，对于区域土地资源可持续利用和土地生态系统的良性发展具有重要意义。

（一）宜耕复垦潜力的概念和调查方法

土地复垦潜力是指对在生产建设过程中因挖损、塌陷、压占、污染以及自然灾害等造成破坏、废弃的土地采取整治措施，使其恢复利用与经营而可增加的耕地和其他农用地面积。按国土资源部相关规程的要求，土地复垦潜力的调查对象一般包括六点：①露天采矿、挖沙取土、烧制砖瓦、工程建设等挖损地；②地下采矿、生产建设挖空后形成的地表塌陷地；③排放废石、废渣、矸石、尾矿、粉煤灰和垃圾等压占地；④各种污染损毁地；⑤自然灾害损毁地；⑥其他可复垦的废弃地等。根据梁河县实际情况，这里的土地复垦（废弃地复垦）主要是指工矿企业生产建设废弃地复垦和自然灾害损毁地复垦。

通过收集整理最新土地调查和变更调查等相关调查资料，了解县域内各乡（镇）、行政村可复垦土地（工矿建设废弃地和灾毁地）的数量及分布。以村级行政区域为单元，采用问卷调查、抽样调查等形式，根据实际情况选取若干典型，对各种不同可复垦土地类型的成因、限制因素、可复垦条件、复垦率、整治工程投资规模、复垦成效等进行重点调查，并根据实际需要，对待复垦土地有针对性地进行适宜性评价工作。

县级土地复垦潜力调查的基本方法是以村级行政区域为组织单位，根据各县最新1:10000土地利用现状图，按图斑对工矿废弃地和自然灾害损毁地进行调查（已计入土地整理范围的废弃地应不予以调查）。主要调查工矿废弃地和自然灾害损毁地的面积、坡度、有效土层厚度、土壤质地、水源保证情况、有无限制因素及是否适宜复垦、可复垦为耕地的面积与系数。

在对各乡（镇）、行政村土地复垦潜力调查中，参照国土资源部2003年4月发布的TD/T 1007－2003《耕地后备资源调查与评价技术规程》，结合各县实际，对县域待复垦土地的适宜性进行评价，得到宜耕的可复垦土地规模及可补充耕地面积（指净面积）、增加耕地系数等调查成果数据。

（二）土地复垦潜力分析测算方法

土地复垦潜力的分析测算包括可复垦土地规模、可补充耕地面积、新增耕地系数（简称增地系数）等方面。

一般县级土地复垦潜力分析测算系以村级行政区域为基本单元，根据对各行政村（社区、林场）调查和待复垦土地适宜性评价结果，在保护生态环境的前提下，充分考虑社会经济条件、科技水平和可能的投入规模等影响因素，分析测算可复垦为耕地的可复垦土地规模、可补充耕地面积和新增耕地系数。分析测算方法为：

$$\alpha = \Delta S_f / S_f \tag{6-11}$$

在式（6-11）中，ΔS_f表示复垦可补充耕地面积（公顷）；S_f表示可复垦土地规模（公顷）；α表示新增耕地系数（%）。

（三）土地复垦潜力分级体系与分级方法

按照国土资源部发布的《县级土地整治规划编制规程》的规定，县级土地复垦潜力分级系以村级行政区域为基本单元，根据土地复垦潜力调查分析结果，以可补充耕地面积为分级依据，将县域范围内各行政村的土地复垦潜力进行汇总和分级。按各县实际，可以将土地复垦潜力等级分为四级，分别用阿拉伯数字1、2、3、4表示，分级指标依据各县实际确定。

五、宜耕后备土地资源开发潜力调查评价

宜耕后备土地资源开发是对宜耕后备土地采取整治措施，增加耕地面积、改善生态环境为主要目的的活动。它是实现耕地"占补平衡"的最主要途径之一。

（一）宜耕后备土地资源开发潜力的概念和调查方法

宜耕后备土地资源开发潜力是指在一定的经济、技术和社会条件下，未利用

地适宜开发为耕地的面积。一般，"未利用地"中适宜开发为耕地的地类主要是荒地。此外，一些地方还有部分盐碱地、沙地和滩涂等地类也可开发为耕地。

宜耕后备土地资源开发潜力调查是要查清荒地、盐碱地、沙地和滩涂等未利用地可开发的宜耕后备土地资源规模、分布和补充耕地面积。

通过收集整理土地利用现状调查和变更调查、耕地后备资源调查评价等资料，了解县域内各乡（镇）、行政村（社区、林场）待开发土地的数量及分布。以村级行政区域为单元，采用问卷调查、抽样调查等形式，根据实际情况选取若干典型，对各类未利用土地的成因、限制因素、可开发利用条件、开发利用率、投资规模、开发成效等进行重点调查，并可根据实际需要，对待开发土地有针对性地进行适宜性评价工作。

在对各乡（镇）、行政村土地开发潜力调查中，根据最新 1:1 万土地利用现状图，按图斑对各类未利用地进行调查（已计入土地整理范围的未利用地应不予以调查）。主要调查未利用地的面积、坡度、有效土层厚度、土壤质地、水源保证情况、有无限制因素及是否适宜开发、可开发为耕地的面积与系数，以及可开发为其他农用地的面积。

根据国土资源部 2003 年 4 月发布的 TD/T 1007 – 2003《耕地后备资源调查与评价技术规程》，结合各县实际，确定县域宜耕后备土地资源适宜性评价的指标，得到宜耕的后备土地资源规模及可补充耕地面积（指净面积）、增加耕地系数等调查成果数据。

（二）宜耕后备土地资源开发潜力分析测算方法

宜耕后备土地资源开发潜力的分析测算包括可开发宜耕后备土地资源规模、可补充耕地面积、新增耕地系数（简称增地系数）等方面。

一般县级宜耕后备土地资源开发潜力分析测算以村级行政区域为基本单元，根据对各行政村调查和适宜性评价结果，在保护生态环境的前提下，充分考虑社会经济条件、科技水平和可能的投入规模等影响因素，分析测算可开发为耕地的宜耕后备土地资源规模、可补充耕地面积和增加耕地系数。测算方法为：

$$\alpha = \Delta S_k / S_k \qquad (6-12)$$

在式（6 – 12）中，ΔS_k 表示可补充耕地面积（公顷）；S_k 表示宜耕后备土地资源规模（公顷）；α 表示新增耕地系数（%）。

（三）宜耕后备土地资源开发潜力分级体系与分级方法

按照国土资源部发布的《县级土地整治规划编制规程》的规定，县级宜耕后备土地资源开发潜力分级，以村级行政区域为基本单元，根据宜耕后备土地资源开发调查分析结果，以可补充耕地面积为分级依据，将县域范围内各行政村的宜耕后备土地资源开发潜力进行汇总和分级。按各县实际，一般可以将宜耕后备土地资源开发潜力等级分为四级，分别用阿拉伯数字1、2、3、4表示，分级指标依据各县实际确定。

第三节　土地整治规划

土地整治规划属于土地利用专项规划。这里以县级土地整治规划为例，着重介绍土地整治规划的主要任务、土地整治的原则和土地整治规划的内容体系。按国土资源部《县级土地整治规划编制规程》中的定位，县级土地整治规划是实施和深化上级土地整治规划的重要环节和县级土地利用总体规划的重要手段，是指导县级行政区土地整治活动的实施性文件，是土地整治项目立项及审批的基本依据，是安排各类土地整治资金的重要依据。县级土地整治规划要统筹安排农用地整理、农村建设用地整理、土地复垦和宜耕后备土地资源开发等各类土地整治活动，重点安排高标准基本农田建设和补充耕地项目，促进县域土地整治工作全面、深入、有序地开展。

一、土地整治规划的主要任务

县级土地整治规划在上级土地整治规划的控制和指导下，明确本行政区土地整治特别是高标准基本农田建设项目、布局和实施时序，提出土地整治资金投入和安排计划，制定实施规划的保障措施。

根据国土资源部《县级土地整治规划编制规程》（TD/T1035－2013），县级土地整治规划的主要任务包括八个方面：①评价上一轮规划期间土地整治相关工作情况；②调查评价土地整治潜力；③调查基本农田整理条件；④提出土地整治目标任务；⑤确定土地整治项目规模、布局和时序；⑥进行资金供需分析和效益评价；⑦制定规划实施的保障措施；⑧建立土地整治规划数据库。

二、土地整治的原则

（一）坚持促进解决"三农"问题

按照"有利生产、方便生活、改善环境"的总体要求，以农用地整治为重点，大规模建设旱涝保收高标准基本农田，加大散乱、废弃、闲置和低效利用农村建设用地整治力度，推进田、水、路、林、村综合整治，促进农民增收、农业增效、农村发展。

（二）坚持推动城乡统筹发展

立足促进城乡经济社会一体化发展，稳妥推进农村建设用地整治，积极开展城镇建设用地整治，规范有序开展城乡建设用地增减挂钩试点，优化城乡建设用地格局，促进城镇化健康发展，加强农村基础设施建设和公共服务设施配套，推进城乡基本公共服务均等化。

（三）坚持维护农民合法权益

始终坚持把维护农民利益、确保农民与农村集体经济组织的主体地位放在首位，充分发挥农村集体的组织、协调作用，依法保障农民的知情权、参与权和受益权，以人为本、规范实施、强化监管，切实做到土地整治前农民自愿、土地整治中农民参与、土地整治后农民满意。

（四）坚持充分发挥整体效益

根据农业现代化发展和乡村建设的战略部署，围绕巩固和提高农业基础地位的总体要求，加快推进农村土地整治，适度开发宜耕土地资源，切实加强耕地质量管理，大力改善农田生态环境，充分发挥土地整治的经济、社会和生态效益。

（五）坚持因地制宜、循序渐进

根据县域经济社会发展水平，顺应群众改善生产生活条件的愿望，以满足实际需要为前提，统筹安排、因地制宜，突出地域特色，保护传统文化；根据问题轻重缓急，突出重点、循序渐进，合理安排村镇建设、农田保护、设施配套、生态涵养等用地布局。

三、土地整治规划的内容体系

根据国土资源部发布的《县级土地整治规划编制规程》，县级土地整治规划的主要内容包括四个方面：确定规划目标；土地整治任务安排；土地整治项目安排；投资规模估算与效益分析。

（一）确定规划目标

规划目标是指为保障经济社会可持续发展对土地资源的需求，规划期间通过土地整治所要达到的状态和要完成的任务。县级土地整治规划目标主要包括：高标准基本农田建设规模、补充耕地规模，以及农村建设用地整理规模等。

确定土地整治规划目标的主要依据包括五个方面：①当地经济社会发展规划；②上级土地整治规划；③本级土地利用总体规划；④生态建设与环境保护等要求；⑤土地整治潜力。

（二）土地整治任务安排

主要包括高标准基本农田建设、补充耕地任务、城乡建设用地整理和土地生态环境整治四个方面任务的具体安排。

高标准基本农田建设安排是指将上级土地整治规划确定的高标准基本农田建设任务分解落实到各乡镇，明确建设布局和建设项目，提出建设内容和要求。

补充耕地任务安排，根据土地整治目标、潜力调查评价以及县域实际情况，确定农用地整理、土地复垦、宜耕后备土地资源开发等补充耕地任务，并分解落实到各乡镇。

城乡建设用地整理安排，主要是根据土地利用总体规划和城乡规划，结合经济社会发展条件和用地需求，明确农村建设用地整理、城镇工矿建设用地整理、城乡建设用地增减挂钩等安排，提出城乡建设用地整理的措施要求。

土地生态环境整治安排指根据保护优先、自然恢复的原则，提出生态网络布局和绿色基础设施的建设要求。重点针对水土流失、土地沙化、土地盐碱化、土壤污染、土地生态服务功能衰退和生物多样性损失严重的区域，提出土地生态环境综合整治方向和措施。

（三）土地整治项目安排

土地整治项目是围绕规划确定的土地整治任务，集中资金成规模开展的土地整治活动。可以分为农用地整理、高标准基本农田建设、农村建设用地整理、城镇工矿建设用地整理、土地复垦、宜耕后备土地资源开发、土地综合整治等项目。

土地整治项目安排应遵循五个原则：①落实市级规划确定的重点项目；②土地整治基础条件好，潜力大，分布相对集中；③预期效益明显，具有较强的示范意义；④具备较好的群众基础；⑤符合国家规定的其他要求。

土地整治项目范围原则上不打破行政村界限。项目安排应明确规模、布局和建设时序，编制项目列表。有条件的地区可围绕土地生态环境建设安排相关项目。

（四）投资规模估算与效益分析

1. 投资规模估算

按照《县级土地整治规划编制规程》的规定，根据规划确定的目标任务，按土地整治类型，分类估算资金需求，进行资金供需平衡分析，提出资金筹措方案。

土地整治投资规模是决定土地整治规划实施的重要因素和衡量土地整治经济效益大小的重要指标。投资估算主要是估算实现规划目标（指增加耕地目标，不含增加非耕地目标）所需的总投资和各项目的投资额。

土地整治投资估算可采用单位面积标准投资估算法和系数法来进行。

（1）单位面积标准投资估算方法。首先，测算土地整治典型项目单位面积投资量。分地貌类型和项目类型在本地区或类似地区选择已经完成的典型项目，分别测算出各类型土地整治典型项目单位面积投资。其次，估算项目单位面积投资量。根据地形、地貌、基础设施（水、电、路等）、对外交通、物价水平、劳动力价格等因素对典型项目单位面积投资量进行修正，得到规划项目单位面积投资量。再次，计算项目投资额。根据规划项目单位面积投资量和项目规模计算出项目投资量。最后，汇总总投资。根据规划目标，分别计算土地整治各项目投资量，汇总为总投资量。

（2）系数法。即参照近期类似项目的投资，考虑地形地貌、基础设施、物价水平和劳动力价格等因素，估算每个项目的投资规模。估算公式为：

$$Y = A \times X \times n \tag{6-13}$$

在式（6-13）中，Y 表示项目估算投资（万元）；A 表示已知的类似土地整治项目投资（万元）；X 表示规模倍数，等于规划的示范项目规模除以已知的类似项目规模（万元）；n 表示常数，一般取 0.8～1.2。其选取依据项目配套设施的工程量和工程难易程度与已知类似项目相比较的结果，工程量和工程难度大的取上限。

2. 效益分析

（1）经济效益分析。重点是对通过土地整治的投入与产出状况进行分析。一般采用静态分析法，主要测算投入量、预期净产出等。

（2）社会效益分析。重点从土地整治后补充耕地对扩大农村剩余劳动力就业、降低生产成本、增加农民收入、土地经营规模化和集约化、改善农业生产和农民生活条件、促进农村现代化建设等方面，进行定性与定量相结合的分析。

（3）环境效益分析。可以从植被覆盖率增加、防治土地退化面积、治理和改善农田生态环境、提高旱涝保收能力等方面，进行定性与定量相结合的分析。

参考文献

［1］杨子生，姜锦云，胡柏，等. 云南省土地开发整理规划［M］. 昆明：云南科技出版社，2006.

［2］国土资源部. 全国土地开发整理规划（2001-2010 年）［EB/OL］. http://www. mlr. gov. cn，2003-03-14.

［3］中华人民共和国国土资源部. 市（地）级土地利用总体规划编制规程［M］. 北京：中国标准出版社，2010.

［4］中华人民共和国国土资源部. 县级土地利用总体规划编制规程［M］. 北京：中国标准出版社，2010.

［5］中华人民共和国国土资源部. 乡（镇）级土地利用总体规划编制规程［M］. 北京：中国标准出版社，2010.

[6] 中华人民共和国国土资源部. 市（地）级土地整治编制规程 [M]. 北京：中国标准出版社，2013.

　　[7] 中华人民共和国国土资源部. 县级土地整治编制规程 [M]. 北京：中国标准出版社，2013.

　　[8] 董祚继. 试论土地整理的内涵及当前任务 [N]. 中国土地报，1997 – 03 – 08（3）.

　　[9] 朱道林. 漫谈土地整理 [N]. 中国土地报，1997 – 03 – 15（3）.

　　[10] 吴次芳，陈美球. 土地整理：理论、模式与政策 [A] //国家土地管理局科技宣教司. 土地用途管制与耕地保护 [M]. 北京：北京大学出版社，1997：182 – 186.

　　[11] 姜爱林，包纪祥. 土地整理的法律概念初探 [A] //耕地保护与可持续发展——中国土地学会1997年学术年会论文集 [M]. 北京：中国土地学会学术工作委员会，1997：150 – 155.

　　[12] 严金明，钟金发，池国仁. 土地整理 [M]. 北京：经济管理出版社，1998.

　　[13] 严金明. 中国土地利用规划：理论·方法·战略 [M]. 北京：经济管理出版社，2001.

第七章 土地资源保护与管理

　　土地资源的保护与管理，既是土地资源学的重要内容之一，也是合理利用土地资源的重要措施。从根本上来讲，土地资源的开发利用、整治、保护与管理是有机统一、不可分割的。因此，本章和第六章一样，也是第五章的续章，主要讨论土地资源的保护与管理问题。

第一节　概述

一、土地资源保护管理与开发利用的辩证统一性

　　从生态系统和生态经济系统的角度来看，土地资源的开发、利用、整治、保护与管理在客观上具有辩证统一性。如果固有的统一性一旦被人为破坏，生态系统必将受到"生态冲击"而失调，生态经济平衡也将遭受破坏。然而，人们在开发利用土地资源时，往往只考虑开发利用，而忽视或轻视保护管理，使两者显著地对立，以致造成发展生产与资源退化、环境恶化的矛盾日益突出。

　　应当指出，人类为了生存和发展，必然要开发利用土地资源，否则人类生存将不能继续，社会经济的发展也将停顿。但这并不意味着必须要破坏土地资源及其环境，而是要在开发利用土地资源时，必须充分认识其有限性及生态系统的负荷能力，按生态经济规律的要求合理地利用土地，并在利用中对资源和环境予以科学的保护和管理，使其供应绵延不绝、利用永续不衰。这就是土地资源开发利用与保护管理的辩证统一性。我们必须维持这种统一性。

　　将保护（Conservation）与管理（Management，Administration）并提，主要是为了全面、系统、综合地研究资源的保护与管理问题，以维持资源与环境的整体性（Integrity）。从本质上来讲，现在强调保护管理，其最终目的是为了合理开发

利用，特别是为了将来能够更好地利用。因此，现在所说的保护管理，就是为了合理开发利用的保护管理。也就是说，为了合理开发利用，首先必须要科学地保护和管理，其次才有合理开发利用的可能性。

二、土地资源保护与管理的重要性与紧迫性

在人地关系和人与自然的关系中，一直存在着利用土地和保护土地的矛盾，这种矛盾随着社会生产的发展而日趋尖锐。长期以来，人口增长所引起的扩大土地利用，促使在人与自然关系中起着重大调节和平衡作用的广大森林和草原被开垦，造成日益严重的水土流失和沙漠化；大面积的湖泊也被围垦造田，致使湖面急剧减少，气候随之恶化，自然灾害频繁；长期对土地的掠夺式经营和利用，更加重了土地资源及其自然环境的退化、恶化。如果这种局面不加以改变，听之任之，将进一步导致土地资源数量的减少和质量的退化以及自然环境的破坏，从而严重危及人类的生存和社会经济的可持续发展。因此，深入进行土地资源保护和管理具有极大的重要性。

尤其在中国，近几十年来所面临的优质耕地数量的减少与浪费、土地质量的退化问题较为严重、突出，使土地资源保护和管理更显重要、更具紧迫性。目前中国面临的土地问题主要表现在以下四个方面：

（一）耕地数量总体上呈减少态势，人口增长对土地的压力越来越大

耕地资源的数量、质量和利用状况直接关系到国家和区域的粮食安全大计[1]。由于中国耕地数量的调查方法和统计口径不同，各部门的数据差异较大，存在底数不清的问题。1984～1996年国务院在全国范围内开展了以县级行政单位为调查和统计单元的全国第一次土地利用现状调查（也称首次土地资源详查），按1996年10月31日汇总数，全国耕地总面积约为13003.92万公顷（19.51亿亩）[2]。此后，每年均进行年度土地利用现状变更调查，到2008年末（即第二次全国土地调查同一汇总的前一年）全国耕地总面积减为12171.59万公顷（18.26亿亩）[3]，与1996年相比，净减少832.32万公顷（1.25亿亩）。相应地，全国人均耕地从1996年的0.1063公顷（1.59亩）减至2008年的0.0917公顷（1.37亩）。

2009年12月31日统一时点汇总的全国第二次土地调查，全国耕地面积为13538.46万公顷（20.31亿亩）[4]，到2017年末土地变更调查耕地占面积减至13488.12万公顷（20.23亿亩）[5]，净减少50.34万公顷（0.08亿亩）。相应地，全国人均耕地从2009年的0.1014公顷（1.52亩）减至2017年的0.0970公顷（1.46亩）。

值得一提的是，据全国第二次土地调查及历年土地变更调查，全国建设用地

面积从 2009 年的 3499.96 万公顷（5.25 亿亩）增至 2017 年的 3957.41 万公顷（5.94 亿亩），净增加 457.45 万公顷（0.69 亿亩）。所增加的这些建设用地大多占用的是耕地，尤其是城镇周边的优质耕地。

总体上，全国宜耕后备土地资源大多已开发利用，未来进一步拓展的空间很有限，随着人口总规模的进一步增长，对土地资源的压力将越来越大。

（二）耕地质量总体不高，中低水平的耕地约占 1/3

据农业农村部 2020 年 5 月发布的《2019 年全国耕地质量等级情况公报》[6]，全国耕地按质量等级由高到低依次划分为 1～10 等，平均等级为 4.76 等。其中，评价为 1～3 等（耕地质量较高）的耕地面积占耕地总面积的 31.24%，这部分耕地基础地力较高，障碍因素不明显，应按照用养结合方式开展农业生产，确保耕地质量稳中有升；评价为 4～6 等（耕地质量中等）的耕地面积占耕地总面积的 46.81%，这部分耕地所处环境气候条件基本适宜，农田基础设施条件相对较好，障碍因素较不明显，是今后粮食增产的重点区域和重要突破口；评价为 7～10 等（耕地质量较差）的耕地面积占耕地总面积的 21.95%，这部分耕地基础地力相对较差，生产障碍因素突出，短时间内较难得到根本改善，应持续开展农田基础设施建设和耕地内在质量建设。可见，目前全国耕地质量较高的耕地面积占比约为 1/3，约 2/3 的耕地质量处于中低水平。

据第二次全国土地调查结果[7]，全国耕地按坡度来划分，2°以下的平坦耕地有 7735.6 万公顷，占 57.14%；2°～6°的耕地 2161.2 万公顷，占 15.96%；6°～15°的耕地 2026.5 万公顷，占 14.97%；15°～25°的耕地 1065.6 万公顷，占 7.87%；25°以上的耕地 549.6 万公顷，占 4.06%。从≥25°的陡坡耕地分布情况来看，主要分布于西部地区。从耕地的灌溉条件来看，全国有灌溉设施的耕地 6107.6 万公顷，比重为 45.11%；无灌溉设施的耕地 7430.9 万公顷，比重为 54.89%。从地区分布来看，东部和中部地区无灌溉设施耕地比重分别为 31.08% 和 39.21%，西部和东北地区的无灌溉设施耕地比重分别达 60.26% 和 84.83%。

以上表明，从耕地质量等级、适宜坡度、耕地灌溉设施等方面来看，中国的耕地质量不容乐观，耕地保护形势较为严峻①。

---

① 在本书即将付梓之际，2021 年 8 月 27 日《人民日报》第 17 版发表了国务院第三次全国国土调查领导小组办公室、自然资源部、国家统计局发布的《第三次全国国土调查主要数据公报》和《第三次全国国土调查主要数据成果发布》。第三次全国国土调查结果显示，全国耕地 12786.19 万公顷（19.18 亿亩），比 2009 年 12 月 31 日汇总的全国第二次土地调查耕地面积 13538.46 万公顷（20.31 亿亩）净减少了 752.27 万公顷（1.13 亿亩）。在第三次全国国土调查全国耕地面积 12786.19 万公顷（19.18 亿亩）中，地形坡度 15°～25°的耕地 772.68 万公顷（11590.18 万亩），占 6.04%；地形坡度 >25°的陡坡耕地 422.52 万公顷（6337.83 万亩），占 3.31%。因此，在中国耕地保护问题上绝不能掉以轻心，必须坚持最严格的耕地保护制度，守牢耕地红线。

（三）土地利用生态环境问题较为突出

土地利用生态环境主要存在以下五个问题：第一，水土流失较严重，地力减退。中国是一个多山的国家，山地面积占 2/3 以上，尤其以西部地区山地比例最大。在山地丘陵较多的地区，长期以来，毁林开荒、陡坡垦殖是常见的耕地利用形式。陡坡垦殖的结果往往导致严重的水土流失等生态灾害，地力减退，质量退化，甚至有些不能再耕种。据水利部发布的《中国水土保持公报（2018 年）》，2018 年全国水土流失面积 273.69 万平方千米，占土地总面积的 28.61%。其中，水力侵蚀面积 115.09 万平方千米，风力侵蚀面积 158.60 平方千米。这种情况在西部地区较为突出，这里往往是中国大江大河的源头和上游地区，也是少数民族聚居地区，自然条件差，生产力水平不高，对土地进行掠夺性开垦和粗放利用的现象较为突出，坡耕地比例较高，陡坡耕地占了相当大的比重，水土流失最为严重。由于坡耕地的整个作物管理和种植过程使表土受到人为剧烈扰动，因此，极易产生水土流失，在汛期旱作物收获翻耕后，因受频繁大雨、暴雨打击和地表径流冲刷，水土流失量很大，尤其是 15° 以上的坡耕地水土流失异常强烈，使坡耕地成为山区最为严重的地类[8]。

第二，土地荒漠化和沙化较为突出。长期以来，由于草原过牧、不合理开垦等主要原因，使土地沙漠化问题成为中国的又一严峻问题。据国家林业和草原局 2015 年 12 月发布的《中国荒漠化和沙化状况公报》[9]，截至 2014 年，全国荒漠化土地总面积 261.16 万平方公里，占国土总面积的 27.20%，分布于北京、天津、河北、山西、内蒙古、辽宁、吉林、山东、河南、海南、四川、云南、西藏、陕西、甘肃、青海、宁夏、新疆 18 个省（自治区、直辖市）的 528 个县（旗、市、区）。其中，轻度荒漠化土地面积 74.93 万平方公里，占全国荒漠化土地总面积的 28.69%；中度荒漠化土地面积 92.55 万平方公里，占 35.44%；重度荒漠化土地面积 40.21 万平方公里，占 15.40%；极重度荒漠化土地面积 53.47 万平方公里，占 20.47%。截至 2014 年，全国沙化土地总面积 172.12 万平方公里，占国土总面积的 17.93%，分布在除上海、台湾地区及香港和澳门特别行政区外的 30 个省（自治区、直辖市）920 个县（旗、区）。其中，轻度沙化土地面积 26.11 万平方公里，占全国沙化土地总面积的 15.17%；中度面积 25.36 万平方公里，占 14.74%；重度面积 33.35 万平方公里，占 19.38%；极重度面积 87.29 万平方公里，占 50.71%。此外，截至 2014 年，全国具有明显沙化趋势的土地面积为 30.03 万平方公里，占国土总面积的 3.13%，如不积极采取有效措施，将会迅速变成沙漠化土地。

第三，石漠化也很突出。据国家林业和草原局 2018 年 12 月发布的《中国·岩溶地区石漠化状况公报》[10]，截至 2016 年底，岩溶地区石漠化土地总面积为

1007 万公顷，占岩溶面积的 22.3%，占区域国土面积的 9.4%，涉及湖北、湖南、广东、广西、重庆、四川、贵州和云南 8 个省（自治区、直辖市）、457 个县（市、区）。此外，岩溶地区还有潜在石漠化土地面积为 1466.9 万公顷，占岩溶面积的 32.4%，占区域国土面积的 13.6%，涉及湖北、湖南、广东、广西、重庆、四川、贵州和云南 8 个省（自治区、直辖市）、463 个县（市、区）。

第四，土地污染日趋加重。由于工业化的发展，工业"三废"排放量与日俱增，农业中化肥、农药的施（使）用量也逐年增加，致使土地污染日趋加重，其结果是农作物不能正常生长，轻者减产，重者绝收，优良农田变成不毛之地。据环境保护部和国土资源部 2014 年 4 月发布的《全国土壤污染状况调查公报》[11]显示，全国土壤点位超标率为 16.1%，耕地土壤点位超标率达 19.4%，其中，轻微、轻度、中度和重度污染点位比例分别为 13.7%、2.8%、1.8% 和 1.1%，主要污染物为镉、镍、铜、砷、汞、铅、滴滴涕和多环芳烃。南方部分地区地表水由于污染出现水体富营养化，北方部分地区地下水硝酸盐含量超标，西北地区等地表土壤中农膜固体残留物较多。从总体上来看，目前我国耕地污染问题突出，不仅影响农产品的产量和品质，还危害人居环境安全，威胁生态环境安全。

第五，虽然森林覆盖率有所提升，但明显低于世界平均水平。据数据平台（EPS DATA）整理的世界银行数据，反映土地利用生态环境重要指标的森林覆盖率，中国 1990 年为 16.74%，约为世界平均水平（31.62）的 1/2，到 2016 年增至 22.35%，但仍明显低于同期的世界平均水平（30.72%）。

（四）土地利用与管理还存在一些亟待解决的问题

在全国不少地区的土地利用与管理中，还不同程度地存在着一些亟待解决的问题。这些问题种类繁多，表现形式复杂。特别值得注意的是以下六个问题：一是不少建设单位往往争相占用良田好地，而很少去利用荒地、劣地搞建设；二是农户承包耕地抛荒现象明显，一些地方甚至越来越严重；三是少数农户在承包地上盖房、挖矿、烧砖瓦等现象不断发生，甚至屡禁不止；四是一些地方在基本农田里发展林果业，甚至挖塘养鱼，耕地的非粮化现象不容忽视；五是一些地方土地利用规划（或国土空间规划）的科学性、权威性有待提升；六是基本农田划定中的"划远不划近，划劣不划优"现象需要切实纠正。

由于上述问题的严重性，大力加强土地资源管理、切实保护耕地，已是亟待解决的重大现实问题。

三、土地资源保护与管理的内容

土地资源保护与管理是实现土地资源合理开发利用的重要措施和根本保证。

如前文所述，这里将保护与管理并提，乃是为了全面、系统地研究土地资源的保护和管理问题，以维持资源与环境的整体性。不过，一般而言，"保护"与"管理"虽然是紧密联系、相辅相成、有机统一的整体，但还是有着具体分工的，两者的内容有所不同。土地资源保护的内容主要有两个：一是防止耕地资源减少和土地质量退化；二是对土地资源污染进行防治。土地资源管理一般主要包括三大内容：①土地地籍管理；②土地权属管理；③土地利用管理。限于篇幅，本章着重依据 2019 年 8 月 26 日第十三届全国人民代表大会常务委员会第十二次会议修订的《中华人民共和国土地管理法》（以下简称土地管理法）[12] 以及 2021 年 7 月 2 日国务院修订的《中华人民共和国土地管理法实施条例》[13] 的相关规定，分别对耕地资源保护、建设用地管理、土地管理监督检查等主要问题作一阐述和介绍。

第二节　耕地资源保护

《中华人民共和国土地管理法》突出强调国家保护耕地，严格控制耕地转为非耕地。主要的保护与管理举措是实行占用耕地补偿制度、永久基本农田保护制度，并采取一系列耕地利用、整治与保护措施。

一、实行占用耕地补偿制度，保障耕地占补平衡

《中华人民共和国土地管理法》[12] 规定，国家实行占用耕地补偿制度。非农业建设经批准占用耕地的，按照"占多少，垦多少"的原则，由占用耕地的单位负责开垦与所占用耕地的数量和质量相当的耕地；没有条件开垦或开垦的耕地不符合要求的，应当按照省、自治区、直辖市的规定缴纳耕地开垦费，专款用于开垦新的耕地。

为此，要求省级政府严格执行土地利用总体规划和土地利用年度计划，采取措施，确保本行政区域内耕地总量不减少、质量不降低。耕地总量减少的，由国务院责令在规定期限内组织开垦与所减少耕地的数量与质量相当的耕地；耕地质量降低的，由国务院责令在规定期限内组织整治。新开垦和整治的耕地由国务院自然资源主管部门会同农业农村主管部门验收。个别省、直辖市却因土地后备资源匮乏，新增建设用地后，新开垦耕地的数量不足以补偿所占用耕地的数量的，必须报经国务院批准减免本行政区域内开垦耕地的数量，易地开垦数量和质量相当的耕地。

为了切实保障耕地占补平衡，要求省级政府应当制定开垦耕地计划，监督占用耕地的单位按照计划开垦耕地或按照计划组织开垦耕地，并进行验收。县级以上地方人民政府可以要求占用耕地的单位将所占用耕地耕作层的土壤用于新开垦耕地、劣质地或其他耕地的土壤改良。

二、划定永久基本农田，实行严格保护

《中华人民共和国土地管理法》[12]规定，国家实行永久基本农田保护制度。这旨在有效地保护优质耕地资源，保障国家粮食安全。按照《土地管理法》的规划，下列五种耕地应当根据土地利用总体规划划为永久基本农田，实行严格保护：①经国务院农业农村主管部门或者县级以上地方人民政府批准确定的粮、棉、油、糖等重要农产品生产基地内的耕地；②有良好的水利与水土保持设施的耕地，正在实施改造计划以及可以改造的中、低产田和已建成的高标准农田；③蔬菜生产基地；④农业科研、教学试验田；⑤国务院规定应当划为永久基本农田的其他耕地。

在永久基本农田的划定比例上，《土地管理法》作出了明确的规定："各省、自治区、直辖市划定的永久基本农田一般应当占本行政区域内耕地的80%以上，具体比例由国务院根据各省、自治区、直辖市耕地实际情况规定。"

在永久基本农田划定的具体做法上，《土地管理法》明确规定，以乡（镇）为单位进行，由县级人民政府自然资源主管部门会同同级农业农村主管部门组织实施。永久基本农田应当落实到地块，纳入国家永久基本农田数据库严格管理。乡（镇）人民政府应当将永久基本农田的位置、范围向社会公告，并设立保护标志。

在永久基本农田的保护方面，《土地管理法》明确规定，永久基本农田经依法划定后，任何单位和个人不得擅自占用或改变其用途。国家能源、交通、水利、军事设施等重点建设项目选址确实难以避让永久基本农田，涉及农用地转用或者土地征收的，必须经国务院批准。禁止通过擅自调整县级土地利用总体规划、乡（镇）土地利用总体规划等方式规避永久基本农田农用地转用或土地征收的审批。

三、耕地利用、整治与保护系列措施

（一）提高耕地质量与生态环境

《土地管理法》明确规定，各级人民政府应当采取措施，引导因地制宜轮作休耕，改良土壤，提高地力，维护排灌工程设施，防止土地荒漠化、盐渍化、水土流失和土壤污染。

（二）严格控制占有耕地

（1）非农业建设必须节约使用土地，可以利用荒地的，不得占用耕地；可

以利用劣地的，不得占用好地。

（2）禁止占用耕地建窑、建坟或者擅自在耕地上建房、挖沙、采石、采矿、取土等。

（3）禁止占用永久基本农田发展林果业和挖塘养鱼。

（三）禁止闲置和荒芜耕地

《土地管理法》明确规定，禁止任何单位和个人闲置、荒芜耕地。已经办理审批手续的非农业建设占用耕地，一年内不用且又可以耕种并收获的，要由原耕种该幅耕地的集体或个人恢复耕种，也可由用地单位组织耕种；一年以上未动工建设的，要按照省级政府的规定缴纳闲置费；连续两年未使用的，经原批准机关批准，由县级以上政府无偿收回用地单位的土地使用权；该幅土地原为农民集体所有的，应当交由原农村集体经济组织恢复耕种。

（四）合理开发未利用土地

（1）鼓励单位和个人按照土地利用总体规划，在保护和改善生态环境、防止水土流失和土地荒漠化的前提下，合理开发未利用的土地。其中，适宜开发为农用地的，应当优先开发成农用地。

（2）开发未利用土地必须要经过科学论证和评估，在土地利用总体规划划定的可开发区域内，经依法批准后进行。禁止毁坏森林、草原开垦耕地；禁止围湖造田和侵占江河滩地。

（3）根据土地利用总体规划，对破坏生态环境开垦、围垦的土地，有计划有步骤地退耕还林、还牧、还湖。

（五）积极开展土地整治

（1）加强土地整理。县级、乡（镇）级政府应积极组织农村集体经济组织，按照土地利用总体规划，对田、水、路、林、村综合整治，提高耕地质量，增加有效耕地面积，改善农业生产条件和生态环境。

（2）地方各级政府应采取措施。在改造中、低产田，整治闲散地和废弃地。

（3）因挖损、塌陷、压占等造成土地破坏的，用地单位和个人要按国家有关规定负责复垦；没有条件复垦或复垦不符合要求的，应缴纳土地复垦费，专项用于土地复垦。

第三节　建设用地管理

建设用地管理是土地利用管理的重要内容，系指国家为调整建设用地关系、

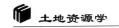

合理组织建设用地开发利用而采取的行政、法律、经济和工程的综合性措施。

一、建设项目占用土地的主要规定

《土地管理法》和《土地管理法实施条例》对建设项目占用土地作出了一系列明确的规定，主要有以下七个方面：

（1）建设项目占用土地的，应当符合土地利用总体规划（或国土空间规划）、土地利用年度计划、土地用途管制以及节约资源、保护生态环境的要求，并严格执行建设用地标准，优先使用存量建设用地，提高建设用地使用效率。从事土地开发利用活动，应当采取有效措施，防止、减少土壤污染，并确保建设用地符合土壤环境质量要求。

（2）各级政府应依据国民经济和社会发展规划及年度计划、土地利用总体规划（或国土空间规划）、国家产业政策、城乡建设和土地利用的实际状况，加强土地利用计划管理，实行建设用地总量控制，推动城乡存量建设用地开发利用，引导城镇低效用地再开发，落实建设用地标准控制制度，开展节约集约用地评价，推广应用节地技术和节地模式。

（3）县级以上地方政府自然资源主管部门应将本级政府确定的年度建设用地供应总量、结构、时序、地块、用途等在政府网站上向社会公布，供社会公众查阅。

（4）建设单位使用国有土地，一般应以有偿使用方式取得。国有土地有偿使用的方式包括三种：①国有土地使用权出让；②国有土地租赁；③国有土地使用权作价出资或入股。但下列建设用地，经县级以上人民政府依法批准，可以以划拨方式取得：①国家机关用地和军事用地；②城市基础设施用地和公益事业用地；③国家重点扶持的能源、交通、水利等基础设施用地；④法律、行政法规规定的其他用地。

（5）国有土地使用权出让、国有土地租赁等应依照国家有关规定通过公开的交易平台进行交易，并纳入统一的公共资源交易平台体系。除了依法可以采取协议方式以外，其他应采取招标、拍卖、挂牌等竞争性方式确定土地使用者。

（6）建设项目施工、地质勘查需要临时使用土地的，应当尽量不占或者少占耕地。临时用地由县级以上政府自然资源主管部门批准，期限一般不超过两年；建设周期较长的能源、交通、水利等基础设施建设使用的临时用地，期限一般不超过四年。土地使用者应自临时用地期满之日起一年内完成土地复垦，使其达到可供利用状态，其中，占用耕地的应当恢复种植条件。

（7）建设项目占用土地利用总体规划（或国土空间规划）确定的未利用地的，按省级政府的规定办理。具有重要生态功能的未利用地应当依法划入生态保护红线，实施严格保护。

二、农用地转用

农用地转用，也称农用地转为建设用地，是指按照土地利用总体规划（或国土空间规划）和国家规定的批准权限获得批准后，将农用地转变为建设用地的行为。

在土地利用总体规划（或国土空间规划）确定的城市和村庄、集镇建设用地范围内，为实施该规划而将农用地转为建设用地的，由市、县政府组织自然资源等部门拟订农用地转用方案，分批次报有批准权的人民政府批准。农用地转用方案应当重点对建设项目安排、是否符合国土空间规划和土地利用年度计划以及补充耕地情况作出说明。

在批准权限上，建设项目确需占用规划确定的城市和村庄、集镇建设用地范围外的农用地，涉及占用永久基本农田的，由国务院批准；不涉及占用永久基本农田的，由国务院或国务院授权的省级政府批准。

建设项目需要使用土地的，建设单位原则上应一次申请，办理建设用地审批手续；确需分期建设的项目，可以根据可行性研究报告确定的方案，分期申请建设用地，分期办理建设用地审批手续。农用地转用涉及征收土地的，还应当依法办理征收土地手续。

三、土地征收

土地征收（Land Expropriation），也称"征收土地"，是指国家为了公共利益需要，依照法律规定的程序和权限将农民集体所有的土地转化为国有土地，并依法给予被征地的农村集体经济组织和被征地农民合理补偿和妥善安置的法律行为。"土地征收"和"土地征用"两个概念既有共同之处，又有区别。共同之处在于，都是为了公共利益需要，都要经过法定程序，都要依法给予补偿。不同之处在于：征收的法律后果是土地所有权的改变，土地所有权由农民集体所有变为国家所有；征用的法律后果只是使用权的改变，土地所有权仍然属于农民集体，征用条件结束后需将土地交还给农民集体。

（一）可以征收农民集体所有土地的情形

《土地管理法》规定，为了公共利益的需要，有下列六种情形之一，确需征收农民集体所有的土地的，可以依法实施征收：①军事和外交需要用地的；②由政府组织实施的能源、交通、水利、通信、邮政等基础设施建设需要用地的；③由政府组织实施的科技、教育、文化、卫生、体育、生态环境和资源保护、防灾减灾、文物保护、社区综合服务、社会福利、市政公用、优抚安置、英烈保护等公共事业需要用地的；④由政府组织实施的扶贫搬迁、保障性安居工程建设需要用地的；⑤在土地利用总体规划确定的城镇建设用地范围内，经省级以上人民政府批准由县级以上地方人民政府组织实施的成片开发建设需要用地的；⑥法律规定为公共利益需要可以征收农民集体所有的土地的其他情形。其中，第①～第③条规定的建设活动，应符合国民经济和社会发展规划、土地利用总体规划、城乡规划和专项规划；第④条、第⑤条规定的建设活动，还应纳入国民经济和社会发展年度计划；第⑤条规定的成片开发并应符合国务院自然资源主管部门规定的标准。

（二）土地征收的审批规定

《土地管理法》规定，征收下列土地的，由国务院批准三条：①永久基本农田；②永久基本农田以外的耕地超过35公顷的；③其他土地超过70公顷的。征收第①～第③项规定以外的土地的，由省级政府批准。

征收农用地的，应按规定先行办理农用地转用审批。其中，经国务院批准农用地转用的，同时办理征地审批手续，不再另行办理征地审批；经省级政府在征地批准权限内批准农用地转用的，同时办理征地审批手续，不再另行办理征地审批，超过征地批准权限的，应当依照规定另行办理征地审批。

（三）征地补偿

需要征收土地，经县级以上地方政府认为符合《土地管理法》规定的，应发布征收土地预公告，并开展拟征收土地现状调查和社会稳定风险评估，进而组织自然资源、财政、农业农村、人力资源和社会保障等有关部门拟定征地补偿安置方案。

征地补偿安置方案应包括征收范围、土地现状、征收目的、补偿方式和标准、安置对象、安置方式、社会保障等内容。

总体上，征收土地应给予公平、合理的补偿，保障被征地农民原有生活水平不降低、长远生计有保障。征收土地应依法及时足额支付土地补偿费、安置补助费以及农村村民住宅、其他地上附着物和青苗等的补偿费用，并安排被征地农民的社会保障费用。

征收农用地的土地补偿费、安置补助费标准由省级政府通过制定公布区片综合地价确定。制定区片综合地价应综合考虑土地原用途、土地资源条件、土地产值、土地区位、土地供求关系、人口以及经济社会发展水平等因素，并至少每三年调整或重新公布一次。

征收农用地以外的其他土地、地上附着物和青苗等的补偿标准，由省级政府制定。对其中的农村村民住宅，应按照先补偿后搬迁、居住条件有改善的原则，尊重农村村民意愿，采取重新安排宅基地建房、提供安置房或货币补偿等方式给予公平、合理的补偿，并对因征收造成的搬迁、临时安置等费用予以补偿，保障农村村民居住的权利和合法的住房财产权益。

县级以上地方政府应将被征地农民纳入相应的养老等社会保障体系。被征地农民的社会保障费用主要用于符合条件的被征地农民的养老保险等社会保险缴费补贴。被征地农民社会保障费用的筹集、管理和使用办法，由省级政府制定。

四、宅基地管理

农村宅基地是农民安身立命之本。2019 年 8 月新修订的《土地管理法》完善了农村宅基地制度。

《土地管理法》规定，农村村民一户只能拥有一处宅基地，其宅基地的面积不得超过省级政府规定的标准。人均土地少、不能保障一户拥有一处宅基地的地区，县级政府在充分尊重农村村民意愿的基础上，可以采取措施，按照省级政府规定的标准保障农村村民实现户有所居。

农村村民建住宅，应符合乡（镇）土地利用总体规划、村庄规划，不得占用永久基本农田，并尽量使用原有的宅基地和村内空闲地。编制乡（镇）土地利用总体规划、村庄规划应统筹并合理安排宅基地用地，改善农村村民居住环境和条件。

农村村民住宅用地，由乡（镇）政府审核批准；其中，涉及占用农用地的，依照《土地管理法》的规定办理审批手续。农村村民出卖、出租、赠与住宅后，再申请宅基地的，不予批准。

新修订的《土地管理法》规定，允许进城落户的农村村民依法自愿有偿退出宅基地，鼓励农村集体经济组织及其成员盘活利用闲置宅基地和闲置住宅。

依法取得的宅基地和宅基地上的农村村民住宅及其附属设施受法律保护。禁止违背农村村民意愿强制流转宅基地，禁止违法收回农村村民依法取得的宅基地，禁止以退出宅基地作为农村村民进城落户的条件，禁止强迫农村村民搬迁退出宅基地。

五、集体经营性建设用地管理

农村建设用地一般分为三类：宅基地、公益性公共设施用地和集体经营性建设用地。集体经营性建设用地，是指具有生产经营性质的农村建设用地，包括农村集体经济组织使用乡（镇）土地利用总体规划确定的建设用地兴办企业或与其他单位、个人以土地使用权入股、联营等形式共同举办企业、商业所使用的农村集体建设用地，如过去的乡镇企业和招商引资用地。2019 年 8 月新修订的《土地管理法》破除了集体经营性建设用地进入市场的法律障碍，规定：允许集体经营性建设用地在符合规划、依法登记，并经本集体经济组织2/3以上成员或村民代表同意的条件下，通过出让、出租等方式交由集体经济组织以外的单位或个人直接使用。同时，使用者取得集体经营性建设用地使用权后还可以转让、互换或抵押。这一规定是重大的制度突破，为推进城乡一体化发展扫清了制度障碍。

《土地管理法实施条例》规定，国土空间规划应当统筹并合理安排集体经营性建设用地布局和用途，依法控制集体经营性建设用地规模，促进集体经营性建设用地的节约集约利用。鼓励乡村重点产业和项目使用集体经营性建设用地。

国土空间规划确定为工业、商业等经营性用途，且已依法办理土地所有权登记的集体经营性建设用地，土地所有权人可以通过出让、出租等方式交由单位或个人在一定年限内有偿使用。集体经营性建设用地出让、出租等方案应当载明宗地的土地界址、面积、用途、规划条件、产业准入和生态环境保护要求、使用期限、交易方式、入市价格、集体收益分配安排等内容。

《土地管理法实施条例》还规定，集体经营性建设用地的出租，集体建设用地使用权的出让及其最高年限、转让、互换、出资、赠与、抵押等，参照同类用途的国有建设用地执行（法律、行政法规另有规定的除外）。

第四节 土地管理监督检查

为了有效解决土地管理中存在的地方政府违法高发多发的问题，根据《国务院关于深化改革严格土地管理的决定》（国发〔2004〕28号），2006年国务院决定实施国家土地督察制度，对各省（自治区、直辖市）及计划单列市人民政府土地管理和土地利用情况进行督察。建立国家土地督察制度有利于加强土地监管，落实最严格的土地管理制度。自土地督察制度实施以来，在监督地方政府依法管地用地、维护土地管理秩序等方面发挥了重要作用。在充分总结国家土地督察制度实施成效的基础上，2019年8月新修订的《土地管理法》在总则中增加了第六条，对土地督察制度作出了规定："国务院授权的机构对省、自治区、直辖市人民政府以及国务院确定的城市人民政府土地利用和土地管理情况进行督察"[12]。以此为标志，国家土地督察制度正式成为中国土地管理的法律制度。

《土地管理法实施条例》规定了土地管理监督检查的内容，明确指出，国家自然资源督察机构根据授权对各省（自治区、直辖市）人民政府以及国务院确定的城市人民政府下列六条土地利用和土地管理情况进行督察：①耕地保护情况；②土地节约集约利用情况；③国土空间规划编制和实施情况；④国家有关土地管理重大决策落实情况；⑤土地管理法律、行政法规执行情况；⑥其他土地利用和土地管理情况。

国家自然资源督察机构在进行督察时，有权向有关单位和个人了解督察事项有关情况，有关单位和个人应当支持、协助督察机构工作，如实反映情况，并提供有关材料。被督察的地方人民政府违反土地管理法律、行政法规，或者落实国家有关土地管理重大决策不力的，国家自然资源督察机构可以向被督察的地方人民政府下达督察意见书，地方人民政府应当认真组织整改，并及时报告整改情况；国家自然资源督察机构可以约谈被督察的地方人民政府有关负责人，并可以依法向监察机关、任免机关等有关机关提出追究相关责任人责任的建议。

《土地管理法实施条例》还规定，自然资源主管部门、农业农村主管部门按照职责分工进行监督检查时，可以采取下列六项措施：①询问违法案件涉及的单位或个人；②进入被检查单位或个人涉嫌土地违法的现场进行拍照、摄像；③责令当事人停止正在进行的土地违法行为；④对涉嫌土地违法的单位或个人，在调查期间暂停办理与该违法案件相关的土地审批、登记等手续；⑤对可能被转移、销毁、隐匿或篡改的文件、资料予以封存，责令涉嫌土地违法的单位或个人在调查期间不得变卖、转移与案件有关的财物；⑥《土地管理法》规定的其他监督检查措施。

参考文献

［1］杨子生，刘彦随，赵乔贵，等. 基于耕地资源利用的区域粮食安全评估原理·方法及其在云南的实践［M］. 北京：中国科学技术出版社，2008.

［2］李元. 中国土地资源［M］. 北京：中国大地出版社，2000.

［3］中华人民共和国国土资源部. 中国国土资源统计年鉴–2010［M］. 北京：地质出版社，2010.

［4］中华人民共和国国土资源部. 中国国土资源统计年鉴–2015［M］. 北京：地质出版社，2015.

［5］中华人民共和国国土资源部. 中国国土资源统计年鉴–2018［M］. 北京：地质出版社，2018.

［6］农业农村部. 2019年全国耕地质量等级情况公报［J］. 中华人民共和国农业农村部公报，2020（4）：113–120.

［7］国土资源部，国家统计局，国务院第二次全国土地调查领导小组办公室. 关于第二次全国土地调查主要数据成果的公报［N］. 人民日报，2013–12–31（9）.

［8］杨子生，贺一梅．中国西南边疆山区耕地水土流失研究——以云南省为例［J］．水土保持研究，2009，16（1）：1－7．

［9］国家林业和草原局．中国荒漠化和沙化状况公报［EB/OL］．http：//www. forestry. gov. cn/main/58/content－832363. html，2015－12－29．

［10］国家林业和草原局．中国·岩溶地区石漠化状况公报［EB/OL］．http：//www. mnr. gov. cn/dt/ywbb/201812/t20181217_ 2379630. html，2018－12－17．

［11］环境保护部，国土资源部．全国土壤污染状况调查公报［N］．中国国土资源报，2014－04－18（2）．

［12］全国人民代表大会常务委员会．中华人民共和国土地管理法［M］．北京：法律出版社，2019．

［13］中华人民共和国国务院．中华人民共和国土地管理法实施条例［N］．人民日报，2021－08－03（15）．

第八章 土地资源专题研究

近几十年来，围绕着国家和区域经济社会的不断发展，土地资源研究一直是学术界的重要领域，重点和热点问题不断涌现。本章作为对前面五章（即土地资源学五个研究内容）的进一步补充，着重就基于粮食安全的中国18亿亩耕地"红线"原理及其对策措施体系、山区建设用地适宜性评价原理与实践、中国土地利用区划方案、中国耕地数量-质量-生态综合评价、农地整理中的生态环境与生物多样性保护五个问题进行专题讨论和分析。

第一节 中国18亿亩耕地"红线"原理及其对策措施体系

"民以食为天"，"国以粮为安"，这充分说明了粮食问题是关系国计民生的根本问题，粮食安全是一个国家和地区整个安全体系的基础。耕地资源是粮食生产的基础。保护耕地的根本目的在于保障国家粮食安全，满足我国各族人民正常生存和健康发展的需要。在人地矛盾加剧、耕地不断减少、后备资源极其短缺的情形下，中国土地资源战略的基本目标就是保护耕地进而保障国家粮食安全。2006年3月14日第十届全国人民代表大会第四次会议批准的《中华人民共和国国民经济和社会发展第十一个五年规划纲要》提出了一个重要的约束性指标，即"耕地保有量保持1.2亿公顷（18亿亩）"[1]。2007年3月5日，时任总理温家宝在《政府工作报告》中庄严地提出："在土地问题上，我们绝不能犯不可改正的历史性错误，遗祸子孙后代。一定要守住全国耕地不少于18亿亩这条红线。"[2]此后，18亿亩（1.2亿公顷）耕地已成为直接关系到全体中国人吃饭问题的基本底线，是中国未来一定时期内必须死死坚守的耕地保有量硬指标。这一耕地"红线"的提出，在全国引起了广泛的关注，学术界许多专家学者对这一重大战略目标进行了有意义的探讨、分析和研究，初步取得了一些有价值的成果[3,4]。为了进一步深化对中国"18亿亩耕地红线"的认识和这一战略目标的科学实施，这里采用1996～2006年耕地面积、总人口、粮食产量等数据深入地探究中国2006年为什么要提出坚守18亿亩耕地红线以及怎样才能坚守18亿亩耕地红线的问题。尽管由于调查方法和技术的发展，2009年完成的第二次全国土地调查和2019年完成的第三次全国国土调查显示，全国现有耕地总面积已明显超过了18亿亩耕地"红线"，但鉴于上一章所指出的耕地质量不高、各类土地生态环境问题突出、耕地非农化和非粮化现象明显的严峻形势，坚守"18亿亩耕地红线"战略目标更需要深化和强化。

一、近10年来中国耕地与人口的变化态势

国家和区域的可持续发展，首先要求其耕地与人口之间保持良性的平衡状态，一旦失衡，必将危及可持续发展战略的实现。然而，近10年来，中国耕地与人口的变化上却呈现反向变化态势（见表8-1）。

表8-1 1996～2006年中国耕地面积与总人口量

年份	耕地面积（万公顷）	总人口（万人）	人均耕地（公顷/人）
1996	13003.92	122389	0.1063
1997	12956.15	123626	0.1048
1998	12992.98	124810	0.1041
1999	12886.36	125909	0.1023
2000	12823.31	126583	0.1013
2001	12761.58	127627	0.1000
2002	12593.00	128453	0.0980
2003	12339.22	129227	0.0955
2004	12244.43	129988	0.0942
2005	12208.27	130756	0.0934
2006	12177.59	131448	0.0926

资料来源：耕地总面积分别引自《中国土地资源》（李元主编）、《中国环境状况公报》、（国家环境保护总局网站）和历年《中国国土资源公报》（国土资源部网站）；总人口数据引自《中国统计年鉴（2007）》。

从总人口变化来看，这10年来中国一直保持逐年增长之势。据统计，全国1996年总人口为122389万，到2006年增至131448万[5]，10年间净增9059万，年均增长0.74%。

而耕地面积变化上却呈现反向的变化态势，10 年来全国耕地一直呈逐年减少。据第一次土地资源详查[6]，1996 年全国耕地总面积为 13003.92 万公顷；而 2006 年变更调查结果表明，2006 年全国耕地总面积已减至 12177.59 万公顷[7]。10 年间耕地净减少 826.33 万公顷，年均减少 0.64%。

总人口的逐年增长和耕地面积的逐年减少，意味着人均耕地呈现较快的减少趋势。全国人均耕地已由 1996 年的 0.1063 公顷/人降至 2006 年的 0.0926 公顷/人，年均降低幅度达 1.29%。

相关的分析和预测表明，2006～2030 年，中国总人口持续增长的趋势将不可逆转，而耕地总面积则将处于逐渐减少状态，使人均耕地将一直保持日益减少的势头。这表明，未来较长时期内，中国人口与耕地的矛盾将日益尖锐化，保护耕地和控制人口增长将是中国可持续发展战略中的基本主题和重要举措。

二、坚守 18 亿亩耕地的必要性分析

要坚守 18 亿亩耕地红线，首先，需要弄清为了什么而需要坚守 18 亿亩耕地红线。只有明确了需要坚守的理由，才能够指导坚守耕地红线的行动方向和唤起坚守耕地红线的动力。其次，通过分析可以认为，中国坚守 18 亿亩耕地红线的最主要原因是保障国家粮食安全的需要，此外，这也是保障整个国家经济安全、社会安全和中华民族可持续发展的需要。

在土地利用规划的耕地需求量预测中，通常，基于粮食安全目标的区域耕地需求量一般可以采用以下方法进行分析和预测[3,4]：

$$A_d = \frac{P_t \times F_c \times D_s}{Y_a \times R_s} \tag{8-1}$$

在式（8-1）中，A_d 表示区域耕地需求量（公顷），P_t 表示总人口量（人），F_c 表示人均粮食消费需求量（千克/人），D_s 表示粮食自给率（%），Y_a 表示耕地年粮食单产（吨/公顷·年），R_s 表示粮播比例（%）。

按照上述公式，一个国家或地区的耕地需求量取决于该国或地区的总人口规模、人均粮食需求量、粮食自给率、耕地年粮食平均单产和粮播比例五个指标。下面对 2020 年我国（新一轮土地利用总体规划末期年）式（8-1）中的五个因子分别进行简析。

（1）P_t 指标。依据国务院批准实施的《人口发展"十一五"和 2020 年规划》和《中共中央国务院关于全面加强人口和计划生育工作统筹解决人口问题的决定》[8]，全国人口发展目标为："十一五"时期人口总量控制在 13.6 亿以内；2020 年人口总量控制在 14.5 亿人左右。因此，预测中国耕地需求量时采用的 2020 年总人口规模可以确定为 14.5 亿。

（2）F$_c$指标。中国农业科学院（1986，1991）研究认为，人均400千克粮食必不可少[9-11]。这已成为中国粮食安全领域的主流观点。从全国改革开放以来的经验来看，人均占有粮食高于400公顷，粮食安全有保障；在350～400千克，是紧平衡；低于350千克，会发生粮食危机[12]。总体上来看，中国实现人均粮食400千克的目标仍属较低的粮食消费水平。届时主要食物的人均占有量为：粮食230千克、肉24千克、蛋12千克、奶10千克、水产品9千克，仍处于温饱型向科学营养型的过渡类型，只可以说是初步实现小康生活水平[10]。按照中国的耕地、人口等基本国情，人均粮食占有量标准不宜定得太高。因此，在预测耕地需求量时，可以将基于粮食安全的2020年人均粮食需求量确定为400千克（即小康型下限）。

（3）D$_s$指标。《中国粮食问题白皮书》指出："立足国内资源，实现粮食基本自给，是中国解决粮食供需问题的基本方针。中国将努力促进国内粮食增产，在正常情况下，粮食自给率不低于95%，净进口量不超过国内消费量的5%"[13]。据此，可以将基于粮食安全目标的粮食自给率确定为95%。为了对比分析，在预测时，将粮食自给率按100%、95%、90%和85%四个方案进行。

（4）Y$_a$指标。1996～2005年全国耕地粮食单产年均增长率为1.39%。考虑到今后随着农田基本建设、土地整理工程的进一步推进以及耕地利用与农业生产过程中物资、劳动力、科技等诸方面投入的进一步加大，会使粮食平均单产水平有进一步的提高，因此，2006～2020年耕地年粮食单产按年均增长率1.50%的水平进行预测，2020年全国耕地年粮食平均单产为7387.2千克/公顷。

（5）R$_s$指标：长期以来全国粮播比例一直处于下降态势。如果按1996～2005年下降速度继续降低，那么2020年全国粮播比例将降至55.8%，这将极大地威胁到国家的粮食安全。经综合分析，全国今后粮播比例的适宜范围在60%～70%。这里，全国2020年粮播比例值采用蔡玉梅等（2007）的预测数，即62%[14]。

分别确定了上述五个指标之后，按照式（8-1），即可测算出2020年全国基于粮食安全目标的中国耕地需求量（见表8-2）。

表8-2　2020年基于粮食安全目标的中国耕地需求量预测

指标	2020年
总人口（亿人）	14.50
人均粮食需求（千克）	400
粮食需求总量（亿千克）	5800.00
自给率95%的粮食需求量（亿千克）	5510.00

指标	2020 年
自给率90%的粮食需求量（亿千克）	5220.00
自给率85%的粮食需求量（亿千克）	4930.00
耕地年粮食单产（千克/公顷）	7387.2
粮播比例（%）	62.0
粮食自给率100%的耕地需求量（亿公顷）	1.27
粮食自给率95%下的耕地需求量（亿公顷）	1.20
粮食自给率90%下的耕地需求量（亿公顷）	1.14
粮食自给率85%下的耕地需求量（亿公顷）	1.08

　　上述预测结果表明，到2020年，要确保中国14.50亿人达到初步小康水平下限的粮食消费标准（即400千克/人）（2020年已达400千克），共计需要粮食总量58000万吨，比2005年的实际粮食总产量（48402.2万吨）多9597.8万吨（2020年已达400千克）。为此，假如将粮食自给率确定为100%，则需要在保证2006~2020年耕地年粮食单产维持年均增长率达1.50%的较高水平，且粮播比例不低于62%的前提下，要保有耕地量1.27亿公顷（约19.0亿亩）。显然，由于1996~2006年耕地减少速度加快，2006年全国耕地总面积已降至12177.59万公顷（18.27亿亩）[7]，要使保有耕地量增加到1.27亿公顷是难以达到的目标。

　　相比较而言，在上述四个预测方案中，相对较为理性的是第二个方案，即按照《中国粮食问题白皮书》提出的粮食自给率不低于95%的目标。在粮食自给率维持在95%的情况下，全国2020年基于粮食安全的耕地需求量约为1.20亿公顷（约18.0亿亩）。这是保障国家粮食安全、实现全国粮食基本自给的"红线"。这条耕地"红线"是不可逾越的，因为以下三点：

　　第一，逾越了这条"红线"，意味着中国作为粮食生产基础的耕地资源进一步减少，必然影响粮食总产量的增加幅度，使人均粮食占有量难以提高（甚至反而会下降），不仅危及国家粮食安全，还会影响到建设全面小康社会目标的实现。

　　第二，这条耕地"红线"是在确保2006~2020年耕地年粮食单产维持年均增长率达1.50%的较高水平，且粮播比例不低于62%的前提下才能保障国家粮食安全、实现全国粮食基本自给的耕地保有量下限。由于受"天灾"等因素的影响，要使耕地年粮食单产一直维持年均增长率达1.50%的较高水平，需要较大的投入和较为艰辛的努力，因而以保障国家粮食安全为目标的这条耕地"红线"本已非常脆弱。

　　第三，尽管这条耕地"红线"有望保障2020年全国14.50亿人实现人均粮食占有量 400 千克的 95%，从而基本达到现初步小康型粮食消费标准，但这并不意味着 14.50 亿人每个人都能够实现这一目标。这是因为中国地域广阔，人口众多，各地的条件千差万别，在广大山区、边远地区依然会有相当比例的人口难以达到初步小康型粮食消费标准。

总之，为了保障国家粮食安全、实现全国粮食基本自给的目标，必须坚守 18 亿亩耕地"红线"。

从更高的角度来看，坚守 18 亿亩耕地"红线"也是保障整个国家经济安全、社会安全和中华民族可持续发展的需要。首先，粮食安全是整个国家经济安全的基础，尤其中国 2005 年总人口已突破 13 亿，是人口大国，首先，只有把"吃饭"问题解决好了，才有可能去搞经济建设，才具备保障整个国家经济安全的基础条件。其次，如前文所述，"民以食为天"，"无粮则乱"，粮食问题始终是关系国计民生的根本问题，一旦 18 亿亩耕地"红线"被逾越，意味着粮食安全保障系统的崩溃，粮食危机将随之显现，进而危及到社会稳定的大局。此外，耕地资源作为整个可持续发展系统中最重要的基础性资源，如果保障国家粮食安全的耕地资源"红线"被突破，整个可持续发展系统将转向不协调状态，向"恶性循环"方向发展。因此，为了整个国家的经济与社会安全以及中华民族的可持续发展，当代中国人有责任、有义务采取有效措施，死死地坚守住这条耕地"红线"。

三、坚守 18 亿亩耕地"红线"的对策与措施体系

自 2006 年以来，如何坚守 18 亿亩耕地"红线"已成为中国政府及有关部门、全国土地科技界关注的热点问题。不少专家学者和有关部门已从不同的学科和领域角度提出了相应的对策或措施[3,4,15-21]。其中，实行节约与集约利用是国土资源部门和学术界最为关注的措施之一，这无疑是一个正确的土地利用方向。然而，坚守 18 亿亩耕地"红线"是一个十分复杂的系统性工程，关系到耕地资源开发利用、整治、保护、管理等诸多方面，涉及国策、法规、经济、技术等多个领域。这里从耕地增减变化的基本途径出发，来构建我国坚守 18 亿亩耕地"红线"的对策体系。

从增加（或补充）耕地的渠道来看，主要是通过土地开发、复垦和整理（以下简称土地开发整理）三个基本途径来实现，因而强化土地开发整理必然成为坚守 18 亿亩耕地"红线"的第一类对策。在此类对策之下，具体包括三个基本对策：一是在保护土地生态环境的前提下，适度开发宜耕地后备资源（即宜耕荒山、宜耕荒地、宜耕荒滩等）；二是切实加大土地复垦力度，努力恢复废弃土地（包括工矿企业生产建设废弃地和灾毁废弃地）的生态功能，充分发挥各类

废弃土地的利用潜力，增加耕地有效利用面积和提高土地利用率；三是积极推进土地整理，对田、水、路、林、村进行综合整治，大力增加有效耕地面积和提高耕地质量。

就耕地减少的方向而言，主要包括四类形式（或途径）：建设占用、生态退耕、灾害损毁、农业结构调整。因此，加强耕地资源保护，控制耕地减少量应当是我国坚守 18 亿亩耕地"红线"的第二类对策。在此类对策之下，具体包括四个基本对策：一是严格控制各类非农建设占用耕地规模；二是科学核定生态退耕规模和范围，最大限度地降低生态退耕量；三是尽力控制灾害损毁耕地规模，并加强灾毁耕地的复垦和整治；四是严格控制农业结构调整规模，努力确保耕地（尤其是基本农田）用途的长期稳定性。

上述每类对策及其具体的基本对策，均需要相应的有效性措施来保障。例如，"严格控制各类非农建设占用耕地规模"这一对策，需要采取以下四个关键性措施来实现：一是建立土地节约集约利用制度，在全社会树立起新型的节约集约用地理念和意识，在政策、规划、管理、执法等各个环节均充分地落实好节约集约用地制度；二是科学修编土地利用总体规划，正确处理好建设用地与耕地保护的关系，坚持"依法依规、从严从紧、管住总量、严控增量、盘活存量、集约高效"和"区别对待、有保有压"等原则，严把土地闸门，严格控制新增建设用地总量特别是占用耕地数量，实现保障发展与保护耕地的"双赢"；三是健全耕地保护制度和土地用途管制制度，强化土地管理各项措施；四是严格土地执法，加大违法用地处罚力度，充分发挥法制手段在耕地保护和土地管理中的作用。

按照上述思路，本节构建了由 2 个对策类、7 个基本对策和 23 个保障措施有机构成的中国坚守 18 亿亩耕地"红线"的对策与措施体系（见表 8－3），为中国实现坚守 18 亿亩耕地"红线"的战略目标提供基本的理论和科技支撑。

表 8－3 中国坚守 18 亿亩耕地"红线"的对策与措施体系

	对策类	基本对策	保障措施
中国坚守 18 亿亩耕地"红线"的对策与措施体系	1. 强化土地开发整理，大力补充新耕地	（1）积极推进土地整理，大力增加有效耕地面积和提高耕地质量	（1）进一步强化各级区域土地整理规划和整理项目区的规划设计，做到科学规划、科学实施和科学管理； （2）稳定投入渠道，保障土地整理专项资金的投入； （3）进一步加强土地整理科技建设，保障整理质量和综合效益； （4）加强基本农田区整理，同时高度重视广大山区坡耕地的综合整治，使补充耕地数量、质量与生态建设并重

续表

对策类	基本对策	保障措施
1. 强化土地开发整理，大力补充新耕地	（2）切实加大土地复垦力度，努力恢复废弃土地的功能，充分发挥各类废弃土地的利用潜力，增加耕地有效利用面积和提高土地利用率	（1）严格遵守《土地管理法》和《土地复垦规定》的相关规定与要求，按照"谁破坏，谁复垦"等原则，切实有效地搞好各类建设废弃地的复垦工作； （2）加大各级政府部门和单位对矿山生态恢复治理和土地复垦的投入力度，科学规划、精心组织、努力提高土地复垦率和综合效益； （3）加大防灾减灾力度，及时地组织灾毁耕地的复垦
	（3）在保护土地生态环境的前提下，适度开发宜耕地后备资源（即宜耕荒山、宜耕荒地、宜耕荒滩等）	（1）进一步加强宜耕荒山、宜耕荒地和宜耕荒滩的科学调查与评价，进而科学地编制各级区域宜耕地后备资源开发规划； （2）切实按照"谁占用，谁补充"的原则，严格新增建设用地土地有偿使用费和耕地开垦费的收缴和使用管理，专款用于土地开发（或整理），充分保障土地开发（或整理）专项资金的投入； （3）做好各开发项目区的科学规划和设计，科学地实施和管理，使补充耕地数量、质量和生态环境达到应有的要求
2. 强化耕地资源保护，严格控制耕地减少量	（1）严格控制各类非农建设占用耕地规模	（1）建立土地节约集约利用制度，并在政策、规划、管理、执法等各个环节均充分地落实好节约集约用地制度 （2）科学修编土地利用总体规划，正确处理好建设用地与耕地保护的关系，严格控制新增建设用地总量特别是占用耕地数量，实现保障发展与保护耕地的"双赢"； （3）健全耕地保护制度和土地用途管制制度，强化土地管理各项措施； （4）严格土地执法，加大违法用地处罚力度
	（2）科学核定生态退耕规模和范围，最大限度地降低生态退耕量	（1）正确处理耕地保护与生态保护的关系，科学核定 >25°坡耕地数量； （2）实事求是地制定生态退耕规划，切实防止再次出现"该退的不一定退下来，不该退的却退了"的怪现象； （3）深入调查近8年生态退耕工程实施中不该退的平地和缓坡地数量和分布状况，进而制定复耕规划和政策，及时地开展复耕工作
	（3）尽力控制灾害损毁耕地规模，并加强灾毁耕地的复垦和整治	（1）切实加强土地生态环境建设和保护，实施生态友好型土地利用战略，最大限度地减轻自然灾害； （2）加大投入力度，大力加强灾毁耕地的复垦和整治

中国坚守18亿亩耕地"红线"的对策与措施体系

续表

	对策类	基本对策	保障措施
中国坚守18亿亩耕地"红线"的对策与措施体系	2. 强化耕地资源保护，严格控制耕地减少量	（4）严格控制农业结构调整规模，努力确保耕地（尤其是基本农田）用途的长期稳定性	（1）正确处理保障粮食安全与发展农村经济的关系，严格执行《土地管理法》和《基本农田保护条例》，科学控制农业结构调整减少耕地规模，禁止占用基本农田发展林果业和挖塘养鱼； （2）对已经违法违规占用和破坏的耕地（尤其是基本农田），要按照国家规定，尽快采取恢复耕种的措施； （3）正确引导农民进行农业结构调整，充分利用"四荒"资源来发展林果业、畜禽养殖和水产业，提高农业结构调整和发展农村经济的能力； （4）加大对粮农的直接补贴力度，确保种粮收益不低于林果业、畜禽养殖和水产业的收益，有效地建立起保护耕地、保障粮食安全的激励机制

第二节　山区建设用地适宜性评价方法与实践

一、山区建设用地适宜性评价的目的与意义

建设山地城市是21世纪城市建设的十大模式之一[22]，日益受到许多国家的关注。近年来，随着我国城市化、工业化的快速推进，城镇建设规模不断扩大，保护耕地与保障发展建设之间的矛盾日益尖锐化。为了拓展城市发展空间、同时保护平原或平地（在云南俗称为坝子或坝区）的优质耕地，保障粮食安全和可持续发展，国土资源部确定的对策之一是坡地开发，实施城镇和工业用地"上山"[23]，并于2011年确定甘肃、广西、湖北、云南等省份作为全国低丘缓坡综合开发利用试点省（区）。云南是一个典型的人地矛盾较为突出的边疆山区省份，全省山区占了93.60%，坝区仅占6.40%[24]。为了保护日益减少的坝区耕地，云南省于2011年上半年确立了"保护坝区农田，建设山地城镇"的发展战略（以下简称"城镇上山"战略）[25]。

山地固有的生态环境具有脆弱性，山地资源的不合理开发利用，极易导致山地人地关系的不协调，造成水土流失和生态退化，甚至酿成严重灾害[26]。因此，山地（或坡地）的利用上需要实施可持续利用方式[27,28]，重视土地保护[29]。因

此，深入开展山区城镇建设用地适宜性评价研究，是当前实施"城镇上山"战略的重要科技需求。从城市防灾角度来看，城市土地利用规划与布局中的一个重要问题是对城市用地适宜性进行风险评价[30]。事实上，多年来，国内外相关学者已将城市建设用地适宜性评价视为城市规划和城市土地利用规划的一项重要基础性工作。早在 1933 年的《雅典宪章》就已涉及了建设用地选择的理论，认为在城市规划中，针对不同性质的用地需要考虑土地的不同适宜性，并提出了城市的分区功能。1969 年，美国的景观建筑师 I. L. McHarg 在《自然界的设计（*Design with Nature*）》一书中提出土地利用生态适宜性理论及其规划实践[31]对后来的城市规划和城市用地综合评价产生了重要的影响。自 20 世纪 70 年代以来，国际上各类土地适宜性评价的广泛开展，为城镇建设用地适宜性评价提供了较为成熟的理论体系，使城镇建设用地适宜性评价迅速展开，研究成果不断涌现[32-44]。但总体上对山地（或山区）城镇建设用地适宜性评价的研究尚属薄弱环节，其理论、方法尤其是评价指标体系、评价标准、技术方法模式等关键问题需要深入、广泛的探讨和实证研究。

在云南省实施"城镇上山"战略中，位于滇西南中低山区的德宏傣族景颇族自治州芒市和瑞丽市被确定为全省开展"城镇上山"型土地利用总体规划修编的试点县（市）之一，并进而拓展到全州，为此，这里以德宏州为例，尝试性地开展山区城镇建设用地适宜性评价的研究，确定其山区适宜城镇建设的土地资源分布情况，探讨将城镇空间向山地拓展、发展山地型城镇、解决坝区耕地保护问题的可行性，以期为推进云南省乃至国内外类似山区加强坝区优质耕地保护、合理地建设山地城镇发展模式提供理论和技术支撑。

二、山区建设用地适宜性评价的方法

这里讨论的山区城镇建设用地适宜性评价，是在调查分析所研究的山区各类自然、经济等因素基础上，根据城镇生态保护和城镇建设要求对用地进行综合评价，以确定该山区土地用于城镇建设的适宜与否及其适宜性程度。根据"城镇上山"战略的实际需要，评价遵循以下四条原则：①土地对城镇建设的适宜性及其适宜程度；②因地制宜，充分考虑山区的特点；③综合分析和主导因素相结合；④土地利用的可持续性。

（一）评价指标体系构建

土地适宜性评价最为关键性的一个研究环节是合理选取和确定参评因子（见表 8-4）。在以往的建设用地适宜性评价中，大多常常通过选取地质、地貌、土壤、气候、植被、土地利用现状、生态环境等方面指标来构建评价指标体系，进而采用某一定量的数学模型进行综合分值的测算，按照分值的大小来确定适宜性等级。这种方法有以下三个优点：①评价标准和方法易于掌握，便于应用；②该法建立在具体数值基础之上，较大地避免了评价的主观性；③有定量模型支撑，适应于数据库和计算机处理的需要。但是，该方法也有其三个缺点：①在选择参评因子和分配指数值范围上，仍不免存在主观的影响，甚至某些重要因子可能被忽略或处理不当，因而影响评价结果的准确性，例如，该法容易出现评价单元上某一指标表明该单元用地不适宜作为建设用地、而该地块的最终综合适宜性分数值又位于适宜建设用地范围内的情况[45]，甚至出现地质灾害高易发区、坡度大于25°区域成为一等宜建地的悖论[46]；②不能表示限制因素的类型和强度，因而不能为土地使用者选择利用方式和确定相应的土地整治措施提供坚实的基础依据；③用某一定量模型测算未必能够较好地处理和反映各因子间的相互关系和共同作用。

在影响山区城镇建设用地适宜性的因子中，有些因子是刚性的（属于特殊因子），例如，陡坡、重要矿产压覆、地质灾害等；有些则可视为影响城市建设的一般因子（弹性因子），又如，岩性、土质、水文条件与地基承载力、地面工程量与建设成本、气候条件、供水与排水等条件、交通条件、生态影响度等。也有些因子属于双重因子，再如，坡度，一般大于25°时，列入"一票否决"式的刚性因子，归为"不适宜"类；而小于25°时，可以作为适宜性评价的一般参评因子，结合其他因子进行综合评价。因此，在山区城镇建设用地适宜性评价中，需要因地制宜地构建特殊因子指标和一般因子指标相结合的指标体系，并对特殊因子采用极限条件法（也称一票否决法）直接判定评价单元适宜与否，保证评价结果的准确性。鉴于此，这里将评价因子分出特殊因子和一般因子两类，以此构建评价指标体系。

还需要指出的是，从参评因子分级来看，目前不同研究者在不同地区确定的参评因子分级体系和划分"宜建地"与"禁建地"的指标值很不一致，甚至差异较大，尤其以坡度因子最为突出。显然，由于各地的自然条件等情况相差悬殊，未来一定时期内难以形成全国统一的坡度因子分级体系和划分"宜建地"与"禁建地"的坡度指标，但总体上一般认为，划分"陡坡"与"缓坡"的坡度界线是25°，这也是中国《水土保持法》规定的禁止开垦坡度上限。在建设山地城镇中，当坡面达到25°时，各类建筑的不稳定性很大，因此，通常情况下，大于25°的陡坡地宜归为"禁建区"或者"不宜建土地"。

依据上述讨论，按山区城镇自身的特点，并考虑资料的可获得性和指标的可量化性，结合上述山区城镇建设用地适宜性评价的原则，这里构建了山区建设用地适宜性评价的指标体系：

1. 评价指标

共包括12个评价指标（或称参评因子）——①地形坡度；②岩性、土质、水文条件与地基承载力；③地质灾害及其威胁程度；④距地震断裂带布距离；⑤地面工程量与建设成本；⑥矿产压覆状况；⑦供水、排水等条件；⑧绿化的生境条件；⑨交通条件；⑩基本农田保护区分布状况；⑪生态环境安全程度；⑫自然与文化遗产保护。

2. 指标分级

对每个指标均分为四级，分别对应着高度适宜（一等宜建地）、中等适宜（二等宜建地）、低度适宜（三等宜建地）和不适宜4个适宜性等级（见表8−4）。例如，对于"地形坡度"这一指标，对应着上述四个适宜性等级的坡度级分别是：<8°、8°~15°、15°~25°、>25°。

表8−4　山区城镇建设用地适宜性评价参评因子及其分级指标

参评因子	城镇建设用地适宜性分级指标				因子性质
	高度适宜（一等宜建地）	中度适宜（二等宜建地）	低度适宜（三等宜建地）	不适宜（不宜建土地）	
1. 地形坡度	<8°	8°~15°	15°~25°	>25°	刚性/弹性
2. 岩性、土质、水文条件与地基承载力	岩层坚硬度高，地表主要为基岩、杂石，地下水位低，地基承载力高	岩层坚硬度较高，地表沉积物主要为黏土，地下水位较低，地基承载力中等	岩层坚硬度较低，地表沉积物主要为中砂、粗砂，地下水位偏高，地基承载力偏低	岩层松散，地表沉积物主要为细沙，地下水位高，地基承载力低	弹性
3. 地质灾害及其威胁程度	位于地质灾害非易发区，无地质灾害隐患点，未受地质灾害威胁	位于灾害低易发区，基本无地质灾害隐患点，受地质灾害威胁程度较低。即使有局部小型灾害隐患，也易于防治，对建设不构成影响	位于灾害中易发区，局部存在小型地质灾害隐患点，有一定程度的地质灾害威胁，但采取一定防治措施后，对建设基本不构成影响	位于灾害点及隐患点、高易发区（或高危险区），地质灾害威胁较大，防治难度较大	刚性/弹性
4. 距地震断裂带距离	>2000米	1000~2000米	500~1000米	≤500米	刚性/弹性
5. 地面工程量与建设成本	地形较平坦，起伏度低，地表破碎程度很低，建设的地面工程量较小，建设成本低	地形较平缓，起伏度不大，地表破碎程度较低，建设的地面工程量不大，建设成本中等	地形坡度偏大，起伏度偏大，地表破碎程度偏高，建设的地面工程量较大，建设成本较高	地形较陡，起伏度大，地表破碎程度高，建设的地面工程量很大，建设成本高	弹性

续表

参评因子	城镇建设用地适宜性分级指标				因子性质
	高度适宜 （一等宜建地）	中度适宜 （二等宜建地）	低度适宜 （三等宜建地）	不适宜 （不宜建土地）	
6. 矿产压覆状况	无矿产压覆	基本无矿产压覆	局部存在次要矿产压覆	存在重要矿产压覆	刚性/弹性
7. 供水、排水等条件	有良好的水源保证，供水和排水等水文地质条件较优	有较好的水源保证，供水和排水等水文地质条件中等	有一定的水源保证，供水和排水等水文地质条件偏差	水源保证度较低，供水和排水等水文地质条件较差	弹性
8. 绿化的生境条件	优越	较好	一般	较差	弹性
9. 交通条件	便利	较便利	一般	较差	弹性
10. 基本农田保护区分布状况	位于非基本农田保护区			位于土地利用总体规划中已划定的基本农田保护区	刚性
11. 生态环境安全程度	生态敏感性程度很低，不会对生态环境造成影响或破坏	生态敏感性程度较低，可能会对生态环境造成一定的影响，但通过采取预防措施可以避免对生态环境的破坏	生态敏感性程度偏高，会对生态环境造成影响和破坏，需采取相应预防措施才能降低生态影响度，避免对生态环境的破坏	位于土地利用总体规划中确定的生态环境安全控制区	刚性/弹性
12. 自然与文化遗产保护	位于非自然与文化遗产保护区			位于土地利用总体规划中确定的自然与文化遗产保护区	刚性

（二）评价的技术方法

在以往的土地适宜性评价中，有的偏重于"极限条件法"，较少考虑定量的指数计算法，导致在确定适宜等级时难免主观意识偏强；近些年的适宜性评价则大多采用定量的"适宜性指数法"来评定适宜性等级，但如上所述，定量指数模型法也有其缺陷。

考虑到山区生态环境的脆弱性、地质灾害等自然灾害的频发性以及人类生存的安全性和发展的可持续性，本书在评价方法上采用"极限条件法"与"适宜性指数法"有机结合的技术方法，分析和评定每一评价单元图斑的可用于城镇建设的适宜性，并评出相应的适宜等级——高度适宜、中度适宜、低度适宜和不适宜。

也就是说，与上述两类参评因子相对应，特殊因子的分析与评价采用"极限条件法"，即由上述七个特殊因子决定"适宜"或"不适宜"，凡某一特殊因子属于"不适宜"范围内，即评定为"不宜建"，例如，如果某地块的地形坡度≥25°，或位于地质灾害高危险区，或位于地震断裂带500米范围区，或位于重要矿产压覆区，或位于基本农田保护区，或位于生态环境安全控制区，或位于自然与文化遗产保护区之内，均确定为不适宜建设用地。反之，则视为宜建地。而对于一般因子的分析与评价，那么采用定量的"适宜性指数法"来进行。这样，将"极限条件法"与"适宜性指数法"有机结合，最大限度地吸收了两种方法的优点，既避免了传统评价方法的严重缺陷，又优于以往单一的综合指数法。

（三）评价的技术步骤

1. 运用"极限条件法"，确定每一评价单元对城镇建设用途的适宜与不适宜

主要考虑上述七个特殊因子。规定：凡是地形坡度≥25°或者位于地质灾害高危险区、地震断裂带500m范围区、重要矿产压覆区、基本农田保护区、生态环境安全控制区和自然与文化遗产保护区之内的地块，均确定为不适宜建设用地。反之，则视为宜建地。

2. 结合"极限条件法"和"适宜性指数法"，确定宜建地的适宜等级

首先，运用"极限条件法"，确定一等宜建地。按照云南的通常做法，在"宜建地"内，凡是地形坡度≤8°的，均评定为一等宜建地。其次，运用"适宜性指数法"，确定二等宜建地和三等宜建地。具体步骤是：

（1）确定单项评价因子指数。在理论上，每个单项评价因子指数的取值范围确定为0～100。鉴于每个评价单元（图斑）的评价因子难以准确地定量化，这里按照各个评价因子对应的高度适宜、中度适宜和低度适宜三个等级来进行赋值（见表8-5）。

表8-5 山区城镇建设用地适宜性评价单项因子指数取值表

适宜等级	高度适宜（一等宜建地）	中度适宜（二等宜建地）	低度适宜（三等宜建地）
取值范围	80～100	60～80	40～60
具体取值	85	65	45

（2）确定综合性适宜指数——山区建设用地综合适宜指数（CSI）。

1）计算方法。为了从整体上对山区城镇宜建地的适宜程度等级作出相对合理的综合评定，这里提出一个定量的综合性评价指标，即山区城镇建设用地综合适宜指数（CSI），用以定量反映山区适宜建设用地的适宜性程度。其测算方法如下：

$$CSI = w_1 \cdot I_1 + w_2 \cdot I_2 + w_3 \cdot I_3 + w_4 \cdot I_4 + w_5 \cdot I_5 + w_6 \cdot I_6 + w_7 \cdot I_7 + w_8 \cdot I_8 + w_9 \cdot I_9 + w_{10} \cdot I_{10} \tag{8-2}$$

在式（8-2）中，I_1、I_2、I_3、I_4、I_5、I_6、I_7、I_8、I_9 和 I_{10} 分别为参与评定宜建地适宜等级的 10 个参评因子（即地形坡度，岩性、土质、水文条件与地基承载力，地质灾害及其威胁程度，地震断裂带分布距离，地面工程量与建设成本，矿产压覆状况，供水、排水等条件，绿化的生境条件、交通条件、生态环境安全程度）评价指数值；w_1、w_2、w_3、w_4、w_5、w_6、w_7、w_8、w_9 和 w_{10} 分别为上述 10 个评价因子指数（I_1、I_2、I_3、I_4、I_5、I_6、I_7、I_8、I_9 和 I_{10}）的权重值。需要说明的是，本书的评价指标共计 12 个，其中，基本农田保护、自然与文化遗产保护作为特殊因子之一，不参与宜建地之内的适宜等级评定。

CSI 值越高，表示适宜建设用地的适宜性程度越大，即适宜程度等级也越高。

2）指标权重的确定方法及结果值。一般各评价指标对系统的影响程度是不同的，因此，在对系统进行综合评价时，通常需要确定各指标的不同权重值。这是山区城镇建设用地适宜性评价过程中的重要环节。权重的确定方法主要有"主成分分析法""层次分析法""德尔菲法（Delphi Method）"等。其中，德尔菲法（也称"专家意见法"或"专家函询调查法"）是较为常用的确定权重系数的方法，它通过组织专家对各因子权重进行赋值或打分，并通过反馈概率估算结果后，由专家对各因子权重进行第二轮、第三轮打分，使分散的赋值逐渐收敛，最后得到具有较高准确率的集体判断结果值。

按照德尔菲法，我们组织了 15 位具有相关专业背景（土地规划、城市规划、地理学、生态学、地质学和灾害学、经济学等）的专家对上述 10 个评价因子的权重进行赋值，经过相应处理后，得到了各层次指标的权重值（见表 8-6）。

表 8-6　山区城镇建设用地适宜性评价参评因子及其权重值

评价因子	权重值
1. 地形坡度	0.15
2. 岩性、土质、水文条件与地基承载力	0.12
3. 地质灾害及其威胁程度	0.14

续表

评价因子	权重值
4. 地震断裂带分布距离	0.12
5. 地面工程量与建设成本	0.10
6. 矿产压覆状况	0.08
7. 供水、排水等条件	0.10
8. 绿化的生境条件	0.04
9. 交通条件	0.05
10. 生态环境安全程度	0.10
合计	1.00

（3）确定综合适宜程度等级。按照上述方法，运用 GIS 技术计算出每个评价单元的综合适宜指数（CSI）值，以此为依据来划分和确定每个评价单元（图斑）的综合适宜程度等级。经反复分析，确定出具体划分综合适宜程度等级的标准（见表 8 - 7）。

表 8 - 7　山区城镇建设用地综合适宜等级的划分指标

适宜等级	高度适宜（一等宜建地）	中度适宜（二等宜建地）	低度适宜（三等宜建地）
山区建设用地综合 适宜指数（CSI）	>80	80 ~ 75	<75

三、评价实例：德宏州山区城镇建设用地适宜性评价

2015 ~ 2016 年，笔者率领国家自然科学基金资助项目（41261018）《基于云南省城镇上山战略的山区建设用地适宜性评价原理与方法研究》项目组开展了德宏傣族景颇族自治州（以下简称德宏州）山区城镇建设用地适宜性评价[47,48]。限于篇幅，这里仅简要介绍评价情况和主要结果。

（一）评价范围的确定

根据云南省国土资源厅制定的《云南省完善县乡级土地利用总体规划技术指南（试行稿）》，需要对全州主要城镇周边或者坝区周边的缓坡山地进行城镇建设用地适宜性评价。按照德宏州各县（市）城镇建设实际情况和土地利用特点，本书针对德宏州全部山区进行适宜性评价。这里的山区概念是相对于云南俗称的"坝区"而言的，坝区（或称"坝子"）是指坡度≤8°、连片面积≥1 平方千米的山间盆地、谷地和其他平地；而"山区"是指整个辖区内各坝区范围之外、

坡度 >8°的区域[49]。利用 ArcGIS 9.3 软件提取各县（市）第二次土地调查数据库（1∶10000 土地利用现状图）中各坝区范围之外、坡度 >8°的区域范围，经统计，本次评价的区域范围（全州山区）总面积为 985787.40 公顷，占全州土地总面积的 88.24%。

（二）评价单元

考虑德宏州实际，评价单元一般采用州域各县（市）第二次土地调查的地块——即 1∶10000 土地利用现状图中的"现状土地利用图斑"。如果图斑面积较大并跨越几个坡度级时，则以坡度级（分为 <8°、8°~15°、15°~25° 和 >25°）为界，分割为几个评价单元。

（三）评价结果分析

1. 山区城镇建设用地适宜性等级面积及比例

根据上述评价方法和步骤，以各县（市）第二次土地调查 1∶10000 土地利用现状图的基本图斑为评价单元，以地形坡度图、地质灾害防治规划图、区域地质图空间数据库、矿产资源分布图或矿产资源开发利用与保护规划图、土地利用总体规划图、生态功能区划图、林地保护利用规划图或生态公益林分布图、城镇规划图、交通规划图等基础图件和数据为依据，运用 ArcGIS 9.3 软件对德宏州山区每一评价单元图斑进行城镇建设用地适宜性评价，得到了以下两个评价结果：一是德宏州各县（市）山区城镇建设用地适宜性等级面积及比例；二是德宏州山区城镇建设用地适宜性评价图。

结果表明，德宏州山区宜建地面积达 141676.00 公顷，占全州山区土地总面积的 14.37%；不宜建土地 844111.40 公顷，占全州山区土地总面积的 85.63%。

在宜建地中，一等宜建地 16713.43 公顷，占宜建地的 11.80%；二等宜建地 46250.18 公顷，占宜建地的 32.65%；三等宜建地 78712.39 公顷，占宜建地的 55.56%。可见，德宏州主要坝区周边缓坡宜建地以三等宜建地为主，一等宜建地、二等宜建地和三等宜建地的构成比例约为 12∶33∶55。

不宜建土地面积包括两个：一是坡度 >25°、水土流失特别严重的陡坡地，面积为 263705.00 公顷，占不适宜建土地面积的 31.24%；二是因岩性、土质、水文条件与地基承载力低，有地质灾害点分布，生态敏感度高等限制而造成的不适宜建设地面积 580406.40 公顷，占不适宜建设用地面积的 68.76%。这一评价结果表明，对 >25°陡坡地及因其他因素限制而不适宜建设土地实施生态保护，避免建设对生态环境带来的影响和破坏；对 <25°缓坡地采取水土保持型技术工程等有力措施，将是德宏州实现土地资源可持续利用和城镇可持续发展的主导性战略措施。

2. 山区宜建地的土地利用现状分析

从上述山区宜建地的土地利用现状来看，在全州山区宜建地 141676.00 公顷中，农用地 128901. 36 公顷，占 90.98% ；建设用地 6736. 36 公顷，占 4.75% ；其他土地 6038. 28 公顷，占 4.27% 。在农用地中，耕地 45635. 87 公顷（其中 33304. 16 公顷为质量低劣的坡旱地），占山区宜建地的 32. 21% ；林地 62489. 98 公顷（多为残次灌丛），占山区宜建地的 44. 11% 。其他土地 6038. 28 公顷中，多为荒山荒地。总体上分析，山区宜建地中，2/3 以上属于质量低劣的坡旱地、残次灌丛和荒山荒地。

3. 已有建设用地的分析和评价

从已有建设用地来看，据德宏州第二次土地调查，全州山区建设用地 15375. 50 公顷，占山区总面积的 1.56% 。其中，城乡建设用地为 12459. 37 公顷，占山区建设用地的 81.03% ；交通水利用地为 2332. 20 公顷，占山区建设用地的 15.17% ；其他建设用地为 583. 93 公顷，占山区建设用地的 3.80% 。将已有建设用地与山区宜建地的土地利用现状比较可见，山区已有建设用地中的宜建地为 6736. 36 公顷，占 43.81% 。也就是说，在现有山区建设用地中，1/2 以上属于不宜建地，这些地方大多地处边远山区，地形坡度较陡，地质灾害频发，生存环境恶劣，尤其以山洪、滑坡、泥石流等灾害突出的大盈江流域（梁河县、盈江县）以及芒市、陇川县较为突出，近些年来这几个县（市）因地质灾害已经搬迁边远村庄和农户较多。按评价结果，从解决"三农"问题、保障农村和农民可持续发展出发，未来尚需搬迁的边远村庄和农户应因地制宜地分期分批搬迁至条件相对较好的宜建地。这也表明，虽然评价结果主要是为"城镇上山"战略提供依据，但同时也可以为边远农村建设用地的布局优化提供基础依据。

第三节　中国土地利用区划方案

区划（Regionalization），顾名思义，即指区域的划分，因此，土地利用区划即土地利用区域的划分，可以定义为：从最大限度地获取最佳经济—生态—社会效益的要求出发，对土地资源合理利用的方向、结构和布局形式在空间上进行分区划片[50]。它被认为是从空间上合理开发利用土地资源的一项战略措施[51,52]。

土地利用区域划分是研究区域土地资源开发、利用、整治、保护与管理的基石，是深入探讨区域土地可持续利用战略的前提。国家区域土地利用政策的制定和实施，需要有一套完整的土地利用区划体系作为支撑，以便因地制宜地指导各地区土地利用的方向、结构、布局调整和土地利用管理，实施差别化的区域土地利用政策，促进国家区域发展战略的落实。

本书在回顾已有的 8 个中国土地利用区划主要方案基础上，基于地理区位、大地貌格局和土地利用主导功能 3 个主要因素，结合对各地土地调查与土地利用总体规划、"十四五"经济社会发展规划等方面的分析，提出新的中国土地利用区划方案，旨在"抛砖引玉"，进一步推进中国土地利用区划研究工作的深入开展。

一、以往中国土地利用区划主要方案的回顾

（一）农业部全国土壤普查办公室《中国农业土壤志（初稿）》（1964）中的全国土地利用现状区划方案

该方案是在完成全国第一次土壤普查并编制《中国土地利用现状概图》基础上，为揭示全国土地利用和农业生产地域特点的区域差异性、供农业生产部门及有关部门了解各区域土地利用和农业生产现状及基本特点参考而制定的。分区系统采用四级制，全国共划出一级区 4 个，二级区 12 个，三级区 54 个，四级区 128 个[53]。一级区的划分反映全国土地利用和农业生产上最大的地域差异性，二级区的划分反映全国各地由于不同的自然经济条件和历史发展过程而形成的农林牧等大部门主次不同的结合以及农业生产水平等方面最基本的地域差异性。三级区和四级区划分的主要依据是作物组合或牲畜组合、种植方式或放牧方式、生产水平以及农林牧业生产中存在的关键问题等方面的共性和差别性。4 个一级区分别是：北方旱地农业和养畜牧业区，南方水田农业和亚热带、热带经济林区，西北旱地灌溉农业和放牧业区，青藏高寒农业和放牧业区。北方区进一步划出 3 个二级区，即东北一年一熟旱地农业与林业区、内蒙古自治区陇中一年一熟旱地农业与放牧业区、华北两年三熟旱地农业区；南方区进一步划出 3 个二级区，即华东华中一年两熟水田农业和亚热带经济林区、西南高地盆地一年两熟水田农业和林业区、华南滇南一年三熟水田农业和热带经济林区；西北区进一步划出 3 个二级区，即内蒙古自治区西部宁夏河西一年一熟灌溉农业及荒漠草原放牧业区、北疆天山一年一熟灌溉农业及山地草原放牧业区、南疆复种灌溉农业区；青藏区进一步划出 3 个二级区，即藏北高寒放牧业区、青藏高原农牧交错区、西藏高原东南部暖湿农林区。该方案较为详细，分析了各一级区、二级区、三级区和四级区的土地利用和农业生产特点，并编制了"全国土地利用现状区划图"。

（二）赵其国（1989）的中国土地资源利用区划方案

赵其国[54]（1989）依据生物气候条件、土壤性质、植被组成、农业生产特点及土地利用方向，将全国土地资源划分为 8 个利用区，即热带湿润热作农林区、亚热带湿润亚热作农林区、暖温带湿润农林区、暖温带—温带半湿润农林区、温带湿润半湿润农林区、温带半干旱牧农区、暖温带－温带干旱牧业灌农区、寒带－暖温带高山牧农区。

此方案依据的主要是大农业土地利用的生物气候条件和农业利用方向，与中国的气候带和自然地理分区基本吻合。既未考虑土地利用的社会经济条件，也未考虑保持行政界线的完整。

（三）吴传钧、郭焕成（1994）的中国土地利用区划方案

吴传钧和郭焕成[55]（1994）主编的首部全国性土地利用专著《中国土地利用》进行了全国土地利用区划，将全国划分为 4 个一级区（即 I 北方区、II 南方区、III 西北区和 IV 青藏高原区）、17 个二级区（I₁ 东北山地丘陵区、I₂ 东北平原丘陵区、I₃ 长城沿线区、I₄ 黄土高原区、I₅ 华北平原区、II₁ 四川盆地及秦岭大巴山区、II₂ 长江中下游平原区、II₃ 东南丘陵区、II₄ 云贵高原区、II₅ 华南滇南区、III₁ 内蒙古东北区、III₂ 蒙甘宁区、III₃ 北疆区、III₄ 南疆区、IV₁ 青藏高原西北部区、IV₂ 青川藏区、IV₃ 青藏高原东南部区）。

此方案将我国土地利用区域大致按东西等雨线和南北地理分界线进行划分，与我国的地理分区较为吻合，较好地综合了我国土地自然条件的相似性，适用于进行大尺度的规划研究，但不足之处是将我国社会经济条件的一致性照顾不够[56]。

（四）封志明（2001）的中国土地资源利用区划方案

封志明[57]（2001）提出了基于土地利用详查的中国土地资源利用区划新方案，划出 12 个土地利用区（即东北区、华北区、黄土高原、长江中下游区、川陕盆地区、江南丘陵山地、云贵高原区、东南沿海区、内蒙古高原区、西北干旱区、青藏高原区、藏东南横断山区）和 67 个土地利用亚区。该方案也见于第一次全国土地详查成果专著《中国土地资源》[58]和成升魁[59]（2007）主编的《中国土地资源与可持续发展》一书中。

该方案基于全国土地利用详查的分县汇总数据，以分县为分区单元，把自上而下的定性分析和自下而上的定量归并两种区划途径相结合，工作量较大，首次划分出了东南沿海区和藏东南—横断山区 2 个土地利用区，与以往的方案相比有所创新和发展，而土地利用亚区的划分则强调国土开发的重点地区和土地严重退化或生态脆弱地区，因而更具实用性。

（五）陈百明（2003）的中国土地利用分区方案

陈百明[60]（2001）基于区域制定土地可持续利用指标体系的需要，从土地农业生态适宜性的角度提出了全国土地利用分区方案，共划出 10 个土地利用区域（即东北以农林业利用为主、农作物一年一熟的土地利用区，内蒙古自治区高原及长城沿线以农牧交错利用为主、农作物一年一熟的土地利用区，华北地区以耕地利用为主、农作物一年一熟到两熟的土地利用区，长江中下游地区以耕地利用为主、农作物一年两熟至三熟的土地利用区，四川盆地及秦巴山地以林农交错

利用为主的土地利用区，黄土高原以耕地利用为主、农林牧混合利用的土地利用区，西北以牧草地和绿洲利用为主的土地利用区，云贵高原以林农立体利用为主的土地利用区，华南以农林业利用为主、农作物一年三熟的土地利用区，青藏高原以高寒牧业利用为主、农作物一年一熟的土地利用区），作为制定区域性土地可持续利用指标体系的分区范围。在此基础上，陈百明[61]（2003）以县级行政区为分区单元，提出了中国土地利用分区方案，共划出 11 个土地利用区域（即东北土地利用区、内蒙古高原及长城沿线土地利用区、华北土地利用区、长江中下游土地利用区、江南丘陵土地利用区、四川盆地土地利用区、黄土高原土地利用区、西北土地利用区、云贵高原土地利用区、华南土地利用区、青藏高原土地利用区），其下又进一步划分出 30 个二级土地利用区。

这一分区方案突出地反映了各个区域的农业土地利用方向以及农作物熟制，既直观又便于理解。

（六）国家土地管理局土地利用规划司（1994）《全国土地利用总体规划研究》中的全国土地利用分区方案

国家土地管理局土地利用规划司 1994 年编的《全国土地利用总体规划研究》一书作为中国第一轮土地利用总体规划编制成果，其中专门制定了全国土地利用分区方案。该方案采用两级基本分区单位和一级辅助分区单位组成的分区系统。基本分区单元采用县级行政单位。全国共划出 11 个一级区、37 个二级区、90 个辅助级单位[62]。一级区主要反映全国土地利用重大的区域性问题、全国土地利用结构调整的主要区域性差异和国家土地利用重大的区域性发展战略；二级区全国土地利用总体规划的总方针、总任务、总目标得以实现的具体实施区。辅助级实在二级区之下包含的省份级，其作用是将区域任务与目标落实到省级行政单位，便于省级行政单位执行。11 个一级区分别是：沿海区、松嫩三江平原区、兴安岭长白山区、三北交界区、黄淮海平原区、黄土高原区、江南丘陵区、南方山地区、长江中游平原四川盆地区、西北区、青藏高原区。

（七）《全国土地利用总体规划纲要（1997 - 2010 年）》中的全国土地利用区划方案

《全国土地利用总体规划纲要（1997 - 2010 年）》根据土地利用的自然、社会、经济条件和经济布局，将全国划分为 8 个区域，并确定了各区域的土地利用发展方向和管理措施[63]。这 8 个土地利用区域分别是：①东南沿海区，包括上海、江苏、浙江、福建、广东、海南 6 个省市，总面积 55.95 万平方千米，占全国土地总面积的 5.9%；②环渤海区，包括北京、天津、山东、河北、辽宁 5 个省市，总面积 52.19 万平方千米，占全国土地总面积的 5.5%；③东北区，包括黑龙江省、吉林省和内蒙古自治区东部的呼伦贝尔市、兴安盟、哲里木盟和赤峰市，总面积 109.75 万平方千米，占全国土地总面积的 11.54%；④中部五省区，包括河南、安徽、湖北、湖南、江西 5 个省，总面积 87.03 万平方千米，占全国土地总面积的 9.2%；⑤西南区，包括重庆、四川、云南、贵州、广西 5 个省份，总面积 136.32 万平方千米，占全国土地总面积的 14.3%；⑥黄土高原区，包括山西、陕西、宁夏 3 省区和甘肃省陇东南 9 个地市州，总面积 59.27 万平方千米，占全国土地总面积的 6.2%；⑦西北区，包括新疆维吾尔自治区、内蒙古自治区的西部和甘肃省陇西 5 个地市，总面积 258.22 万平方千米，占全国土地总面积的 27.2%；⑧青藏高原区。包括青海、西藏 2 个省区，总面积 191.96 万平方千米，占全国土地总面积的 20.2%。

（八）《全国土地利用总体规划纲要（2006－2020 年）》中的全国土地利用区划方案

《全国土地利用总体规划纲要（2006－2020 年）》首先根据中国区域经济发展政策，划分出 4 个土地利用大区，即东北地区（包括黑龙江省、吉林省和辽宁省 3 个省）、东部地区（包括北京市、天津市、河北省、山东省、江苏省、浙江省、上海市、福建省、广东省和海南省 10 个省、直辖市）、中部地区（包括山西省、河南省、湖南省、湖北省、安徽省和江西省 6 个省）、西部地区（包括内蒙古自治区、新疆维吾尔自治区、宁夏回族自治区、陕西省、甘肃省、重庆市、四川省、广西壮族自治区、贵州省、云南省、青海省和西藏自治区 12 个省、直辖市、自治区）。其次，将东部地区进一步划分为京津冀鲁、苏浙沪和闽粤琼等 3 个亚区，中部地区进一步划分为晋豫、湘鄂皖 2 个亚区，西部地区进一步划分为西北、青藏、西南 3 个亚区[64]。

二、基于地理区位——大地貌格局与土地利用主导功能的中国土地利用区划方案

从总体上来看，以上 8 个全国性土地利用区划方案是中国土地利用区划研究逐步发展的结果。《全国土地利用总体规划纲要（2006－2020 年）》中的全国土地利用区划方案[64]将全国划分为四个板块（东部、中部、西部、东北），这与中国"十一五"规划纲要[1]、"十二五"规划纲要[65]以及国务院发展研究中心[66]（2005）提出的四大经济区域相似，只是这四个板块的具体范围以及四个板块之下进一步划分出的九个土地利用区（东北区、京津冀鲁区、苏浙沪区、闽粤琼区、晋豫区、湘鄂皖赣区、西北区、西南区、青藏区）与国务院发展研究中心（2005）提出的四个板块及其进一步划分出的八大综合经济区（东北、北部沿海、东部沿海、南部沿海、黄河中游、长江中游、大西南、大西北）的具体区域范围有所区别。

为推进中国土地利用区划研究的深入开展，这里初步考虑，基于主导性地理条件（大地貌＋大区位）、土地利用主导功能和主要利用方向与措施的区域差异性综合分析和考量，提出一个粗线条的"三大区（地带）＋九个二级区"的二级制中国土地利用区划方案，旨在"抛砖引玉"，促进学术界对中国土地利用区划研究的广泛关注和深入探讨。

本方案首先是将全国分为三个土地利用大区，即东部沿海平原丘陵城镇工业与耕地保护区、中部中低山平原粮食基地与城镇工矿区、西部中高山高原农地利用与生态整治区；之后，在各"大区"内进一步划分二级区。

（一）东部沿海平原丘陵城镇工业与耕地保护区

可简称"东部区"，其范围包括 11 个省（直辖市、自治区），即北京、天津、河北、辽宁、上海、江苏、浙江、福建、山东、广东和海南。按土地调查数，本区土地总面积 10815.12 万公顷，占全国的 11.38%；2017 年耕地面积 3113.17 万公顷，占全国的 23.08%；划定永久性基本农田面积 2515.59 万公顷，占全国的 24.33%；2017 年建设用地面积 1474.98 万公顷，占全国的 37.27%；2019 年人口密度达 367 人／平方千米。本区自然条件和区位条件优越，水产品、石油、铁矿、盐等资源丰富，开发历史悠久，经济发达，分布着中国经济最具活力、开放程度最高的京津冀、长江三角洲和珠江三角洲城市群。工业较为发达，全国四大工业基地——辽中南工业基地、京津唐工业基地、沪宁杭工业基地、珠江三角洲工业基地均分布于本区。2019 年国内生产总值达 536070.64 亿元，占全国的 54.10%；土地综合生产率 49.57 万元／公顷，接近全国平均水平（10.42 万元／公顷）的 5 倍（见表 8－8）。同时，东部沿海区地貌以平原和丘陵为主，耕地资源量多质优，是中国的重要农产品生产区，拥有全国 13 个粮食重点生产省份中的 3 个（即河北、江苏、山东），2019 年粮食总产量 18052.2 万吨，占全国的 27.19%。本区总体土地利用主导方向与措施有两个：一是优化开发城镇与工业用地，强化城镇工业用地集约利用；二是加大耕地保护与整治力度，提高粮食等农产品生产能力。

根据"东部区"内区位、地貌等自然条件、经济发展和土地利用主导方向与措施的差异性，进一步划分出 3 个二级区：一是环渤海平原城镇工业与平原生态农业区，包括北京、天津、河北、辽宁、山东 5 个省（直辖市）；二是沿东海平原城镇工业与耕地保护区，包括上海、江苏、浙江 3 个省（直辖市）；三是沿南海平原丘陵城镇与生态农林综合发展区，包括福建、广东和海南 3 个省。

（二）中部中低山平原粮食基地与城镇工矿区

可简称"中部区"，其范围包括 10 个省份，即黑龙江、吉林、内蒙古、山西、陕西、安徽、江西、河南、湖北、湖南。按土地调查数，本区土地总面积

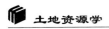

表8-8 三大土地利用区及分省土地、人口和主要经济指标对比

行政区	土地总面积（万公顷）	农用地面积（万公顷）	耕地总面积（万公顷）	永久性基本农田面积（万公顷）	建设用地面积（万公顷）	2019年末总人口（万人）	2019年人口密度（人/平方千米）	2019年国内生产总值（亿元）	2019年土地综合生产率（万元/公顷）	2019年粮食总产量（万吨）	2019年人均粮食产量（千克/人）
全国	95069.31	64486.36	13488.12	10339.13	3957.41	140005	147.3	990865.10	10.42	66384.3	474
1.东部区	10815.12	8204.14	3113.17	2515.59	1474.98	58517	541.1	536070.64	49.57	18052.20	308
北京	164.11	114.67	21.37	10.11	36.02	2154	1312.6	35371.28	215.54	28.8	13
天津	119.17	69.21	43.68	28.47	41.73	1562	1310.7	14104.28	118.35	223.3	143
河北	1884.34	1306.44	651.89	518.05	224.16	7592	402.9	35104.52	18.63	3739.2	493
辽宁	1480.64	1153.31	497.16	368.60	164.42	4352	293.9	24909.45	16.82	2430.0	558
山东	1571.26	1148.61	758.98	639.15	288.37	10070	640.9	71067.53	45.23	5357.0	532
上海	82.39	31.34	19.16	16.98	30.88	2428	2947.0	38155.32	463.11	95.9	39
江苏	1067.42	647.04	457.33	392.01	231.10	8070	756.0	99631.52	93.34	3706.2	459
浙江	1053.97	858.89	197.70	159.97	131.82	5850	555.0	62351.74	59.16	592.1	101
福建	1240.16	1086.24	133.69	107.30	84.42	3973	320.4	42395.00	34.19	493.9	124
广东	1798.13	1491.65	259.97	214.24	207.23	11521	640.7	107671.07	59.88	1240.8	108
海南	353.54	296.74	72.24	60.70	34.83	945	267.3	5308.93	15.02	145.0	153
2.中部区	30216.96	24006.00	6659.44	5008.34	1578.01	50104	165.8	287082.99	9.50	36233.00	723
黑龙江	4526.45	3991.27	1584.57	1118.17	163.69	3751	82.9	13612.68	3.01	7503.0	2000
吉林	1911.24	1659.26	698.67	492.48	110.59	2691	140.8	11726.82	6.14	3877.9	1441
内蒙古	11451.21	8288.06	927.08	622.04	167.34	2540	22.2	17212.53	1.50	3652.5	1438
山西	1567.11	1002.62	405.63	326.10	104.00	3729	238.0	17026.68	10.87	1361.8	365
陕西	2057.95	1856.26	398.29	306.35	96.80	3876	188.3	25793.17	12.53	1231.1	318

续表

行政区	土地总面积（万公顷）	农用地面积（万公顷）	耕地总面积（万公顷）	永久性基本农田面积（万公顷）	建设用地面积（万公顷）	2019年末总人口（万人）	2019年人口密度（人/平方千米）	2019年国内生产总值（亿元）	2019年土地综合生产率（万元/公顷）	2019年粮食总产量（万吨）	2019年人均粮食产量（千克/人）
河南	1655.36	1265.57	811.23	681.54	264.43	9640	582.3	54259.20	32.78	6695.4	695
湖北	1858.88	1572.96	523.59	392.55	173.72	5927	318.8	45828.31	24.65	2725.0	460
湖南	2118.55	1816.66	415.10	330.00	165.33	6918	326.5	39752.12	18.76	2974.8	430
安徽	1401.26	1112.19	586.68	492.86	201.49	6366	454.3	37113.98	26.49	4054.0	637
江西	1668.94	1441.15	308.60	246.26	130.62	4666	279.6	24757.50	14.83	2157.5	462
3. 西部区	54037.24	32276.23	3715.52	2815.20	904.41	31764	58.8	162179.48	3.00	12099.20	381
甘肃	4040.91	1854.79	537.70	399.24	92.23	2647	65.5	8718.30	2.16	1162.6	439
宁夏	519.54	380.69	128.99	93.39	32.37	695	133.8	3748.48	7.21	373.2	537
新疆	16648.97	5171.87	523.96	355.78	164.11	2523	15.2	13597.11	0.82	1527.1	605
西藏	12020.72	8723.02	44.40	33.58	15.72	351	2.9	1697.82	0.14	103.9	296
青海	7174.81	4508.80	59.01	44.50	35.90	608	8.5	2965.95	0.41	105.5	174
重庆	822.69	705.68	236.98	161.61	68.46	3124	379.7	23605.77	28.69	1075.2	344
四川	4840.56	4213.32	672.52	520.42	187.00	8375	173.0	46615.82	9.63	3498.5	418
贵州	1761.52	1472.59	451.88	350.79	72.82	3623	205.7	16769.34	9.52	1051.2	290
云南	3831.94	3292.79	621.33	489.88	110.52	4858	126.8	23223.75	6.06	1870.0	385
广西	2375.58	1952.68	438.75	366.01	125.28	4960	208.8	21237.14	8.94	1332.0	269

注：土地总面积引自《中国土地资源》[6]，系第一次全国土地资源详查数；农用地、耕地、牧草地、建设用地面积引自《中国统计年鉴（2020）》[67]，系2017年末土地利用变更调查数；永久性基本农田面积引自《中国国土资源年鉴（2018）》[68]，系2016年划定数；总人口、国内生产总值、粮食总产量引自《中国统计年鉴（2020）》[67]，系2019年末统计数。

30216.96 万公顷，占全国的 31.78%；2017 年耕地面积 6659.44 万公顷，占全国的 49.37%；划定永久性基本农田面积 5008.34 万公顷，占全国的 48.44%；2017 年建设用地面积 1578.01 万公顷，占全国的 39.87%；2019 年人口密度 166 人/平方千米。中部地区是中国重要的粮食生产基地、能源原材料基地、现代装备制造及高技术产业基地和综合交通运输枢纽，区位上具有承东启西的优势，通过加强与京津冀协同发展、长江经济带发展、粤港澳大湾区建设、长三角一体化发展、黄河流域生态保护和高质量发展等区域重大战略互促共进，可以有效地促进区域协调发展。2019 年国内生产总值达 287082.99 亿元，占全国的 28.97%；土地综合生产率 9.5 万元/公顷，略低于全国平均水平。作为中国的重要粮食主产区，本区拥有全国 13 个粮食重点生产省份中的 8 个省——黑龙江、吉林、内蒙古、安徽、江西、河南、湖北、湖南，2019 年粮食总产量 36233.0 万吨，占全国的 54.58%。本区总体土地利用主导方向与措施有两个：一是加大粮食基地区的耕地保护与整治力度，大力提升粮食等农产品生产能力，保障国家和区域粮食安全；二是合理开发城镇、工业用地和大型煤炭能源基地、综合交通运输体系建设的用地，适度增加年均新增建设用地规模，促进中部地区崛起。

依据"中部区"内区位、地貌等自然条件、经济发展和土地利用主导方向与措施的差异性，进一步划分出 3 个二级区：一是东北平原山地粮食基地与林地保护区，包括黑龙江、吉林 2 个省和内蒙古东部；二是黄河中游山地高原农田整治与能源建设区，包括山西、陕西、河南 3 个省和内蒙古中西部；三是长江中游平原山地粮食基地与城镇工矿区，包括湖北、湖南、安徽、江西 4 个省。

（三）西部中高山高原农地利用与生态整治区

可简称"西部区"，其范围包括 10 个省（直辖市、自治区），即重庆、四川、贵州、云南、广西、西藏、甘肃、青海、宁夏、新疆。按土地调查数，本区土地总面积 54037.24 万公顷，占全国的 56.84%；2017 年耕地面积 3715.52 万公顷，占全国的 27.55%；划定永久性基本农田面积 2815.20 万公顷，占全国的 27.23%；2017 年建设用地面积 904.41 万公顷，占全国的 22.85%；2019 年人口密度 59 人/平方千米。总体上，西部地区幅员辽阔，地势较高，地形复杂，高原、盆地、沙漠、草原相间，大部分地区高寒、缺水，不利于农作物生长。因开发历史较晚，经济发展和技术管理水平与中、东部差距较大，但国土面积大，矿产资源丰富，具有较大的开发潜力。2019 年国内生产总值 162179.48 亿元，占全国的 16.37%；土地综合生产率 3.00 万元/公顷，不及全国平均水平的 30%。由于以山地、高原和丘陵为主，宜耕地有限，粮食生产能力较弱，2019 年粮食总产量 12099.2 万吨，仅占全国的 18.23%，人均粮食产量 381 千克/人。西部地区位于长江、黄河等大江大河的上游地区，是中国水源保护区和生态涵养区，承担着保障长江、黄河上游生态安全的重任。本区总体土地利用主导方向与措施有四个：一是切实稳定耕地数量，提高耕地质量，保障基本口粮田；二是强化山地高原农地综合开发利用，发展特色大农业产业，稳步推进乡村振兴；三是统筹安排基础设施、中心城市和交通干线的开发建设用地，逐步提高集约用地水平；四是加快推进绿色发展，深入实施长江、黄河上游生态建设等重点生态工程，稳步开展重点区域综合治理，强化美丽西部建设。

基于"西部区"内区位、地貌等自然条件、经济发展和土地利用主导方向与措施的差异性，进一步划分出三个二级区：一是西北高原山地干旱农业与土地生态整治区，包括甘肃、宁夏、新疆三个省（自治区）；二是青藏高原牧草地利用与土地生态整治区，包括西藏、青海两个省（自治区）；三是西南高原山区农地利用与土地生态综合整治区，包括重庆、四川、贵州、云南、广西五个省份。

第四节　中国耕地资源数量－质量－生态综合评价

一、研究目的与意义

粮食安全重于泰山，而一个国家和地区耕地资源的数量、质量及利用状况从根本上决定了该国粮食的有效供给和粮食安全大计[3]。中国是人口多耕地少的国家，其人均的耕地面积还未达世界平均水平的1/2，因此，耕地资源的数量变化、质量评价、生态安全状况等方面的研究一直备受关注。耕地数量变化方面，毕于运等[69]（2000）、封志明等[70]（2005）对1949年以来的中国耕地资源动态变化进行了剖析；杨子生[4]（2008）在分析中国1996～2006年耕地面积变化基础上探讨了坚守"18亿亩耕地红线"的必要性；曹雪等[71]（2014）、谭永忠等[72]（2017）也从我国耕地数量的角度开展研究；Gao Xiaoyu等[73]（2019）基于地貌分区分析了中国1990～2015年耕地时空特征变化状况；Lai Zhaohan等[74]（2020）分析了改革开放以来中国耕地利用的变化与展望；此外，与耕地数量变化研究相关的还有Wu Yuzhe等[75]（2017）基于耕地总量动态平衡与基本农田分区对中国耕地保护政策的研究，Deng Xiangzheng等[76]（2015）、Li Yuanyuan等[77]（2015）和崔许锋等[78]（2018）对中国耕地非农化的研究等。第一次和第二次全国土地调查汇总了全国性耕地和其他各类土地面积及矢量数据；目前，第三次全国国土调查已完成。在耕地质量评价方面，最有代表性的是1986年编制完成的《中国1∶100万土地资源图》，首次评定了包括宜耕土地类等级在内的全国土地适宜性等级[79]；自 1999 年以来，国土资源部（现"自然资源部"）在全国部署开展了耕地质量分等调查，于 2009 年 12 月向完成了基于第一次土地资源详查的全国耕地质量等别成果。自 2011 年以来，国土资源部又对全国耕地质量等别成果进行了补充调查，2017 年底发布了 2016 年的更新评价成果，将耕地等别分为 15 等[80,81]。2014 年 12 月农业部发布了全国耕地质量等级公报[82]。2020年 5 月农业农村部发布公报，将耕地等级分为 10 等[83]。此外，王洪波等[84]（2011）从耕地质量等别分异的角度进行分析；邹金浪等[85]（2015）分析了中国耕地产出的结构特征；Xu Xinliang 等[86]（2017）、Wang Chichao 等[87]（2019）、高婵等[88]（2020）对中国耕地生产力进行了分析和评价。就耕地生态评价而言，主要涉及耕地生态危情[89]（包括耕地污染[90-92]、耕地水土流失[93]、耕地自然灾害[94-97]等）、耕地生态安全[98-100]和耕地系统安全评价[101]、生态破坏地区耕地恢复[102]等方面。

上述耕地数量调查评价、耕地质量评价和耕地生态评价实践极大地推动了耕地资源评价理论和方法的发展，为国家制定耕地利用与整治规划、耕地保护政策、国土空间管理决策等提供了重要依据。然而，从总体上来看，现有耕地评价中的数量指标、质量指标和生态指标基本上属于"单项"性质，在全国层面亟须建立起能够集数量评价、质量评价和生态危情评价为一体的耕地资源综合性评价指标体系和定量测算方法，从而定量地综合评价、衡量和比较各省（直辖市、自治区）耕地资源综合禀赋和优劣势状况的差异性，以利于从全国层面对耕地资源进行综合利用、保护和整治的战略决策与科学规划。为此，这里以省级行政区为分析评价单元，将耕地数量评价、质量评价和生态危情三个维度评价有机融合，构建起一套实用、可行的耕地资源综合评价指标体系和定量测算方法，为科学分析全国各省耕地资源综合禀赋和开发利用优势提供技术支撑。

二、研究方法

（一）研究思路

这里的耕地资源综合评价，系以省级行政区为评价单元，将省域耕地资源数量、耕地资源质量和耕地利用生态危情三个维度有机融合，综合评定省级耕地资源综合禀赋和优劣势状况。评价研究成果在全国层面既是制定耕地利用、保护与整治规划的重要基础，同时也是国土空间管理决策和管理效果评价的重要依据。为此，需要研究和建立一套具体、可行、实用的耕地资源综合评价指标体系。以往多数研究者在构建类似领域的评价指标体系时，通常先把指标体系划分为三层，之后再进行分层处理。这些评价方法在运用上相对成熟，但各有利弊[103]。这里基于近年来类似评价研究领域的发展，将 TOPSIS（逼近理想解排序法）和灰色关联分析法有机结合，在构建各省耕地资源数量、质量和生态危情三个维度的系列指标体系基础上，测算得出各省耕地资源数量指数、质量指数、生态危情指数；进而将此三个指数有机地综合起来，测算出省域耕地资源综合评价指数，从而对各个省域耕地利用系统得出整体性的评价和认识，用以综合衡量和比较各省耕地资源的综合禀赋和优劣势状况。

（二）基于 TOPSIS - 灰色关联法的耕地资源综合评价法

TOPSIS 是一种较成熟的决策分析方法[104]，系通过计算系统与正负理想解的加权欧氏距离来判断系统的优劣，其思路简单，计算方便，近年来也被用于多指标的综合评价中，但此法用于综合评价尚存在一些问题[105]。灰色关联分析法具有样本量要求低、计算简洁、规律易寻的优点[106,107]。将两者结合并加以改进可以提高评价结果的准确性[108,109]。本书基于 TOPSIS - 灰色关联法的耕地资源综合评价法具体计算过程如下：

1. 构建加权决策矩阵（R）

$$\mathbf{R} = \left[R_{ij} \right]_{m \times n} = \left[I_{ij} \times W_j \right]_{m \times n} \qquad (8-3)$$

在式（8-3）中：m 表示省级行政区总数；n 表示指标总数；i = 1，2，…，m 表示省级行政区；j = 1，2，…，n 表示指标；I_{ij} 表示 i 省的 j 指标无量纲化处理后的属性值；W_j 表示熵权法确定的指标权重。

其中，熵权法计算指标权重的具体方法如下：

（1）对性质为正（+）、性质为负（-）的指标分别进行无量纲化。

（2）求各指标的信息熵：

$$E_j = - \frac{\sum\limits_{i=1}^{m} P_{ij} \ln(P_{ij})}{\ln(m)}，其中 P_{ij} = \frac{I_{ij}}{\sum\limits_{i=1}^{m} I_{ij}} \qquad (8-4)$$

如果 $P_{ij} = 0$，那么定义 $P_{ij} \ln(P_{ij}) = 0$。

（3）计算各指标权重：

$$w_j = \frac{1 - E_j}{n - \sum\limits_{j=1}^{n} E_j} \qquad (8-5)$$

2. 计算正负理想解的欧式距离（D_i^+、D_i^-）

$$D_i^+ = \sqrt{\sum\limits_{j=1}^{n} (R_{ij} - Q_j^+)^2}，D_i^- = \sqrt{\sum\limits_{j=1}^{n} (R_{ij} - Q_j^-)^2} \qquad (8-6)$$

其中，$\begin{cases} Q_j^+ = \max(R_{ij})，i = 1，2，…，m \\ Q_j^- = \min(R_{ij})，i = 1，2，…，m \end{cases}$ 分别表示各省级行政区的正、

负理想解。

3. 计算正负理想解的灰色关联度（P_i^+、P_i^-）

第 i 省级行政区的正负理想解的灰色关联度可以表示为：

$$P_i^+ = \frac{\sum_{j=1}^{n} \rho_{ij}^+}{n}, P_i^- = \frac{\sum_{j=1}^{n} \rho_{ij}^-}{n} \qquad (8-7)$$

设 $\mu \in [0, 1]$ 为分辨系数（一般取 0.5），则式（8-6）中灰色关联系数可表示为：

$$\rho_{ij}^+ = \frac{\min\limits_{1 \leq j \leq n} \min\limits_{1 \leq i \leq m} |Q_j^+ - R_{ij}| + \mu \max\limits_{1 \leq j \leq n} \max\limits_{1 \leq i \leq m} |Q_j^+ - R_{ij}|}{|Q_j^+ - R_{ij}| + \mu \max\limits_{1 \leq j \leq n} \max\limits_{1 \leq i \leq m} |Q_j^+ - R_{ij}|},$$

$$\rho_{ij}^- = \frac{\min\limits_{1 \leq j \leq n} \min\limits_{1 \leq i \leq m} |Q_j^- - R_{ij}| + \mu \max\limits_{1 \leq j \leq n} \max\limits_{1 \leq i \leq m} |Q_j^- - R_{ij}|}{|Q_j^- - R_{ij}| + \mu \max\limits_{1 \leq j \leq n} \max\limits_{1 \leq i \leq m} |Q_j^- - R_{ij}|} \qquad (8-8)$$

4. 计算贴近度（C_i^+）

$$C_i^+ = \frac{e_1 d_i^- + e_2 p_i^+}{e_1 (d_i^- + d_i^+) + e_2 (p_i^- + p_i^+)} \qquad (8-9)$$

其中，d_i^-、d_i^+、p_i^-、p_i^+ 分别表示 D_i^-、D_i^+、P_i^-、P_i^+ 无量纲化后的值；e_1，e_2 表示决策偏好程度，一般 $e_1 + e_2 = 1$，为简化起见，可令 $e_1 = e_2 = 0.5$。具体无量纲化方法为：

$$\begin{cases} d_i^- = \dfrac{D_i^-}{\max(D_i^-)}, \quad d_i^+ = \dfrac{D_i^+}{\max(D_i^+)} \\[3mm] p_i^- = \dfrac{P_i^-}{\max(P_i^-)}, \quad p_i^+ = \dfrac{P_i^+}{\max(P_i^+)} \end{cases} \qquad (8-10)$$

5. 计算耕地数量指数、质量指数和生态危情指数

根据最后计算得到的贴近度对中国各省级行政区的耕地数量、质量和生态危情进行评价：C_i^+ 在 0~1 取值，如果该计算结果值越大，表明该省的耕地资源禀赋越丰富、耕地质量越好或者生态危情度越低，反之亦然。据此，可以运用贴近度计算耕地数量指数（Index of Farmland Quantity，I_{FQ1}）、耕地质量指数（Index of Farmland Quality，I_{FQ1}）和生态危情指数（Index of Ecological Danger，I_{ED}）来表征中国各省级行政区的耕地状况，具体计算方法为：

$$\begin{cases} I_{FQ1} = FQ_1 C_i^+ \times 100 \\ I_{FQ2} = FQ_2 C_i^+ \times 100 \\ I_{ED} = EDC_i^+ \times 100 \end{cases} \qquad (8-11)$$

在式（8-11）中：$FQ_1 C_i^+$、$FQ_2 C_i^+$ 和 EDC_i^+ 分别表示耕地数量综合指标的

贴近度、耕地质量综合指标的贴近度和生态危情综合指标的贴近度。公式中之所以乘以100，是为了确保三个指数的取值范围为 $[0，100]$。

6. 计算耕地资源综合指数

耕地资源综合指数（Comprehensive Index of Farmland Resources，CI_{FR}），是耕地资源综合状况的定量评价指标，是上述耕地数量指数（I_{FQ1}）、耕地质量指数（I_{FQ2}）和耕地生态危情指数（I_{ED}）的有机综合与集成。

耕地产出总量受到很多条件的影响，其中耕地数量、质量和生态危情是极为重要的因子，它们共同构成了一个有机体。类似于"木桶定律"，在这个整体中如果某个指标指数较低，势必会极大地影响一个整体的水平。据此，可以参考人类发展指数（HDI）的计算公式，运用耕地数量指数、质量指数和生态危情指数的几何平均来反映耕地资源的综合禀赋状况，将耕地资源综合指数（CI_{FR}）的计算公式设定为：

$$CI_{FR} = \sqrt[3]{I_{FQ1} \cdot I_{FQ2} \cdot I_{ED}} = I_{FQ1}^{\frac{1}{3}} \cdot I_{FQ2}^{\frac{1}{3}} \cdot I_{ED}^{\frac{1}{3}} \qquad (8-12)$$

一个省域的耕地资源综合禀赋同时受到耕地数量、质量和生态危情的共同影响，但其影响程度会有较大的差异，而式（8-10）系将各个指数的1/3次方的乘积作为耕地资源综合禀赋指数，亦即其权重设定值都相同，这显然是不合理的，因而运用式（8-10）计算得出的耕地资源综合禀赋会与实际有一定的偏离，故这里需要对式（8-10）进行适当的改进，改进后的耕地资源综合指数计算方法为：

$$CI_{FR} = I_{FQ1}^{\alpha} \cdot I_{FQ2}^{\beta} \cdot I_{ED}^{\gamma} \qquad (8-13)$$

在式（8-13）中：α、β、γ 分别表示耕地数量指数（I_{FQ1}）、耕地质量指数（I_{FQ2}）和耕地生态危情指数（I_{ED}）的权重值，其满足下列关系：$\alpha + \beta + \gamma = 1$。采用"德尔菲法"计算权重[1]，于2020年10月组织18位专家学者对上述耕地数量指数、质量指数和生态危情指数的权重进行赋值，经过相应处理后，得到了这三个指数的权重值，即：$\alpha = 0.58$，$\beta = 0.24$，$\gamma = 0.18$。

CI_{FR} 值越高，表示耕地资源的综合禀赋越好，耕地利用优势和条件越有利。

（三）评价指标体系的构建

在构建耕地资源综合评价指标体系时，需要遵循以下四项原则：一是着力反映区域耕地资源综合禀赋和开发利用的优劣势条件；二是具体体现"省域"这一大区域尺度特征的实用性和针对性指标；三是重视和强化指标选取的科学性、

---

① 由于耕地数量指数、质量指数和生态危情指数属于三种不同类别、不同维度的综合性指数，而熵值法系根据各项指标观测值所提供的信息的大小来确定指标权重，忽略了指标本身的重要程度，因而所确定的指标权重有时会与预期的结果相差很大，故运用"德尔菲法"（Delphi Method）（即专家咨询法）计算权重显得更为合理。

·297·

可操作性及相对完备性；四是充分顾及指标基础数据的可获取性、灵敏性和可量化性。

省级耕地资源综合评价指标体系的构建，应当切实针对省域生态环境与耕地利用特点，以耕地资源数量、耕地资源质量和耕地利用生态危情 3 个维度综合评价为主线。有鉴于此，本书将耕地资源综合评价指标体系划分为评价指标类（Indicator Category）、评价指标（Evaluation Indicator）和元指标（Element Indicator）三个层次，构建了简洁、使用、可行的省域耕地资源评价指标体系（见表 8 - 9）。

表 8 - 9　省级耕地资源综合评价指标体系及数据获取方式

评价指标类	评价指标				元指标	数据获取方式
	第一层次		第二层次			
	指标	权重	指标	权重		
耕地数量评价指标类	耕地总面积指数	0.5113	—	—	省域耕地总面积	《中国国土资源统计年鉴》；《中国统计年鉴》
					全国耕地总面积	
	人均耕地面积指数	0.4887	—	—	省域总人口量	《中国统计年鉴》；《中国国土资源统计年鉴》
					省域耕地总面积	
耕地质量评价指标类	耕地质量等别指数	0.4423	—	—	省域耕地质量等别	国土资源部专项调查评价
					全国耕地质量等别	
	耕地年粮食单产指数	0.5577	—	—	省域耕地年粮食单产量	《中国统计年鉴》
					全国耕地年粮食单产量	
耕地生态危情评价指标类	水土流失指数	0.5492	水土流失面积指数	0.4204	水土流失面积及比例	水利部水土流失专项调查监测
			水土流失强度指数	0.5796	各强度级水土流失面积	
	耕地自然灾害指数	0.4508	农作物受灾面积指数	0.6771	农作物受灾面积	《中国统计年鉴》
					农作物总播种面积	
			因灾减产粮食指数	0.3229	农作物受灾面积、绝收面积	
					总播种面积、粮食作物面积	
					粮食总产量	

评价指标类作为综合评价指标体系的第一层次，取决于评价的基本内容。如上所述，耕地资源综合评价的基本内容包括三个部分：一是耕地资源数量（反映耕地在"量"方面的状况），二是耕地资源质量（反映耕地在"质"方

面的状况），三是耕地生态危情（反映耕地在"环境"方面的状况），此三者共同构成了整体性的耕地资源综合评价系统。任何一个区域耕地可持续利用能力的形成、培育和发展，均为这一整体系统中各部分综合作用的结果，而不是其中的单个部分和内容在起作用。据此，这里可以将耕地资源综合评价指标类分为三大类，即耕地数量评价指标类、耕地质量评价指标类和耕地生态危情评价指标类。

评价指标是在"评价指标类"之下，为了反映耕地利用系统中每个评价内容而选取的定量分析指标。一般，每个评价的基本内容都需要若干指标来具体的定量表述，因而每一评价指标类常常由数量不等的具体评价指标组成。元指标是表征评价指标的基础性指标，在整个评价指标体系中居最低层次，属于最小组成单位[110]，是评价区域耕地资源状况的具体量度。鉴于耕地生态危情评价指标类较为复杂，可以进一步分出两个层次的分指标（见表8-9）。并且，每个分指标之下又可分出多个元指标。

（四）各指标无量纲化的方法

在一般意义上的耕地资源评价研究中，通常需要选取众多的指标进行评价，但由于指标的性质、范围、单位各异，无法直接计算和评价。因此，很有必要寻找一种方法，使所有的指标均能转换成可以统一评价的数值[111]。本项研究在设计测算方法时，将各指标去单位化处理，并运用各类数学方法将各指数的范围设定在0~100。当评价的指数接近100时，表明该地区耕地数量、质量或生态方面颇优。此外，在处理之中需要注意负向指标的处理，可运用分级赋分等方法将其转换为正向指标。

1. 耕地数量评价指标

耕地数量指标是整个耕地利用系统中的基础性指标。可以分为绝对量指标和相对量指标两类，前者即指耕地总面积，它反映了省域范围内总体耕地资源的丰富程度；后者可用人均耕地面积来大致反映，它将人口总数对耕地绝对量的影响纳入了考量的范围。

（1）耕地总面积指数（Index of Total Area，I_{TA}）。耕地总面积对一个国家和地区的粮食总产出和粮食安全起着重要的作用。目前能够查阅到的最新中国耕地数据为2017年末土地利用现状变更调查数据[68]，即13488.12万公顷，全国31个省（市、自治区）耕地数量差异较大，最多的为黑龙江省（1584.57万公顷），最少的为上海市（19.16万公顷），相差82.7倍。为了从总量上反映省域耕地资源的赋存情况以及在全国的实际位次状况，这里采用以下方法来计算I_{TA}值：

$$I_{TA} = \frac{TA_i}{TA_{max}} \times 100\%$$

（8-14）

在式（8-14）中：TA_i 表示第 i 省的耕地总面积，这里取第二次全国土地调查完成汇总年份（即 2009 年）至 2017 年的平均值；TA_{max} 为全国省域耕地总面积中的极大值，同样取 2009~2017 年的平均值。

（2）人均耕地面积指数（Index of Area per Capita，I_{APC}）。考虑到中国各省级行政区的人口数、土地总面积和耕地面积相差悬殊，只考虑绝对丰度指标尚有不足，为此，这里引入相对指标——人均耕地面积，采用的计算方法为：

$$I_{APC} = \frac{APC_i}{APC_{max}} \times 100\% \qquad (8-15)$$

在式（8-15）中：APC_i 表示第 i 省的人均耕地面积，APC_{max} 表示全国省域人均耕地面积中的极大值。这两个指标均取 2009~2017 年的平均值。

2. 耕地质量评价指标

耕地的质量状况对耕地的单产水平有着根本性的影响，在很大程度上说，耕地的单产水平体现了耕地的质量状况。从本次评价基础数据的可获得性来看，近年来农业农村部和国土资源部都发布了全国性耕地质量调查评价结果[80-83]，但前者发布的公报[83]之中只有全国数据，没有分省数据，而后者于 2017 年底发布的公告[81]中附录了全国 31 个省（区、市）耕地质量状况（即 15 个耕地等别的面积），因而可用于本次的耕地资源综合评价。但应注意到，国土资源部建立的耕地质量 15 个等别的评价工作，系综合考虑耕地的全年产量来确定耕地质量高低的评价标准，第 15 等地是粮食单产最低的耕地，其全年生产能力 1500 千克/公顷左右，然后按 1500 千克/公顷的级差一直到最高等，第 1 等地全年生产能力为 22500 千克/公顷[80]。据此标准计算的省域全年生产能力与实际单产水平尚有不符之处，例如，根据上述数据，采用面积加权法，计算得到内蒙古耕地质量平均等别为 14.02 等，因而其全年生产能力约为 3000 千克/公顷，但内蒙古2009~2019 年平均粮食单产已达 4697.8 千克/公顷，是其全年生产能力的 1.57 倍，这在逻辑上说不通。其他一些省份亦存在同样的问题。为了弥补这一不足，本书除了采用国土资源部发布的耕地质量等别调查评价数据之外，还考虑各省实际单产水平，将此两者结合起来进行省域耕地质量评价。

（1）耕地质量等别指数（Index of Quality Grade，I_{QG}）。先按面积加权法，计算各省级行政区的耕地质量平均等别分值（Value of Average Quality Grade，V_{AQGi}），然后再采用极大值法测算各省级行政区的耕地质量等别指数（I_{QG}）。其计算公式确定为：

$$V_{AQGi} = 100 \times \sum_{j=1}^{15} \left(\frac{TA_{ij}}{TA_i} \times \frac{16-j}{15} \right) \qquad (8-16)$$

$$I_{QG} = \frac{V_{AQGi}}{V_{AQG\,max}} \times 100\% \qquad (8-17)$$

在式（8-16）、式（8-17）中：TA_{ij}表示第 i 省第 j 等地的耕地面积；TA_i 表示第 i 省的耕地总面积；j 表示等地级别（共分 15 等），第 1 等地 j = 1，第 2 等地 j = 2，依次类推；V_{AQGmax} 为全国省域耕地质量平均等别分值中的极大值。

（2）耕地年粮食单产指数（Index of Annual Grain Yield per Unit Area of Farmland，I_{AGY}）。参照以上指标，采用极大值法（即某省耕地年粮食单产量与全国省域耕地年粮食单产量中的极大值之对比）来测算耕地年粮食单产指数（I_{AGY}）。其计算公式确定为：

$$I_{AGY} = \frac{V_{AGYi}}{V_{AGYmax}} \times 100\% \qquad (8-18)$$

3. 耕地生态危情评价指标①

（1）水土流失指数（Index of Soil Erosion，I_{SE}）。水土流失是毁林毁草开荒、陡坡耕作等诸多对土地资源不合理开发利用活动的产物，近些年来被称为头号生态环境问题。这里的水土流失指数系表示省域水土流失规模大小和强度状况的指标。具体由水土流失面积指数和水土流失强度指数来表征。需要说明的是，由于全国层面尚未专门针对耕地开展水土流失调查，目前能够搜集得到的最新数据是水利部 2018 年水土流失调查监测数据，包括全国各省水土流失的总面积及其各强度级的面积。但耕地在整个作物管理与种植过程是很容易发生水土流失的地类之一，且在部分地区这样的问题极为严重。以云南省为例，杨子生等[93]（2009）分析得出，全省各类土地水土流失的总量中近 3/4 来源于耕地；另外，发生在其他地类上的水土流失也往往成为影响耕地利用的重要生态环境因素，因此，在当前没法直接获取各省级行政区耕地水土流失数据的情况下，本书暂时采用水利部 2018 年水土流失调查监测数据进行分析和评价。

1）水土流失面积指数（Index of Soil Loss Area，I_{SLA}）。反映区域水土流失规模大小的常用指标是水土流失面积比例（Rate of Soil Loss Area，R_{SLA}），系指水土流失面积占土地总面积的百分比值。按照水利部（1997）颁布的《土壤侵蚀分类分级标准》，这里的水土流失面积是指轻度以上（含轻度）侵蚀面积。其计算方法为：

$$R_{LSA} = \frac{A_{SL}}{A_{TL}} \times 100\% \qquad (8-19)$$

---

① 耕地生态危情评价指标涉及面广，主要有水土流失、自然灾害、土壤污染等方面。从基础数据的可获得性来看，尽管环境保护部和国土资源部于 2014 年发布了《全国土壤污染状况调查公报》，首次调查得出了全国耕地等不同地类土壤污染点位比例以及轻微、轻度、中度和重度污染点位比例[33]，但没有公布各省级行政区调查数据；另据报道，全国各省按统一部署于 2018 年底完成了土壤污染状况详查，但具体数据尚未公布，因此，本次评价暂不考虑耕地土壤污染指标。

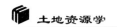

在式（8-19）中，A_{SL}表示水土流失面积；A_{TL}表示土地总面积。

R_{SLA}越大，意味着水土流失的规模（范围）就越大，而土地利用生态环境状况则越差。按前述的做法，这里尚需对R_{SLA}的计算结果进行适当的指标转换，以确保其最终结果值介于[0，100]。转换后的指数值称为水土流失面积指数（I_{SLA}），其计算方法为：

$$I_{SLA} = 100 - (R_{SLA} \times 100) \tag{8-20}$$

在式（8-20）中，I_{SLA}值越高，表示某地的水土流失面积比例越低，而它所表征的耕地利用生态环境状况则越佳。

2）水土流失强度指数（Index of Soil Loss Intensity，I_{SLI}）。中国现行的水土流失调查研究中，水土流失强度等级通常以土壤侵蚀模数（Soil Erosion Modulus，SEM）为基本依据加以划定。根据水利部2008年1月发布的标准[112]，土壤侵蚀等级由重到轻可分为剧烈侵蚀（SEM > 15000 吨/平方千米·年）、极强度侵蚀（8000 吨/平方千米·年≤SEM < 15000 吨/平方千米·年）、强度侵蚀（5000 吨/平方千米·年≤SEM < 8000 吨/平方千米·年）、中度侵蚀（2500 吨/平方千米·年≤SEM < 5000 吨/平方千米·年）、轻度侵蚀（500 吨/平方千米·年≤SEM < 2500 吨/平方千米·年）以及微度侵蚀（SEM < 500 吨/平方千米·年①）。2018年水利部水土流失调查监测数据中的水土流失等级包括轻度、中度、强度及以上侵蚀。据此，可计算出各省的年均土壤流失总量和平均土壤侵蚀模数②，进而按照式（8-21）计算出省域水土流失强度指数（I_{SLI}）：

$$I_{SLA} = 100 - \left(\frac{SEM_i}{SEM_{NA}} \times 100 \right) \tag{8-21}$$

在式（8-21）中，SEM_i表示各省级行政区的土壤侵蚀模数值；SEM_{NA}表示全国水土流失土地平均土壤侵蚀模数，亦即单位水土流失面积（系轻度、中度、强度及以上的侵蚀面积之和）的平均土壤侵蚀量，按水利部2018年调查监测结果计算得出SEM_{NA}值为4128.64 t/km²·a。

I_{SLI}值越高，表示某省的水土流失强度相对越低，而它所表征的土地利用生态环境条件则越佳。

（2）耕地自然灾害指数（Index of Natural Disaster，I_{ND}）。自然灾害是影响耕地利用产出和效率的重要因素。目前，每年的《中国统计年鉴》都收录了因各类灾害而造成的农作物受灾和绝收的面积，为本次评价提供了基础依据。这里同

---

① 少部分地区标准略有差异，东北黑土区、北方土石山区和风力侵蚀区的轻度侵蚀标准为 <200t/km²·a；西北黄土高原区则为 <1000t/km²·a。

② 在测算各省平均土壤侵蚀模数时，各侵蚀等级的土壤侵蚀模数取值如下：微度侵蚀取200t/km²·a，轻度侵蚀取平均值1500t/km²·a，中度侵蚀取平均值3750t/km²·a，强烈及以上侵蚀取平均值12000t/km²·a。

样采用受灾面积和受灾强度 2 类指标来共同表征。

1）农作物受灾面积指数（Index of Disaster – affected Crops Area，I_{DCA}）。参照水土流失面积指数（I_{SLA}）的计算法，采用以下公式来测算：

$$I_{DCA} = 100 - \left(\frac{A_{DC}}{A_{TS}} \times 100 \right) \tag{8 - 22}$$

在式（8 - 22）中，A_{DC} 表示农作物受灾面积；A_{TS} 表示农作物总播种面积。

I_{DCA} 值越高，表示某地农作物的受灾程度越轻，而它所表征的耕地利用生态环境状况则越佳。

2）因灾减产粮食指数（Index of Grain Production Reduced by Disaster，I_{GPD}）。按相关的标准[113]，在农业灾情统计中，需要统计各地农作物的受灾、成灾和绝收面积，此三个指标可体现出受灾程度的区别，分别指因灾减产一成及以上、三成及以上和八成及以上的作物播种面积。据此可测算出因灾减产粮食量，反映受灾强度的大小。近些年的《中国统计年鉴》收录了各省级行政区农作物受灾和绝收面积，但省略了成灾面积，因此，因灾减产粮食量（Grain Production Reduced by Disaster，GP_D）采用以下方法来测算：

$$GP_D = \left[C_1 \times \left(A_{AC} - A_{DC} \right) + C_2 \times A_{DC} \right] \times AY_{UA} \tag{8 - 23}$$

在式（8 - 23）中，A_{AC} 表示农作物受灾面积（Area of Disaster – Affected Crops），取 2009 ~ 2019 年平均值；A_{DC} 表示农作物绝收面积（Area of Disaster – Destroyed Crops），取 2009 ~ 2019 年平均值；AY_{UA} 表示粮食作物平均单产（Average Yield per Unit Area of Grain Crops），亦取 2009 ~ 2019 年平均值；C_1、C_2 分别表示受灾面积和绝收面积的减产系数，取平均值分别为 0.375、0.900。

因灾减产粮食指数（I_{GPD}）表示因灾减产粮食量与粮食总产量的对比关系，采用以下方法来测算：

$$I_{GPD} = 100 - \left(\frac{GP_D}{AO_G} \times 100 \right) \tag{8 - 24}$$

在式（8 - 24）中，GP_D 表示因灾减产粮食量；TO_G 表示粮食总产量。

I_{GPD} 值越高，表示某地的因灾减产粮食程度越低，而它所表征的耕地利用生态环境状况则越佳。

三、评价结果分析

（一）耕地资源定量综合评价结果

按照上述基于 TOPSIS – 灰色关联法的耕地资源综合评价法，定量测算出了各省耕地数量指数（I_{FQ1}）、耕地质量指数（I_{FQ2}）、耕地生态危情指数（I_{ED}）和耕地资源综合指数（CI_{FR}）（见表 8 - 10）。根据测算结果，可以进行各个指数的分级和空间分布分析以及各省域耕地资源综合禀赋和优势程度的分析与排序。

表 8 – 10　全国各省域耕地数量指数、质量指数、生态危情指数和综合指数

地区	耕地数量指数	耕地质量指数	耕地生态危情指数	耕地资源综合指数	耕地资源综合指数排名
北京市	14.78	45.46	69.30	25.57	30
天津市	16.92	37.95	81.20	27.24	29
河北省	35.98	40.97	61.98	40.94	9
山西省	31.70	24.19	31.98	29.75	28
内蒙古自治区	65.93	18.22	15.72	37.41	15
辽宁省	34.11	32.89	48.45	36.02	16
吉林省	51.37	36.14	57.09	48.12	3
黑龙江省	85.50	27.45	58.14	60.73	1
上海市	14.50	82.73	84.28	30.23	27
江苏省	28.68	72.97	79.29	43.09	6
浙江省	20.63	50.65	63.19	31.31	25
安徽省	34.88	52.85	70.19	43.71	5
福建省	19.07	58.42	72.11	31.70	22
江西省	25.71	67.30	63.78	38.14	14
山东省	37.86	58.66	67.00	46.61	4
河南省	39.72	66.66	72.16	50.08	2
湖北省	32.92	67.35	53.62	42.68	8
湖南省	27.87	71.43	60.62	40.18	10
广东省	21.46	69.45	68.44	35.05	19
广西壮族自治区	30.91	48.40	62.78	39.10	12
海南省	22.06	43.48	58.59	30.95	26
重庆市	25.33	46.31	56.52	33.83	20
四川省	35.93	49.07	61.75	42.68	7
贵州省	34.31	29.22	50.17	35.35	17
云南省	38.70	32.91	47.29	38.59	13
西藏自治区	27.17	23.56	74.65	31.49	23
陕西省	30.97	28.50	46.12	32.62	21
甘肃省	43.32	18.62	22.58	31.46	24

地区	耕地数量指数	耕地质量指数	耕地生态危情指数	耕地资源综合指数	耕地资源综合指数排名
青海省	23.78	20.61	40.29	25.27	31
宁夏回族自治区	33.61	30.52	48.64	35.10	18
新疆维吾尔自治区	44.42	36.07	31.96	39.82	11

（二）耕地数量、质量和生态危情状况

1. 耕地数量状况

从耕地数量状况来看，由耕地总面积和人均耕地面积综合决定的各省域耕地数量指数（I_{FQ1}）差异较大：耕地数量禀赋最好的是黑龙江、内蒙古和吉林，其 I_{FQ1} 值分别达 85.50、65.93 和 51.37，其中，首先是黑龙江省的 I_{FQ1} 值是全国 I_{FQ1} 值最小的上海市（14.50）的 5.9 倍；其次是新疆、甘肃、河南、云南、山东、河北和四川，这 7 个省（区）I_{FQ1} 值在 35～45；再次为安徽、贵州、辽宁、宁夏、湖北、山西、陕西和广西，这 8 个省份 I_{FQ1} 值在 30～35；又次是江苏、湖南、西藏、江西、重庆、青海、海南、广东和浙江的 I_{FQ1} 值相对较低，在 20～30；最后是耕地数量禀赋最低的福建、天津、北京和上海，这 4 个省（直辖市）I_{FQ1} 值均在 20 以下。据此，可将各省域耕地数量指数分为 4 级（见表 8-11），其中，I_{FQ1} 值达 30 以上（即属于 I 级和 II 级）的省域，意味着其耕地数量有着明显的优势。

表 8-11　省域耕地数量指数、质量指数、生态危情指数和综合指数分级

级别	I 级	II 级	III 级	IV 级
耕地数量指数	>50	30～50	20～30	<20
耕地质量指数	>50	40～50	30～40	<30
耕地生态危情指数	>70	60～70	50～60	<50
耕地资源综合指数	>40（高优势）	35～40（较高优势）	30～35（中等优势）	<30（低优势）

2. 耕地质量状况

从耕地数量状况来看，由耕地质量等别和耕地年粮食单产综合决定的各省域耕地质量指数（I_{FQ2}）来悬殊较大：耕地质量状况最好的是上海、江苏、湖南，I_{FQ2} 值分别达 82.73、72.97 和 71.43，其中，首先是上海的 I_{FQ2} 值是全国 I_{FQ1} 值最小的内蒙古（18.22）的 4.5 倍；其次为广东、湖北、江西、河南、山东、福建、安徽和浙江，这 8 个省的 I_{FQ2} 值在 50～70；再次为四川、广西、重庆、北京、海

南和河北，这6个省（自治区）I_{FQ2}值在40~50；又次是天津、吉林、新疆、云南、辽宁和宁夏的I_{FQ2}值相对较低，在30~40；最后是耕地质量指数最低的贵州、陕西、黑龙江、山西、西藏、青海、甘肃和内蒙古，这8个省（自治区）I_{FQ2}值均在30以下，其中，甘肃和内蒙古I_{FQ2}值均在20以下。据此，可将各省域耕地数量指数分为4级，I_{FQ1}值达30以上（即属于Ⅰ级和Ⅱ级）的省域，意味着其耕地数量有着明显的优势。据此，这里将各省域耕地质量指数分为4级（见表8-11），其中，I_{FQ1}值达40以上（即属于Ⅰ级和Ⅱ级）的省域，意味着其耕地质量状况有着明显的优势。

3. 耕地生态危情状况

就耕地生态危情状况而言，由水土流失状况（水土流失面积比例和水土流失强度）和耕地自然灾害状况（农作物受灾面积比例和因灾减产粮食量）综合决定的各省域耕地生态危情指数（I_{ED}）的差异性较为显著：耕地生态危情状况最轻微（意味着I_{ED}最高）的是上海和天津，I_{ED}值分别达84.28和81.20，其中，首先是上海的I_{ED}值是全国I_{ED}值最小的内蒙古（15.72）的5.4倍；其次为江苏、西藏、河南、福建和安徽，这5个省（自治区）I_{ED}值在70~80；再次为北京、广东、山东、江西、浙江、广西、河北、四川和湖南，这9个省（直辖市、自治区）I_{ED}值在60~70；又次为海南、黑龙江、吉林、重庆、湖北和贵州的I_{ED}值在50~60；最后是耕地生态危情指数较低的宁夏、辽宁、云南、陕西、青海、山西、新疆、甘肃和内蒙古，这9个省（自治区）I_{ED}值均在50以下，其中，甘肃和内蒙古I_{ED}值均在23以下。可见，多数省域的耕地生态危情指数相对较高，这里将各省域耕地生态危情指数分为4级（见表8-11），其中，I_{FQ1}值达50以上（即属于Ⅰ级、Ⅱ级、Ⅲ级）的省域，意味着其耕地生态危情较轻，耕地利用生态环境状况有着明显的优势。

（三）耕地资源综合禀赋优势度分级

表8-10显示，由耕地数量指数、耕地质量指数和耕地生态危情指数综合决定的各省域耕地资源综合指数（CI_{FR}）有着较大的差异性，耕地资源综合禀赋状况最好的是黑龙江省，CI_{FR}值为60.73，是全国CI_{FR}值最小的青海省（25.27）的2.4倍。

为了进一步分析全国31个省（直辖市、自治区）耕地资源综合禀赋优势程度的差异性，这里使用ArcGIS里提供的"自然断点法"（Natural Breakpoint Method）对耕地资源综合指数（CI_{FR}）进行自然分级基础上再进行适当的微调，将全国31个省级行政区耕地资源综合禀赋优势程度分为4个等级（见表8-11），分别命名为高优势、较高优势、中等优势、低优势。

结果表明，黑龙江、河南、吉林、山东、安徽、江苏、四川、湖北、河北和

湖南的 CI_{FR} 值均达到 40 以上，是全国耕地资源综合禀赋优势度相对最高的 10 个省份，属于第 I 级——"高优势"；新疆、广西、云南、江西、内蒙古、辽宁、贵州、宁夏和广东的 CI_{FR} 值在 35～40，也是全国耕地资源综合禀赋优势度相对较高的 9 个省份，属于第 II 级——"较高优势"；重庆、陕西、福建、西藏、甘肃、浙江和海南的 CI_{FR} 值在 31～34，从全国层面来看，这 7 个省（直辖市、自治区）耕地资源综合禀赋状况属于中等水平，因而归属于第 III 级——"中等优势"；上海、山西、天津、北京和青海的 CI_{FR} 值相对较低，在 25～30，从全国层面看，这 5 个省（直辖市）耕地资源综合禀赋状况属于较低水平，因而归属于第 IV 级——"低优势"。

值得注意的是，上述耕地资源综合禀赋优势度较高的 10 个高优势省份和 9 个较高优势度省份往往也是全国粮食总产量较多的省份。据《中国统计年鉴》，2009～2019 年平均每年粮食总产量达 2000 万吨以上的 13 个省份中，有 10 个省（即黑龙江、河南、山东、安徽、吉林、江苏、河北、四川、湖南、湖北）均为上述全国耕地资源综合禀赋优势度相对最高的"高优势"省份；有 3 个省（自治区）（即内蒙古、江西、辽宁）属于上述全国耕地资源综合禀赋较好的"较高优势"省份。

（四）各省耕地资源优势类型的划分

根据上述耕地数量指数、质量指数和生态危情指数的分级情况，可以将全国 31 个省（直辖市、自治区）耕地资源优势类型归并为六类，即①数量优势型，②数量—生态优势型，③质量－生态优势型，④生态优势型，⑤综合优势型，⑥优势不明显型。

在 19 个"高优势"和"较高优势"省份中，各省域的优势类别明显不同，大致可划分为四类：一是数量优势型，包括新疆、内蒙古、云南、辽宁、宁夏；二是数量－生态优势型，包括黑龙江、吉林、贵州；三是质量－生态优势型，包括江苏、湖南、江西、广东；四是综合优势型，包括河南、山东、安徽、河北、四川、湖北、广西。

即使是耕地资源综合禀赋优势不突出的 14 个"中优势"和"低优势"省份中，也会在数量、质量和生态上有着某一方面的明显优势（尽管优势程度不及上述"高优势"和"较高优势"省份），大致可划分为四类：一是数量优势型，包括陕西、甘肃和山西；二是质量－生态优势型，包括重庆、福建、浙江、上海、北京、海南；三是生态优势型，包括天津、西藏；四是优势不明显型，如青海。

可见，绝大多数省份耕地资源均有某一"单项"优势、"双项"优势或综合优势，这为各省（直辖市、自治区）合理开发利用和保护有限的耕地资源提供了方向和路径。

四、结论与讨论

（一）主要结论

全国层面的耕地资源评价是国家制定耕地利用与整治规划、耕地保护政策以及国土空间管理决策的重要依据，需要建立起集数量评价、质量评价和生态危情评价为一体的耕地资源综合性评价指标体系和定量测算方法。本书基于 TOPSIS 和灰色关联分析法，以省级行政区为分析评价单元，将耕地数量、质量和生态危情三个维度评价有机融合，构建起实用、可行的全国耕地资源综合评价指标体系和定量测算方法，用以综合衡量和比较各省耕地资源的综合禀赋和优劣势状况。

研究结果表明，从耕地资源综合禀赋优势程度来看，首先是黑龙江、河南、吉林、山东、安徽、江苏、四川、湖北、河北和湖南是全国耕地资源综合禀赋优势度相对最高的 10 个省份，即"高优势"省份；其次是新疆、广西、云南、江西、内蒙古、辽宁、贵州、宁夏和广东也是全国耕地资源综合禀赋优势度相对较高的 9 个省份，属于"较高优势"省份。这些省份往往也是全国粮食总产量较多的省份，2009～2019 年平均粮食总产量达 2000 万吨以上的 13 个省份均位于上述"高优势"省份和"较高优势"省份范围之内。

从耕地数量、质量和生态危情"单项"优势程度来看，首先是耕地数量优势最突出的黑龙江、内蒙古和吉林，其耕地数量指数（I_{FQ1}）值达 50 以上；其次为新疆、甘肃、河南、云南、山东、河北、四川、安徽、贵州、辽宁、宁夏、湖北、山西、陕西和广西，这 15 个省（自治区）I_{FQ1} 值在 30～50，耕地质量状况较好的是中东部地区的上海、江苏、湖南、广东、湖北、江西、河南、山东、福建、安徽和浙江，这 11 个省（直辖市）耕地质量指数（I_{FQ2}）值均在 50 以上；最后为四川、广西、重庆、北京、海南和河北，这 6 个省（直辖市）I_{FQ2} 值在 40～50。耕地生态环境方面较有优势的首先是上海、天津、江苏、西藏、河南、福建和安徽，这 7 个省（直辖市、自治区）耕地生态危情指数（I_{ED}）值均在 70 以上；其次为北京、广东、山东、江西、浙江、广西、河北、四川、湖南、海南、黑龙江、吉林、重庆、湖北和贵州，这 15 个省（直辖市、自治区）的 I_{ED} 值在 50～60。

总体上，将全国 31 个省（直辖市、自治区）耕地资源优势类型归并为六类：①数量优势型，②数量—生态优势型，③质量—生态优势型，④生态优势型，⑤综合优势型，⑥优势不明显型。大多数省份耕地资源均有某一"单项"优势、"双项"优势或综合优势。

（二）讨论

在全国层面的耕地资源评价中，只针对耕地数量指标、质量指标和生态指标进行"单项"性质的评价是不够的，不利于客观、科学地衡量和比较各省（直辖市、自治区）耕地资源综合禀赋和优劣势状况的差异性。本书构建了系统地度量各省耕地数量－质量－生态危情综合状况的耕地资源综合评价定量指标体系及其测算方法，推进了传统土地资源评价体系的发展，有助于客观地揭示各省耕地资源禀赋状况和限制因素，为因地制宜地制定耕地资源开发利用与保护战略决策、综合整治规划、管理提供基础依据。但这并不意味着本书构建的耕地资源综合评价定量指标体系及其测算方法仅适用于全国层面开展省级行政区这一评价单元的评价工作，同时，这一指标体系及其测算方法同样适用于市级、县级和乡镇级等不同地域尺度的分析与研究工作，甚至还可以供国与国之间进行耕地资源综合状况的分析评价时参考和借鉴。

鉴于本项综合评价工作的复杂性以及某些指标数据获取的艰难性，这里的评价工作还有待进一步改进和完善之处。例如，尽管耕地土壤污染是较为重要的生态危情指标，但由于全国层面未公布各省的调查数据，省级层面只有四川省等少数省份公布了省域的调查数据，因此，这里未能测算该项指标。虽然笔者试图在全国调查数据基础上，参考 Duan Qiannan 等（2016）绘制的中国表层土壤样品中重金属污染分布图[92]以及各省相关报道，并参考《中国统计年鉴》中各省的主要污染物排放量、化肥施用量、人口密度等统计数据，综合判断和粗略地测算各省耕地土壤污染状况指数，但结果不很理想，只好作罢，只能有待以后国家层面正式公布各省耕地土壤污染状况调查结果数据之后再对本书研究进行必要的补充和完善。

由于全国 31 个省（直辖市、自治区）的国土范围、地势地貌、气候、土壤、水文、人口、经济等自然与社会经济条件差异非常显著，各省的耕地资源数量、质量和生态环境状况也悬殊很大，因而数量优势省份、质量优势省份和生态环境优势省份的空间分布并不完全相同，例如，黑龙江是中国耕地资源数量优势最突出的省份，其耕地数量指数达 85.50，排在第Ⅰ级（"高优势"省份）之首位，但其耕地质量指数只有 27.45，属于第Ⅳ级。又如，江西省耕地数量指数只有 25.71，属于第Ⅲ级，但其耕地质量指数和生态危情指数分别达 67.30 和 63.78，分别属于第Ⅰ级和第Ⅱ级，即在耕地质量和生态环境方面具有优势，因此，江西省的耕地资源综合指数达 38.14，综合禀赋优势程度属于第Ⅱ级，成为中国粮食主产省份之一。

基于此，在评价各省的耕地资源综合禀赋状况时，要有这样一个基本认识：一个省域拥有数量丰硕、质量较优、生态危情较轻（或不明显）的耕地资源禀赋（如河南、山东、安徽、河北、四川、湖北等），无疑是一种耕地资源综合优势；然而，不能否认的是，即使耕地质量等别较低，甚至还有一定生态危情的省域，如果拥有较为丰富的耕地数量（如内蒙古等），也是一种耕地资源优势，依然是国家粮食安全的重要支柱省份。因此，这里所指的耕地资源综合禀赋和优势度最差的省域，主要是指耕地数量处于劣势、耕地质量和生态条件又不占据优势的省份（如青海省等）。根据这一认识，全国绝大多数省（直辖市、自治区）的耕地资源均有某一"单项"优势、"双项"优势或综合优势，这为各省（直辖市、自治区）合理开发利用和保护有限的耕地资源提供了重要方向和路径。

参考文献

［1］国务院.中华人民共和国国民经济和社会发展第十一个五年规划纲要［N］.人民日报，2006 – 03 – 17（1 – 3）.

［2］温家宝.政府工作报告——2007 年 3 月 5 日在第十届全国人民代表大会第五次会议上的讲话［N］.人民日报，2007 – 03 – 18（1 – 3）.

［3］杨子生，刘彦随，赵乔贵，等.基于耕地资源利用的区域粮食安全评估原理·方法及其在云南的实践［M］.北京：中国科学技术出版社，2008.

［4］杨子生.论中国确保 18 亿亩耕地"红线"的必要性与对策措施体系［A］//刘彦随.中国土地资源可持续利用与新农村建设研究［M］.重庆：西南师范大学出版社，2008：20 – 26.

［5］国家统计局.中国统计年鉴（2007）［M］.北京：中国统计出版社，2007.

［6］李元.中国土地资源［M］.北京：中国大地出版社，2000.

［7］国土资源部地籍管理司.全国土地利用变更调查报告［M］.北京：中国大地出版社，2007.

［8］中共中央，国务院.中共中央国务院关于全面加强人口和计划生育工作统筹解决人口问题的决定［N］.人民日报，2007 – 01 – 23（1）.

［9］中国农业科学院.人均 400 公斤粮食必不可少［J］.中国农业科学，1986，19（5）：1 – 7.

［10］中国农业科学院.我国人均 400 公斤粮食必不可少［J］.农业技术经济，1986，（8）：12 – 15.

［11］中国农业科学院《食物发展研究》课题组.再论人均 400 公斤粮食必不可少［J］.科技进步与对策，1991，8（4）：31 – 32.

［12］刘振伟.我国粮食安全的几个问题［J］.农业经济问题，2004，25（12）：8 – 13.

［13］国务院新闻办公室.《中国的粮食问题》白皮书［N］.人民日报，1996 – 10 – 25（2）.

［14］蔡玉梅，张文新，刘彦随.中国耕地需求量的多目标预测与分析[J].资源科学，2007，29（4）：134 – 138.

［15］何振红．如何坚守 18 亿亩耕地这条"红线"？［N］．经济日报，2006 – 06 – 04（2）．

［16］汤小俊．18 亿亩耕地底线能守住吗？［J］．中国土地，2007（2）：6 – 11．

［17］中国农业大学土地利用与管理研究中心．"坚守 18 亿亩耕地红线"研讨会摘要［J］．中国农业大学学报，2007，12（3）：25 – 26．

［18］商汤．为什么要动"18 亿亩"？［J］．中国土地，2007（5）：1．

［19］蒋卫武．18 亿亩耕地的困惑与出路［J］．小康，2007（8）：62 – 64．

［20］刘依．两会关注之一：18 亿亩耕地红线保障中华民族的生命线［J］．今日国土，2007（3）：18．

［21］贺一梅．中国真的不存在粮食安全问题和不需要保护耕地吗——与著名经济学家茅于轼先生的"中国不存在粮食危机论"和"保护耕地错误论"相商榷［J］．云南财经大学学报（社会科学版），2008，23（1）：93 – 97．

［22］杨纯朴．21 世纪城市建设的十大模式［J］．21 世纪，1995（4）：35．

［23］陈文雅，邬琼．供地指标告急国土部"上山"开路［N］．经济观察报，2011 – 10 – 17（39）．

［24］杨子生，赵乔贵，辛玲．云南土地资源［M］．北京：中国科学技术出版社，2014：1 – 420．

［25］H. E. Yimei, Yang Zisheng, Zou Jin – lang. Analysis on the Necessity and Feasibility of Lmplementing the Strategy of "Protecting Farmland in Flatland Areas and Constructing Mountainous Cities" in Yunnan Province［J］. Agricultural Science & Technology, 2015, 16（4）: 769 – 773.

［26］杨子生，刘彦随，卢艳霞．山区水土流失防治与土地资源持续利用关系探讨［J］．资源科学，2005，27（6）：146 – 150．

［27］Singh R. B. Understanding High Mountain Land Use Towards Sustainable Environmental Management in Jammu and Kashmir［A］//Haigh MJ, Krecek J, Rajwar GS, et al. Headwaters: Water Resources and Soil Conservation. Proceedings of Headwater' 98, the Fourth International Conference on Headwater Control, Merano, Italy［M］. A. A. Balkema, Brookfield, Vt., 1998: 409 – 422.

［28］陈百明，张凤荣．中国土地可持续利用指标体系的理论与方法［J］．自然资源学报，2001，16（3）：197 – 203．

［29］Lin LiLing, Wang ChaoWen, Chiu Cheng – Lung, et al. A Study of Rationality of Slopeland Use in View of Land Preservation［J］. Paddy Water Environ, 2011（9）: 257 – 266.

［30］Zhu Qingjie, Su Youpo, Wu Desheng Dash. Risk Assessment of land – use Suitability and Application to Tangshan City［J］. International Journal of Environment and Pollution, 2010, 42（4）: 330 – 343.

［31］McHarg I. L. Design with Nature［M］. New York: Natural History Press, 1969: 15 – 40.

［32］Fan Chenjing, Shen Shiguang, Wang Si – hui, et al. Research on Urban Land Ecological Suitability Evaluation Based on Gravity – resistance Model: A Case of Deyang City in China［J］. Procedia Engineering, 2011（21）: 676 – 685.

［33］Xu Kai, Kong Chunfang, Jiangfeng Li, et al. Suitability Evaluation of Urban Construction Land Based on Geo – environmental Factors of Hangzhou, China ［J］. Computers & Geosciences, 2011 (37)：992 – 1002.

［34］尹海伟，孔繁花，罗震东，等. 基于潜力—约束模型的冀中南区域建设用地适宜性评价［J］. 应用生态学报，2013，24 (8)：2274 – 2280.

［35］党丽娟，徐勇，汤青，等. 广西西江沿岸后备适宜建设用地潜力及空间分布［J］. 自然资源学报，2014，29 (3)：387 – 397.

［36］He Yimei, Yang Zisheng, Zhang Bosheng, et. al. Study on Urban Construction Land Suitability Evaluation in Southwestern Mountainous Areas of Yunnan Province Based on the Strategy of "Protecting Farmland in Flatland Areas and Constructing Mountainous Cities"：A Case in Lianghe County ［J］. Agricultural Science & Technology, 2014, 15 (10)：1774 – 1777

［37］李坤岳，建伟. 我国建设用地适宜性评价研究综述［J］. 北京师范大学学报（自然科学版），2015，51 (S1)：107 – 113.

［38］贺一梅，杨子生，张博胜. 我国西南山区城镇建设用地适宜性评价研究——以云南盈江县为例［A］//刘彦随，宋戈. 中国新时期土地资源科学与发展研究［M］. 沈阳：东北大学出版社，2016：186 – 196.

［39］孙凌蔚，李月臣，朱康文，等. 生态视角下的山区城镇建设用地适宜性评价［J］. 重庆师范大学学报（自然科学版），2017，34 (3)：121 – 127.

［40］王桂林，江蔚，汪鹏，等. "反规划"理念下的山地农村建设用地适宜性评价［J］. 重庆交通大学学报（自然科学版），2018，37 (9)：66 – 72.

［41］冯雁云，赵宇鸾，薛朝浪，等. 岩溶山区城镇建设用地空间拓展适宜性评价——以紫云县为例［J］. 贵州师范大学学报（自然科学版），2019，37 (5)：1 – 8.

［42］刘壮，李远耀，张为，等. 基于改进斜坡单元法的山区城镇建设用地适宜性评价［J］. 安全与环境工程，2019，26 (6)：42 – 49.

［43］付树林，梁丽萍，刘延国，等. 基于山区地质灾害危险性分区的建设用地适宜性评价［J］. 水利水电技术，2020，51 (12)：210 – 218.

［44］毛慧娟，陈诚，刘培亮. 基于生态视角的山地丘陵地区建设用地适宜性评价——以麻阳苗族自治县为例［J］. 长沙大学学报，2021，35 (2)：36 – 43.

［45］杨子生，王辉，张博胜. 中国西南山区建设用地适宜性评价研究——以云南芒市为例［A］//杨子生. 中国土地开发整治与建设用地上山研究［M］. 北京：社会科学文献出版社，2013：112 – 120.

［46］周豹，赵俊三，袁磊，等. 低丘缓坡建设用地适宜性评价体系研究——以云南省宾川县为例［J］. 安徽农业科学，2013，41 (28)：11528 – 11531.

［47］杨子生. 山区城镇建设用地适宜性评价方法及应用——以云南省德宏州为例［J］. 自然资源学报，2016，31 (1)：64 – 76.

［48］杨子生. 基于云南省城镇上山战略的山区建设用地适宜性评价原理与方法研究［M］. 北京：科学出版社，2016.

［49］Lu Yanyan, Yang Zisheng. Analysis of Land Use Characteristics in Mountainous Areas in

Yunnan Province Based on Second National Land Survey［J］. Agricultural Science & Technology，2014，15（9）：1438–1440.

［50］杨子生. 在土地适宜性评价基础上进行土地合理利用区划初探［J］. 国土与自然资源研究，1991（4）：26–29.

［51］杨子生，郝性中. 土地利用区划几个问题的探讨［J］. 云南大学学报（自然科学版），1995，17（4）：363–368.

［52］杨子生，赵乔贵. 云南省土地利用区划研究［A］//杨子生. 中国土地开发整治与建设用地上山研究［M］. 北京：社会科学文献出版社，2013：15–29.

［53］农业部全国土壤普查办公室. 中国农业土壤志［M］. 北京：农业出版社，1964.

［54］赵其国. 中国土地资源及其利用区划［J］. 土壤，1989，20（3）：113–119.

［55］吴传钧，郭焕成. 中国土地利用［M］. 北京：科学出版社，1994.

［56］姜志德. 中国土地资源可持续利用战略研究［M］. 北京：中国农业出版社，2004.

［57］封志明. 一个基于土地利用详查的中国土地资源利用区划新方案［J］. 自然资源学报，2001，16（4）：325–333.

［58］李元. 中国土地资源［M］. 北京：中国大地出版社，2000.

［59］成升魁. 中国土地资源与可持续发展［M］. 北京：科学出版社，2007.

［60］陈百明. 基于区域制定土地可持续利用指标体系的分区方案［J］. 地理科学进展，2001，20（3）：247–253

［61］陈百明. 中国土地利用与生态特征区划［M］. 北京：气象出版社，2003：19–51.

［62］国家土地管理局土地利用规划司. 全国土地利用总体规划研究［M］. 北京：科学出版社，1994：171–185.

［63］国务院. 全国土地利用总体规划纲要（1997–2010年）［EB/OL］. http：//www. mlr. gov. cn/zwgk/ghjh/200710/t20071017_88615. htm，2007–10–17.

［64］国务院. 全国土地利用总体规划纲要（2006–2020年）［N］. 人民日报，2008–10–24（13–15）.

［65］国务院. 中华人民共和国国民经济和社会发展第十二个五年规划纲要［N］. 人民日报，2011–03–17（1，5–11）

［66］刘锋. 关于"十一五"规划区域划分的思考［J］. 调查研究报告（国务院发展研究中心），2005（65）：1–15.

［67］国家统计局. 中国统计年鉴2020［M］. 北京：中国统计出版社，2020.

［68］中华人民共和国国土资源部. 中国国土资源统计年鉴–2018［M］. 北京：地质出版社，2018.

［69］毕于运，郑振源. 建国以来中国实有耕地面积增减变化分析［J］. 资源科学，2000，22（2）：8–12.

［70］封志明，刘宝勤，杨艳昭. 中国耕地资源数量变化的趋势分析与数据重建：1949～2003［J］. 自然资源学报，2005，20（1）：35–43.

［71］曹雪，金晓斌，王金朔，等. 近300年中国耕地数据集重建与耕地变化分析［J］. 地理学报，2014，69（7）：896–906.

［72］谭永忠，何巨，岳文泽，等．全国第二次土地调查前后中国耕地面积变化的空间格局［J］．自然资源学报，2017，32（2）：186－197．

［73］Gao X. Y., Cheng W. M., Wang N., et al. Spatio－temporal Distribution and Transformation of Cropland in Geomorphologic Regions of China During 1990－2015［J］. Journal of Geographical Sciences, 2019, 29（2）：180－196.

［74］Lai Z. H., Chen M. Q., Liu T. J. Changes in and Prospects for Cultivated Land Use Since the Reform and Opening up in China［J］. Land Use Policy, 2020（97）：104781.

［75］Wu Y. Z., Shan L. P., Guo Z., Peng Y. Cultivated Land Protection Policies in China Facing 2030：Dynamic Balance System Versus Basic Farmland Zoning［J］. Habitat International, 2017（69）：126－138.

［76］Deng X. Z., Huang J. K., Scott Rozelle, Zhang J. P., Li Z. H. Impact of Urbanization on Cultivated Land Changes in China［J］. Land Use Policy, 2015（45）：1－7.

［77］Li Y. H., Li Y. R., Westlund H., et al. Urban－rural Transformation in Relation to Cultivated Land Conversion in China：Implications for Optimizing Land Use and Balanced Regional Development［J］. Land Use Policy, 2015（47）：218－224.

［78］崔许锋，马云梦，张光宏．基于模型集成的中国耕地非农化影响因素及其时空特征研究［J］．中国农业科学，2018，51（22）：4316－4327．

［79］石玉林．《中国100万土地资源图》土地资源数据集［M］．北京：中国人民大学出版社，1991．

［80］国土资源部．2016年全国耕地质量等别更新评价成果新闻发布会［EB/OL］．http://www. scio. gov. cn/xwfbh/gbwxwfbh/xwfbh/gtzyb/Document/161 4366/1614366. htm, 2017－12－26.

［81］国土资源部．关于发布2016年全国耕地质量等别更新评价主要数据成果的公告［EB/OL］．http://g. mnr. gov. cn/201712/t20171226_ 1711147. html, 2017－12－21.

［82］农业部．关于全国耕地质量等级情况的公报［N］．农民日报，2014－12－18（7）．

［83］农业农村部．2019年全国耕地质量等级情况公报［J］．中华人民共和国农业农村部公报，2020（4）：113－120．

［84］王洪波，程锋，张中帆，等．中国耕地等别分异特性及其对耕地保护的影响［J］．农业工程学报，2011，27（11）：1－8．

［85］邹金浪，杨子生，吴群．中国耕地利用产出的结构特征［J］．自然资源学报，2015，30（8）：1267－1277．

［86］Xu X. l., WANG L., Cai H. Y., et al. The Influences of Spatiotemporal Change of Cultivated Land on Food Crop Production Potential in China［J］. Food Security, 2017, 9（3）：485－495.

［87］Wang S. C., Wang J. Z., Zhao Y. W., et al. Assessment of the Contribution Percentage of Inherent soil Productivity of Cultivated Land in China［J］. Journal of Integrative Agriculture, 2019, 18（11）：2619－2627.

［88］高婵，张蚌蚌，赵敏娟，等．中国耕地粮食生产能力及产量差测算［J］．中国农

业大学学报，2020，25（1）：10－18.

［89］Yang S. Q., Yang Z. S. Problems and Strategies for Arable Land Eco－conservation in China［J］. Agricultural Science & Technology，2017，18（7）：1355－1357＋1360.

［90］环境保护部，国土资源部. 全国土壤污染状况调查公报［N］. 中国国土资源报，2014－04－18（2）.

［91］陈能场，郑煜基，何晓峰，等.《全国土壤污染状况调查公报》探析［J］. 农业环境科学学报，2017，36（9）：1689－1692.

［92］Duan Q. N., Lee J. C., Liu Y. S., et al. Distribution of Heavy Metal Pollution in Surface Soil Samples in China：A Graphical Review［J］. Bulletin of Environmental Contamination and Toxicology，2016，97（3）：303－309.

［93］杨子生，贺一梅. 中国西南边疆山区耕地水土流失研究——以云南省为例［J］. 水土保持研究，2009，16（1）：1－7.

［94］王平，史培军. 中国农业自然灾害综合区划方案［J］. 自然灾害学报，2000，9（4）：16－23.

［95］杨子生，刘彦随. 中国干旱灾害区划研究［A］//杨子生. 中国水治理与可持续发展研究［M］. 北京：社会科学文献出版社，2012：169－180.

［96］杨子生，刘彦随. 中国水灾区划研究［A］//杨子生. 中国水治理与可持续发展研究［M］. 北京：社会科学文献出版社，2012：192－201.

［97］杨子生，贺一梅. 中国1950～2010年水旱灾害减产粮食量研究［A］//杨子生. 中国水治理与可持续发展研究［M］. 北京：社会科学文献出版社，2012：202－213.

［98］朱红波，张安录. 我国耕地资源生态安全的时空差异分析［J］. 长江流域资源与环境，2007，16（6）：54－754.

［99］王千，金晓斌，周寅康. 河北省耕地生态安全及空间聚集格局［J］. 农业工程学报，2011，27（8）：338－344.

［100］张锐，刘友兆. 我国耕地生态安全评价及障碍因子诊断［J］. 长江流域资源与环境，2013，22（7）：945－951.

［101］匡丽花，叶英聪，赵小敏，等. 基于改进TOPSIS方法的耕地系统安全评价及障碍因子诊断［J］. 自然资源学报，2018，33（9）：1627－1641.

［102］Lu H., Xie H. L., Lu T. G., et al. Determinants of Cultivated land Recuperation in Ecologically Damaged Areas in China［J］. Land Use Policy，2019（81）：160－166.

［103］李红，智硕楠. 新常态下中国能源安全动态研究——基于灰色关联TOPSIS模型［J］. 生态经济，2020，36（8）：57－62.

［104］夏绍纬，杨家本，杨振斌. 系统工程概论［M］. 北京：清华大学出版社，1995.

［105］胡永宏. 对TOPSIS法用于综合评价的改进［J］. 数学的实践与认识，2002，32（4）：572－575.

［106］Arce M. E., Saavedra á, Miguez J. L., et al. The Use of Grey－based Methods in Multi－criteria Decision Analysis for the Evaluation of Sustainable Energy Systems：A Review［J］. Renewable & Sustainable Energy Reviews，2015（47）：924－932.

［107］何博汶，李丁，刘笑杰．甘肃省农村空间贫困地域分异特征及其影响因素［J］．农业现代化研究，2019，40（5）：819－829．

［108］周磊，黄秋昊．基于灰色关联 TOPSIS 的城市土地效益评价及障碍因子诊断［J］．水土保持研究，2014，21（4）：39－44．

［109］周宏浩，陈晓红．东北地区可持续生计安全时空分异格局及障碍因子诊断［J］．地理科学，2018，38（11）：1864－1874．

［110］张凤荣，王静，陈百明，等．土地资源可持续利用指标体系与评价方法［M］．北京：中国农业出版社，2003．

［111］陈百明．区域土地可持续利用指标体系框架的构建与评价［J］．地理科学进展，2002，21（3）：204－215．

［112］中华人民共和国水利部．土壤侵蚀分类分级标准［M］．北京：中国水利水电出版社，2008．

［113］中华人民共和国国家质量监督检验检疫总局，中国国家标准化管理委员会．自然灾害灾情统计第 1 部分：基本指标［M］．北京：中国标准出版社，2009．